社会保障橙皮书 2022

ORANGE BOOK OF SOCIAL SECURITY 2022

国际社会保障动态
政策赋能残疾人可持续发展

DEVELOPMENTS AND
TRENDS OF GLOBAL
SOCIAL SECURITY POLICY

上海财经大学公共经济与管理学院　公共政策与治理研究院
田柳　主编　　郑春荣　副主编

上海人民出版社

本书获得 2019 年部市共建双一流项目资助

《国际社会保障动态》年度系列报告
学术委员会

学术委员会主任：丛树海

学术委员会委员（以姓氏拼音字母为序）：

丛树海　邓大松　刘更光　刘小兵　郭士征

汪　泓　俞　卫　郑秉文　郑功成　左学金

《国际社会保障动态——政策赋能残疾人可持续发展》
作者名单

主　编　田　柳

副主编　郑春荣

序　　　丛树海

总　论　田　柳

第一章　郑春荣

第二章　郑春荣

第三章　田　柳

第四章　汪　伟　徐嘉珧　田　柳

第五章　田　柳　郑家琪

第六章　唐　珏　田　柳　邵欣怡

第七章　张　熠　韩雨晴　章安琦

第八章　杨翠迎　陈　岩　史芯蕊　孙俊铃

第九章　田　柳　潘　洁　应　楚

第十章　田　柳

序

    2021年2月26日,中共中央政治局举行第二十八次集体学习会,习近平总书记在会上发表《完善覆盖全民的社会保障体系 促进社会保障事业高质量发展可持续发展》的重要讲话,给予社会保障以前所未有的重要定位,"社会保障是保障和改善民生、维护社会公平、增进人民福祉的基本制度保障,是促进经济社会发展、实现广大人民群众共享改革发展成果的重要制度安排,是治国安邦的大问题"。基于"基本制度""重要制度安排""治国安邦大问题"的高度,总书记强调要"进一步织密社会保障安全网,促进我国社会保障事业高质量发展、可持续发展"。习近平在学习会上进一步强调,"社会保障关乎人民最关心最直接最现实的利益问题"。因此,要"紧盯老百姓在社会保障方面反映强烈的烦心事、操心事、揪心事,不断推进改革"。要"完善帮扶残疾人、孤儿等社会福利制度"。

    党的二十大报告要求,"完善残疾人社会保障制度和关爱服务体系,促进残疾人事业全面发展"。

    上海财经大学公共经济与管理学院社会保障团队由田柳助理教授牵头负责2022年《社会保障发展报告》。该报告选取残疾人社会保障问题作为主题,关注到这个世界上最大的"少数人群体",也是极其需要全社会给予高度关注的一个"弱势群体",这个群体因有各类程度不同的残疾,而在日常生活和就业方面存在比一般人群更多的困难,甚至是多得多的困难,特别是,存在于他们的这些和那些困难,又是一般人群不易体会,或者只能是从理论上的体会,因无法感同身受而难有切身的体会。所以,健康人群和一般的用人单位以及社会的许多方面,对这个群体的关注关心和帮扶常常显得不够、不足、不充分。事实上,他们也与普通人一样需要衣食住行,需要家庭、需要爱、需要接受教育、需要工作和劳动机会,他们更需要全社会的尊重和帮扶。

这个"少数群体"很大。正如本书作者强调的,全球有10亿人,约占全球人口15%,我国有8 500万人,约占我国人口6%。国家残联网站2021年2月20日发布的,根据第六次全国人口普查我国总人口数,及第二次全国残疾人抽样调查我国残疾人占全国总人口的比例和各类残疾人占残疾人总人数的比例,推算2010年末我国残疾人总人数为8 502万人。其中,各类残疾人分别为:视力残疾1 263万人;听力残疾2 054万人;言语残疾130万人;肢体残疾2 472万人;智力残疾568万人;精神残疾629万人;多重残疾1 386万人。各残疾等级人数分别为:重度残疾2 518万人;中度和轻度残疾人5 984万人。

这个"少数群体"的情况也很复杂。如上述数据所显示,残疾人分为视力(14.86%)、听力(24.16%)、言语(1.53%)、肢体(29.08%)、智力(6.68%)、精神(7.40%)和多重(16.30%)共七类情况,又分为重度(29.62%)、中度和轻度(70.38%)三种程度。对这个群体的"社会保障"状况——覆盖、种类、程度,以及落实,就成为与养老、医疗同等重要,甚至更为重要和特殊的议题。

联合国《残疾人权利公约》定义残疾人是"在感官、肢体、社交心理或智力或其他方面有长期损伤的人,这些损伤与各种障碍相互作用,可能阻碍残疾人在与他人平等的基础上充分和切实地参与社会"。现实社会中,残疾人由于某方面客观存在的"长期损伤",使其在获取各项基本权益时可能存在比健康人更多的"能力障碍"和"社会障碍",因而,他们同健康人一样平等地享有各项权利或者需要享有更便利的物质生活条件,并没有在实践中得到充分落实和实现。本报告力图进一步向全社会呼吁,在为残疾人提供基本的生活保障和便利之外,更要赋予他们长期发展的动能,通过学习和创业就业满足残疾人自强自立、有尊严的生活需要。

据国家残联2021年残疾人事业统计公报,2021年,国务院办公厅印发《国家残疾预防行动计划(2021—2025年)》,会同教育部、民政部、人力资源和社会保障部、卫生健康委、医疗保障局制定印发《"十四五"残疾人康复服务实施方案》,对"十四五"时期残疾预防和残疾人康复工作作出部署。

康复服务方面:贯彻落实《国务院关于建立残疾儿童康复救助制度的意见》,优化残疾儿童康复救助经办服务,推动实现残疾儿童康复"应救尽救",36.3万残疾儿童得到康复救助。以农村低收入残疾人为重点,持续组织实施残疾人精准康复服务行动,850.8万残疾人得到基本康复服务,177万残疾人得到基本辅助器具适配服务。加强残疾人参加基本医疗保险、接受家庭医生签约情况多部门数据比对,保障农村低收入残疾人基本医疗,维护残疾人健康。

教育方面:与教育部等部门共同制定实施《"十四五"特殊教育发展提升行动计划》,制定并组织实施《第二期国家手语和盲文规范化行动计划(2021—2025年)》,以普及适龄残疾儿童少年义务教育、推广国家通用手语和国家通用盲文为重点,加快推进特殊教育高质量发展。会同教育部修订《残疾人中等职业学校设置标准》。资助全国30所中高等特殊教育院校改善办学条件。2021年,全国有特殊教育普通高中在校生11 847人,残疾人中等职业学校在校生17 934人,全国有14 559名残疾人被普通高等院校录取,2 302名残疾人进入高等特殊教育学院学习。

就业方面:2021年城乡持证残疾人新增就业40.8万人;全国城乡实名培训残疾人57.1万人。全国城乡持证残疾人就业人数为881.6万人。

社会保障方面:截至2021年底,参加城乡居民基本养老保险的残疾人数达2 733.1万。708.8万60岁以下参保的重度残疾人中,96.8%享受到个人缴费资助政策,292.7万非重度残疾人参保也得到了个人缴费资助,1 176.8万残疾人领取养老金。残疾人托养服务机构11 278个,其中寄宿制托养服务机构2 337个,日间照料机构5 089个,综合性托养服务机构1 790个。13.8万残疾人通过寄宿制和日间照料服务机构接受了托养服务,47.1万残疾人接受了居家服务。

维权方面:2021年,制定或修改省级关于残疾人的专门法规和规章7个、地级5个;制定或修改保障残疾人权益的省级规范性文件35个、地级49个、县级156个。全国县级以上人大开展《中华人民共和国残疾人保障法》执法检查和专题调研341次;政协开展视察和专题调研251次。全国开展省级普法宣传教育活动167次。全国成立残疾人法律救助工作协调机构2 862个,建立残疾人法律救助工作站2 620个。各地残联协助人大代表、政协委员提出议案、建议、提案684件,办理议案、建议、提案1 187件。全国共出台753个省、地、县级无障碍环境建设与管理法规、政府令和规范性文件;1 759个地市、县系统开展无障碍环境建设;全国开展无障碍环境建设检查7 875次,为18.8万困难重度残疾人家庭实施了无障碍改造,为29.6万残疾人发放了残疾人机动轮椅车燃油补贴。

服务设施方面:残疾人服务设施建设得到全面发展。截至2021年底,全国已竣工的各级残疾人综合服务设施2 290个,总建设规模612.9万平方米,总投资197.6亿元;已竣工各级残疾人康复设施1 164个,总建设规模550.6万平方米,总投资178.1亿元;已竣工的各级残疾人托养服务设施1 048个,总建设规模303.8万平方米,总投资 82.8 亿元。

党和政府历来重视残疾人事业。我国业已形成以宪法为核心,以《残疾人保障法》(1990 年 12 月 28 日第七届全国人民代表大会常务委员会第十七次会议通过,2008 年 4 月 24 日第十一届全国人民代表大会常务委员会第二次会议修订)为主干,以《残疾预防和残疾人康复条例》(2017 年国务院第 161 次常务会议通过),《残疾人教育条例》(1994 年 8 月 23 日中华人民共和国国务院令第 161 号发布,2017 年 2 月 23 日,国务院令第 674 号发布修订版),《残疾人就业条例》(2007 年 2 月 14 日国务院第 169 次常务会议通过,国务院令第 488 号发布),《无障碍环境建设条例》(2012 年 6 月 13 日国务院第 208 次常务会议通过,国务院令第 622 号发布)等为重要支撑的残疾人权益保障法律法规体系。

党的十八大以来,我国将残疾人事业纳入国家经济社会发展总体规划,推动残疾人权益保障的体制机制持续完善,残疾人社会保障制度和服务体系不断健全,残疾人基本民生得到稳定保障,残疾人公共服务水平有了大幅提升,残疾人平等参与社会生活的环境和条件不断优化,残疾人的获得感、幸福感、安全感显著增强,我国残疾人事业取得历史性新成就。

为保障和改善残疾人民生,缩小残疾人状况与社会平均水平的差距,2015 年印发的《国务院关于加快推进残疾人小康进程的意见》明确,"帮助残疾人共享我国经济社会发展成果"。2016 年 8 月,国务院印发《"十三五"加快残疾人小康进程规划纲要》,对增进残疾人民生福祉、促进残疾人全面发展、帮助残疾人和全国人民一道共建共享全面小康社会作出部署。

我国第十四个五年规划第五十章第四节,关于"提升残疾人保障和发展能力",要求"十四五"期间做好六个方面的工作:第一,健全残疾人帮扶制度,帮助残疾人普遍参加基本医疗和基本养老保险,动态调整困难残疾人生活补贴和重度残疾人护理补贴标准。第二,完善残疾人就业支持体系,加强残疾人劳动权益保障,优先为残疾人提供职业技能培训,扶持残疾人自主创业。第三,推进适龄残疾儿童和少年教育全覆盖,提升特殊教育质量。第四,建成康复大学,促进康复服务市场化发展,提高康复辅助器具适配率,提升康复服务质量。第五,开展重度残疾人托养照护服务。第六,加强残疾人服务设施和综合服务能力建设,完善无障碍环境建设和维护政策体系,支持困难残疾人家庭无障碍设施改造。

在国家"十四五"规划基础上,国务院专门印发《"十四五"残疾人保障和发展规划》(国发〔2021〕10号),要求到2025年,残疾人脱贫攻坚成果巩固拓展,生活品质得到新改善,民生福祉达到新水平。多层次的残疾人社会保障制度基本建立,残疾人基本民生得到稳定保障,重度残疾人得到更好照护。多形式的残疾人就业支持体系基本形成,残疾人实现较为充分、较高质量的就业。均等化的残疾人基本公共服务体系更加完备,残疾人思想道德素养、科学文化素质和身心健康水平明显提高。无障碍环境持续优化,残疾人在政治、经济、文化、社会、家庭生活等各方面平等权利得到更好实现。残疾人事业基础保障条件明显改善,质量效益不断提升。到2035年,残疾人事业与经济社会协调发展,与国家基本实现现代化目标相适应。残疾人物质生活更为宽裕,精神生活更为丰富,与社会平均水平的差距显著缩小。平等包容的社会氛围更加浓厚,残疾人充分享有平等参与、公平发展的权利,残疾人的全面发展和共同富裕取得更为明显的实质性进展。

"只要人人都献出一点爱,世界将变成美好的人间。"残疾人是人民的一部分,从这个意义上,他们是一个普通群体,作为普通群体,社会要保障他们的平等权利,尤其是教育权和就业权。残疾人有身体、智力和精神的长期损伤,从这个意义上,他们又是一个特殊群体,作为特殊群体,社会要给予他们更多的关爱和照料,包括生活帮助、康复器械、基础设施等。

让我们行动起来,切实全面落实国家"十四五"规划和《"十四五"残疾人保障和发展规划》,在迈向现代化国家的建设和实现中华民族伟大复兴中,"健康人"和"残疾人""一个都不能少"。

感谢本报告撰写团队的努力。

丛树海

2023年3月12日

总　论

　　残疾人是世界上最大的少数群体。目前全世界超过 10 亿人有某种形式的残疾,约占全球人口的 15％。随着人口老龄化和疾病谱由传染性疾病向慢性病转变,残疾人数量还将不断增加。残疾是人类的一种生存状态,是每个人在生命的某个阶段都可能面临的风险。正如联合国《残疾人权利公约》中定义的,残疾人是"在感官、肢体、社交心理或智力,或其他方面有长期损伤的人,这些损伤与各种障碍相互作用,可能阻碍残疾人在与他人平等的基础上充分和切实地参与社会"。因此,残疾的存在是个人自身因素和社会环境因素共同作用的结果。

　　和非残疾人相比,残疾人平等地获取各项权益在客观和主观上都体现出一定的特殊性。残疾人健康情况差、受教育程度低、工作机会少、经济状况困难,他们对基本生活的保障和生活质量的改善有着更迫切的需求。显然,发展残疾人事业,提升社会保障制度为残疾人提供生活保障、提高生活质量的作用和能力尤为重要。当今,随着残疾观的不断演化进步,残疾人事业的发展极大改善了残疾人的生存环境和基本权利。但是也应看到,由于长期普遍存在的歧视和偏见,残疾人获取各项基本权益仍然存在诸多障碍,同非残疾人一样平等地享有各项权利还没有得到充分实现,其中就包括残疾人参与社会建设,实现自身价值的权利和共享社会发展成果,提高生活质量的要求。因此,在为残疾人及其家庭提供基本的生存生活保障之外,我们还应通过扩大、加深社会保障和公共服务的保障范围和保障程度,提高残疾人的生活和生存能力,赋予他们长期发展的动能,满足残疾人自强自立、有尊严地生活的需要。这是残疾人享受平等权利的根本所在。习近平总书记强调:"要弘扬人道主义精神,尊重和保障人权,完善残疾人社会保障制度和关爱服务体系,促进残疾人事业全面发展,支持和鼓励残疾人自强不息。"世界卫生组织也呼吁:"我们必须给残疾人赋权增能、消除他们参与社区的障碍、给予良好的教育、安排体面的工作、并倾听他们的呼声。"优化社会政策发展残疾人保障事业,为残疾人的发展赋能,无疑是学术研究和政府部门关心的重要问题和使命。

基于此,2022年度的《国际社会保障动态》(橙皮书)仍将放眼国际但聚焦于残疾人群体,通过分析总结国际组织和典型国家在残疾人社会保障和社会服务方面的实践,落脚于我国在残疾人保障和社会服务方面的努力和探索,探讨如何发挥社会保障功能、优化社会服务,为残疾人增权赋能,实现残疾人平等有尊严地参与社会、建设社会和分享社会的愿景。

本书沿用橙皮书的结构框架,分为四编共十章。第一编为"国际社会保障动态",梳理总结2022年度社会保障领域发展的国际态势,聚焦国际社会在社会保障领域发生的热点问题,共包含两章内容。2022年新冠疫情持续冲击全球经济,而2022年初的俄乌冲突又使得全球政治和经济格局进一步发生变化。在这样的政治、经济环境下,第一章"国际社会保障动态扫描"回顾了过去一年全球的经济发展情况,总结了各国面临的突出问题,包括在新冠疫情反复冲击下经济艰难复苏;由于全球供应链受到疫情影响多次中断;通胀压力大、通胀水平持续走高;以及在疫情的影响下,人们的工作意愿和工作模式发生变化,劳动力供给不足,英美等国出现劳动力短缺的情况。为了应对疫情带来的这些变化,主要经济体持续收紧了宽松的货币政策,美联储等发达经济体的中央银行向金融市场注入大量流动性,金融市场的活跃与实体经济的表现相背离,增加了金融市场的风险。在新的国际经济形势下,国际货币基金组织、联合国和世界银行等重要国际组织展望了全球经济的前景,认为全球经济增长在2022年、2023年仍不会呈现乐观的态势。本章还聚焦社会保障的重点领域在当前全球经济形势下的发展变化:根据目前能够获得的最新的收入分配数据(2018)总结对比了各国收入再分配情况;描绘了各国人口数量、生育率和老龄化等人口结构变化情况;刻画了各国社会保障支出水平与支出结构;介绍了各国养老保障制度和医疗保障制度应对疫情所做的相应调整及该制度的运行情况;以及经合组织(OECD)国家的失业就业情况、失业保障制度受到的挑战和失业保障起到的作用,最后还描述了各国贫困人口的现状、最低收入保障制度和各国残疾福利的运行情况。

本书第二章"国际社会保障热点问题",侧重国际社会在社会保障领域方面备受关注的重要事件,以及上一年度社会保障的政策改革,系统介绍政策改革的背景、动机、内容以及产生的社会影响。本章涉及的社会保障国际热点问题包括以下内容:2020 年 12 月发布的《2020 年美世 CFA 协会全球养老金指数报告》仍旧从养老金的充分性、可持续性和完整性这三个维度评估全球 38 个国家的养老金系统。在疫情的冲击下,全球整体养老金指数在这三个维度和 2019 年相比都在下降;由欺诈申请保育员津贴以及后续大规模执法不公引起的"儿童福利丑闻",导致荷兰内阁集体辞职;为了缓解劳动力不足的现状,日本政府 2021 年正式实施《改定高年龄者雇佣安定法》建议企业为高龄劳动者提供就业机会,并在 2021 年《国家公务员法》修正案中提高公务员的退休年龄;新加坡同样在 2021 年提高了法定退休年龄;为了帮助低收入群体缓和新冠疫情对他们的影响,智利政府自 2020 年以来三次修改了养老金预支条款,允许提前提取养老金;为了激励就业,法国政府改革失业金适用条件和领取标准,自 2019 年提出改革以来经过多次调整最终于 2021 年底付诸实施;面对新出现的就业形势,美国加州就网约车司机的就业形式和享有的就业保障,对 22 号法案(Proposition 22)进行公民公投。和以往相比,过去一年因为同样受到疫情影响,社会保障领域的改革较少,而这一年的社会保障政策调整也多是围绕应对新冠疫情的影响而展开的。

本书自第二编开始进入本年度的主题。第二编"国际残疾人保障制度比较",从国际视角审视残疾人事业的发展历史、现状和发展趋势,同样包含两章内容。第三章"国际残疾人保障的发展趋势"。重点从国际组织的视角梳理全球残疾人事业的发展,总结残疾人事业发展取得的成绩,以及在此过程中国际组织对残疾人事业发展的推动和引领作用。具体地,本章首先展示了全球残疾和残疾人的现状和普遍面临的困难,回顾了"残疾"定义的更新以及其中蕴含的残疾观的演化:人们对残疾的认识经历了对残疾存在偏见和歧视的"传统模式",到接受残疾和治疗残疾的"医学模式",逐渐发展到认为残疾是社会平等的一部分,是由社会环境造成其障碍的"社会模式"。这些理念指导着国际残疾人保障事业的发展方向和工作重点。当前,国际社会倡导通过技术手段和环境建设构建包容和无障碍的社会,从根本上为残疾人平等融入社会、接受无差异的教育、获取高质量的工作创造条件。正如近些年来国际残疾人日主题多次强调的,公平、包容、无障碍和可持续性仍将是引领国际残疾人事业发展的关键词。

本书第四章是"典型国家的残疾人保障制度",聚焦四个典型国家残疾人社会保障和公共服务的保障现状、特点,总结残疾人保障的经验,为发展我国残疾人事业寻求启示。本章首先介绍美国残疾人的基本情况,残疾人接受教育、参加就业等情况,回顾了美国残疾人社会保障的发展历史和当前残疾人保障在养老医疗方面的政策支持。美国对残疾有着宽松的定义,保证了因身体或者疾病在社会生活中存在障碍的人士,都可以享受一定程度的社会保障和社会救助。尽管美国针对非残疾人的社会保障主要由高度市场化的各项保障组成,但是针对残疾人等弱势群体,政府仍旧发挥着重要的保障托底的作用。全球残疾人的发展趋势表明,老年人是残疾人口增加的主要群体,人口老龄化社会不可避免地要应对老年残疾相关的一系列问题。本章选取高度老龄化的日本,在介绍其残疾人的整体情况后,梳理残疾人的就业现状和就业支持政策,残疾人的教育现状和教育支持政策外,还重点关注了老年残疾人的长期护理制度、其运行现状和成功经验。日本长期护理制度鼓励全民参与,在此基础上对护理员培训和激励,保障了该制度的可持续运行。我们还关注金砖五国之一的巴西,讨论作为一个发展中国家,巴西在工业化进程中残疾人的社会保障、社会救助和社会融入的发展情况。我们注意到,伴随着经济的发展和政府政策的引导,巴西残疾人保障事业取得了长足的进步,但是仍受限于资源的短缺,残疾人保障从服务内容到受众群体,覆盖面还不够宽泛。同时,我们还注意到巴西残疾人保障统计数据的相对滞后对全面追踪其残疾人的最新现状和受保障的情况带来一定困难。被称为"残疾人天堂"的瑞典,是北欧典型的福利国家。与很多国家不同,秉承着残疾人生而就是普通国民的残疾理念,瑞典并不对残疾人进行登记以提供保障,但他们可以享受的保障是全方位的,包括对完全或者暂时失去工作能力的残疾人提供残疾人津贴,为残疾人或者残疾人家庭发放交通工具购买和使用补贴,同时残疾儿童本身和有残疾儿童需要照顾的家庭都可以申请获得津贴、实物或者服务帮助。完备的法律后盾和强大的社会组织保证了瑞典完善的残疾人保障和福利体系。

在国际残疾人保障的讨论之后,进入本书第三编"我国残疾人社会保障制度"。第三编也包含两章内容。第五章梳理了我国残疾人和残疾人家庭的基本情况。由于人口基数大,考虑到我国经济发展的实际和为残疾人提供保障的能力,我国采用了较为严格的残疾定义。尽管如此,我国仍有 8 500 万残疾人,是世界上残疾人口最多的国家。本章详细介绍了我国残疾人口的分类分级和认定情况,以及在现行的残疾定义标准下,我国残疾人口的数量、种类分布、其他人口学特征和变化趋势。研究发现,我国残疾人数最多的两类是肢体残疾和听力残疾,分别占全部残疾人的

4

29％和24％。在致残因素中,后天因素尤其是心脑血管和慢性病等非传染性疾病成为我国致残的主要原因。随着我国人口结构不断趋于老龄化,疾病谱由传染性疾病过渡到慢性疾病,后天非传染性疾病仍将是致残的主导因素。本章还总结了残疾人家庭的结构特点,从收入消费和社会交往以及残疾人照护方面反映残疾人家庭的困难和需求。概括来讲,残疾人家庭规模偏大,收入低而支出高,社会交往少而经济和精神压力大。但是,现有残疾人保障和服务的群体多是残疾人本身,对残疾人家庭鲜有顾及,残疾人家庭值得更多关注。

第六章"我国残疾人保障的内涵和演化",以新中国成立、改革开放和党的十八大为时间节点,分三个阶段回顾了我国残疾人保障事业的发展历程。我国残疾人保障事业的内涵从保障主体到保障范围再到保障的深度,都随着我国经济水平的提高和残疾理念的发展而不断进步和深化。具体地,本章还从社会保险、社会福利和社会救助三个方面阐述了我国残疾人社会保障制度的框架,从残疾的预防、残疾的康复和无障碍环境建设三个方面介绍了我国残疾人保障事业中的公共服务。此外,为了推动残疾人赋权和平等,打造有利于残疾人发展的社会,通过发展残疾人教育,改善残疾人就业等为残疾人赋能的方式是残疾人工作的重点,有关我国残疾人教育和残疾人就业的内容保留至本书第七章和第八章,以专题形式展开讨论。而对于无法通过教育和就业赋能的重度残疾和精神残疾人,托养照护成为解决他们和家庭后顾之忧的首要任务,本书将在第九章进行讨论。

因此,第七—九章构成了本书的第四编"我国残疾人保障专题和典型案例",以专题形式重点关注为残疾人赋能增权的教育和就业保障,以及为重度残疾和精神残疾人提供的托养照护服务。由于疫情原因,开展实地调研受到影响,残疾人教育和残疾人就业保障通过已有案例展开分析。第九章有关残疾人托养照护的讨论则通过走访上海市梅陇镇彩虹妈妈爱心工作室,并在工作室的协助下对自闭症患者和家庭进行问卷调查开展。希望通过自闭症这一群体,反映重度残疾和精神残疾人的托养照护现状和托养照护需求和困难。

在第七章我们讨论了残疾人的教育保障。消除残疾人平等参与社会的障碍,提升自身的技能和社会竞争力是至关重要的一环,唯有教育可以帮助残疾人达成这一目标。本章介绍了我国残疾人接受教育的现状,残疾人教育资源供给和人力财力的支持情况,全面梳理了我国残疾人教育保障的政策和法律法规,并通过具体实例讨论我国残疾人教育保障中的不足和短板,并提出了相应的政策建议。例如《孤独症孩子入学的困境》,揭示我国残疾人教育保障中存在的问题和障碍,其中一个重要方面就是法律法规的严谨性,对残疾人教育的法律保障要健全和细化。《乡村特殊教育之困》,一方面反映出残疾人接受教育受到家庭观念的束缚,导致特殊教育普及性尤其是农村地区的普及性不高,另一方面尽管我国不断重视提高残疾人教育的师资质量,但实际的质量仍有待提高。除此之外,本章还讨论了残疾人教育中的其他问题。如残疾人特殊教育需要进一步普及,职业教育需要多元化和兼顾地区平衡发展;残疾人教育和一般教育相比,还需要改善并逐步消除残疾人特殊教育经费投入占比偏低、特殊教育学校供给不足、残疾人入学率偏低等方面的问题。这需要通过建设残疾人教育的人才队伍,完善残疾人教育的法律保障来支持残疾人教育保障事业的发展。

第八章关注"残疾人就业保障"的专题。就业是民生之本,残疾人的就业问题更需要格外关心和关注。帮助残疾人就业,是促进残疾人融入社会,改善他们的经济状况和生活水平的根本途径,而残疾人就业保障对促进残疾人就业、提高残疾人就业率、从而稳定残疾人生活具有关键性作用。本章首先就残疾人就业保障金问题、自主创业扶持问题,以及残疾人就业促进政策问题等方面的研究进行了详细梳理和讨论,在回顾现有就业保障政策及效果的基础上,介绍残疾人当前的就业现状、就业安置扶持政策和残疾人就业的形式,结合三个残疾人就业的典型案例总结出残疾人就业保障中存在的问题:集中安置就业吸纳的残疾人劳动力有限;按比例就业的要求并未真正实现帮助残疾人就业的既定目标;另外,残疾人就业培训范围较小,残疾人自主创业的能力有待提升。针对这些问题,本章还提出了相应的对策和建议,从落实就业保障政策的执行、评估政策效果、完善就业保障政策和提升残疾人劳动力竞争力等方面入手,促进残疾人就业、提高残疾人就业质量,以保障残疾人的就业权利,实现残疾人的自身价值。

第九章"残疾人的托养照护"。教育和就业是提高残疾人融入社会的能力,推动残疾人发展进步的动力。但是,同样有一部分残疾人,通过教育和就业改善增能的作用有限,他们面临的首要难题是维持生活和生活自理,对他们及其照护者来说,托养照护是解决这个问题的关键。因此,在关注残疾人赋能的同时,不能忽视这部分群体。在本章中,我们讨论了重度肢体残疾人和精神智力残疾人的托养照护政策，托养照护机构的发展情况，以及残疾人接受托养照护的现状。编者还走访了上海一家为自闭症患者和家属提供服务的社会组织——彩虹妈妈工作室，希望以自闭症患者和家庭为例，反映残疾人和家庭的日常生活状态和照护困难问题。在彩虹妈妈工作室的帮助下，我们向自闭症患者照护者发放问卷。调查发现，自闭症患者严重缺乏独立生活的能力，对照护具有极大的需求。但是由于照护机构不完善，当前自闭症患者基本都由家庭成员照护，并且对家庭照护者有高度依赖性，这消耗了家庭照护者大量的时间、金钱和精力，给他们带来沉重的经济负担和精神压力。尽管如此，自闭症患者家庭更多的是担忧患者今后如何独立生活和获得照护的问题。针对调查问卷中反映出来的情况，我们也提出了相应的策略，以改变"照护一个人，拖累一群人"的困境。例如，通过康复服务从源头减轻自闭症患者的残疾程度；大力发展残疾人尤其是大龄自闭症患者的托养照护服务；关爱自闭症家庭，为家庭照护者提供精神慰藉和就业支持。这些政策建议虽然是以自闭症为例提出的，但是对重度肢体残疾人和其他精神智力残疾人的托养照顾服务工作同样具有重要的参考价值。

第十章作为本书的总结，讨论了在中国式现代化进程中，残疾人社会保障和社会关爱重点关注的内容，面临的挑战以及实现的方式。人口规模巨大的现代化，全体人民共同富裕的现代化以及物质文明和精神文明相协调的现代化，都是和残疾人一起实现的现代化。这在残疾人，尤其是老龄残疾高发并持续增长的背景下，为残疾人提供托养照护，提高残疾人的发展能力，对残疾人社会保障和社会关爱都提出了更高的要求。唯有强化政府责任和社会责任，光大扶残助残社会风气，残疾人将一起迈进中国式现代化。

残疾人社会保障和社会服务涉及方方面面，本研究希望通过为残疾人赋能增权的侧面，反映促进残疾人发展的社会保障和社会服务的现状和努力方向，更希望能够通过本书抛砖引玉，唤起更多对残疾人的关注和关爱。

本书的顺利完成离不开编写团队付出的辛勤努力，毫无疑问，在过去的一年中本研究团队的各位成员克服种种困难最终才能得以将书稿呈现在读者面前。因此首先要感谢本书的编写团队，郑春荣、杨翠迎、汪伟、张熠、唐珏、潘洁等几位老师的大力支持，感谢徐嘉㑇、韩雨晴、章安琦、陈岩、史芯蕊、孙俊铃、应楚、郑家琪、邵欣怡同学的辛勤付出。感谢丛树海教授高屋建瓴对研究团队的指导以及在百忙之中对初稿认真审阅提出的宝贵修改意见。感谢上海财经大学社会保障和社会政策系全体同事从提纲拟定到即将付梓的过程中提出的中肯建议。感谢为本研究报告提供调研和帮助的专家学者和热心团体。感谢上海人民出版社编辑王琪先生对本书严谨负责、专业高效的态度。感谢上海市部共建学科项目的支持和资助。本书的部分章节还来自我的国家自然科学基金青年项目(72104136)资助取得的阶段性研究成果。最后,还要感谢在本书写作过程中提供帮助、提出中肯意见和建议的各位专家学者。本书不足之处,恳请大家批评指正。

田　柳

2023 年 1 月 11 日

目　录

第一编　国际社会保障动态

第二编　国际残疾人保障制度比较

第三编　我国残疾人社会保障制度

第四编　我国残疾人保障专题和典型案例

第一编

国际社会保障动态

第一章
国际社会保障动态扫描

2020年,新冠疫情给世界经济带来巨大冲击,造成了第二次世界大战以来最严重的经济衰退。2021年,在各国财政货币政策的刺激下,全球经济呈现出较快的反弹式复苏,GDP增长率达6.1%,抵消了2020年的经济衰退(-3.1%)。但各国经济景气表现有相当大的落差,致许多国家迄今仍未回升至疫情前水平,此主要受到疫苗分配不均、疫情控制效果不佳以及政府推出的纾困及刺激政策规模有限等的影响。

目前大多数国际组织均预测,2022年全球经济复苏的幅度非常有限(见表1.1)。从2019年开始,全球经济持续受到疫情的严重冲击,产业链恢复缓慢,产能供应受到较大影响,再叠加部分发达国家空前规模的财政补贴政策与较为宽松货币政策,全球通货膨胀率迅速攀升持续快速走高。2022年初爆发的俄乌冲突,无疑令本已脆弱的全球产业链雪上加霜,进一步推高了国际能源和粮食的价格;同时,新冠疫情还不时扰动产业链的恢复进程,推升其他消费品价格。多数发达国家正在经历近几十年来最为严重的通货膨胀。疫情反复、产业链割裂、通胀攀升,成为世界经济持续复苏面临的三重挑战。

一、全球经济表现回顾与发展前瞻

(一)2021年全球经济表现回顾

1. 新冠疫情反复冲击,经济艰难复苏

2020年末,各国陆续开展了新冠疫苗接种,疫情冲击有所减弱,再叠加前期大

表 1.1　主要经济体经济增长情况及预测值　　　（单位：%）

年　份	2020 年	2021 年	2022 年	2023 年
世界产出	−3.1	6.1	3.2	2.9
发达经济体	−4.5	5.2	2.5	1.4
美国	−3.4	5.7	2.3	1.0
欧元区	−6.3	5.4	2.6	1.2
德国	−4.6	2.9	1.2	0.8
法国	−7.9	6.8	2.3	1.0
意大利	−9.0	6.6	3.0	0.7
西班牙	−10.8	5.1	4.0	2.0
日本	−4.5	1.7	1.7	1.7
英国	−9.3	7.4	3.2	0.5
加拿大	−5.2	4.5	3.4	1.8
其他发达经济体	−1.8	5.1	2.9	2.7
新兴市场和发展中经济体	−2.0	6.8	3.6	3.9
亚洲新兴市场和发展中经济体	−0.8	7.3	4.6	5.0
中国	2.2	8.1	3.3	4.6
印度	−6.6	8.7	7.4	6.1
东盟五国	−3.4	3.4	5.3	5.1
欧洲新兴市场和发展中经济体	−1.8	6.7	−1.4	0.9
俄罗斯	−2.7	4.7	−6.0	−3.5
拉美和加勒比地区	−6.9	6.9	3.0	2.0
巴西	−3.9	4.6	1.7	1.1
墨西哥	−8.1	4.8	2.4	1.2
中东和中亚地区	−2.9	5.8	4.8	3.5
沙特阿拉伯	−4.1	3.2	7.6	3.7
撒哈拉以南非洲	−1.6	4.6	3.8	4.0
尼日利亚	−1.8	3.6	3.4	3.2
南非	−6.3	4.9	2.3	1.4

注：2020 年、2021 年的数据为实际值；2022 年和 2023 年数据为预测值。

资料来源：IMF, World Economic Outlook Update, July 2022.

规模推出各类松财政和松货币政策,使得 2021 年上半年全球经济迅速复苏。但随着德尔塔毒株的出现和蔓延,全球疫情再次反弹,供应链再遭重创,服务业复苏缓慢,加之能源价格高企、劳动力短缺等因素影响,各主要经济体在下半年经济增长显露疲态。

2. 通胀居高不下

2021 年,受疫情冲击,全球供应链屡屡中断,劳动力供给不足,能源价格上涨以及各发达经济体持续推出刺激政策等因素影响,全球通胀率不断攀升。新兴经济体相较更为严峻,拉美各国物价指数达到了疫情前的两倍。

3. 疫情冲击全球供应链

2021 年以来,由于疫情的反复,各国多次重启封锁,船员、码头装卸工以及卡车司机常常被隔离,一些重要的原材料运输受阻以及中间品加工停滞,抑制了下游产品的产能;一些重要港口被迫封闭并产生连锁反应,集装箱和船舶周转效率大幅降低,运费持续上涨。无论是原油、矿石、煤炭等大宗商品,还是芯片、锂电池等中间投入品都因运输不及时,出现了供不应求的矛盾。由于过去几十年全球供应链的分工越来越细化,而许多单个节点的生产具有规模效应和成本优势,形成了供给的日益集中。在此状况下,一旦全球供应链中有单个生产环节的中断,就往往会导致整个生产链条瘫痪。疫情冲击充分暴露了这一弱点,导致供给不足、产能受限和通胀压力。

4. 美英等国出现劳动力供给不足

由于疫情冲击的特殊性,经济重启后社会对劳动力的需求迅速反弹,但劳动力供给恢复则相对缓慢,影响了产能的恢复。总体上看,疫情后美国、英国等部分发达经济体劳动力市场供给不足的原因有:一是疫情降低了劳动者工作意愿,部分人群彻底退出劳动力市场,尤其是担忧健康安全的老年人和需要照顾家庭的女性,还有一些长期从事餐饮、导游、购物等行业的人群选择改行;二是政府出台的各种财政补助政策形成了对工作的逆向激励,导致部分人群选择暂时不就业;三是在疫情冲击和劳动力供给不足的背景下,一些国家民粹主义情绪抬头,工会力量愈加强势,增强了劳工的议价能力,打击雇主增加人员招聘的信心。

5. 主要经济体货币政策开始转向

2021 年,各发达经济体宽松的财政和货币政策的退出成为社会关注焦点。随着德尔塔毒株蔓延,新冠疫情再次加剧,各国和各大国际组织纷纷下调经济增长预期,原已形成共识的宽松货币政策退出及退出时间表引发较大争议。到 2021 年年末,随着通胀率不断攀升,主要发达经济体货币政策转向趋势越发明显。总体上看,当前各国货币政策存在一定分化。第一类以美国、加拿大为代表,虽然通胀率和通胀预期大幅提高,目前仅缩减或停止购债,尚未开启加息进程;第二类以欧元区和日本为代表,其经济复苏相对平稳,通胀率尤其是通胀预期提升幅度有限,仍将维持相当力度的货币宽松政策;第三类是英国以及韩国、挪威、新西兰等中小型发达经济体和俄罗斯、拉美、中东欧等新兴经济体,已开始加息甚至多次加息,以应对通货膨胀、资产价格上涨和资本外流等问题。

6. 金融市场风险加大

2021 年,发达经济体金融市场稳步上扬,但风险加大。为应对疫情冲击,美联储、欧洲央行、英国央行、日本央行等持续向金融市场注入大量流动性,推动股指不断上涨,并屡创新高。但与此同时,凯歌高奏的金融市场与萧条的实体经济表现出现明显背离,投机氛围弥漫,不时出现一些风险事件。

(二) 2022 年与 2023 年全球经济展望

三大国际组织对 2022 年、2023 年的全球经济前景均不是很乐观(见表 1.2)。

表 1.2 三大国际组织对全球经济增长的预测

发布日期	发布机构	出 版 物	2021 年	2022 年	2023 年
2022 年 7 月	国际货币基金组织	《世界经济展望》	6.1%	3.2%	2.9%
2022 年 5 月	联合国	《2022 年世界经济形势与展望:年中更新版》	5.8%	3.1%	3.1%
2022 年 6 月	世界银行	《全球经济展望》	5.7%	2.9%	3.0%

注:(1)2021 年为实际值,2022 年和 2023 年为预测值。(2)世界银行、联合国的世界经济增长率为按汇率法 GDP 加权汇总;国际货币基金组织为购买力平价法 GDP 加权汇总。

1. 国际货币基金组织的预测

2022 年 7 月,国际货币基金组织发布新一期的《世界经济展望报告》(World Economic Outlook Update, July 2022)。报告认为,全球经济在 2021 年初步复苏,但 2022 年形势愈发暗淡,相关风险开始显现。世界经济本就因疫情被削弱,此后又遭受到数次冲击,不确定性随之上升。粮食和能源价格上涨以及供需失衡的持续存在致使全球通胀预期被上调。预计 2022 年发达经济体的通胀率将达到 6.6%,新兴市场和发展中国家则将达到 9.5%,二者被分别上调了 0.9 个和 0.8 个百分点。

国际货币基金组织强调,随着物价上涨继续挤压世界各地民众的生活水平,控制通胀应成为政策制定者的首要任务。收紧货币政策将不可避免地产生实实在在的经济成本,但拖延只会使成本进一步增加。

该组织还指出,定向财政支持有助于缓解最弱势群体受到的影响,但由于疫情使政府预算捉襟见肘,加之需要采取降低通胀的整体宏观经济政策立场,这些财政支持政策需要通过增加税收或减少政府支出来抵消。同时,应对能源和粮食价格具体影响的政策也应关注受影响最严重的群体,避免扭曲价格。与此同时,货币环境收紧也将影响金融稳定,为此需要谨慎使用宏观审慎工具,这也使得债务处置框架改革变得更有必要。

此外,国际货币基金组织仍然呼吁各国提高新冠疫苗接种率,防范未来出现新的变异毒株。各方在减缓气候变化方面亟须采取多边行动限制排放,同时加大投资以加快绿色转型。

2. 联合国的预测

2022 年 5 月,联合国发布 2022 年《世界经济形势与展望:年中更新版》(*World Economic Situation and Prospects as of mid-2022*)报告。报告认为,2022 年全球经济仅增长 3.1%,低于 2022 年 1 月发布的 4.0% 的增长预测。随着食品和能源价格大幅上涨,全球通胀率预计将在 2022 年升至 6.7%,是 2010—2020 年平均水平 2.9% 的两倍。报告指出,增长前景的下调范围广泛,包括全球最大的经济体——美国、中国和欧盟,以及大多数其他发达和发展中经济体。在能源和食品价格上涨的推动下,增长前景正在减弱,尤其是进口大宗商品的发展中经济体。此外,日益恶化的粮食不安全加剧了这一前景,尤其是在非洲。全球粮食供应也推升了日益高涨的食品保护主义,越来越多国家加入食品出口禁令。其中,由于欧盟能源消费总量的 57.5% 来自进口(2020 年数据),能源价格的急剧上涨对欧盟来说是一个巨大的负面贸易条件冲击。欧盟经济增长前景显著减弱,预计 2022 年欧盟 GDP 仅增长 2.7%,而不是 1 月初预测的 3.9%。

3. 世界银行的预测

2022 年 6 月,世界银行发布的《全球经济展望》(*Global Economic Prospects*)报告认为,在全球经济遭受新冠大流行重创的背景下,俄乌冲突又使形势雪上加霜,全球经济增长放缓,可能正在进入一个相对漫长的增长缓慢、通胀居高不一的时期。

其中,滞胀风险进一步加大,可能给中等收入和低收入经济体带来冲击。预计全球增长将从 2021 年的 5.7％下降到 2022 年的 2.9％,远低于此前的预测值 4.1％(2022 年 1 月发布的预测值)。由于俄乌冲突对全球经济、金融、投资和贸易都产生了较大影响,而此前被压抑需求的释放逐渐完成,加之各国陆续退出宽松的财政和货币政策,预计 2023—2024 年的增长率仍将大体保持在这个水平。由于疫情和冲突的双重打击,2022 年发展中经济体的人均收入将比疫情暴发前的趋势水平低近 5％。

世界银行认为,当前经济形势与 20 世纪 70 年代在以下几个方面非常类似:(1)持续的供给侧扰乱推高通货膨胀率,而在此之前主要发达经济体采取了很长一段时间的高度宽松货币政策,政策空间相对有限;(2)政府、企业以及居民的负债率较高,经济中各种不确定性加大,增长前景较为悲观;(3)政府在宏观调控上左右为难,为控制通胀所需的货币政策收缩将给新兴市场和发展中经济体造成较大冲击。

不过目前形势与 20 世纪 70 年代相比也有一些不同之处:美元处于强势,和 70 年代的美元严重疲软形成鲜明对比;大宗商品价格上涨幅度比 70 年代要小一些;主要金融机构的资产负债表总体状况良好。更重要的是,与 70 年代不同,稳定物价现在已是发达经济体和许多发展中经济体央行的明确目标,其中很多在过去 30 年里已经建立了实现通胀目标的可信记录。预计 2023 年全球通胀将有所下降,但很多经济体的通胀水平可能仍会高于通胀目标。报告还指出,如果通胀持续居高不下,而有关国家采用 20 世纪 70 年代处理经济滞胀那样的政策措施,则可能导致全球经济急剧下滑,一些新兴市场和发展中经济体可能出现金融危机。

世界银行预测 2022 年发达经济体的增幅将从 2021 年的 5.1％大幅下降至 2.6％,比此前 2022 年 1 月份的预测值低 1.2 个百分点。预计 2023 年将进一步放缓至 2.2％,主要原因是疫情期间出台松财政和松货币政策将逐步退出;预计新兴市场和发展中经济体的增长率也将从 2021 年的 6.6％放缓至 2022 年的 3.4％,远低于 2011—2019 年间 4.8％的年均增长率。虽然能源价格上涨对一些大宗商品出口国的经济有短期刺激效果,但也无法抵消俄乌冲突负面溢出效应的广泛影响。对近 70％新兴市场和发展中经济体国家的 2022 年增长预测也已下调,其中包括了大多数大宗商品进口国以及五分之四的低收入国家。

世界银行强调需要在全球和国家层面采取果断的政策行动,把俄乌冲突对全球经济造成冲击控制在最低程度。这要求国际组织与各国共同努力,减少对冲突对民众生活的影响,缓解石油和食品价格飙升带来的冲击,加快债务减免,并扩大低收入国家的疫苗接种。国家层面也需要采取措施,在保持全球商品市场良好运转的同时做出有力的供给保障措施。此外,世界银行建议各国政府应避免实施价格管制、补贴和出口禁令等扭曲性政策,这些政策可能加剧大宗商品的价格上扬。在通胀攀升、经济增长减缓、货币政策收紧和财政政策空间有限的严峻背景下,各国需要重新确定优先的财政支出项目,有针对性地向弱势群体提供救助。

专栏 1.1　美国亚马逊公司为员工主动防疫设大奖

2021 年 7 月以后,变异新冠病毒(德尔塔毒株)席卷美国,美国公共卫生局的防疫政策也相应调整,改口称即便是完全接种疫苗的民众也要戴上口罩,全美各公司应声收紧防疫措施。8 月初,科技业巨头美国亚马逊公司推出措施,全美的公司员工不论施打疫苗与否,都必须戴口罩上班;此外,对于能证明已施打新冠疫苗的第一线员工,公司将提供参加抽奖的机会。另外,亚马逊也将返回办公室上班的时间延长至 2022 年 1 月 3 日。

亚马逊至今尚未强制旗下 130 多万名员工接种疫苗,但这家全球最大的网络零售商希望借由推出乐透抽奖活动"Max Your Vax",来说服员工施打疫苗。亚马逊乐透将提供总价值近 200 万美元的 18 项奖品,其中包含两名 50 万美元现金奖、6 名 10 万美元、5 部新车以和 5 名度假行程。

资料来源:汤艺甜:《亚马逊为接种疫苗员工提供抽奖活动　最高大奖可达 50 万美元》,《北京商报》2021 年 8 月 8 日。

二、各国的收入再分配状况

新冠疫情暴发以后,各国推迟发布统计数据,本节以可获得的最新数据(2018年)进行分析(见表 1.3)。

(一) 2018 年各国劳动年龄人群的基尼系数

对于劳动年龄的人群,2018 年 OECD 成员国的基尼系数平均数情况是:税前与转移支付前的基尼系数为 0.41,政府通过税收和转移支付等公共政策干预后,基尼系数为 0.31。

表 1.3　2018 年 OECD 组织各国的工作年龄人群基尼系数

国家/组织	政府干预后的基尼系数	政府干预前的基尼系数	变　化
爱尔兰	0.293	0.479	−0.186
比利时	0.257	0.417	−0.160
芬　兰	0.275	0.429	−0.154
法　国	0.307	0.458	−0.151
奥地利	0.284	0.427	−0.143
希　腊	0.316	0.455	−0.139
丹　麦	0.265	0.402	−0.137
斯洛文尼亚	0.246	0.377	−0.131
卢森堡	0.321	0.445	−0.124
葡萄牙	0.310	0.433	−0.123
荷　兰	0.289	0.408	−0.119
德　国	0.296	0.410	−0.114
西班牙	0.332	0.446	−0.114
挪　威	0.273	0.387	−0.114
波　兰	0.285	0.397	−0.112
匈牙利	0.294	0.405	−0.111
澳大利亚	0.313	0.417	−0.104
OECD 各国平均	0.310	0.412	−0.102
捷　克	0.241	0.342	−0.101
意大利	0.340	0.441	−0.101
英　国	0.361	0.459	−0.098
瑞　典	0.266	0.359	−0.093
斯洛伐克	0.232	0.323	−0.091
加拿大	0.309	0.398	−0.089
以色列	0.330	0.416	−0.086
美　国	0.385	0.468	−0.083
爱沙尼亚	0.287	0.364	−0.077
拉脱维亚	0.337	0.413	−0.076
立陶宛	0.352	0.426	−0.074
冰　岛	0.262	0.317	−0.055
瑞　士	0.290	0.340	−0.050
韩　国	0.325	0.366	−0.041
智　利	0.459	0.484	−0.025

资料来源:OECD(2021)，*Government at a Glance 2021*，OECD Publishing，Paris.

（1）政府干预的力度。表 1.3 显示,从政府干预前后的基尼系数变化值来看,爱尔兰、比利时和荷兰的干预力度最大,基尼系数分别下降了 0.186、0.160 和 0.154;智利的政府干预力度最弱,基尼系数仅下降 0.025。

（2）从基尼系数的绝对值来看,政府干预后的基尼系数排序,最高的三个国家(即收入最不公平的国家)是:智利(0.459)、美国(0.385)和英国(0.361);最低的三个国家(即收入最公平的国家)是:斯洛文尼亚(0.246)、捷克(0.241)和斯洛伐克(0.232)。

（二）各国劳动年龄人群基尼系数的历史变化情况

在可获得信息的 OECD 国家中,在 2012—2018 年间基尼系数的平均值几乎没有变化,一直保持在 0.31。但一些国家出现较为显著的变化。其中,基尼系数降幅较大的国家有爱沙尼亚(−0.065)、希腊(−0.032)和葡萄牙(−0.028),同时基尼系数涨幅较大的国家有瑞士(0.017)、丹麦(0.016)和芬兰(0.015)。

三、各国的人口、生育率与老龄化状况

2022 年 6 月 17 日,联合国经济和社会事务部(Department of economic and social affairs)在"世界人口日"当天发布了《世界人口展望(2022 年修订版)》(*The 2022 Revision of World Population Prospects*),对未来世界人口发展趋势进行了分析和展望。联合国每两年对全球人口统计数据及其未来发展趋势的预测进行一次修订,旨在为广大会员国和联合国系统提供有关世界经济和社会发展变化的更为准确的估计,从而为相关政策的调整提供指导。本次人口展望报告本应在 2021 年发布,因疫情而延迟发布。

（1）人口总量。

1950 年全球人口为 25 亿,预计将于 2022 年 11 月中旬突破 80 亿,在 2050 年全球人口将达到 97 亿,在 2080 年达到约 104 亿的峰值,到 21 世纪结束前都保持在这一水平,然后开始下降。

对于中国人口数量,最新估计认为 2022 年中国人口规模为 14.3 亿,相比于 2019 年的预测数字下调约 1 830 万,减少 1.3%,预计 2023 年印度人口数量将超过中国。

（2）生育率。

由于全球少子化、老龄化和新冠疫情的影响,世界人口增长率 2020 年首次跌破

1％，2022 年降至 0.83％。由于全球生育率下降，全球人口增长速度进一步放缓。如今三分之二的国家或地区的生育率已低于 2.1，但是不同国家或地区的生育水平差异很大。

根据预测，到 2050 年，东亚与东南亚地区人口数量将达到峰值并开始减少；2050 年后，全球人口增长将集中在 8 个国家（刚果、埃及、埃塞俄比亚、印度、尼日利亚、巴基斯坦、菲律宾和坦桑尼亚）；至 2100 年，中亚和南亚地区人口数量将达到峰值，北美洲、南美洲、欧洲、澳洲的增长接近停滞，但撒哈拉以南地区仍有较大增长。如果未来人口继续保持低生育率，则人口总量将存在更大下降可能。

当前，一些国家的人口数量已出现减少趋势。例如，2021 年日本人口自然减少 628 205 人（死亡人口减去出生人口），创历史新高。2021 年日本的总和生育率为 1.30。已连续 6 年下降。日本 2021 年的出生人数为 811 604 人，比上年减少 29 231 人，连续 6 年创新低。厚生劳动省列举的原因是 15—49 岁女性人口减少，以及 20 多岁女性的生育率降低。又例如，韩国人口在 2021 年出现了 72 年来首次负增长。韩国人口增长率在 1960 年为 3％，1970 年下降到 1.9％，此后持续下降，1995 年后均低于 1％，到 2021 年则为 -0.2％。韩国卫生与社会事务研究所在一份报告中指出，人口出生率负增长的深层原因之一，是收入不平等、贫富差距大。通常，基尼系数越高，生育率越低。为应对人口危机，韩国政府准备酝酿出台新政，将小学入学年龄从 6 岁降低到 5 岁，以提前学龄的方式来增加劳动者的终身工作年限。但此举很快遭到社会各界强烈批评。僵持多日之后，上任仅 34 天的教育部长官朴顺爱于 2022 年 8 月 8 日引咎辞职。

（3）老龄化。

全球 65 岁及以上人口占比将从 2022 年的 10％上升至 2050 年的 16％，到 2050 年，东亚、东南亚、北美洲及欧洲的 65 岁及以上人口占比均将超过 25％。联合国建议各国应进一步发掘各年龄段人力资本，采取适当措施积极应对人口老龄化，改革社保、养老金制度等，以实现可持续发展。

（4）全球迁移趋势。

对高收入国家而言，国际人口迁移贡献超过自然增长率，移民将成为高收入国家人口增长的最重要驱动力；与之相对，中、低收入国家，由于人口自然增长数量仍远多于净迁出人口数量，迁移人口影响较小。

（5）全球预期寿命水平。

2019 年，全球人均预期寿命为 72.8 岁，比 1990 年提高近 9 岁，但受 2020 年以来的新冠疫情影响,2021年全球预期寿命水平降至71.0岁。估计到2050年,全球人均预期寿命将达到77.2岁。

根据英国牛津大学发表在英国《国际流行病学杂志》上的研究,27个国家和地区的预期寿命在2020年出现下降。①该研究对欧洲大部分国家、美国、智利等29个国家和地区的死亡记录进行分析以后,发现多个发达国家预期寿命降幅惊人,22个国家的人口预期寿命比2019年下降超过6个月。8个国家和地区的女性与11个国家和地区的男性预期寿命下降超过1年,包括立陶宛男性和女性、英格兰和威尔士地区男性、智利男性、意大利男性和女性等。具体而言,这些国家和地区平均花了5.6年的时间,才能实现预期寿命增加一年,但2020年由于新冠疫情,这些进展都荡然无存。对于西班牙、英格兰和威尔士、意大利、比利时等西欧国家和地区而言,上一次预期寿命出现如此大幅度的下降还是在"二战"时期。

专栏1.2　美国人均预期寿命连续两年下滑

2022年8月31日,美国疾病控制与预防中心发布了一项关于美国人均寿命的报告。报告显示,美国人均预期寿命已连续两年下降:在2020年降至77.3岁,相较2019年下降了1.8岁,创下了"二战"以来的最大单年降幅;在2021年又下降了0.9岁,降至76.1岁。美国人均预期寿命两年下降了近3岁,上一次出现如此降幅还是在第二次世界大战期间。2019年至2021年,男性人均预期寿命缩短了3.1岁,降至73.2岁;女性人均预期寿命缩短了2.3岁,降至79.1岁。

报告分析认为,新冠疫情是导致美国2021年人均预期寿命缩短的首要原因,其他主要原因还包括意外伤害、心脏病、慢性肝病和肝硬化、自杀等。因新冠肺炎导致的死亡贡献了美国2020年人均预期寿命下降的七成以上原因。据美国疾控中心统计,2020年全美约有330万人死亡,远超此前任何一年,其中因新冠肺炎死亡人数约占2020年全美死亡总数的11%。

---

① José Manuel Aburto, Jonas Schöley, Ilya Kashnitsky, Luyin Zhang, Charles Rahal, Trifon I Missov, Melinda C Mills, Jennifer B Dowd, Ridhi Kashyap, "Quantifying impacts of the COVID-19 pandemic through life-expectancy losses: a population-level study of 29 countries", *International Journal of Epidemiology*, 2021.

报告还指出,不同族裔的人均预期寿命下降幅度不同。其中:拉丁裔的2020年人均预期寿命下降了3.0岁;非洲裔去年人均预期寿命缩短将近3岁,至71岁10个月;白人的人均预期寿命缩短14个月,降至77岁7个月。报告强调,不同族裔人均寿命的下降不同体现出疫情大流行期间种族不平等的情况更加恶化。

在疫情之外,其他原因也不容忽视,如滥用成瘾性药物、杀人案件增加等。对非洲裔和拉丁裔而言,缺乏高质量医疗服务、生活条件较差、低收入人群比例较高等也影响到人均预期寿命。

资料来源:苗涛,《美国人均预期寿命降至1996年以来最低,疫情是致命元凶》,《环球时报》2022年12月23日。

四、各国社会保障支出的总量与结构

(一)各国社会保障支出的总量

2019年,OECD国家社会保障支出占GDP的比重为20.03%,是财政支出的最大项目。占比较高的国家基本上都是北欧和南欧国家(见表1.4)。这些国家一方面在传统上较为注重政府的社会保障功能,另一方面也受到老龄化程度较高的影响,社会保障支出相对较高。而在占比较低的国家,例如智利和墨西哥,政府的社会保障功能相对较弱,政府奉行私有化养老保障制度。

表1.4　经合组织国家各年社会保障支出占GDP的比重　(单位:%)

国　　家	2018 年	2019 年
法　国	31.08	30.99
芬　兰	29.28	29.13
比利时	28.77	28.90
丹　麦	28.68	28.30
意大利	27.77	28.20
奥地利	26.91	26.95
瑞　典	25.79	25.45
德　国	25.34	25.88
挪　威	24.38	25.32

国　家	2018 年	2019 年
西班牙	24.17	24.67
希　腊	24.13	24.02
葡萄牙	22.52	22.61
卢森堡	21.46	21.64
斯洛文尼亚	21.02	21.11
波　兰	20.60	21.34
英　国	20.29	20.62
OECD 各国平均	**19.81**	**20.03**
新西兰	19.39	
匈牙利	18.81	18.10
捷　克	18.76	19.16
美　国	18.19	18.71
加拿大	17.99	
爱沙尼亚	17.51	17.69
斯洛伐克	17.17	17.67
瑞　士	16.65	
冰　岛	16.43	17.41
以色列	16.27	16.29
荷　兰	16.22	16.08
立陶宛	16.21	16.70
拉脱维亚	15.85	16.44
爱尔兰	13.59	13.36
哥伦比亚	13.08	
哥斯达黎加	12.23	
土耳其	12.20	11.99
智　利	11.35	11.40
韩　国	10.84	12.20
墨西哥	7.24	7.48

注:部分表格空白是由于数据无法获得。

资料来源:OECD(2020),Social spending(indicator).网址:https://data.oecd.org/socialexp/social-spending.htm。

(二) 各国社会保障财政支出的结构

根据国际货币基金组织关于财政支出的分类,社会保障支出主要有两大类:一是社会保护支出(Social protection);二是医疗卫生支出(Health)。

1. 社会保护支出

国际货币基金组织把政府的社会保护支出细分为 9 类,如表 1.5 所示。2019 年,OECD 各国的广义老龄支出(即表格中的老龄支出加上遗属支出)占 GDP 的比重达 12.09%,为社会保障支出中最大的项目,其次是对疾病和残疾的补偿支出,占比为 2.72%,接着是对家庭和子女的补贴支出(1.76%)、失业支出(1.30%)、未列入其他类别的社会排斥支出(0.82%)、住房支出(0.33%)等。

表 1.5　2019 年各国社会保护支出中的明细项目支出占 GDP 的比重

(单位:%)

国家或地区	对疾病和残疾的补偿	老龄	遗属	对家庭和子女的补贴	失业	住房	未列入其他类别的社会排斥	社会保护研发	未列入其他类别的社会保护
澳大利亚	2.19	3.95	0.00	2.21	0.55	0.22	0.24	0.00	0.41
奥地利	1.77	12.56	1.34	2.02	1.17	0.09	0.98	0.01	0.18
比利时	3.46	9.42	1.60	2.18	1.31	0.21	1.03	0.00	0.15
捷　克	2.23	7.39	0.51	1.60	0.14	0.15	0.35	0.00	0.20
丹　麦	4.35	8.24	0.01	4.21	1.91	0.65	1.56	0.00	0.49
爱沙尼亚	2.09	6.71	0.06	2.70	1.28	0.02	0.16	0.01	0.16
芬　兰	3.14	13.71	0.64	3.02	1.68	0.62	0.91	0.02	0.31
法　国	2.89	13.12	1.46	2.26	1.86	0.84	1.26	0.00	0.17
德　国	3.25	9.65	1.90	1.71	1.55	0.34	0.62	0.00	0.71
希　腊	1.61	13.84	2.04	0.89	0.60	0.20	0.56	0.01	0.02
匈牙利	2.18	6.36	0.81	2.06	0.25	0.08	0.79	0.01	0.18
冰　岛	3.40	3.23	0.01	2.15	0.83	0.36	0.49	0.00	0.41
爱尔兰	1.66	2.99	0.57	1.29	0.82	1.15	0.27	0.00	0.16
以色列	2.85	5.13	0.56	1.31	0.31	0.18	0.47	0.00	0.35
意大利	1.79	13.54	2.59	0.95	1.12	0.03	1.04	0.01	0.06
日　本	0.88	10.99	1.45	1.89	0.27	0.00	0.29	0.00	0.36
拉脱维亚	2.38	7.02	0.18	1.22	0.50	0.07	0.39	0.00	0.31
立陶宛	2.75	6.24	0.29	1.70	0.67	0.07	0.36	0.00	0.20

国家或地区	对疾病和残疾的补偿	老龄	遗属	对家庭和子女的补贴	失业	住房	未列入其他类别的社会排斥	社会保护研发	未列入其他类别的社会保护
卢森堡	3.00	9.50	0.00	3.54	1.01	0.08	0.74	0.00	0.16
荷　兰	4.13	6.46	0.06	1.43	1.34	0.44	1.58	0.01	0.00
挪　威	6.92	7.38	0.18	3.42	0.31	0.13	0.87	0.05	0.43
波　兰	2.03	9.53	1.64	2.84	0.26	0.03	0.30	0.00	0.10
葡萄牙	1.28	11.32	1.70	1.11	0.62	0.17	0.39	0.00	0.29
斯洛伐克	3.18	7.67	0.77	1.09	0.23	0.00	0.23	0.00	1.19
斯洛文尼亚	2.02	9.85	1.23	1.84	0.42	0.03	0.92	0.00	0.18
西班牙	2.51	9.53	2.27	0.94	1.62	0.02	0.36	0.00	0.13
瑞　典	3.59	10.41	0.21	2.47	1.07	0.27	0.99	0.00	0.01
瑞　士	2.88	6.51	0.29	0.58	1.01	0.02	1.56	0.01	0.01
英　国	2.35	8.21	0.05	1.20	0.06	0.86	1.74	0.00	0.29
OECD 平均	2.72	10.49	1.60	1.76	1.30	0.33	0.82	0.00	0.28

资料来源：OECD(2021)，*Government at a Glance 2021*，OECD Publishing，Paris.

平均而言,社会保护支出中最重要的一个支出类别是狭义的老龄支出(主要用于养老金),2019 年 OECD 各国的老龄支出占 GDP 的平均比例为 10.49%。各国的差异较大。在芬兰、希腊、法国和意大利,老龄支出占 GDP 比重在 13%—14%。另一方面,爱尔兰(2.99%)、冰岛(3.23%)和澳大利亚(3.95%)的老龄支出比重最低。

对疾病和残疾的补偿支出是社会保护支出的第二大支出类别,2019 年 OECD 各国的该项支出占 GDP 的平均比例为 2.72%。挪威(6.92%)、丹麦(4.35%)、荷兰(4.13%)和瑞典(3.59%)在该项支出占比较高。日本对疾病和残疾补偿的申请资格较为严格,用于这方面的支出较少,占 GDP 的比重仅为 0.88%,是该项支出占比最低的国家。

2019 年 OECD 各国的对家庭和子女的补贴支出占 GDP 的平均比例为 1.76%。支出比重较高的国家有丹麦(4.21%)、卢森堡(3.54%)、挪威(3.42%)和芬兰(3.02%)。传统上,北欧国家高度重视家庭政策。丹麦有一个慷慨的家庭政策体系,包括时间较长的育儿假期以及儿童和青年津贴。此类支付体系力求使父母能够兼顾工作和家庭生活,确保男性和女性更平等地分担有偿和无偿工作,并提供符合儿童最大利益的照顾解决方案。值得注意的是,奥地利、爱沙尼亚、日本、卢森堡和波兰等国的该项支出比重虽然不算高,但该项支出比重超过了对疾病和残疾的补偿支出比重,说明这些国家由于生育率较低,已经把家庭政策作为一项战略重点,予以相对慷慨的社保补贴政策。

2. 医疗卫生支出

国际货币基金组织把政府的医疗卫生支出细分为 6 类:(1)医疗产品、器械和设备;(2)门诊服务;(3)医院服务;(4)公共卫生服务;(5)医疗卫生研发;(6)未列入其他类别的医疗卫生支出。

从 OECD 各国 2019 年的平均数来看,医院服务支出占 GDP 的比重为 3.06%,为最大的支出项目。接着是门诊服务(2.28%)、医疗产品、器械和设备支出(1.11%)。其他三项支出总和的占比约 0.5%。

五、各国的养老保障制度及运行情况

一般而言,养老保障是社会保障支出中最大的项目。受人口老龄化加深的影响,各国养老保障支出均呈现刚性增长的趋势。在当前各国经济增长乏力、政府债务居高不下的情况下,如何平衡好老年人的养老金需求、政府的财政能力,以及在职劳动者的缴费负担,非常考验一个国家的公共治理能力。

(一) 新冠疫情对在职人员的影响及政府出台的相关政策

与 2008 年的全球金融危机相比,新冠疫情对资本市场的影响较小,而对劳动力市场的影响较大。为了遏制病毒的传播,各国政府实施了各种限制交通、限制人员聚集的措施,一些部门的经济活动突然恶化甚至停止,造成失业率急剧攀升。而且这极高的失业率在疫情缓解之前难以化解,无法通过政府、企业与个人的努力来解决。如果失业率持续较长时间,将产生的负面影响有:(1)一些劳动者的养老保险缴费中断时间较长,可能影响其今后的养老金待遇,甚至导致其因缴费期太短,而无法获得养老金的领取资格;(2)一些劳动者因失业时间太久,劳动技能逐渐丧失,成为永久失业者;(3)一些临近退休年龄的劳动者放弃寻找工作和重新就业,转而提前退出劳动力市场,通过缩衣节食方式,等待领取养老金的日子到来。

2020 年以来,几乎所有 OECD 成员国均出台了保就业计划,向雇主提供财政补贴,以保留其雇员就业,这对于雇员保持良好的就业技能、连续的社会保险缴费记录,以及将来的养老金待遇,有着重要的作用。

不过,针对雇主的保就业计划难以惠及广大自雇人士。新冠疫情对于小摊贩、小餐馆、导游、美容等从业人员影响很大,而这些从业人员又大都是自雇人士。由于自雇人士无法从政府的保就业计划中受益,一些国家为该群体引入了单独的收入支持措施。例如,比利时、葡萄牙、西班牙、希腊、斯洛文尼亚和波兰等国紧急出台针对自雇人士的财政补贴方案或社会保险缴费减免方案。

与此同时,一些国家推出了养老保险缴费的减免计划。如果减收的社会保险费,没有由当年的财政补贴及时填补的话,将造成养老保险基金的永久性减收,可能影响基金的可持续性。对于一些缴费确定型养老金计划而言,养老保险缴费的减免,如果没有辅之以财政补贴,将造成参保人未来的养老金待遇水平下降。相对而言,一些国家的待遇确定型养老金计划较为慷慨,允许参保人在职业生涯中有一定时期的失业时间,其养老金待遇不受影响。此外,新西兰、荷兰等国的养老金计划是以居住权为领取条件的,新冠疫情不会影响养老金待遇。

(二) 新冠疫情对退休人员的影响及政府出台的相关政策

退休人员的养老金待遇的例行上调通常与社会平均工资增幅或通货膨胀率相捆绑,因此新冠疫情对已退休人员的养老金待遇影响不大。由于 2020 年各国央行实施宽松的货币政策,证券市场没有出现大幅下跌,那些投资于证券市场的养老保险个人账户资金或职业年金账户也没有遭遇投资损失,但由于各国央行长期维持低利率,养老保险基金的投资回报率难以提升。

由于 2020 年经济低迷,一些国家的社会平均工资出现下降,如果该国又采取待遇确定型养老金计划,将养老金计发与社会平均工资相捆绑,则 2020 年首次领取养老金的人士可能较为吃亏。对此,拉脱维亚、瑞典、加拿大和波兰等国已建立了养老金计发的平滑机制,避免劳动力市场或资本市场的突然恶化对养老金计发造成重大影响。

(三) 新冠疫情对政府公共养老金支出的影响

新冠疫情造成大量人员失业,由此社会保险基金的缴费收入大幅度下降,这给现收现付型养老金计划带来了较大的压力。

一些国家的财政预算中每年要给予社会保险基金高额财政补贴。在疫情冲击下,税收收入大幅减少,同时政府债务连创新高,政府的预算支出面临削减压力,一旦削减对社会保险基金的财政补贴,养老金的发放将出现资金缺口,政府面临两难选择。

同时,此次新冠疫情已导致全球死亡人数超过100万人,其中感染新冠病毒的老年人死亡率最高。例如,英国的死亡人群90%都是70岁以上的老年人。老年人的死亡率增加,客观上将降低养老金支付的平均期限。

专栏1.3　疫情影响下英国养老金上调规则出现争议

英国现行的基本养老金上调规则始于2010年。在2010年之前,养老金每年都有所增加,但同社会平均工资增长率相比,它的相对贬值是非常明显的,基本养老金替代率由1977年的24.9%降至2010年的16.3%。

英国卡梅伦政府在2010年6月出台紧急预算案中,宣布从2011年4月开始,基本养老金的上调幅度是在社会平均工资增长率、消费者物价指数(Consumer Prices Index,简称CPI)以及2.5%三者中选择最高者作为每年调整的基准,英国政府把它称为"三重保护"(triple lock)。

2010年的改革收效显著。2012—2021年共10年间,有3年的CPI是最高的,有3年的社会平均工资增长率是最高的,还有4年,CPI和社会平均工资增长率均低于2.5%,因此最后选择了2.5%作为上调幅度。由此可见三重保护机制使得养老金上调幅度超过了历年CPI和社会平均工资增长率。2010年,在新的养老金上调规则出台以后,基本养老金扭转持续相对贬值的势头,到2018年,养老金替代率回升至18.50%,这是自20世纪80年代末以来的最高水平(见下表)。

2020年以来,新冠疫情导致"三重保护"机制的运行存在一定缺陷。

首先,2021年的养老金上调幅度存在争议。在经济低迷、大量人员失业的情况下,基本养老金仍按之前的规定,上调了2.5%,体现了养老金领取者"旱涝保收",没有与在职人员共患难。

其次,2022年的养老金上调虽然尚未开始,但已经存在较大争议。2022年的养老金上调将依据2021年的CPI和社会平均工资增长率来确定。由于疫情冲击,社会平均工资在2020年出现下降,2021年出现恢复性增长,与此同时,2020

年一些低收入的服务业受冲击最大,失业人员最多,而高收入者行业受影响不大,这就出现了社会平均工资的增长率高得惊人,预计将达到8%。那么,2020年4月的基本养老金年度例行上调是否应该按8%上调?英国社会存在不同的声音,一些反对者认为经济下行给在职人员带来了沉重的压力,养老金领取者也要适当分担责任,停止养老金的上调。

各年的CPI、社会平均工资增长率与三重保护机制　　　（单位:%）

年份	CPI	社会平均工资增长率	2.5	三重保护机制
2012	**5.2**	2.8	2.5	**5.2**
2013	2.2	1.6	**2.5**	**2.5**
2014	**2.7**	1.2	2.5	**2.7**
2015	1.2	0.6	**2.5**	**2.5**
2016	−0.1	**2.9**	2.5	**2.9**
2017	1.0	2.4	**2.5**	**2.5**
2018	**3.0**	2.4	2.5	**3.0**
2019	2.4	**2.6**	2.5	**2.6**
2020	1.7	**3.9**	2.5	**3.9**
2021	0.5	−0.1	**2.5**	**2.5**

资料来源:BBC, State pension to rise by 10.1%, says Jeremy Hunt, 17 November 2022.(https://www.bbc.com/news/uk-politics-63665270).

六、各国的医疗保障制度及运行情况

过去两年多,新冠疫情在全球持续肆虐,病毒变异频繁,全球疫苗供给不足,疫情不断反复,严重影响了人民的生命安全和身体健康,给全球经济造成严重打击,并且给联合国2030年可持续发展目标的实现带来巨大的挑战。

(一)新冠疫情对各国医疗保障制度运行的影响

1. 新冠疫情导致的死亡人数

根据世界卫生组织的估算,2020年1月1日至2021年12月31日期间,与新冠疫情大流行直接或间接相关的全部死亡(称为"超额死亡")约为1 490万例,比全球报告的直接归因于COVID-19的死亡人数多949万。①

超额死亡数包括与新冠疫情直接(由于疾病)或间接(由于大流行对卫生系统和社会的影响)相关的死亡。与新冠疫情间接相关的死亡可归因于其他健康状况,由于大流行导致卫生系统不堪重负,人们无法获得相应的预防和治疗。大流行期间由于某些事件(如机动车事故或职业伤害等)的风险降低,因此避免了一些死亡,这也会影响估计的超额死亡人数。

大多数超额死亡(84%)集中在东南亚、欧洲和美洲。在24个月1 490万例超额死亡中,中等收入国家占81%(中等偏下收入国家占53%,中等偏高收入国家占28%),高收入和低收入国家分别占15%和4%。

全球大约68%的超额死亡仅集中在10个国家。因新冠疫情导致的超额死亡人数最高的20个国家是巴西、哥伦比亚、埃及、德国、印度、印度尼西亚、伊朗、意大利、墨西哥、尼日利亚、巴基斯坦、秘鲁、菲律宾、波兰、俄罗斯、南非、英国、土耳其、乌克兰和美国。这20个国家的死亡数量占了全世界的80%以上。

2. 新冠疫情造成一些国家的医疗资源出现短缺

以美国为例,疫情暴发后,美国疾控中心自产的新冠检测试剂盒技术不过关,导致新冠检测在美国迟迟不能开展。《华盛顿邮报》刊发调查报道称,疫情暴发之初,美国疾病预防与控制中心拒绝世界卫生组织和中国现成的试剂盒,依赖国内研发的检测试剂盒,而这些试剂盒因生产违反操作规范,导致早期大部分产品无效,仅纠错工作就耽误一个多月时间,迟迟未能展开成规模的新冠检测,痛失防控工作黄金时机,凸显联邦政府在疫情出现期的物资应急上毫无防备。

2020年1月下旬,美国最大口罩制造商威望医疗科技公司曾两次致信政府,提醒应重视口罩供给问题,均遭到无视。美国护士联合会2020年3月4日向特朗普政府提出请愿,要求制定临时紧急标准,为医护人员提供必要的个人防护装备,但并没有收到针对性回复。在口罩短缺情况下,美国却因政治经济利益拒绝进口中国的KN95口罩,包括很多华人向美国医院和政府部门捐献的大量口罩也因美国食品和药物管理局拒绝允许其进入美国市场,最终只能储存在库房中。

---

① 数据源于世界卫生组织网站(https://www.who.int/zh/news/item/05-05-2022-14.9-million-excess-deaths-were-associated-with-the-covid-19-pandemic-in-2020-and-2021)。

美国应对新冠肺炎疫情混乱不堪,缺乏全国性的指导方针和组织领导,各州只能各行其是,甚至不得不相互竞价争抢医疗物资。在疫情蔓延高峰期,纽约州、加利福尼亚州、伊利诺伊州等争相抢购呼吸机,相互之间不断抬价。各州还因为抢资源而闹出矛盾,州政府互相指责。

3. 新冠疫情造成一些国家的政府存在信任危机,一些卫生管理部门负责人引咎辞职

面对疫情蔓延,各国政府都在寻找不同防疫、抗疫措施的最佳组合,从局部隔离封锁,测试-跟踪、经济补助到公众信息沟通,但各国的政体不一,政府的管理效率差异很大,一些国家的疫情防控效果甚微,引起了民众的强烈不满,政府的支持率直线下降,例如,仅仅三个月的时间,英国政府的支持率从 2020 年 3 月的 72% 降至 41%。卫生管理部门的负责人面临极大的工作压力,也往往成了问责的"替罪羊"(见表 1.6)。

表 1.6　新冠疫情暴发以来多国卫生部长辞职

国　家	辞职日期	辞　职　原　因
法　国	2020/2/16	法国卫生部长比赞 2 月 16 日宣布辞去职务。2021 年 9 月 10 日晚,法国共和国司法法院宣布以"置他人生命于危险境地"为由,对法国前任卫生部长布赞就新冠疫情初期的应对问题正式展开司法调查。
荷　兰	2020/3/19	因工作过度,筋疲力尽,荷兰卫生部长布鲁因斯在国会关于新冠疫情暴发的辩论中晕倒,感到不适,此后宣布辞职。负责国家卫生的副总理德容格暂时接替卫生部长职务。
乌克兰	2020/3/29	乌克兰国会的一些议员认为卫生部长伊利亚·叶梅茨完全没有为乌克兰对抗新冠病毒做准备,并阻止了第二阶段医疗改革的实施,并发起了罢免提案。3 月 29 日,卫生部长伊利亚·叶梅茨提出辞职。
吉尔吉斯斯坦	2020/4/1	因卫生部在排查密切接触者和传染源方面存在延误和疏漏,吉尔吉斯斯坦总统热恩别科夫签署法令,根据吉尔吉斯斯坦宪法有关条款,免去吉尔吉斯斯坦副总理奥穆尔别克娃、卫生部长乔尔蓬巴耶夫职务。
智　利	2020/6/13	在领导抗疫工作过程中表现备受争议的智利卫生部长海梅·马尼亚利奇(Jaime Maalich)宣布辞职,该国总统皮涅拉任命国家防治冠病工作医疗顾问帕里斯担任新卫生部长。
新西兰	2020/7/2	因疫情响应不力,新西兰卫生部长克拉克于 7 月 2 日辞职。

国　家	辞职日期	辞　职　原　因
波　兰	2020/8/18	波兰卫生部长舒莫夫斯因购买口罩和呼吸器出现违规行为而面临下台呼声。舒莫夫斯宣布辞去卫生部长职务。
阿根廷	2021/2/20	由于被媒体曝光利用职务之便违规安排他人优先接种新冠疫苗，阿根廷卫生部长冈萨雷斯·加西亚向总统费尔南德斯递交辞呈。
厄瓜多尔	2021/2/26	由于被媒体曝光利用职务之便违规安排亲属提前接种新冠疫苗，厄瓜多尔卫生部长塞瓦略斯 26 日宣布辞职。塞瓦略斯的部分直系亲属提前接种了新冠疫苗。此外，厄瓜多尔新冠疫苗采购不足，接种工作进展缓慢引发民众批评，舆论认为塞瓦略斯应为此承担领导责任。塞瓦略斯是厄瓜多尔暴发新冠疫情后辞职的第二名卫生部长。
巴拉圭	2021/3/5	巴拉圭卫生部长胡利奥·马佐莱尼因舆论批评其应对新冠疫情未达到民众期望而引咎辞职，由副部长胡利奥·博尔巴任代理部长。
斯洛伐克	2021/3/12	总统恰普托娃接受了卫生部长克拉伊奇的辞职，同时委任副总理兼财政部长爱德华·黑格尔(Eduard Heger)临时代理卫生部长一职直至新部长产生。 此后，3 月 30 日因未经执政联盟一致同意便采购俄罗斯"卫星 V"疫苗引发执政危机，斯洛伐克总理马托维奇宣布辞去总理职务。
约　旦	2021/3/13	因一家医院新冠治疗病房中至少有 6 名病人因氧气供应不足而死亡，约旦首相要求卫生部长奥贝达特(Nathir Obeidat)辞职。
巴　西	2021/3/15	巴西总统博索纳罗任命心血管病医生马塞洛·凯罗加为卫生部长，接替现任部长爱德华多·帕祖洛。凯罗加成为巴西新冠疫情暴发以来第 4 名卫生部长。
奥地利	2021/4/13	因出现健康问题，奥地利卫生部长安舒伯(Rudolf Anschober)宣布辞职。60 岁的安舒伯表示，他工作时间太长，尤其在新冠疫情期间必须保持健康。安舒伯强调，国家需要一位更加有朝气健康的卫生部长。
捷　克	2021/5/26	自疫情暴发以来，卫生部长成为捷克的"高危职业"，不到 9 个月的时间里，卫生部长四度易主。2020 年 5 月 26 日，总统泽曼同意政府提名沃伊捷赫担任卫生部长一职。沃伊捷赫成为自 2020 年 3 月新冠疫情暴发以来，捷克的第五任卫生部长。
印　度	2021/7/7	莫迪政府应对新冠疫情不力而广受批评，为打造更为包容的政府形象，并助力印度人民党在 2022 年的地方选举中获得更多支持，印度总理莫迪对内阁进行大规模改组，其中卫生部长等人被替换。
北马其顿	2021/9/10	北马其顿泰托沃市一家临时治疗新冠患者的医院 9 月 8 日晚发生火灾，造成 14 人死亡、多人受伤。9 月 10 日，北马其顿卫生部长菲利普切因此次火灾事故宣布辞职。

资料来源：作者根据新闻报道综合整理。

4. 新冠疫情造成一些国家的医疗经费入不敷出

以英国为例,虽然近年来英国的国民卫生保健系统(NHS)的经费稳步提升,但医疗资源和医护人员并不充足。根据统计,2019 年 NHS 约聘雇了 150 万名员工,其中约有 11 万名医院医师、3.4 万名全科医师以及 32 万名护理人员,及其他相关的工作人员。然而,要满足全国 6 000 万人的医疗需求,这样的人力配置其实并不足够。根据皇家护理学院 2019 年的估计,要达到 NHS 理想中的照护质量,至少还缺少 4 万名护理师。另一方面,NHS 中有 13％的劳工非英国籍,其中又以来自欧盟的劳动者为主。近年来的脱欧限制了外籍劳动者的流入,可能进一步让已经人力吃紧的 NHS 更加的捉襟见肘。

2020 年以来的疫情,使已经短缺的医疗人才现象雪上加霜,并导致医护水平的整体下滑;最近几十年 NHS 的床位却一直在下滑,重症监护的床位更是少得可怜。医护人员几乎都被安排用来照顾新冠病患。据统计,英格兰地区 2021 年 1 月初有约 446 万名需要接受非紧急手术的病患,只能继续排队等待。这是 2007 年以来最高纪录。其中,大约有 19.2 万人已等待一年以上,都是需要接受髋关节或膝关节置换手术的病患。

2021 年 9 月 7 日,英国首相鲍里斯·约翰逊公布计划,拟对雇员、雇主和部分投资者加税,以解决医疗和社会保障领域的资金危机。根据计划,企业缴纳的国民保险税税率将上调 1.25 个百分点,同时股息的税率上调 1.25 个百分点。英国政府拟从 2022 年 4 月开始实施,增加的税收将在未来三年内帮助筹集近 360 亿英镑,并将直接用于 NHS 和社会照护体系。上调税率后,年薪约为 2.1 万英镑的纳税人,每年将多交 180 英镑的税;而年薪为 6.7 万英镑的高收入者多支付的税金将达到 540 英镑。但此举也遭到一些企业的强烈反对。一些企业认为,在疫情期间提高国民保险缴费,将拖累就业增长。在企业已面临一系列新的成本压力的情况下,这一项新的税收上涨将使企业成本大幅上升,并抑制推动经济复苏所需的创业精神,从而影响更广泛的经济复苏。

(二) 主要卫生健康指标的变化情况

根据《2020 年度世界卫生统计》报告,近年来世界各国的主要卫生健康指标变化情况如下:

1. 母婴和传染病死亡减少

寿命延长趋势的主要原因在于传染病的显著改善。因传染病、孕产妇、围产期和营养状况而导致的死亡持续减少。2019 年,全球 5 岁以下儿童死亡率为 37.7‰,自 1990 年以来下降 59%;新生儿死亡率为 17.5‰,自 1990 年以来下降 52%;2017 年全球孕产妇死亡率为 211 例/10 万活产,自 2000 年以来下降 38%。

艾滋病和肺结核均已跌出 2019 年全球前 10 死因,疟疾死亡率也大幅改善。但这并不意味着我们可以放松警惕,这些疾病仍然构成重大威胁。1998 年之后,新感染艾滋病毒的人数减少了 40%。2019 年,新感染艾滋病毒的人数约为 170 万人,但这距离 2020 年新感染人数少于 50 万的全球目标相距甚远。相较于 2000 年,疟疾死亡率降低超过一半(从 25 例/10 万危险人群下降到 10 例/10 万危险人群)。与 2015 年相比,2019 年疟疾死亡率降低 18%,还远未达到 2020 年降低 40% 的目标。

结核病(Tuberculosis)仍然是世界上单一传染源导致死亡的主要原因。在全球范围内,2019 年估计有 1 000 万人患结核病,这一数字近年来改善非常缓慢。

2019 年约有 2.96 亿人患有慢性乙肝(定义为乙型肝炎表面抗原阳性);其中,只有约 10%(3 040 万)乙肝患者知晓自己的感染状况,只有 660 万确诊乙肝患者接受了治疗。2019 年,乙肝导致估计 82 万人死亡,主要死因是肝硬化和肝癌。疫苗可安全有效预防乙肝。全球 5 岁以下儿童慢性乙肝感染比例从 20 世纪 80 年代至 21 世纪初(疫苗应用前)的约 5% 下降至 2019 年的 0.94%。

2. 慢性病死亡增加

随着人口老龄化,非传染性疾病成为越来越多人的主要健康风险。全球非传染性疾病死亡人数占比从 2000 年的 60.8% 增加到 2019 年的 73.6%。2000—2019 年,全球各地区所有年龄段的四种主要慢性病(癌症、心血管疾病、糖尿病和慢性呼吸系统疾病)的死亡率变化趋势各有不同。在全球范围内,慢性呼吸系统疾病的死亡率下降幅度最大,年龄标准化死亡率下降了 37%,其次是心血管疾病和癌症,分别下降了 27% 和 16%。然而,糖尿病的年龄标准化死亡率却增加了 3%。

全球非传染性疾病过早死亡率(以 30—70 岁四种主要慢性病的死亡率评估)从 2000 年的 22.9% 下降到 2019 年的 17.8%,但 2015 年来改善缓慢。尽管上述四种主要慢性病的整体死亡率正在下降,但由于人口增长和老龄化,总死亡人数仍在增加,仅这四大类疾病在 2019 年就夺走了 3 320 万人的生命,比 2000 年增加了 28%。

3. 当前影响人类健康的主要风险

儿童营养不良（发育迟缓、消瘦和超重）、贫血、亲密伴侣暴力、吸烟、饮酒、肥胖、缺乏运动、反式脂肪酸（TFA）、安全用水和卫生设施、室内外空气污染和高血压都会造成相当的疾病负担，并导致过早死亡。其中，烟草和酒精摄入、高血压、肥胖和缺乏身体活动作为主要风险因素将需要紧急和有针对性的干预。比如，2016 年，全球肥胖（BMI>30）率上升至 13.1%，27.5% 的成人身体活动不足；2015 年全球成人高血压（上压>140 mmHg 和/或下压>90 mmHg）年龄标化患病率达到 22.1%。

此外，全球自杀、他杀、意外中毒和道路交通伤害造成的死亡率也在稳步下降，但仍有更多此类死亡可以被预防，男性死于这些原因的风险高于女性。

（三）医疗服务的可负担性与可及性

从全球来看，各国政府平均提供国家卫生支出的 51%，而超过 35% 的卫生支出来自社会公众自付的医疗费用，其后果之一是每年有 1 亿人因此陷入极端贫困。尽管大多数经合组织国家已经实现了对基本医疗服务的普遍覆盖，但一些可负担性和可及性问题仍然可能阻碍医疗服务的全覆盖。

2018 年，平均 20% 的医疗总支出来自个人的自付费用，这一比例自 2014 年以来一直保持稳定（见图 1.1）。[1]法国（9%）、卢森堡（10%）、荷兰和美国（均为 11%）是个人自费支出占比最小的国家，而墨西哥（41%）、拉脱维亚（39%）和希腊（36%）的占比最大。从 2014 年至 2018 年波兰的个人自费支出占卫生总支出的份额下降幅度最大（减少了 3 个百分点），但仍略高于经合组织的平均水平。相比之下，对于大多数其他经合组织国家来说，这一比例保持相对稳定。

由于新冠疫情的冲击，2020 年各国民众医疗需求的未满足程度有所增加。例如，英联邦基金国际卫生政策调查（the Commonwealth Fund International Health Policy Surveys）发现，在 2016 年，11 个经合组织国家中，平均有 14.5% 的人在获得医疗保健服务时遇到财务困难，而到 2020 年，这一比例增加到 15.8%。[2]根据欧洲改善生活和工作条件基金会（Eurofound）2020 年夏季进行的调查，在属于经合组织

---

[1]　OECD(2021), *Government at a Glance 2021*, OECD Publishing, Paris.

[2]　Doty, m. et al.(2020), "income-related inequalities in affordability and access to primary care in eleven high-income countries"，来自 commonwealth Fund 的网站，www.commonwealthfund.org/publications/surveys/2020/dec/2020-international-survey-income-related-inequalities.

的欧盟国家的第一波新冠疫情大流行期间,22%的受访者有未能满足的医疗需求:其中,匈牙利、立陶宛(均为37%)和葡萄牙(35%)的人口未满足需求的比例最高,约为德国、芬兰和丹麦的三倍。

在2020年春季的第一波新冠疫情大流行期间,在线和电话咨询的方式在提供医疗保健方面发挥了突出作用。平均而言,经合组织欧盟国家47%的受访者通过在线或电话获得医疗处方(例如药品),其中,匈牙利(66%)、意大利(60%)和斯洛伐克共和国(57%)的受访者在线或通过电话接受处方的比例最大,而法国(27%)、希腊(28%)和德国(31%)则最小。与此同时,32%的受访者通过在线或电话进行医疗咨询。其中,西班牙(48%)、斯洛文尼亚(44%)和立陶宛(41%)报告曾进行过在线或电话咨询的人数最多,而德国(17%)、法国(22%)和意大利(23%)则最低。

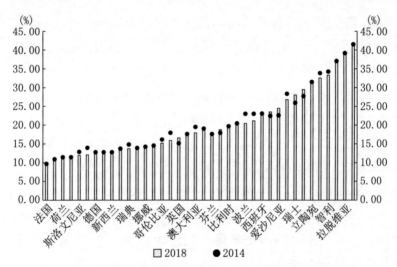

图1.1　各国的个人医疗自付费用占医疗总费用的比重

资料来源:OECD(2020) Health Statistics(database).

专栏 1.4　为应对新冠疫情　阿根廷向富人征收"百万富翁税"

自2018年以来,阿根廷经济一直处于衰退状态。新冠疫情封锁措施则进一步使该国陷入失业、高贫困和大量政府债务的困境之中。为了应对新冠疫情的持续冲击,2020年12月4日,阿根廷参议院通过了一项新的法案:对国内最富有的人群征税,以支援新冠疫情中的医疗物资补给和救援措施。

阿根廷参议院以 42 票赞成,26 票反对通过了众议院提交的"百万富翁税"法案。这一法案允许阿根廷政府向国内资产超过 2 亿比索(约合 1 580 万人民币)的人群征收一次性的额外税款。随着财富的增加,税率也将逐步提高,对于他们在阿根廷国内的资产,最高税率为 3.5%,而国外资产的最高税率为 5.25%。

阿根廷左翼总统阿尔贝托·费尔南德斯政府计划通过征收这项税收筹集 3 000 亿阿根廷比索(约合人民币 237 亿元),来帮助受新冠疫情影响的人和项目。其中,20% 将用于采购医疗用品,20% 资金用于中小型企业救济,20% 用于发放学生奖学金,另有 15% 用于社会发展,15% 用于支持天然气产业。这一部法律的起草者表示,这条法律只会影响 0.8% 的纳税人,约 12 000 人。

2020 年 11 月,阿根廷众议院讨论征税举措时,大楼外出现抗议人群。阿根廷国内反对党担忧这一法案首开先河后,额外征税将多次发生,而且可能挫伤外国投资者的热情。阿根廷中右翼政治联盟 Juntos por el Cambio 直接将征税的举措称为"财产没收"。

资料来源:BBC, Covid: Argentina passes tax on wealthy to pay for virus measures, 5 December 2020(https://www.bbc.com/news/world-latin-america-55199058).

七、各国的失业率与失业保障制度运行情况

(一)OECD 国家失业率总体情况

OECD 发布的《2021 年度就业展望报告》显示,与 2019 年相比,OECD 国家在 2020 年减少了约 2 200 万个工作岗位,全球范围则减少 1.14 亿个。在 OECD 国家中,尽管部分国家经济得到复苏,但失业人数仍比新冠疫情大流行前多 800 万人,1 400 多万人未能寻找到工作。据估计,到 2022 年底,OECD 国家的就业率仍将低于新冠疫情大流行前的水平。在 OECD 国家中,低薪岗位减少了 28% 以上,比高薪岗位的减少幅度高出 18 个百分点。暂无工作、教育或培训的年轻人数量增加了近 300 万,达到过去十年从未有过的高峰。

报告中还显示,OECD 国家失业率在 2021 年 5 月小幅下降至 6.6%(2021 年 4 月为 6.7%),仍然比 2020 年 2 月新冠疫情大流行前的水平高 1.3 个百分点。OECD 国

家失业人数 2021 年 5 月为 4 350 万,比 2020 年 2 月增加了 810 万;青年失业率在 2021 年 5 月为 13.6%,仍比新冠疫情大流行前的水平高出 2.2 个百分点。

报告预测,OECD 国家的整体就业情况要到 2023 年第 3 季度才会恢复正常,而已经妥善因应疫情的个别成员国,例如位在亚太地区的成员国,可能会更快回归正常。

疫情冲击下,过去一年全球经济发生结构性变化,居家办公、在线零售等快速发展,改变了行业间劳动力需求分配格局。失业者往往需要发展新技能才有望满足新需求。同时,在产业转型过程中,一些就业岗位本来就存在消失的趋势,疫情冲击下,加速了这些岗位的消失。例如,本田为了向纯电动汽车(EV)转型,正推进员工换代计划,让不适应新产业的员工自愿提前退休。2021 年 4 月,日本汽车巨头本田公司针对 55—64 岁的员工征集提前退休,愿意提前退休的人员可享受提前退休优待制度,最多可增加 3 年的工资。结果有 2 000 多名人员愿意提前退休,总人数约占本田日本国内正式员工的 5%。

当前,各国劳动力市场出现失业率居高不下与岗位空缺同时并存。以美国为例,2021 年 3 月美国的职位空缺数大幅上升 812.3 万个,创下自 2000 年 12 月有该数据以来的最高水平,但与此同时,仍有近 1 000 万美国人处于失业状态。

各行各业人手不足的原因众多,例如有人习惯了居家远程上班以后,不再愿意忍受长时间的通勤时间;有的则需照料在家上课的孩子而无法上班,但当中无法忽视的一大因素,是不少企业的薪酬水平偏低,无法弥补民众放弃政府失业救济的损失。2021 年 3 月,美国国会通过了拜登政府 1.9 万亿美元的救助计划,其中包括持续至 9 月 6 日的每周 300 美元的联邦失业救济金。该救济金高于大部分低薪工作的薪水。美国劳工部数据显示,零售业基层雇员的时薪经过多年停滞后,最近数月首次迎来增长,自 2021 年 2 月起上调 2.8% 至 18.57 元,娱乐及服务业的平均时薪则增加 3.57% 至 18.23 元。

此外,劳动者出于对病毒传染的担心,不再愿意在人流密集空间工作。皮尤(Pew Research Center)2021 年的一项调查发现,有 66% 的失业者"认真考虑过"换工作甚至换个行业。例如,过去在餐馆打工或从事旅游行业的,希望能在仓储或房地产行业找个薪水更高的工作,或者希望工作更稳定,防疫风险更低。酒店、餐饮、零售业辞职人数最多,他们选择转行,因为在保险机构、药房、银行和地方政府可以找到更多传染概率低的职位。

各国的失业率存在较大差异。德国、英国、法国、意大利等欧洲国家针对疫情，推出员工就业保障计划，直接协助企业支付雇员的部分工资，降低企业裁员意愿；而美国政府针对失业者推出高额失业救济金，反而使一部分劳工离开工作岗位领取失业金，暂时没有求职意愿，导致失业人数急剧增加。据美国劳工部公布的数据，2020 年 3 月 15 日至 3 月 21 日以及 3 月 22 日至 3 月 28 日这两周，首次申请失业救济人数接近 1 000 万人（见图 1.2）。也就是说，在两周内美国已经有近 1 000 万丢掉了工作。在疫情暴发前，这一数据的最高纪录为 1982 年 10 月的 69.5 万人。

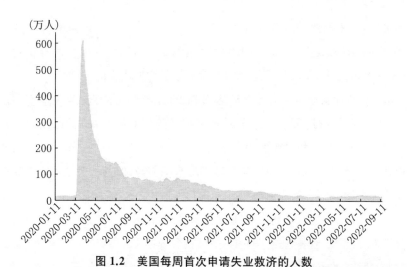

图 1.2 美国每周首次申请失业救济的人数

资料来源：U.S. Employment and Training Administration, Initial Claims[ICSA], FRED, Federal Reserve Bank of St. Louis；https://fred.stlouisfed.org/series/ICSA.

（二）各国的青年失业率

2022 年 8 月，国际劳工组织在其发布的《2022 年全球青年就业趋势》报告中指出，预计 2022 年全球失业青年总数将达到 7 300 万，较 2021 年的 7 500 万略有改善，但仍比 2019 年疫情前水平高出 600 万。

报告显示，2019 年冠状病毒病大流行加剧了 15 岁至 24 岁青年面临的诸多劳动力市场挑战。自 2020 年初以来，他们的就业损失比例远高于成年人。这暴露出解决青年需求的方式存在一些缺陷，尤其是对更为脆弱的青年群体，包括初次求职者、辍学者、经验不足的应届毕业生和非自愿处于"待业"状态的青年。

最新的评估数据表明，2020 年，未就业、未受教育或未接受培训的青年比例上升至 23.3%,比上一年度增加了 1.5 个百分点。这是至少 15 年以来从未达到的水平,这一群体尤其面临着劳动力市场机会和结果长期恶化的风险。

报告还指出,女性青年面临比男性青年更为糟糕的处境,其就业人口比例远低于男性。2022 年,预计全球有 27.4% 的女性青年处于就业状态,而男性青年的就业比例则为 40.3%。在过去 20 年里,这样的性别差距几乎没有缩小的迹象。其中,中低收入国家的差距最大,达到 17.3 个百分点;而高收入国家的差距最小,为 2.3 个百分点。

报告预测,可能只有高收入国家的青年失业率到今年年底能够回落到 2019 年的水平,其他国家的青年失业率则仍将比疫情前平均高出 1 个百分点以上。同时,在不同地区,青年就业的复苏情况也存在明显差异。阿拉伯国家的青年失业率是全世界最高和增长最快的,预计 2022 年将达到 24.8%。该地区女性青年的情况更糟,其失业率可达 42.5%,几乎是全球女性青年平均失业率的三倍。

2022 年,预计全球青年失业率将达到 14.9%,欧洲和中亚青年失业率则预计高出 1.5 个百分点,达到 16.4%。尽管该地区在降低青年失业率方面已经取得重大进展,但乌克兰战争实际和潜在的冲击极有可能影响结果。此外,预计亚太地区青年失业率在 2022 年将达到 14.9%,与全球平均水平相当,但各次区域和国家间存在巨大差异。拉美国家的青年失业率仍令人担忧,预计 2022 年将达到 20.5%。北美的情况则截然不同,该地区的青年失业率预计将低于全球平均水平,为 8.3%。在非洲,12.7% 的青年失业率掩盖了许多青年选择完全退出劳动力市场的事实。2020 年,非洲青年中的"尼特族"比例已超过五分之一,而且这一趋势还在恶化。

(三) OECD 各国的失业金待遇

过于慷慨的失业救济金对政府是沉重的支出压力,还可能导致失业者寻找新工作的动力不足,而过少失业救济金又可能导致失业者的生活水准降低过大,且没有耐心来寻找符合他们的技能和期望的工作。因此,政府需要反复权衡失业金的标准,在慷慨补偿失业工人的收入损失和鼓励快速再就业之间寻找一个平衡点。

失业救济金制度的设计原则通常是将待遇水平与失业者的历史缴费额(或工资水平)以及缴费年限挂钩,缴费额越高,待遇水平越高;缴费年限越长,领取年限也越长。但各国的制度还是存在较大的差异。在疫情暴发前,失业初始(2 个月时)的失业救济金替代率(救济金占失业前本人工资的比重),最低的是英国(15.3%),最高的是卢森堡(80%)。

表 1.7　各国的失业金替代率　　　　　　（单位：%）

国　家	疫情暴发前（2019）	疫情暴发后（2020 年 6 月）
英　国	15.3	15.3
澳大利亚	16.5	32.8
新西兰	20.5	20.5
波　兰	20.6	20.6
爱尔兰	21.1	37.3
希　腊	27.4	27.4
美　国	33.0	87.7
土耳其	40.0	40.0
比利时	42.0	42.0
日　本	42.5	42.5
匈牙利	45.3	45.3
西班牙	47.9	47.9
意大利	48.2	48.2
朝　鲜	48.5	48.5
捷　克	48.7	48.7
芬　兰	48.9	48.9
立陶宛	49.6	49.6
爱沙尼亚	50.0	50.0
斯洛伐克	50.0	50.0
瑞　典	51.2	60.0
斯洛文尼亚	52.0	52.0
丹　麦	52.9	52.9
加拿大	53.0	53.0
以色列	53.0	53.0
葡萄牙	54.8	54.8
奥地利	55.0	55.0
冰　岛	55.0	55.0
法　国	57.0	57.0
挪　威	59.0	59.0
德　国	59.5	59.5
拉脱维亚	60.0	60.0
瑞　士	70.0	70.0
荷　兰	75.0	75.0
卢森堡	80.0	80.0

注：本表计算是假设失业金领取者为单身、无未成年子女，且刚失业两个月。

资料来源：OECD 网站，https://data.oecd.org/benwage/benefits-in-unemployment-share-of-previous-income.htm。

表 1.7 中有澳大利亚、爱尔兰、美国和瑞典等 4 个国家在疫情暴发以后提高了失业金的替代率,其中美国的提高幅度达 166%。不过这些失业金的提升很可能是临时性的措施,在疫情平息以后,估计会降到原来的水平。

八、各国的贫困率与最低收入保障制度运行情况

(一) 疫情对各国贫困率的影响

与 2008—2009 年全球金融危机期间的情况不同,本次疫情的冲击对富人影响较小,而对低技能的劳动者、女性以及青年的冲击较大。

1. 富人遭受的损失较小

2008—2009 年的全球金融危机中,富人与穷人在财富上都遭受较大损失,2008年,最富有的 1% 人士所持有的全球财富份额实际上有所下降。此次新冠疫情冲击下,富人遭受的损失较小。根据瑞士信贷银行发布的《2021 年全球财富报告》,2020年百万富翁的数量增加了 520 万,达到 5 600 万人以上,最富有的 1% 的人士所持有的财富份额增加到 45%,比 2019 年高出一个百分点。[1]

2020 年,全球的富人在很大程度上要感谢各国中央银行带来的好运。通过降息和大举买入资产,央行促成了股票、房地产和债券等的资产价格反弹。央行的货币宽松政策在一定程度还造成了通货膨胀率的上升。对于喜欢持有现金的人而言,通货膨胀的冲击是最大的,而恰恰是穷人最偏向持有现金,而富人更多的持有房产、黄金或股票等非现金资产。从这个角度而言,通货膨胀是一种累退的"税收",形成了逆向的收入再分配。悬殊的各阶层收入差距也在一定程度上制约了央行货币政策的有效性。央行无论是扩大货币投放还是降息,对于穷人没有太大帮助,因为他们因收入太低或资产太少,而无法获得信贷支持;对于富人而言,想贷款的早已贷到款,没有更多的贷款意愿。

2. 一些弱势群体受疫情冲击较大

第一,女性受冲击较大。2008—2009 年全球金融危机爆发时,绝大部分就业损失由男性承担,而当前的危机对女性的影响更大。在工作方面,女性在酒店、育儿、餐饮、娱乐等职业中所占的比例往往很高,但这些工作都要密切接触他人,所以在

---

[1] 雁初:《去年全球多了 520 万百万富翁》,《环球时报》2021 年 6 月 24 日。

疫情之初,女性受到的打击最大。与此同时,学校和日托服务机构的关闭,意味着孩子们必须留在家中,这就要求女性需要花更多的时间来照料家人,促使退出劳动力市场或缩短工作时长,这无疑会影响她们的工作前景,加大了她们与男性的收入差距。

第二,低技能的体力劳动者也受到较大的冲击。封锁使无法居家办公的人们生活更加艰难。体力工作者需要近距离接触他人,因而要么最容易受到封锁影响,要么最容易受到传染。相对体力工作者而言,白领阶层(尤其是知识密集型劳动者)的处境持续改善,这不仅包括工资的相对提高,也包括工作稳定性和可预见性的相对改善。然而,长期以来酒店、旅游、快递、零售和基础护理等行业的大部分体力劳动者的处境不断恶化,而疫情使之进一步加剧。

第三,一些工作岗位被机器取代,劳动者面临重新就业的压力。受新冠疫情推动,工作的自动化趋势有所加速,用人单位加快技术运用以减轻工人的健康风险,造成了部分岗位的大量减少,例如,自助结账机取代了杂货店的收银员;聊天机器人代替了呼叫中心的接线员。

第四,新冠疫情改变了商业版图,首当其冲的就是中小企业。在一些国家,中小企业吸纳了三分之二的劳动力,在受新冠疫情打击最为严重的密集接触型行业,例如休闲、酒店、住宿和文娱等行业,中小企业吸纳就业的比例更高。

新冠疫情不仅造成了短期的经济损失,还留下了潜在的长期创伤。这可能进一步加剧分化趋势。主要问题之一是学校的关闭会威胁到一整代儿童的成长。在新兴市场和发展中经济体中出现这样的断层,代价尤其高昂。因为在这些国家,远程学习实际上并不可行。

疫情冲击下,低收入群体的死亡率较高。例如,在巴西,非裔巴西人死于新型冠状病毒的可能性比白人高出40%。在美国,拉丁裔和黑人比白人更有可能死于新型冠状病毒。如果他们的死亡率和白人一样,那么截至2020年12月,将有接近2.2万人仍然在世。

突发的疫情还使许多居无定所的穷人更加被动。例如,据美联社报道,2020年6月,流浪在东京街头无家可归的将近有4 000人。这些人过去有的住在网吧、游戏室或者咖啡馆,但因为疫情期间室内空间关闭,流浪者无处可藏,于是开始露宿街头桥底。

（二）各国最低收入保障制度待遇

最低收入保障（Guaranteed minimum income，简称 GMI）是指为保障公民全体个人与家庭，都能享有最低限度所得，以维持生存与生活尊严及经济安全，免于贫穷的相关社会保障制度。与养老金、医疗保险、失业金等社保项目相比，最低收入保障制度的社会关注度较低。因此，在政府财政预算较为紧张时，往往更倾向于保障养老金和医保项目，削减最低收入保障金。①

如表 1.8 所示，以最低收入保障金的净替代率（即占社会中位收入的比重）来看，各国的净替代率悬殊，日本、荷兰和爱尔兰在 60% 左右，而罗马尼亚和美国则低于 10%。OECD 各国的平均数为 34%，而通常一国的相对贫困线是指收入占社会

表 1.8 2019 年各国无子女单身者最低收入保障金的净替代率

（单位：%）

国　家	替代率	国　家	替代率	国　家	替代率
日　本	65	新西兰	40	加拿大	21
荷　兰	60	比利时	39	捷　克	21
爱尔兰	59	法　国	39	以色列	21
英　国	55	挪　威	38	葡萄牙	20
丹　麦	53	澳大利亚	34	拉脱维亚	20
芬　兰	53	斯洛文尼亚	34	斯洛伐克	15
马耳他	53	韩　国	32	匈牙利	14
瑞　士	48	西班牙	28	意大利	12
瑞　典	46	立陶宛	28	保加利亚	11
冰　岛	45	爱沙尼亚	27	罗马尼亚	8
卢森堡	45	希　腊	26	美　国	6
德　国	44	波　兰	25		
奥地利	42	克罗地亚	22		

注：本表中的最低收入保障金包含政府发放的住房津贴。

资料来源：OECD Social and Welfare Statistics，Benefits and wages：Adequacy of Guaranteed Minimum Income benefits，Edition 2020，(https：//doi.org/10.1787/socwel-data-en)。

---

① Wang, J., and O. van Vliet(2016)，"Social assistance and minimum income benefits：Benefit levels, replacement rates and policies across 26 OECD countries，1990—2009"，*European Journal of Social Security* 18(4)：333—555.

中位可支配收入的比重为50％,这意味着,OECD各国中的贫民在领取最低收入保障金以后的收入仍然低于相对贫困线。

专栏1.5　三分之一国家尚未采取行动帮助学生追赶因新冠停课影响的学习进度

2021年7月13日,联合国教科文组织、儿童基金会、世界银行和经合组织共同发布的《关于新冠疫情所致停课的国家教育对策调查》(Survey on National Education Responses to COVID-19 School Closures)报告。该报告记录了各国如何监测和减轻学习损失、应对开学复课和部署远程学习战略的挑战。总共有142个国家参与调查,所涉时段为2021年2—5月,涵盖了学前教育、小学、初中和高中。总体上看,2020年,全球所有四个教育阶段的学校平均全面停课79个教学日,约占经合组织和二十国集团国家平均总教学天数的40％。具体天数从高收入国家的53天到中低收入国家的115天不等。

报告显示,在因新冠疫情而关停或曾经关停学校的142个国家中,约三分之一尚未采取针对停课后果的补救方案。与此同时,仅有三分之一的国家(主要是高收入国家)正在采取措施,衡量小学和初中阶段的学习损失。只有不到三分之一的中低收入国家的学生已经全部返校上课,这凸显了他们面临的学习损失和辍学风险。然而多数国家使用了至少一种形式的主动措施来鼓励学生重返学校,这些措施包括社区参与,校园追踪,对水、环卫和个人卫生设施的调整,财政奖励和入学政策审查。

报告认为,在学校停课期间,远程学习一直是世界各地许多孩子的生命线。但对于最弱势儿童来说,即使是这一点也遥不可及。当务之急是让每个孩子都重返课堂。科学复课意味着实施补救方案,帮助学生重回正轨,并确保人们在所有努力中优先考虑女童和弱势儿童。目前,各国采取了各种措施来减轻学校停课可能造成的学习损失:大约40％的国家延长了学年,另有近似比例的国家优先安排了某些课程。然而,半数以上的国家没有或将不会做出任何调整。许多国家改善了考试中心的健康和安全标准,但仍有28％的国家取消了初中阶段的考试,18％的国家取消了高中的考试。审查或修订入学政策的情况并不常见,这对女孩而言尤为重要——因为在低或中低收入国家,少女辍学风险最高。

报告表示,低收入国家在确保返校上仍处于滞后状态,即便是在实施最基础的措施方面。例如,只有不到 10％的国家拥有足够的肥皂、清洁用水、环境和个人卫生设施以及口罩,而高收入国家的这一比例为 96％。大多数国家采取了多种行动来提供远程学习:电台和电视广播在低收入国家中更受欢迎,而高收入国家则提供在线学习平台。然而,超过三分之一的中低收入国家仅不到半数的小学生参与远程学习。若想确保学生的接受和参与,就需要相宜的远程学习策略、家长的参与、教师的支持,并确保女童和其他边缘化儿童不被落下。虽然 73％的国家评估了至少一种远程学习策略的有效性,但仍需要更好的证据来证明其在最困难的情况下的有效性。

报告指出,疫情导致对教育资金的需求在上升,然而政府部门间竞争激烈,而政府的收入却在下降,教育资金的增加面临较大挑战。总体上看,与 2019 年相比,49％的国家在 2020 年增加了教育预算,43％的国家保持预算不变。2021 年资金将继续增长,因为超过 60％的国家计划在 2020 年的基础上增加其教育预算。

这项调查与世界银行、教科文组织和儿童基金会的"使命:2021 年复苏教育"目标一致,三家机构正在合力为各国提供支持,以规划、优先安排并确保:所有学生重返校园;学校采取一切措施安全复课;学生得到有效的补习和综合服务,以弥补学习损失并提升整体状态;教师做好准备为学生的学习需求给予相应支持。

资料来源:联合国,《三分之一国家尚未采取行动帮助学生追赶因新冠停课影响的学习进度》,2021 年 7 月 13 日(https://news.un.org/zh/story/2021/07/1087922)。

九、各国的残疾福利及运行情况

(一) 各国残疾福利的领取率

在 OECD 组织成员国,残疾福利制度的设计,一方面为没有工作能力的残疾人提供安全网;另一方面,通过激活措施,促进和支持有工作能力的残疾人就业。2018 年 OECD 各国 20—64 岁工作适龄人口中平均有 5.82％的人获得残疾福利。这一比例在过去十年中基本保持稳定。

OECD 组织成员国的伤残津贴领取率差异很大。2018 年,领取率最低的墨西哥,只有 0.03%。领取率最高的是爱沙尼亚,领取津贴的人口占工作年龄人口的 12%。

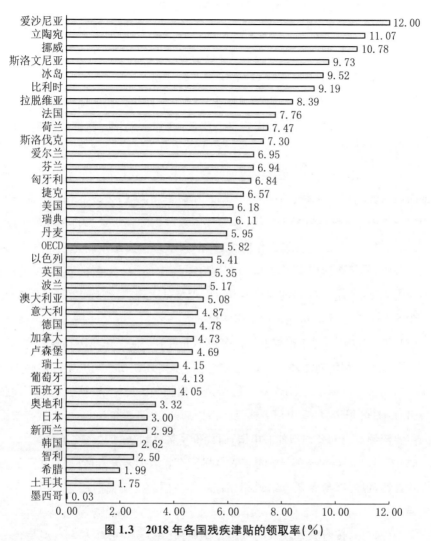

图 1.3 2018 年各国残疾津贴的领取率(%)

注:领取率为工作年龄人群中残疾津贴领取人数占总人数的比值。

资料来源:OECD(2022), Disability, Work and Inclusion: Mainstreaming in All Policies and Practices, OECD Publishing, Paris.

随着时间的推移,各国的领取率也有所变化。从 2007 年到 2018 年,一些国家的领取率降幅超过 2 个百分点,例如捷克、匈牙利和瑞典;另外一些国家的领取率则有所上升,包括东欧国家(爱沙尼亚、拉脱维亚、斯洛伐克)、比利时、冰岛和爱尔兰等国。这些国家的领取率提高了 1.5 个百分点以上。

（二）各国残疾福利的特点

在大多数国家，主要的残疾福利计划都是缴费型的社会保险计划。它在不同的国家可以采取不同的形式。在奥地利、加拿大和瑞士等国，主要的残疾福利计划是残疾养老金，它与养老金制度有许多共同之处。而在比利时、荷兰和挪威等国，主要的残疾福利计划是残疾津贴，独立于养老金计划。

（1）残疾程度的评估及津贴给付的方式因国家而异。在奥地利和比利时等国家，主要使用医学上的无行为能力定义。相反，在加拿大、荷兰、挪威和瑞士，衡量残疾程度的关键因素是因残疾而遭遇的收入减少。

（2）在采用类似方法评估残疾程度的国家中，享受残疾福利所需的最低残疾程度或对收入影响程度基本上是相同。例如，在瑞士和挪威，领取福利资格需要收入能力损失40％，而荷兰为35％。同时，多数国家根据残疾等级进行不同的津贴额。例如，荷兰将部分和暂时丧失工作能力、完全和永久丧失工作能力区分开来，划分为两个等级：低等级残疾福利（WGA）支付给那些有35％—80％的残疾并将重返工作岗位的人，或者超过80％的残疾但有可能康复的人；高等级残疾福利（IVA）支付给至少80％残疾且不太可能重返工作岗位的人。

（3）在一些国家，过于严格的伤残等级标准可能会使工作经历有限的群体被排除在主要残疾福利计划之外。例如，在加拿大，申请者在伤残前6年之内必须至少有4年向加拿大退休金计划缴款，才能申请残疾福利。另外，根据加拿大广播公司2017年11月的报道，尽管申请表格已经由原来的12页减少到6页，仍然有4万残疾人需要依赖专门的公司帮他们申请，而代价是将福利金的30％交给公司。

（4）残疾福利给付额的计发办法在各国间存在较大差异，可以是与在职人员的工资相挂钩，也可以与养老金给付额相挂钩。各国的残疾福利待遇水平也存在较大差异。

第一种方法，按照家庭收入的一定比例（替代率）支付残疾福利。典型代表国家是比利时、荷兰和挪威。例如，根据申请人家庭的构成，比利时的这一比率在40％—60％之间变化。

第二种方法，在确定固定数额的基础上，根据缴费记录增加数额。典型代表国家是奥地利和加拿大。

第三种方法，以瑞士为代表，是上述第一种方法和第二种方法的综合。

第二章
国际社会保障热点问题

由于新冠疫情突发,造成一些社会保障改革暂停或延期,因此,相对于以往年份,本年度社会保障改革的大事件较少,同时应对新冠疫情出台了许多改革举措。

一、美世 CFA 协会发布 2020 年全球养老金指数

2020 年 12 月 14 日,全球著名咨询公司美世公司(Mercer)、澳大利亚莫纳什大学金融研究中心(Monash Centre for Financial Studies)和特许金融分析师协会(CFA Institute)联合发布了《2020 年美世 CFA 协会全球养老金指数报告》(2020 Mercer CFA Institute Global Pension Index)。报告通过对充分性、可持续性和完整性三个分项指数下属 50 余个指标的评估,给出全球 38 个国家养老收入体系(占全球人口的 64％以上)养老金系统的评分。2020 年的养老金指数报告是该机构发布的第 12 个年度报告。

(一) 全球养老金指数的计算方法

全球养老金指数计算方法有一个总指数和三个分项指数。充分性、可持续性和完整性等 3 个分项指数的权重分别是:40％、35％和 25％。这些权重自 2009 年第一次发布该指数以来一直保持不变。

充分性指数是测量养老金水平是否充足,具体主要从最低养老金水平(贫困人口领取的养老金占全国平均收入水平的比重)、工薪阶层的养老金净替代率(每月领取的养老金与退休前平均月收入比值)、家庭储蓄率、家庭替代率、提取方式(一

笔提取还是按时发放)等指标进行反映。

可持续性指数是测量养老金债务的偿付能力,具体主要从是否有至少70%的国民参与了私人养老金计划、国家或地区养老金三支柱资产加总是否占到整个国家或地区GDP的100%以及支取年限(领取退休年龄与寿命的差距)等指标进行反映。

完整性指数主要是测量私人养老金体系建设的完善程度,间接反映国民对私人养老金体系的可信度。具体主要从私人养老金托管机构是否能够持续提供退休收入、是否有谨慎和执行力强的监管、是否能定期与体系参与人进行有效沟通(包括汇报养老金是怎样投资的、资产配置结构等)、缴费计划会不会有变化等指标进行反映。

目前的指标体系侧重于对养老金收入部分的考察,尚未涵盖各国及地区老年人在医疗、养老服务等方面的养老金支出水平。

(二) 2020年全球养老金指数及各国排名

2020年度,全球平均总分为59.7,较2019年度下降了0.1分,其中充分性指数下降了0.4分,可持续性指数下降了0.5分。充分性下降主要是由于经合组织的数据更新,该报告中的养老金净替代率指标取自经合组织发布的养老金概览。可持续性指数的下降主要是由于新冠疫情导致2020年全球实体经济增长水平下降。不同于上述变化,完整性指数平均增加了0.8分,这主要是由于德国、印度和西班牙完善了相关养老金法规。

如表2.1所示,得分最高的三个国家分别是:荷兰(82.6分)、丹麦(81.4分)和以色列(74.7分),这些国家的养老金待遇水平适宜,养老金体系完备,具有较好的可持续性。得分最低的三个国家分别是:土耳其(42.7分)、阿根廷(42.5分)、泰国(40.8分)。

表 2.1 2020年度各国的养老金指数及分项指数

名次	国 家	指数总得分	分类指数得分		
			充分性	可持续性	完整性
1	荷 兰	82.6	81.5	79.3	88.9
2	丹 麦	81.4	79.8	82.6	82.4
3	以色列	74.7	70.7	72.4	84.2
4	澳大利亚	74.2	66.8	74.6	85.5
5	芬 兰	72.9	71.0	60.5	93.5
6	挪 威	71.2	73.4	55.1	90.3
7	新加坡	71.2	74.1	59.9	82.5

名次	国　家	指数总得分	分类指数得分		
			充分性	可持续性	完整性
8	瑞　典	71.2	65.2	72.0	79.8
9	加拿大	69.3	68.2	64.4	77.8
10	新西兰	68.3	63.8	62.9	82.9
11	德　国	67.3	78.8	44.1	81.4
12	智　利	67.0	56.5	70.0	79.6
13	瑞　士	67.0	59.5	64.2	83.1
14	爱尔兰	65.0	74.7	45.6	76.5
15	英　国	64.9	59.2	58.0	83.7
16	比利时	63.4	74.6	32.4	88.9
17	美　国	60.3	58.9	62.1	59.9
18	马来西亚	60.1	50.1	58.6	78.0
19	法　国	60.0	78.7	40.9	57.0
20	哥伦比亚	58.5	62.5	45.5	70.5
21	西班牙	57.7	71.0	27.5	78.5
22	沙特阿拉伯	57.5	59.6	51.6	62.4
23	秘　鲁	57.2	59.5	49.2	64.6
24	秘　鲁	54.7	59.9	40.7	65.9
25	巴　西	54.5	72.6	22.3	70.7
26	南　非	53.2	43.0	46.7	78.3
27	奥地利	52.1	64.4	22.1	74.6
28	意大利	51.9	66.7	18.8	74.4
29	印度尼西亚	51.4	45.7	45.6	68.7
30	韩　国	50.5	48.0	53.4	50.3
31	日　本	48.5	52.9	35.9	59.2
32	中　国	47.3	57.4	36.2	46.7
33	印　度	45.7	38.8	43.1	60.3
34	墨西哥	44.7	36.5	55.8	42.2
35	菲律宾	43.0	38.9	53.4	34.8
36	土耳其	42.7	44.2	24.9	65.3
37	阿根廷	42.5	54.5	27.6	44.4
38	泰　国	40.8	36.8	40.8	47.3
	平　均	59.7	60.9	50.0	71.3

在充分性、可持续性和完整性三个分类指数方面,得分最高的分别是荷兰(81.5 分)、丹麦(82.6 分)和芬兰(93.5 分)。墨西哥在充分性方面得分最低(36.5分),意大利在可持续性方面得分最低(18.8 分),而菲律宾在完整性方面得分最低(34.8 分)。

(三) 中国的养老金指数得分及排名

亚洲国家的养老金指数总分平均值为 52。中国的得分为 47.3,位列第 32 位。该报告认为,自从养老金指数发布以来,中国的得分一直稳步上升,不过中国养老金体系的平均指数得分目前仍有发展空间,尤其是在充分性和完整性方面。中国正在加速进入老龄化、少子化社会,传统的家庭养老模式难以为继,由此将带来巨大的养老、医疗及社会劳动力的挑战。在私人养老金计划参与率上,中国由于第三支柱还在建设,第二支柱覆盖率不高,第二、第三支柱发展不均衡拖了整个养老体系的"后腿"。中国应当积极借鉴全球排名领先的养老金体系的经验,快速发展和完善第二、三支柱的商业养老金体系。

二、荷兰内阁因"儿童福利丑闻"集体辞职

2020 年,荷兰人均 GDP 位居全球前 10,是经济高度发达的国家,同时荷兰又为欧洲"福利国家"典范,国民享有丰厚的国家养老补贴、免费的医疗和学费低廉的教育。

在儿童福利方面,荷兰为 0 至 17 岁儿童提供充足的子女补贴,给付标准会根据当年物价水平进行调整,以 2020 年为例,对 0—5 岁孩子的父母每季度补贴 221.49欧元,对 6—11 岁孩子的父母每季度补贴 268.95 欧元,对 12—17 岁孩子的父母每季度补贴 316.41 欧元。除了子女补贴之外,还有子女预算、托儿福利等补助。子女预算通常是收入和财产低于最低收入水平的父母,可在子女福利以外享受的额外补贴。托儿福利是为子女正在读幼儿园的父母提供的补贴,以父母工作时长较短的一方的工作时间为基数计算补贴金额,每小时补贴标准需考虑家庭收入水平、幼儿园类型和托费开支等因素。以 2020 年为例,每小时最高补贴标准为 8.17 欧元,每月工作最高时长不超过 230 小时。

在津贴之外,荷兰母亲一般有 16—20 周有薪产假。另外,自 2020 年 8 月 1 日

起,当地父母在新生儿出生后,即可享有 26 周育儿假期,直到孩子满 8 岁为止。其中 9 周需在孩子出生后首年内用完,其间可获发一半工资,给予父母们极大的育儿便利。

荷兰曾被联合国儿童基金会的一项研究选为最适合孩子生活的地方,当地儿童的幸福指数更是全球最高。该研究对 41 个富裕国家、0—18 岁少年儿童在心理健康、身体健康以及学术和社交技能等方面进行评估,总分最高的是荷兰,其次是丹麦和挪威。

但是,2021 年荷兰爆发了儿童福利丑闻,给这个高福利国家蒙上了阴影。根据英国广播公司(BBC)报道,荷兰税务部门数年来误控多达 26 000 名父母诈欺儿童福利津贴,被迫偿还数万欧元的津贴,造成了许多低收入家庭出现悲剧。

(一)"儿童福利丑闻"爆发的经过

自 2005 年以来,育儿补贴发放工作主要由税务局来负责。由于补贴名目繁多,纳税人需先提供相关申请材料,税务局会综合父母的情况来决定给付待遇。享受子女补贴的金额与父母的收入直接相关,合规准确发放子女补贴,对纳税人的诚信和税务人员的专业判断都提出了一定的要求。税务局通常还会选择事后审查的方式,有权对不符合补贴条件的家庭追回补贴,甚至进行罚款。

其中一种针对家庭保育员(gastouder)的补贴逐渐成为社保欺诈的温床。在荷兰,除了那些将子女送到幼儿园的父母可以获得补贴,向中介公司雇请家庭保育员的父母也可以得到补贴。一些中介公司为了获得更多的中介费就向父母支招:可以请孩子的祖父母来照看,但仍然申请保育员津贴,省下来的部分由中介与父母瓜分。

这一违规现象逐渐引起了税务局的注意。2013 年时荷兰出现了保加利亚劳工移民欺诈福利的新闻,政府意识到严厉打击欺诈行为的紧迫性,于是成立了一个专门针对此类案件的部长委员会,由吕特总理担任主席。

为了有效打击参与欺诈的中介公司,反欺诈团队采取的做法是:但凡被认定为申请不合规范的家长,将直接停止发放补贴,这样中介公司就会因为收不到钱而破产,这比上法院要快很多。但是判定标准不一。据报道,一些家长甚至因为申请表格上缺了签名这类的操作性的错误,就被税务机关贴上欺诈的标签,并进行高达数万欧元的罚款。

2013年,荷兰税务局在调查中发现,有317名从埃因霍芬市一家名为达迪母的托幼机构获取托幼服务的父母,其申请的子女补贴存在申请资料不完整或不准确的情况,如电话号码错误、缺少托幼费缴费收据等,涉嫌补贴欺诈。对此,税务局做出停发补贴,要求其返还以前年度享受的补贴并补交利息的决定。涉案父母需退还少则数千、多则数万欧元的补贴和利息,不少父母因此陷入财务困境。

这种严打的风气逐渐成为大规模执法不公的开端。根据调查,在2013—2019年间,有大约26 000名荷兰父母被税务局错误地认定为育儿津贴欺诈的嫌疑人。一篇由数个受害家庭联名发表于荷兰《忠诚报》(*Trouw*)的文章提到许多细节。家长们称,被调查和被罚款的过程非常屈辱。很多申请人本身就经济状况不佳,又被税务局穷追猛打,无法支付高额款项,有些陷入贫困,有些家庭破裂。一位名叫纳西耶的受害人,是3名孩子的母亲,在接受当地媒体访问时曾表示,受该事件影响,她不但背负了8万欧元的债务,而且被贴上了欺诈者的标签,甚至曾两次企图自杀。

在涉案父母试图自证清白的过程中,荷兰税务局人员的态度较为敷衍,仅在迫于舆论压力的情况下,提供了一些多处被涂黑的文件,作为指控这些父母涉嫌欺诈的证明,而没有做出进一步的合理解释,此举引发纳税人及公众的强烈不满。为此,部分涉案家庭将荷兰税务局告上法庭。荷兰最高行政法院调查后发表意见称,荷兰税务局在判断纳税人是否涉嫌补贴欺诈时,不应僵硬地解读法律,而应该根据个案情况具体分析,考虑人性化因素。

为降低子女补贴丑闻带来的负面影响,准确判断福利欺诈行为,给涉案父母一个合理解释,荷兰财政部成立专门的独立委员会,调查因存在争议而被中止的9 000个子女补贴案例。若调查后发现被中止的子女补贴不属于福利欺诈,荷兰税务局还需做出相应赔偿。

受害家属对包括财政部长在内的五名政府官员提出刑事指控。如果罪名成立,他们可能面临最高6个月的监禁。

(二)"儿童福利丑闻"的曝光及其影响

陆续被曝光的个案让人们相信它不是孤例。针对执法不公的调查从2017年起缓慢开展,但收效甚微,受害者的索赔之路也非常困难。直到2020年12月,议会发布了一份极其详尽的调查报告,并给出了爆炸性的结论:受害家庭遭遇了前所未有的不公正对待,从立法机关到政府部长,再到税务局的工作人员都严重失职,违反了法治的基本原则。

社会公众在讨伐税务局失职的同时，也指出了荷兰政府存在两个深层次问题。

一是对移民群体的潜在歧视。税务局在发放福利时的原则是宽进严出：申请时标准宽松，申请了基本都会通过；事后审查严格——但"查谁"就变成一个富有政治意味的选择。有人在分析涉案父母共同点时，发现其中大部分受害家庭是具有移民背景的双重国籍家庭，如摩洛哥籍或土耳其籍等，因此怀疑税务海关局在确定补贴欺诈者时使用了"种族画像"技术。同时，荷兰数据保护局也对税务局发起了一项新的指控：它们在系统里跟踪公民是否具有双重国籍，并将此信息用于风险筛查。数据保护局认为此举违反了隐私保护条例。它们警告了税务局，并尝试开展调查，但被税务局拒绝了。

二是税收政策存在不公平性。马克·吕特总理所在的自民党是荷兰传统的中右翼政党，支持新自由主义的经济政策：为企业减税，削减教育、医疗、社会福利等公共支出，这对穷人非常不利。同时由于资本具有较强的流动性，因此荷兰政府对大企业的逃税避税较为宽容，而家庭和个人的流动性弱（特别是中低收入家庭流动性更弱），政府对其的课税较为苛刻。政府对经济窘迫的个体严格审核、高压追缴的同时，却免除了大企业的多项税款。这一做法日益引发了社会公众的不满。2020年11月的一份报告指出，荷兰与英国、卢森堡、瑞士一起贡献了全球55.4%的"企业税收滥用"，是名副其实的"避税天堂"①。单是荷兰一国，每年因企业税收滥用而损失的税收规模就高达9亿美元——与之相比，子女补贴所涉及的金额几乎不值一提，但分摊到每一个家庭的头上，就成了压垮他们的大山。

尽管荷兰财政部已经采取措施，纠正此前不符合实际情况的执法行为，但是子女补贴丑闻持续在媒体发酵，政府的公信力已然因此受损。

三、日本政府推出延期领取养老金的措施

（一）日本政府要求企业延聘员工至70岁

日本《改正高年龄者雇佣安全法》于2020年3月正式表决通过，要求企业为65岁至70岁年龄段的高龄劳动者提供就业机会。只要本人愿意，企业必须保障员工

---

① 王馨：《荷兰总理因育儿津贴丑闻下台：福利国家与新自由主义的斗争》，《界面新闻》2021年1月19日。

有机会工作到 70 岁。2021 年 4 月 1 日，日本政府将正式实施《改定高年龄者雇佣安定法》。这意味着日本社会将正式进入 70 岁退休的时代。这部修正案不具备强制效应，违反了相关规定的企业或企业员工也不会受到法律惩罚。但日本社会普遍认为，日本政府这是在为真正推动 70 岁退休做准备，将来 70 岁退休将成为一项强制性规定。

此前，日本于 2013 年开始实施《老年人雇佣安定法》修订案，只要本人愿意，就可以推迟到 65 岁退休。早在日本政府制定《改正高年龄者雇佣安全法》之前，就有越来越多的日本企业开始自发延长企业员工的退休年龄。雇佣年龄在 65 岁以上员工的日本企业越来越多。如日本最大的家电零售集团之一的野岛电器集团，从 2020 年 7 月 1 日开始，直接将员工退休年龄延长至 80 岁。野岛电器集团对于退休年龄的规定是 65 岁，员工退休后，集团会考虑该员工的健康状况、工作态度和业务能力等情况，与其另行签订为期一年的雇用合同，每年更新直到该员工年满 80 岁为止。

《改定高年龄者雇佣安定法》的实施，有利于给那些想工作的老年人创造稳定的就业环境，有助于缓解养老动力不足和缓解养老储蓄金压力。截至 2020 年 9 月 15 日，日本 65 岁以上老年人约有 3 617 万人，比前一年增加 30 万人；65 岁以上老年人在总人口中所占比例高达 28.7%，比前一年同期上升 0.3 个百分点，在全球高居榜首。然而这部修正案对于日本政府、社会、企业以及企业员工而言，却是一个巨大的挑战。

首先是劳动者的工作积极性问题。虽然可以在企业继续工作，但很有可能无法获得与以前同等的工资，或者无法担任重要职务。在这样的情况下，老年人能够保持的"工作热情"令人担忧。有日本媒体表示，返聘员工待遇不佳问题备受诟病。由于大多数企业实施返聘制，很多老员工 60 岁以后沦为临时工，合同每年一签，随时可能被企业辞退，有调查显示员工返聘后收入较 60 岁以前减少 30% 至 70%。

其次，健康方面也存在隐忧。即便体检没有问题，但随着年龄的增长，难免会出现精力难以集中、经常发生健忘的情况。人上了年纪都会健忘，是否会影响工作是一个令人担心的问题。

(二) 日本政府修改国家公务员的退休年龄

与此同时，2021 年 4 月 13 日，日本政府在内阁会议上通过了将国家公务员的退休年龄从现在的 60 岁逐步提高到 65 岁的日本《国家公务员法》修正案。6 月 4 日,日本参议院全体会议通过了该修订案。根据该修订案,日本政府计划在 2023 年度将国家公务员的退休年龄调整为 61 岁,之后每 2 年提高 1 岁,至 2031 年度时调整为 65 岁。同时,随着对退休年龄的调整,还将引入"管理岗位退休制度",年满 60 岁的人员原则上需要从管理岗位上退下来。其薪资将参考民间企业的制度,调整为管理岗位工资的 70%。

(三) 日本政府提出老年人最晚领取养老金的起始年龄

目前,日本领取养老金的起始年龄原则上是 65 岁,但也可以按照本人意愿提前或推后。从 2022 年 4 月起,日本政府把老年人最晚领取养老金的起始年龄从原来的 70 岁调高到了 75 岁。目前,日本领取养老金的起始年龄原则上是 65 岁,但也可以按照本人意愿提前或推后。如果选择提前领取,每月发放金额就会减少,反之则增加。按最新规定,每推迟 1 个月,每月的养老金发放金额可增加 0.7%,如果从 75 岁才开始领取的话,金额将比 65 岁开始领取增加 84%。之所以日本政府鼓励老年人延迟领取养老金,一方面是为了减轻政府的财政负担;另一方面也是为了推动老年人退休后继续就业,改善少子化、老龄化带来的劳动力不足问题。

四、智利三度修改养老金预支条款

作为南美洲人均 GDP 最高的国家,智利自新冠疫情暴发以来,政府就推行了 50 多项经济和社会援助措施,承诺将国内生产总值的 12.2% 用在这些援助上,以便帮助低收入人群渡过难关。面对有限的资源,智利政府选择优先援助低收入群体,但一刀切的政策,引来了中产阶层的抗议。同时,还有许多收入不稳定的群体因无法证明收入状况而难以获得政府援助。在这个混乱的时刻,为了稳定国内局势,智利三度修改养老金账户的预支条款,引发了较大争议,也引起了对养老金体制可持续性的担忧。

2020 年是智利发布养老金改革第 3500 号法令 40 周年,即智利养老金私有化改革的 40 周年。智利养老金实行个人缴费、个人所有、完全积累、私人机构运营的私有化模式。由于制度运行存在许多问题,许多参保人领取的养老金待遇偏低,日益引发社会不满,智利民众对于养老金政策持续抗议并要求改革声浪不断,甚至要求废除私有化养老基金制度。

随着新冠疫情的暴发,智利经济、民众就业及基本生活遭遇严重影响。智利国会反对党提出了养老金预支法案,即参保人可以提前提取其累计养老保险个人账户余额的10%,依据参保人账户余额的不同情况,可提前提取的最大金额有所不同(见表2.2)。这项法案遭总统皮涅拉坚决反对,一些经济学家也认为这一做法缺乏长期考虑,将增大老年贫困率。由于该法案得到大多数民众的支持,为了自己的政治前途,议员纷纷倒戈,以悬殊的票数批准该法案。2020年7月15日,智利众议院以95票赞成、36票反对和22票弃权,批准通过了养老金预支法案。7月22日,智利参议院正式通过养老金预支法案。

表2.2　第一次提取养老金个人账户的规定

账户余额	可提取金额	支付方式	支付时间
100万比索以下	全额	1次性	提出申请后10工作天
100万—1 000万比索	100万比索		
1 000万—4 300万比索	账户金额10%	2期	第1次:提出申请后10工作日 第2次:第1期支付后30工作日
4 300万比索以上	430万比索		

各家养老基金公司自2020年7月30日起一年内受理预支养老金的申请。7月30日是第一天正式开放提取养老金。估计有1 090万人可提取。截至7月30日晚上8时,已经有340万人网上填写了提取10%养老金储备的申请。申请人数远远超过了政府部门的预估。而登录服务器申请人数过多,导致一些养老金管理公司(AFP)官网出现瘫痪。

智利的各家养老基金管理公司对于养老金预支法案充满担忧。有一家基金管理公司总经理贾梅·穆尼塔表示,"没有人能庆祝众议院批准的决议",因为"预支养老金正在迫使所有劳工用毕生的积蓄来为这场危机的后果买单"。

2020年11月10日,智利众议院以130票赞成、18票反对和2票弃权,批准通过了第二次提取10%的养老金法案,并且以150票全票赞成通过了允许患有绝症的人全部提取养老金方案。此后,参议院也批准了该方案,2020年12月初,智利的参保者可以第二次提前提取养老金个人账户。

2021年4月22日,智利参议院以31票赞成,11票反对,批准第三次提取10%的养老金法案。4月27日,智利宪法法院拒绝受理皮涅拉总统关于认定第三轮养老金提取法案违宪的上诉,相关法案将正式签署生效。皮涅拉总统对法案的反对态度可能导致其支持率进一步下降,而且在智利选举年的大背景下,可能会产生更深层次的政治影响。

据养老金协会的预测,经过第二次提取,在1100万参保人中,有近三分之一的参保人账户已经彻底提取完。为了解决养老金个人账户的亏空,2020年9月,智利政府的经济团队提出了一些养老金改革建议,其中包括对消费增值税从19%提高到20%,其中这1%用于养老金的储蓄。2021年6月,智利养老金协会建议在养老金的未来改革中,将养老保险个人账户的缴费率提高到20%。而这个提议比政府所提出的16%还要高四个点。养老金协会认为,劳动者用提取养老金储备渡过了财务危机,但最后还是他们来填补窟窿。而政府提出缴纳率提升至16%是完全不够的,如果想要改善养老金的替代率,需要将缴纳率提升到20%。

五、一波三折的法国失业金改革付诸实施

长期以来,法国失业制度的弊端是:给予失业者的失业补偿条件十分优惠,领取失业补偿金时间过长。现行的失业制度并没有促使失业者主动和积极地再就业,法国民众对失业者长期领取失业补偿金也存在不满,因此,法国民众也存在改革失业金的愿望。

2019年9月,法国总统马克龙提出了失业救济金改革方案。改革最重要的部分是改善就业市场关系,旨在通过收紧赔付条款和减少短期劳动合同,达到刺激就业活力、且每年节约10亿到13亿欧元的目标。此后,经历了当局与社会各方的协商,对改革方案进行了调整。2020年7月,由于新冠疫情的冲击,法国总理让·卡斯泰确认失业保险改革"延后",但表示改革终将完成,劳工部的首要任务是促进就业,尤其是70万年轻人进入劳动力市场的问题。

失业基金严重收不抵支是改革失业金的重要原因之一。2020年2月疫情尚未暴发的时候,全国失业金管理局预计2020年的赤字是9亿欧元,2021年能结余23亿欧元,2022年结余42亿欧元。但随着疫情暴发,赤字大幅增加。2020年实际产生的赤字是174亿欧元,其中占比最大的不是失业金,而是资助"部分失业"(chômâge partiel)措施,占赤字总量的55%。法国政府在此次危机中,将"保就业"作为重点。而其中最重要的缓冲机制便是"部分失业"的资助措施,即企业的经营

活动如果因疫情停摆、且无力支付薪酬的话,经申报后,政府支付正常情况下员工缴纳社保前毛收入的70%(或者净收入的84%),如果是最低工资标准的话则全额支付。资助部分失业的资金三分之二由政府拨款,三分之一由全国失业金管理局提供。在2020年春天疫情危机最严重的时候,全法有近900万职工申请部分失业。到了2021年1月,这个数字仍维持在210万人。

2021年3月31日,法国《宪报》公布了政府3月初通过的失业保险改革法案,新法案将于2021年7月1日起生效,预计每年节约10亿至13亿欧元的支出。2021年6月22日,法国行政法院(Conseil d'État)宣布,由于引发广泛争议,搁置本来要在7月1日生效的失业金改革法令。

(一) 失业金改革方案的主要内容

改革措施主要包括四方面:

一是以日均工资作为计算基数来决定失业金额。作为每月失业金待遇计算基准的每日工资数额,不再以失业前24个月的工资总额除以在此期间的实际工作天数计算,而以这一工资总额除以这一期间全部天数(即包括未工作天数)来计算。对于那些经常处于失业、就业,再失业、再就业状态的求职者不利。政府认为这种计算方式相对"公平",因为现行的计算方式对经常得到短期合同、经常失业的人有利,对长期连续工作的人不利。

二是对过去享有特殊"慷慨"待遇的部分行业失业保险施行奖惩机制。在法国7个行业的拥有超过11名员工的企业,建立一项"奖励和罚款"制度。这些行业大量使用短期和临时性合同,例如住宿与餐饮、食品、运输等行业。对于滥用短期合同的企业,法国政府将增长其失业分摊金。而那些少使用长期合同雇用员工的企业将获得奖励,可以减少上缴失业分摊金。

三是延长了法国工人申领失业救济金所需满足的必须工作时间。从过去28个月必须工作过4个月增加到24个月必须工作过6个月。

四是高额津贴在失业保险计算中采用递减的办法。失业金的计算方法体现"失业平等,失业金也平等"的原则,高收入者失业后领取的失业补助金减少。失业前每月税前工资在4 500欧元以上的申请者,失业救济金将从领取的第7个月开始减少30%。57岁或以上的员工不会受此措施的影响。最高失业金上限将保持净额6 615欧元。

其中,前两项措施拟于 2021 年夏季起开始施行,后两项将参照劳动力市场运行情况进行调整。此外,受疫情严重影响的部分行业将暂时被排除在改革方案之外。

(二) 失业金改革方案出台以后的社会反响

2021 年 5 月 1 日,法国总工会等工会组织在全国多地举办抗议游行活动,反对失业保险改革。全法游行活动参与者达 15 万人,其中巴黎有 2.5 万人参与;有 56 人被捕,其中 46 人在巴黎被捕。

各大工会都在 2021 年 5 月份提出上诉,反对政府的改革法令。6 月 10 日,各大工会向行政法院申诉改革"将造成直接严重的后果",要求暂停实施。在 3 个小时的听证过程中,面对行政法院法官的怀疑态度,政府始终处于防守的态势。在还有 10 天新法就将实施之际,行政法院在最后关头宣布暂停实施此项改革。行政法院的公告称,当前经济形势极不确定,此项新法不宜从 7 月 1 日起实施。公告进一步明确说,在宣布这个暂停改革的紧急裁定后,行政法院在未来几个月将进一步审理工会提出的彻底取消政府改革令的诉求。

2021 年 7 月 12 日,马克龙总统在讲话中为他的失业保险改革辩护。他指出,在法国,人们应该通过工作来谋生,而不是待在家里,但现在情况并非如此。一些人宁愿失业,因为他们拿到的失业补贴比他们的工资还高。马克龙总统的声明与法国劳工部长穆里尔·佩尼科在 2019 年提出的论点是一样的,即法国有 20% 的求职者得到的失业补贴比他们的工资还高。假设有一个员工,他从事零星的打工,工作也不努力。在 11 个月里,他每个月只工作 8 天,领取法国最低工资(Smic),他的平均月薪将低于 500 欧元。11 个月后,该员工就可以领取失业救济金了(以最低工资标准工作了 88 天)。因此,就业中心需要向他支付每月 920 欧元的失业救济金,总共支付 4 个月。在一段时间内,这甚至高于他原来的"平均工资"。

(三) 失业金改革方案付诸实施

继 10 月 1 日开始实施的修改失业金计算方法之后,2021 年 12 月 1 日起,法国失业保险改革(Réforme de l'assurance-chômage)的另两项新措施正式生效。其内容分别是,提高领取失业金的门槛,以及针对收入较高的失业者提早开始减少失业金的金额。此次改革,受影响最大的人群将是工作不稳定的劳动者、青年人,以及年纪较大但却遭遇失业的管理层(Cadre)。

其中一项涉及领取失业金的条件。过去的要求是在两年内只要工作时间达到4个月,就有领取失业保险的权利。但改革之后该工作时间的要求从4个月提高到6个月。另一项针对的是年龄在57岁以下,且工作时的收入每月超过4 518欧元(净收入约3 500欧元)的失业人群。过去这一人群的失业金第9个月开始逐渐减少;改革之后,这一时间点从第9个月提前到第7个月。

根据法国失业保险联合管理机构(Unédic)2021年4月份公布的一项研究报告显示,第一项上调失业金门槛的措施在实施第一年,会造成47.5万人延迟领取失业金,其中19万人会晚一年甚至更长时间才能符合新的要求,即有权拿失业金。另外28.5万人则要平均多等5个月才能领取失业金。这将特别影响那些徘徊在失业和就业之间,工作不稳定的人群。例如做农活的季节工,以前只要工作一季就可以领取失业金。现在则需要工作两季,才能攒够领失业的条件。另一个受影响较大的则是26岁以下的年轻人,因为很多年轻人还处于就业不稳定的阶段。研究估计,将有16万年轻人会受到新政策的影响。

而第二项措施,对较高收入者提早开始减少失业金。虽然是从12月1日开始生效,但实际要等到2022年6月才会对相关失业者真正产生影响。也就是说12月1日是新的计算起点,从这一日期之后算到第7个月,相关失业者才会看到失业金的减少。

该报告估计,2022年总共将有6万人因此会受到影响。该举措影响的人数显然比第一项措施要少很多。根据法国失业保险联合管理机构的数据,这些受影响的人中,七成为男性,其中三分之二是企业高层。在他们失业原因中最主要的因素是公司经济裁员(Licenciements économiques),占总比例的35%;双方协商后签订终止工作合同的比例占31%,这种情况一般都是雇员希望离开公司。

但上述措施对50岁以上、符合收入条件的失业者的影响会更大。因为这样的失业者一般都很难重新找到既合适、又符合求职者薪资期望的工作。

根据专家的测算,整个失业保险改革,总共将会对170万人产生影响。而在政府方面,2022年预计会因此节省19亿欧元,接下来的2023年则能节省22亿欧元。

六、美国加州的法案公投结果:网约车司机不被归类为雇员

美国法律将劳务提供者分为"雇员"与"独立承包人",形成了"二分法"的法律

结构。如果劳务提供者是雇员(employee)的话,雇主要承担更多的责任,有每小时最低工资要求,要给雇员提供医疗保险、养老、病假、失业保险等多项福利。而如果劳务提供者被界定为独立承包人(independent contractor)的话,雇主则无需给员工提供福利。所以,对于雇主来说,雇佣独立承包商比雇佣雇员会有更低的劳动力成本。

零工经济(Gig economy)是指劳动者以"打零工"形式,把自己的闲暇时间和技能以更为弹性灵活的临时雇佣的方式售卖,并换取经济收入。近年来,互联网,尤其是移动互联网技术可以更快匹配劳动力的供需双方,使得零工经济成为全球的新潮流。零工经济下,劳动者用时间短、灵活的工作形式,取代传统的朝九晚五工作形式,包括咨询顾问、兼职、临时、自由职业、个体经营、副业,以及通过自由职业平台找到的短工等。世界银行发布的《2019世界发展报告》曾提出,未来劳动力市场将会逐渐被零工所主导,这发现正预示着未来全球就业市场的新趋势。

全球兴起的零工经济,使"雇员"与"独立承包人"之间的关系逐渐模糊了,给各个方面也带来了诸多挑战。美国加州的零工经济发展迅速,其用工关系也日益成为争议焦点。2020年11月,美国加利福尼亚州22号法案(Proposition 22)经大多数投票赞成通过。根据该项法案,网约车司机被归类为独立承包人,而不是雇员。同时法律要求网络平台公司为网约车司机提供相当于当地或全州最低工资120%的时薪,为每周至少工作15小时的从业者提供医疗保险补贴,为每周工作25小时的从业者提供更高的补贴。同时,司机还将获得覆盖工伤的职业伤害保险等一系列福利待遇。

(一) 22号法案公投之前的加州相关政策

1. 1989年确立的博雷洛测试法(Borello Test)

1989年,加利福尼亚州最高法院在 S.G. Borello & Sons, Inc.诉 Dept. of Industrial Relations(1989)一案中,确立的判断规则被以后的加州法院广泛遵守,最后演变成博雷洛测试法(又称为Borello测试法)的11个因素标准,以判定某人是雇员还是独立承包商。Borello测试法测试不只考虑一个因素,而是考虑所有可能相关的事实,因此被称为"多因素"测试。

11个因素包括:(1)从事的服务是否与用工方的业务有差异;(2)是否为用工方日常业务的一部分;(3)是否由用工方提供工具和工作场所;(4)工作内容是否要求

提供服务的人购买相关设施或材料;(5)工作是否需要特殊的技能;(6)工作是否通常需要用工方或者专家进行指导;(7)收入的多寡是否取决于管理技能;(8)工作时间的长短;(9)工作关系的持续时间;(10)计算报酬的方式,是基于时间还是工作内容;(11)各方是否相信他们之间存在雇佣关系,这个因素对关系的判断只有一定的影响,但不是重要的考量因素。

2. 2019 年生效的 5 号法案

2019 年,加州众议院以 60 比 1 通过了 5 号法案(Assembly Bill No.5)。该法案是用来界定员工到底是独立承包人还是雇员。根据 5 号法案的规定,界定是否为雇员的标准有以下三条:(A)该员工是否来去自由,是否不受雇佣实体通过绩效考核来控制和指示;(B)该员工从事的工作不在雇佣实体的正常业务范围内;(C)该员工平日就从事此类工作,有独立运营和贸易、职业或业务。必须同时符合三项标准,才能被认定为独立承包人。

5 号法案确立的方法又称为 ABC 测试法,劳务提供者必须符合上述"ABC"全部三个条件,才可被归类为独立承包人。在此之前,Borello 测试法是多因素测试。两者的核心区别不在于因素的多少,而在于分析的起点不同,ABC 测试法预先假设争议的劳资双方是劳动关系,而 Borello 测试法则是预先假设双方不是劳动关系。

5 号法案还列出了很多豁免的行业,可以不适用这个规定,比如证券经纪、地产经纪、律师、会计、自由作家、摄影师等,但并不包括网约车司机和快递员。5 号法案的推出,直接导致像 Uber、Lyft 这样的网约车公司,以及 DoorDash、Instacart 这样的外卖和送货公司,被法院裁定它们雇佣的员工都是雇员。公司必须为员工缴纳社会保险和提供员工福利,导致这些公司的盈利下降,接着 Uber、Lyft 都威胁要在加州停止运营。

更为严重的是,新法律会导致各家公司尽可能控制车队司机的数量,因为要节省雇佣全职司机的各项支出,这意味着大量冗余司机都会失去工作机会,闲置资源无法用于满足乘客需求,从而导致共享经济模式在加州将彻底崩塌。

2019 年年底,Uber 和 Postmates 联合起诉加州政府,要求法院阻止 5 号法案生效。两家公司在诉状中表示,5 号法案违反美国宪法,故意针对共享经济行业。但加州中区法院否决了它们的申请,允许 5 号法案如期在 2020 年年初正式生效。

随后,Uber 等共享经济公司则使出了拖字诀,拒绝在诉讼期间执行法律。针对这些共享经济巨头的拖延战术,2021 年 5 月,加州政府、旧金山、洛杉矶、圣迭戈等加州主要城市联合起诉 Uber 和 Lyft，要求两家公司保证网约车司机在加州法律规定的员工薪酬待遇、劳动保护和医疗福利等待遇。

（二）22 号法案公投的经过及其影响

为了规避 5 号法案的限制，Uber、Lyft 等公司推动了美国加利福尼亚州 22 号法案（Proposition 22）进行公民公投。根据该项法案，网约车司机被归类为独立承包人，而不是雇员。同时法律要求网络平台公司为网约车司机提供相当于当地或全州最低工资 120% 的时薪，为每周至少工作 15 小时的从业者提供医疗保险补贴，为每周工作 25 小时的从业者提供更高的补贴。同时，司机还将获得覆盖工伤的职业伤害保险等一系列福利待遇。Uber、Lyft、Doordash、Instacart 和 Postmates 等网络平台公司共同投入至少 2.5 亿美元资金，用于各类广告宣传，为该法案拉票。

2020 年 11 月 5 日，公投结果揭晓，近 1 000 万张选票中，第 22 提案赢得了 57% 的选票，另有 42% 的选民表示反对，投票率接近 77%。22 号法案的通过，意味 Uber、Lyft 等通过网络平台进行营运的模式，将可不受 5 号法案的约束，依然可以维持让合作司机、外送服务人员等能以独立承包人的身份，通过网络平台承揽服务项目，同时也不用被视为是这些网络平台公司的雇员。而这样的结果，更代表既有零工经济发展模式依然可在加州境内继续维持，让劳务提供者可以依照个人时间弹性接单维持生计，同时加州也能通过 Uber 等网络平台降低失业率。

（三）22 号法案尚未解决的问题

第 22 号法案算是对零工经济企业较为折中的方案，有其进步之处，也存在一些未能解决的问题。

第一，虽然在这些行业不用再强硬执行 5 号法案，但仍需要提供一些社会福利与员工福利给劳工，例如将一小时乘车工资提高至全州最低工资的 120%、为每周工作 15 小时的员工提供医保津贴、每周工作 25 小时者则提供更大幅度的津贴。司机也有机会获得职业意外保险。

第二，零工经济模式符合许多劳动者工作愿望。随着时代变迁，许多劳动者有自己的兴趣爱好，也有家庭需要照料，因此抛开传统的价值观，不愿被雇主束缚，希望能自己掌握工作时间与节奏，使工作与生活更加平衡。零工模式的特色就是高自由、高弹性，因为不是正式聘用的员工，因此工作者可以充分利用自己的闲暇时间去安排工作,不只拿回时间的主导权,有更大的自由去选择工作。

第三,零工经济只能赚快钱,但终究不能解决劳动者群体的长期贫穷问题。因为这些工作大多是体能劳动或低技术类型,例如发放传单、驾驶等,虽然能短期间增加一些收入,但长期来看,是否能够累积技能以及提升人力资本,仍旧是个疑问。加入零工的大量就业者本身就是劳动市场中较为弱势的群体,例如年轻人或是面临失业的中老年人。因此要解决贫穷问题,以长期的眼光来看,应该还要辅助他们增加专业技能,才更有竞争力,解决根本问题。

第四,对于 Uber 等网络平台公司而言,新法案有利于减低人力成本。网络平台公司不需负担员工底薪、请假权益、退休权益,就可坐收满满佣金,可说是非常划算的生意。虽然零工经济看似给予劳动者更多工作渠道,劳动者好像重新掌握了时间的主导权,但仍旧是被企业或共享平台所操控,必须符合企业的游戏规则,才能得到应有的报酬。

七、新加坡提高法定退休年龄

新加坡人均寿命为 84.8 岁,是世界上最长寿的国家。为解决社会老龄化带来的劳动力短缺和养老社会成本增加等问题,同时也充分利用人力资源,让年长者继续贡献经验与智慧,增加养老储蓄和保障,新加坡政府近年来持续提高退休年龄政策。2021 年 3 月 3 日,新加坡人力部长杨莉明在国会宣布,将按照计划在 2021 年 7 月,把法定退休年龄提高到 63 岁,重新雇佣年龄则调高到 68 岁。

(1)法定退休年龄。1999 年,新加坡政府将法定退休年龄从 60 岁提高至 62 岁。此次改革以后,法定退休年龄提高至 63 岁。

(2)重新雇佣年龄(re-employment age)。2012 年,新加坡开始实行《退休与重新雇佣法令》,规定凡是年满 62 岁法定退休年龄的员工,只要健康状况和工作表现良好,雇主都有法律义务为他们提供返聘选择,直到他们 65 岁;2017 年,重新雇佣年龄提高到 67 岁。此次改革以后,重新雇佣年龄提高至 68 岁。

政府的延迟退休政策显著提高了老年人就业率。据新加坡人力资源部统计,2019 年,新加坡 65—69 岁老人中 46% 仍在工作,70 岁及以上老人中 17.6% 仍在工作。未来,新加坡政府还将继续提高退休年龄。李显龙总理曾在 2019 年的国庆群众大会宣布,要在 2030 年之前把退休年龄和返聘年龄,分别提高到 65 岁和 70 岁。

同时,新加坡还将在 2022 年 1 月 1 日上调年长员工的公积金缴费率,政府将承担第一年一半的增幅。政府还将再注资 2.3 亿新元,为企业提前延迟退休和返聘年龄以及非全职返聘所支出的福利费用进行补贴。根据新标准,2021 年 7 月 1 日前将退休和返聘年龄提高到 65 岁和 70 岁的企业,每聘用一名 60 岁以上员工,政府将补贴 2 500 新元。

根据规定,新加坡年长员工的公积金缴存比例也显著提高(见表 2.3)。从 2022 年 1 月 1 日起,不同年龄层的年长员工公积金缴费率会上调 0.5 个或 1 个百分点,一直分步调整到 2030 年。具体缴费办法为,56 岁至 60 岁员工的公积金缴费率从 26%增至 37%,61 岁至 65 岁的员工的公积金缴费率从 16.5%增至 26%,66 岁至 70 岁的员工的公积金缴费率从 12.5%增至 16.5%。

表 2.3　改革前后新加坡中央公积金的缴费率

参保人年龄	雇主缴费率		雇员缴费率		总缴费率	
	改革前	改革后	改革前	改革后	改革前	改革后
55 岁及以下	17%	不变	20%	不变	37%	不变
56—60 岁	13%	17%	13%	20%	26%	37%
61—65 岁	9%	13%	7.5%	13%	16.5%	26%
66—70 岁	7.5%	9%	5%	7.5%	12.5%	16.5%

注:改革前的缴费率为 2020 年的缴费率;改革后的缴费率为 2030 年的缴费率。

第二编

国际残疾人保障制度比较

第三章
国际残疾人保障的发展趋势

残疾伴随着人类的出现就已经存在。目前世界上残疾人口约占全世界人口的15％,意味着全世界有10亿人或多或少地存在某种残疾。随着社会的发展、技术的进步和人们意识的增强,在近100年的时间里,人们对残疾和残疾人的认识经历了从漠视到重视,从偏见歧视到平等对待,从关注个体到关注群体,从帮助照料到享有公平权力,从社会排斥到社会参与,从社会隔离到社会融合的历程。残疾人保障事业的发展,关乎残疾人以什么样的状态生存和生活,是衡量社会进步与文明程度的重要标志。

一、全球残疾人概况

残疾人是世界上最大的少数群体。世界卫生组织和世界银行2011年发表的《世界残疾报告》[1]提到,全球15岁以上人口中有7.85亿带有残疾[2],占该群体的15.6％,而《全球疾病负担》(*Global Burden of Disease*)则估计约9.75亿人(19.4％)带有残疾[3]。在残疾人中,有1亿(《世界健康调查》)到2亿(《全球疾病负担》)有着极为严重的功能障碍。《全球疾病负担》还调查了儿童(0—14岁)残疾的情况,估计有0.95亿(5.1％)带有残疾,其中0.13亿(0.7％)有如四肢瘫痪、失明或者严重抑郁

---

[1] 世界卫生组织,《世界残疾报告》(2011年),https://extranet.who.int/agefriendlyworld/wp-content/uploads/2014/06/WHO-World-Report-on-Disability-Chinese.pdf,2022年9月1日查阅。

[2] World Health Organization, World Health Survey. Geneva:2002—2004.

[3] World Health Organization, The Global Burden of Disease:2004 update. Geneva,2008.

的"严重残疾"①。

(一) 残疾的定义

要了解残疾的情况,需要残疾数据的支撑。然而,残疾在不同国家和地区的定义存在较大差异:界定残疾的标准不统一,残疾的调查方法也不一致。这导致综合归纳各国残疾发生的情况在实际中存在不少障碍。

在现实中,越来越多的国家通过人口普查或者问卷调查的方式统计其残疾情况。在实际中发现,报告残疾发生率相对较低的国家多采用人口普查的方式调查,或者采用范围比较窄的几类损伤进行询问,而这些国家绝大部分都是发展中国家;相反,报告残疾发生率相对较高的国家多采用问卷调查的方式,并且在"身心损伤"的情况之外,还通过活动和社会参与受限来判断受访者是否残疾。尽管目前各国在涉及残疾的问题中,已经开始由早期的围绕"身心损伤"的问题设计更多的过渡到采用"功能受限"的问法,但是不统一的问题仍旧是进行残疾情况跨国比较的障碍。也正是这个原因,大部分发展中国家的残疾发生率低于很多发达国家。另外,如果调查对象包含了在养老机构中的群体,残疾的发生率也会更高。综合考虑这些因素,在实际中很大程度上各国残疾数据的比较没有太多的实际意义。

鉴于上述问题,国际组织致力于推动全球残疾定义标准化和残疾的调查方式方法的统一,促进残疾数据的获取包含稳健、可比和完整的属性。为此,《国际疾病分类框架》(ICF)提供了一个衡量残疾和收集残疾数据的框架,它既不是衡量工具,也不是调查工具,而是一种分类,可以为残疾状态的统计提供标准。

(二) 残疾人的分布②

目前,国际上仍旧采用各国和地区报告的残疾率描述全球残疾人的状况,尽管残疾的发生率在各国存在较大差异,但这些差异并不能直接进行比较从而反映残疾人的地区分布。残疾的跨国比较多根据世界卫生组织(WHO)基于 59 个国家的于 2002—2004 年的世界健康调查和 WHO 全球疾病负担调查(2004 年更新)进行。

---

① 世界卫生组织,《世界残疾报告》(2011 年),https://extranet.who.int/agefriendlyworld/wp-content/uploads/2014/06/WHO-World-Report-on-Disability-Chinese.pdf,2022 年 9 月 1 日查阅。

② 国家调查和人口普查数据不能与世界卫生调查全球疾病负担估计,因为各国之间没有一致的方法残疾定义和调查问题。

2004 年世界健康调查显示,18 岁以上人口的残疾发生率整体为 15.6%,最低的国家为 11.8%,最高为 18%。并且,不论在高收入国家还是相对收入较低的国家,在被调查的 18 岁以上人口中残疾的发生在年龄,性别以及收入上都呈现出一般性的规律。残疾在郊区/农村地区的发生率普遍高于城市;女性的残疾发生率远高于男性,全球女性残疾发生率平均高达 19.2%,而男性为 12%。在年龄上,残疾随着年龄的增长更为普遍。18—49 岁群体中,残疾发生率为 8.9%,50—59 岁人群则迅速增至 20.6%,60 岁以上人口残疾发生率更是增加到 38.3%之多。另外,残疾的发生还与收入状况相关。在收入最低的 20% 群体中,残疾发生率最高,为 20.7%;在最高的 20% 中,残疾发生率最低,为 11%。具体统计参见表 3.1。

表 3.1　残疾发生率—世界健康调查 2004 年

	较低收入国家 (标准误)	较高收入国家 (标准误)	所有国家 (标准误)
性别			
男性	13.8(0.22)	9.1(0.32)	12.0(0.18)
女性	22.1(0.24)	14.4(0.32)	19.2(0.19)
年龄			
18—49 岁	10.4(0.20)	6.4(0.27)	8.9(0.16)
50—59 岁	23.4(0.48)	15.9(0.63)	20.6(0.38)
60 岁及以上	43.4(0.47)	29.5(0.66)	38.1(0.38)
居住地			
城市	16.5(0.25)	11.3(0.29)	14.6(0.19)
郊区/农村	18.6(0.24)	12.3(0.34)	16.4(0.19)
收入五分位数			
Q1(最低)	22.4(0.36)	17.6(0.58)	20.7(0.31)
Q2	19.7(0.31)	13.2(0.46)	17.4(0.25)
Q3	18.3(0.30)	11.6(0.44)	15.9(0.25)
Q4	16.2(0.27)	8.8(0.36)	13.6(0.22)
Q5(最高)	13.3(0.25)	6.5(0.35)	11.0(0.20)
总体	18.0(0.19)	11.8(0.24)	15.6(0.15)

注:1. 统计表格摘录于《世界残疾报告》2011,表 2.1。

2. 残疾发生率已对年龄和性别标准化。根据 2004 年人均国民总收入(GNI),较高收入和较低收入国家的分界是国民总收入 3 255 美元。

3. 调查中对关于"行动困难"问题的答复包括:无困难、轻度困难、中等困难、严重困难和极度困难。根据这些答案积分并综合计算,范围从 0 到 100,其中 0 代表"无残疾",100 为"完全残疾"。划分为"残疾"和"非残疾"的临界得分是 40,代表在日常生活中经受显著的困难。

资料来源:2004 年世界健康调查。

(三) 残疾人的生活情况

根据联合国开发计划署的数据,大约有 80% 的残疾人生活在发展中国家(地区),有 20% 的贫困人口存在某种形式的残疾(世界银行)。调查结果显示,残疾和贫困相互强化。图 3.1 展示了部分国家和地区残疾人口和非残疾人口贫困比例对比情况,可以看出,不论经济发展水平,残疾人生活在贫困线以下的比例都远远超过非残疾人。贫困导致缺乏营养、卫生保健和公共卫生落后,生活和工作条件存在安全隐患,残疾更容易在贫困的地区发生;而贫困人口一旦出现残疾,他们更加缺乏资源应对残疾,形成贫困—残疾的恶性循环。[①]

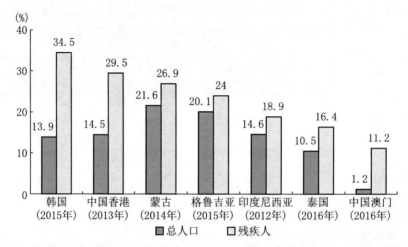

图 3.1　按国家或地区和残疾状况分列的生活在国家或地区贫困线以下的人口比例

资料来源:联合国经济及社会理事会:《亚洲及太平洋残疾人"切实享有权利"仁川战略》执行情况中期审查[②]。

残疾严重阻碍了残疾人的正常工作和生活。联合国教科文组织表示,全球残疾成年人识字率低至 3%,残疾妇女识字率仅为 1%(1998 年开发计划署的一项研究)。全球约有 6 200 万小学适龄儿童身患残疾,发展中国家入学读书的残疾儿童比例还不到 2%。[③]

---

① World Facts and Statistics on Disabilities and Disability Issues, http://www.voiceghana.org/downloads/WORLD_FACTS_AND_STATISTICS_ON_DISABILITY.pdf.

② https://www.unescap.org/sites/default/files/pre-ods/APDDP4_1_reissued13Nov_C.pdf, 2022 年 9 月 15 日查阅。

③ 联合国教科文组织:《关于包容性信息通信技术造福残疾人的新德里宣言:实现赋权》,2015 年 3 月 3 日。

全球的相关数据显示世界上有 3.86 亿处于工作年龄的人患有某种残疾(国际劳工组织,ILO),残障人士的雇佣率(男性 53%,女性 20%)要低于非残障人士(男性 65%,女性 30%)[1]。2004 年美国的一项调查发现,实际上只有 35% 的工作年龄残疾人在工作,而非残疾人有 78% 在工作。三分之二的残疾人失业者表示,他们想工作,但找不到工作(国际残疾人权利监测组织,2004 年)。在一些国家,残疾人的失业率高达 80%。雇主通常认为残疾人无法工作。在美国,接受调查的雇主中有三分之一表示,残疾人无法有效地完成所需的工作任务是他们不被雇用的首要原因(Rutgers University, 2003)。雇主不雇用残疾人的第二个最常见原因是他们担心昂贵的特殊设施(Dixon, Kruse, Van Horn, 2003)。

统计数据显示这些数字还在稳步增长。预计到 2050 年,残疾人人数将达到 20 亿。这是由于人口老龄化(老人有更高的残疾危机)和全球慢性疾病增加(如糖尿病、心血管疾病、癌症和精神疾病)[2]人口老龄化,给残疾人事业的发展提出了挑战。图 3.2 展示了不同国家老年残疾人在残疾人中的占比。在预期寿命超过 70 岁的国家,人们平均有大约 8 年,或 11.5% 的时间生活在残疾中。据估计,60 岁及 60 岁以上的人中,46% 患有残疾。[3]

专栏 3.1　人类寿命延长,但残疾增多

2019 年,人类寿命比 2000 年延长了 6 岁多。2019 年全球平均寿命超过 73 岁,而 2000 年时还不到 67 岁。但在增寿的六年期间,平均只有 5 年为健康寿命。

事实上,残疾率呈上升趋势。在很大程度上,造成死亡最多的疾病和健康状况也是造成健康寿命最大损失的因素。与 2000 年相比,在 2019 年,因心脏病、糖尿病、中风、肺癌和慢性阻塞性肺病而额外丧失的健康寿命总数为近 1 亿岁。

伤害是造成残疾和死亡的另一个主要原因。自 2000 年以来,非洲区域道路交通伤害人数显著增加,死亡人数和健康寿命损失几乎增加了 50%。东地中海区域也存在类似现象,但死亡人数和健康寿命损失增幅略小些(约 40%)。在全球范围内,75% 的道路交通伤害死者为男性。

---

[1]　https://www.who.int/features/factfiles/disability/en/.
[2]　世界卫生组织,《世界残疾报告》(2011 年)。
[3]　https://www.un.org/zh/observances/day-of-persons-with-disabilities, 2022 年 5 月 7 日查阅。

在美洲,吸毒已成为残疾和死亡的一个重要因素。2000 年至 2019 年,美洲吸毒死亡人数增加了近三倍。美洲区域也是吸毒造成过早死亡和残疾并进入健康寿命损失十大因素之列的唯一区域,在所有其他区域,吸毒因素没有进入前 25 名。

资料来源:世卫组织:《2000—2019 年全球死亡和残疾主要原因》,2020 年 9 月 12 日,https://www.who.int/zh/news/item/09-12-2020-who-reveals-leading-causes-of-death-and-disability-worldwide-2000-2019。

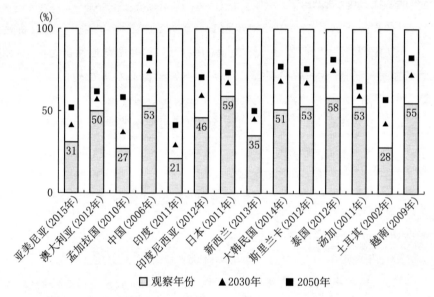

□ 观察年份　▲ 2030年　■ 2050年

图 3.2　部分国家老年人残疾比例(观察年份、2030 年和 2050 年预测)

注:图中大多数国家认为老年人是指 60 岁以上老人,而以下国家的年龄界定有所不同:亚美尼亚,63 岁;孟加拉国、日本和新西兰,65 岁。

资料来源:https://www.unescap.org/sites/default/files/pre-ods/APDDP4_1_reissued 13Nov_C.pdf, 2022 年 9 月 5 日查阅。亚洲及太平洋经济社会委员会(亚太经社会)基于联合国《世界人口展望:2017 年修订本》①以及来自《2021 年残疾问题概述——改善亚洲及太平洋残疾人的就业前景》的残疾人数据计算②。

———————

① United Nations, Department of Economic and Social Affairs, Population Division(2017). World Population Prospects: The 2017 Revision, Key Findings and Advance Tables. ESA/P/WP/248.

② 《2021 年残疾问题概述——改善亚洲及太平洋残疾人的就业前景》,联合国出版物,出售品编号:E.16.II.F.4。

二、国际残疾人保障理念的转变

(一) 残疾定义的演变

在《国际功能、残疾和健康分类》(International Classification of Functioning, Disability and Health, ICF)中,残疾被定义为一个人的内在能力、环境和个人因素之间相互作用产生的功能方面的限制。从这个角度来看,功能的限制可以发生在三个层面:身体功能和结构、活动和参与。例如,如果一个人肢体例如腿部出现残缺,那他/她的腿就无法活动,这时他/她在身体功能层面的功能就会受到限制。这是由于疾病或外伤所致的在医学的帮助下仍无法完全"复原"的器官或结构。这种状态的产生和存在是另外两个层面存在限制的必备要素:如果一个人因为肢体行走困难,他/她会在基本活动水平上受到限制,这是残疾的活动功能限制。换句话说,很难结合身体功能来执行特定任务;如果一个人由于环境障碍(例如无法进入的工作场所)而无法外出工作和生活,那么他/她参与社会活动受到限制,这种限制进一步阻碍了他/她完成与其适应的社会角色。①

由于经济文化和认识上的差异,世界各国对残疾的定义也不尽相同。目前国际上并没有统一的关于"残疾"的定义。联合国 1994 年经济、社会、文化权利委员会第十一届会议第 5 号一般性意见关于残疾人的定义指出,尽管国际上没有普遍接受的统一的残疾的定义,但只要采用 1993 年《残疾人机会均等标准规则》(《标准规则》)中采用的定义便是可被接受的。②《标准规则》指出,"残疾"一词泛指世界各国任何人口中出现的许许多多的各种功能上的限制。人们出现的残疾既可以是生理、智力或感官上的缺陷,也可以是医学上的状况或精神疾病。这种缺陷、状况或疾病有可能是长期的,也可能是过渡的。③残疾的这一宽泛的定义指导着世界不同国家残疾人的认定标准。

---

① https://www.ohchr.org/sites/default/files/Documents/HRBodies/CRPD/UN2018FlagshipReportDisability. pdf,2022 年 9 月 18 日查阅。

② 经济、社会、文化权利委员会第十一届会议(1994)第 5 号一般性意见:残疾人,载于 E/1995/22 号文件,汇编于联合国文献 HRI\GEN\1\Rev.7(2004),http://hrlibrary.umn.edu/chinese/CHgencomm/CHgencomment5.htm,2022 年 9 月 18 日查阅。

③ 联合国《残疾人机会均等标准规则》,1993 年。

当然,残疾的定义并不是一成不变的,它是一个不断发展的概念。①残疾的定义随着不同社会的经济发展水平和文明文化环境而改变。在残疾概念持续发展和演化的过程中,先后出现了两种定义残疾的模式:传统的"医学模式"和与之相对应的"社会模式"。传统上人们对残疾的认知来自"残缺"或者"疾病"。人们认为残疾人之所以遇到各种障碍,是由残疾的状态本身决定的。这种观点暗含着残疾人个体是对残疾及其障碍负责的主体的观念。个人需要借助医学手段恢复其功能,这是残疾在医学模式下的理解。

到了20世纪50年代,美国社会学家戈夫曼(Erving Goffman)及一些学者在研究了精神病患者的庇护所后,提出了将残疾人封闭起来进行照顾而产生的弊病,并针对这个问题提出了"回归社会理论"。学界开始关注残疾在社会层面的内涵。根据这一理论,一些国家的残疾人组织也开始拟订新的残疾概念。这一概念的核心阐释了残疾者个人遇到的限制不但与环境的设计和结构密切相关,而且也与人们的态度密切相关的观点,促进了残疾观由"医学模式"向"社会模式"的过渡。

随后,在20世纪80年代,英国作家和残疾人权利活动家迈克尔·奥利弗(Michael Oliver)创造了残疾的"社会模式"。在这种模式下,残疾的责任主体不在残疾人;相反,残疾被认为是有损伤的人与存在各种障碍(包括物质、态度、沟通和社会障碍)的环境相互作用所产生的结果,是社会环境和非残疾人的态度造成的。虽然"医疗模式"和"社会模式"都承认残疾在某种程度是人与环境非良性互动的结果,但是与医疗模式不同,社会模式认为残疾的责任主体是社会,即认为某个人的残疾是由于社会结构和制度上存在问题而导致的。因此仅仅依靠医学手段对个体的医治无法消除残疾人的障碍,而物质、态度、沟通和社会环境的改善才是消除残疾人障碍壁垒的先决条件。只有消除了社会性的障碍,他们的生活质量才能得以提升,有损伤的人才能够与其他人一样,平等地参与社会。社会模式的提出在很大程度上对医学模式提出了挑战,它作为一种当前接受度更高的残疾观念,正逐步取代"医学模式",影响着残疾人工作和残疾研究。残疾的社会模式已逐渐发展为国际上公认的看待和解决"残疾"问题的方法。②

① 联合国《残疾人权利公约》,2006年。
② 刘文静:《〈残疾人权利公约〉视角下的中国残疾人权益保障:理念变迁与制度创新》,《人权》2015年第2期。

到 20 世纪 80 年代以后,残疾人的待遇和观念已大大改善,对待残疾人"平等、参与、共享"的新理念已逐渐成为被广泛接受的主流观点。在此时期,世界卫生组织在 1980 年发布了《国际损伤、残疾与残障分类标准》(International Classification of Impairment,Disability and Handicap,简称 ICIDH),用来区分对疾病造成的后果及其对个人生活的影响。它对损伤、残疾和残障分别从生理机能、个人活动能力和社会参与三个方面解释了身体疾病可能造成的日常和生活障碍。可以看出,该标准将社会功能纳入疾病后果的考量,将个体承受的"残"和社会带来的"障"加以区分,并强调了损伤的生理功能障碍是个人活动和社会参与障碍的先决条件和直接原因。因此,广义的残疾人泛指生理功能残疾人,而狭义的残疾人指同时具备三个要素的或以社会角色障碍为主的残疾者。

随后世界卫生组织在 2001 年推出《国际功能、残障与健康分类》(ICF),对功能、残障和健康进行分类。ICF 试图融合医学模式和社会模式,整合生物—心理—社会—环境因素,发展出了兼具身心和社会因素的一种新的理论和应用模式。由此,ICF 摒弃了"正常/异常"的二分法,统一将所有健康状态(health conditions)置于"残障—健康"维度之上加以衡量,将残障发展为一个涵盖性术语。一方面,ICF 用功能(function)代替残损(impairment),综合衡量身体功能、活动与参与受限的情况,并用严重程度对活动受限程度进行描述;另一方面,用参与(participation)替代残障(handicaps)。这意味着 ICF 不再从生理残损或是社会的角度去解释残障的原因,而是专注于残障的影响与后果,从一个综合了残障医学模式、社会模式以及残障的普遍经验的全新视角,衡量障碍的状态。①

2006 年《残疾人权利公约》规定残疾人包括肢体、精神、智力或感官有长期损伤的人。这些损伤与各种障碍相互作用,可能阻碍残疾人在与他人平等的基础上充分和切实地参与社会。②《残疾人权利公约》进一步明确和强调了社会态度和社会环境的作用,而残疾是阻碍残疾人参与社会的各种态度和环境障碍产生的结果。通过消除态度与环境障碍,这些人可以像非残疾人一样积极参加社会活动,并享

---

① 鲍雨、黄盈盈:《从偏差到"体现":对"残障"意义的社会学理解》,《北京社会科学》2015 年第 5 期。
② 《残疾人权利公约》并没有将适用范围局限于某些人;相反,《残疾人权利公约》确认肢体、精神、智力或感官有长期残疾的人是《残疾人权利公约》的受惠人。所提的包括这两个字就保证无需限制《残疾人权利公约》的适用范围,缔约国还可以切实保护其他人,比如有短期残疾的人或被他人认为是属于这类群体的人。

受其所有权利。《残疾人权利公约》正式标志着对残疾人的态度和解决残疾问题的模式转换。①

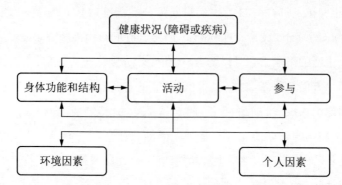

图 3.3　国际功能、残疾和健康分类(ICF)成分之间的交互作用图

资料来源:世界卫生组织《国际功能、残疾和健康分类》,2011 年。

(二) 残疾观念的演变

人们对残疾的理解和对残疾人的态度逐渐转变,经历了从偏见歧视到平等对待,从社会排斥到全面参与,从社会隔离到社会融合的过程。

在人类每个时期、每个社会、每种文化对身体和心理差异都有各自的主流看法。在主要依靠体力劳动生产的时期,残疾意味着进行各种劳动生产存在障碍,甚至失去劳动生产能力。并且,在近现代社会以前,由于人们的无知、迷信和恐惧,残障被认为是不祥之兆,或者被认为是对不道德或者恶行的惩罚,或者被认为是人类进化优胜劣汰的自然选择结果。这些认知造成对人们残疾人的轻视、歧视、侮辱,甚至认为他们没有价值,应该任其自生自灭或被抛弃。这种看法被称为"传统模式"②。尽管随着科技和生产力的进步,社会生产生活对体力的要求逐步减弱,依靠体力劳动进行主要生产的时代慢慢成为过去式,但是人们对残疾的偏见在很长一段历史时期仍然普遍存在。在传统模式下,人们善待残障人的主要态度是同情和怜悯,善待他们的主要方式是关爱与照料,因而也被称为"慈善模式"。在该模式下,残疾人生活质量的改善主要依赖于慈善关爱,而同情、关爱和对福利的依赖则

---

① 国务院妇女儿童工作委员会办公室、国家统计局和联合国儿童基金会:《中国儿童发展指标图集》,2018 年,第十一章。

② 赵森、易红郡:《从个人到社会:残疾模式的理念更新与范式转换》,《残疾人研究》2021 年第 3 期。

可能在非残疾群体中形成对残疾人"等、靠、要"的刻板印象，从而形成更深的反感、排斥与隔离。

科技和文明的进步使人们对残疾的发生和存在有了更科学的认识。人们认识到残疾是疾病意外等客观原因导致的，他们和社会的隔离需要社会的介入和干预。这时主要借助于医疗技术手段来"正常化"残疾人。如果医学手段能够解决残疾人的缺陷状态，残疾人可以融入社会正常生活。但是，在这样的"医疗模式"下，如果医学手段对解决残缺状态束手无策，这些残疾人仍然会被排除在社会之外。

进入 20 世纪，尤其是两次世界大战后，人们对于权利、尊严、平等与"人"之目的有了更多思考，认为残障人虽存在功能局限，但其遭遇的种种问题，很大程度上由充满障碍的社会环境和人们的歧视性态度所造成的，也就是残疾的"社会模式"。在这样的理念下，人们反对歧视残疾人，逐渐接受残疾人，也对残疾人更加包容。社会态度的转变也改变了人们对待残疾人的方式，即消除社会环境中各种有形无形的障碍。尽管这样的社会模式引导人们从一个全新的视角看待残障问题，但是近些年来，关于社会模式的质疑也一直存在。反对观点认为，社会模式过度强调社会层面的作用，但是残疾人自身的身体机能和活动能力确实与非残疾人存在差别，对这个问题的忽视使得残疾人能够经过更多帮助从而在经济社会文化等方面发展的机会减少。

随着经济社会和文化的发展进步，人们逐渐认识到，"任何残障个体或群体都是人类大家庭的平等成员，享有同样的权利和尊严。尊严是人权的核心，残疾人不需要同情以及基于同情的关爱"。联合国在 2006 年通过的《残疾人权利公约》吸收了社会模式而提出人权模式——由以慈善为导向，以医学为基础的传统做法转向基于人权的做法。《残疾人权利公约》的核心是确保残障人享有的作为人所固有的、与非残障人同等的权利和基本自由，这既包含公民和政治权利，也囊括了经济、社会和文化权利。《残疾人权利公约》还强调，残疾人以有责任公民的身份生活，有平等的机会，全面参与各项事务，为社会做出应有贡献，淡化了他们"不能做什么"的想法，而是看他们"能做什么"。需要特别指出的是，《残疾人权利公约》并不是为残障人争取新的权利，而是重申和强调残疾人与非残疾人一样，享有一切共同的基本权利。在这样的理念下，每个个体都是平等的，都应该被尊重。残疾人和非残疾人是社会的平等的成员和建设者，残疾人也是创造社会价值和社会财富的主体，也应分享社会发展的成果。因此，对待残疾人，在医疗手段辅佐和社会环境的改变下,削弱或消除残疾人的个体和环境障碍,提升残疾人的能力,并且以法律的形式明确残疾人的一切权利。尽管没有一个模式能够囊括解释并解决目前残障面临的所有问题,但关于人人平等的思想至少在纸面上已经形成了一定的共识。

专栏 3.2　《残疾人权利公约》的原则

《残疾人权利公约》在如何平等地看待残障问题方面提出了八个原则:

1. 尊重固有尊严和个人自主,包括自由作出自己的选择,以及个人的自立;

2. 不歧视;

3. 充分和切实地参与和融入社会;

4. 尊重差异,接受残疾人是人的多样性的一部分和人类的一分子;

5. 机会均等;

6. 无障碍;

7. 男女平等;

8. 尊重残疾儿童逐渐发展的能力,并尊重残疾儿童保持其身份特性的权利。

资料来源:《残疾人权利公约》。

(三) 残疾用语的过渡

语言的进步源于观念的进步,观念的进步源于社会文明、法律的进步。如何使用与残疾相关的语言仍然存在争议。[①]一些人支持通过使用残疾术语来提升残疾人的地位或以某种方式修复残疾人的形象,而另一些人支持使用准确、简单、中立的语言。但是可以明确的是,不恰当的语言可能让残疾人觉得受到排斥或冒犯,并可能阻止他们进一步充分地参与有意义的社会生活。因此,正确的遣词造句有利于消除非残疾人的优越感和残疾人的自卑感,使残疾人更好地融入社会和日常生活。

残疾人用语其实反映的是我们深层的残疾观。对残疾人有失偏颇的认识会产生无意识、隐性歧视性语言,对他们造成伤害。在对残疾人普遍孤立和歧视的时期,曾经存在很多带有歧视和侮辱色彩的叫法。例如,在 19 世纪和 20 世纪初,存在听力障碍人曾经被称为 deaf(聋子);精神残疾的人被称为 nut(疯子),等等。在医疗

---

① 刘爱姝:《媒体如何杜绝对残疾人的隐性歧视》,《中国新闻出版广电报》2020 年 9 月 10 日。

模式下,还衍生出了和疾病相关的很多称谓,包括用 moron(白痴)或者 dumb(傻子)作为临床用语来区分不同程度的智力残疾;用患者或者病人来称呼残疾人,如"视障患者""精神病人""自闭症患者",等等。这些术语和残疾的临床描述在今天看来都带有侮辱性、冒犯性,但是都曾经被普遍接受。这是由于被认为存在歧视和不尊重的意味,这些词语现在已经成为社交禁忌语。

Disabled 或者 disability 这种描述性的、试图涵盖所有类型的身体、心理、认知、学习或感官残疾的通用术语在很长时间被广泛采用。"Disabled Person"在很长一段时间是普遍使用的对残疾人的称呼。随着"以人为本"的理念不断推广,提到残疾人时,以人为本的语言逐渐成为最广为接受的,也是《残疾人权利公约》里使用的语言。以人为本的语言强调人本身,而弱化残疾,即先提到个人或群体,再提及残疾。例如,"有白化病的儿童"(children with albinism)、"有阅读障碍的学生"(students with dyslexia)、"有智力障碍的妇女"(women with intellectual disabilities)以及"有残疾的人/人士"(persons with disabilities)等表达,强调将"人"放在首位,将残疾状况放在"人"之后。[①]在这样的背景下,albinistic children, dyslexic students, intellectually-disabled women, disabled persons 等说法逐渐退出。[②]这一变化也反映在国际组织的官方场合。例如,1983 年为起点的联合国残疾人十年(UN Decade of Disabled Persons)就是使用"disabled persons"称呼残疾人的,而十年过去之后,在1993 年通过的《残疾人机会均等标准规则》(Convention on the Rights of Persons with Disabilities)中,残疾人的表述被替换为"Persons with disabilities"。近来在欧美地区也有人提出 Disability 也带有歧视意味,残障人应被称为"People of Difference"。

在残疾人的中文表述中也存在类似的情况和变化,比如,用"聋子""傻子"称呼听力残疾和智力残疾,等等。之前被接受的常用的说法和措辞随着残疾观演化逐渐被摒弃。例如,在我国过去以"残废"来指代"残疾"是普遍和常用的做法。"残疾"普遍取代"残废"的叫法之后,人们进一步提倡使用"残障"这一称呼,以"障"反映他们在社会上遇到障碍的现实。"残疾"的叫法又在逐渐被"残障"所取代。在很多情况下,残障已经开始正式出现在官方场合。仅仅一字之差,关于残疾人的称呼上的

---

① 联合国《残疾包容性语言指南》,https://www.ungeneva.org/zh/disability-inclusive-language,访问日期 2022 年 9 月 22 日。
② 中文词组和短语的构成有其特点,"人"通常放在词组和短语的后半部,故"残疾人"或"残障人士"等是普遍接受的说法。

变化反映出人们对残疾的理解从医学模式过渡到兼顾医学、社会和日常经验的多元综合模式的发展过程。①

专栏 3.3　残疾语言的转变

——《媒体报道促进中国残障平等指南》

联合国教科文组织出版的《媒体报道促进中国残障平等指南》向包括新闻教育者在内的全球广大读者推荐和推广残疾语言，以"协力消除针对残障人的污名化和歧视，我们可以提高认识、消除障碍，建立一个包容、无障碍和可持续的世界"。

避免使用	推荐使用
残废、残疾	残障、残障人、残障人士、残障伙伴
正常人、健全人、普通人	非残障人
患者	人、人士、者
瞎子	视觉残障人、视力障碍者、盲人、低视力
跛足、瘸子	肢体障碍者、行动障碍
聋子、哑巴、聋哑人	聋人、听力/听觉障碍者、言语障碍者、听力言语障碍者
截瘫、瘫子	脊髓损伤者、脊髓损伤人士
痉挛性麻痹患者、脑瘫	脑性麻痹后遗症人士
被轮椅限制的/依靠轮椅的人	轮椅使用者
弱智、傻子、白痴	心智障碍者、智力障碍者、发展障碍者
精神病、神经病、疯子	精神障碍者、精神障碍人士
学习无能的、学习困难的	学习障碍人士
天使、蜗牛、星星	儿童/人
身残志坚、自强不息	/
有生理缺陷的、折翼的、不完整的	/
……的风险	……的几率/概率

资料来源：联合国教科文组织：《媒体报道促进中国残障平等指南》，2022 年。

---

① 　鲍雨、黄盈盈：《从偏差到"体现"：对"残障"意义的社会学理解》，《北京社会科学》2015 年第 5 期。

（四）残疾人的法律保护

随着"二战"之后人权运动在世界范围内的开展，对残疾人权利的保护通过残疾人立法立规得到了快速的发展。早在 1948 年，联合国就公布了《世界人权宣言》，规定残疾人享有社会保障的权利。此后，联合国通过了一系列纲领性的决议，进一步指导世界各国的残疾人的立法和政策，落实残疾人的权利保障。联合国于 1969 年颁布了保护残疾人权利的《禁止一切无视残疾人的社会条件公约》；在 20 世纪 70 年代，先后通过了《弱智人权利宣言》（1970 年）、《智力迟钝者权利宣言》（1971 年）和《残疾人权利宣言》（1975 年）。这几份决议意味着残疾事业的工作重点正在从"照料"向"权利"过渡。而《残疾人权利宣言》更是全方位规定了残疾人应享有的各种权利：基本生活权利、公民权利和政治权利、康复权利、劳动权利、受教育权利，以及人格尊严受到尊重的权利。

到了 20 世纪 80 至 90 年代，国际社会对于残疾人的重视程度提高到了一个新的层次。1982 年 12 月 3 日，联合国大会第 37 届会议通过了《关于残疾人的世界行动纲领》（下文简称《纲领》），进一步强调残疾人与健全人权利平等的原则是指每个人的需求都同等重要。[1]《纲领》确定了推行有关伤残预防和伤残康复的有效措施，提出了残疾预防、伤残康复和残疾人机会平等诸方面的任务；分析了完成《纲领》各项目标的先决条件。《纲领》还指出残疾出现的原因，总结了发展中国家残疾人的现状，列举了残疾人参与社会的障碍。最后《纲领》明确它适用于所有国家，要求各国政府设立机构来调查、监督下属机构和非政府组织完成《纲领》所规定的任务。[2]为唤起社会对残疾人的关注，联合国大会还宣布 1981 年为"国际残疾人年"，并确定当年的主题为"全面参与和平等"。为了更好地鼓励会员国执行《关于残疾人的世界行动纲领》，1983—1992 年期间被确定为联合国残疾人十年（UN Decade of Disabled Persons）。残疾人十年的发起掀起了一系列旨在推动残疾人平权和呼吁无障碍环境的运动。《纲领》的通过和残疾人十年的设立，对于推动今后《残疾人权利公约》的制定起到了关键作用。1992 年，联合国通过相关规定，将每年的 12 月 3 日定为国际残疾人日，旨在通过设立一年一度的活动，呼吁对残疾人的关注，促进对残疾的理解，动员全社会维护残疾人的尊严、权利和幸福。国际残疾人日每年设定主

---

① 需要注意的是，此时以"健全人"来区分"残疾人"的表述在残疾人工作发展到今天，已经成为不被提倡的叫法。

② 联合国：《关于残疾人的世界行动纲领》，1982 年 12 月 3 日。

题,指导国际残疾人事业的开展。表 3.2 列举了自 2006 年《残疾人权利公约》通过以来历年国际残疾人日的主题。

表 3.2　2006—2022 年国际残疾人日主题

2006	信息无障碍
2007	为残疾人提供体面的工作
2008	《残疾人权利公约》:人人享有尊严和正义
2009	为所有人实现千年发展目标:赋权给残疾人和其在世界各地的社区
2010	让千年发展目标具有包容性:增强世界各地残疾人及其社区的力量
2011	人人共享美好世界,推动残疾人融合发展
2012	共建更美好世界,造福全民,造福参与发展的残疾人
2013	打破障碍,敞开大门:建设包容所有人的社会
2014	可持续发展:让技术为我所用
2015	融合至关重要:全社会无障碍,赋权所有人
2016	落实 2030 年可持续发展议程,建设人人向往的美好未来
2017	向人人共享具有可持续性和复原力的社会转型
2018	赋予残疾人权力,确保包容与平等
2019	无障碍的未来
2020	更好地重建:朝着一个包容残疾人、无障碍和可持续发展的后疫情世界
2021	残疾人的领导和参与朝着包容性、可访问性和可持续的后疫情世界迈进
2022	包容性发展的变革性解决方案:创新在促进无障碍和公平世界中的作用

　　20 世纪 90 年代以来,联合国相继出台了《残疾人机会均等标准规则》(UN Standard Rules for the Equalization of Opportunities for Persons with Disabilities)和《维也纳宣言和行动纲领》(Vienna Declaration and Programme of Action)。其中《残疾人机会均等标准规则》规定了各国的义务和责任,推动残疾人机会均等化,提出了人权监测机制的构想,在充分考虑各国经济、社会和文化背景的基础上,通过监测机制评估各国对于本规则的执行情况,并以此促进国家之间互相交流和借鉴,并国际惯例。这些规定与联合国《残疾人权利公约》的相关规定有机统一,并为联合国《残疾人权利公约》在国际层面的合作和监测提供了框架性建议。

2006 年 12 月,第 61 届联合国大会通过了《残疾人权利公约》(UN Convention on the Rights of Persons with Disabilities/CRPD,以下简称《公约》),成为人类历史上首部为保护残疾人权利而专门制定的具有法律约束力的国际公约。《残疾人权利公约》要求"缔约国确认所有残疾人享有在社区中生活的平等权利以及与其他人同等的选择,并应当采取有效和适当的措施,以便残疾人充分享有这项权利以及充分融入和参与社区"。在这样的约束下,《公约》详细阐述了残疾人享有的权利并制定了准则,希望能够改变残疾人在社会中被隔离状态,让残疾人更好地融入社会生活。截止到 2022 年 8 月,全球有《残疾人公约》缔约国 185 个,获得了国际社会极为普遍的欢迎和支持。中国于 2007 年 3 月 30 日《公约》开放签署的第一天就签署了《公约》。后经全国人大常委会批准,《公约》于 2008 年 8 月 31 日正式对中国生效。

三、国际残疾人保障的发展方向

(一) 残疾人包容

《残疾人权利公约》自 2006 年通过以来,已获得了 185 个国家的批准,这体现了国际社会为所有人实现一个包容、无障碍和可持续发现的世界的共识和承诺。在所有《残疾人权利公约》缔约国中,92％的缔约国通过了残疾法,60％以上的缔约国采取了禁止劳动力市场歧视残疾人的行动,近 90％的缔约国通过了保护残疾儿童受教育权利的法律,拥有支持包容残疾学生的学校材料的国家比例增加了一倍以上[1]。残疾人享有平等的权利,不应被剥夺教育、就业和为社区作出贡献的机会,这种观念将继续改善残疾人的生活质量和社会参与。

2015 年联合国所有会员国一致通过了《2030 年可持续发展议程》(《2030 年议程》)。《2030 年议程》以平等和不歧视原则作为核心,特别关注边缘化群体,"誓言不让任何人掉队",承诺"首先尽力帮助落在最后面的人"以减少不平等现象,促进包括残疾人在内的所有人的社会、经济和政治融合。为了实现《2030 年议程》的目标,针对残疾人的可持续发展,联合国发展协调办公室 2019 年制定了《联合国残疾

---

[1] 《〈残疾人权利公约〉支持"包容、无障碍和可持续的世界"》,https://news.un.org/zh/story/2022/06/1104582。

人包容战略》。在联合国《2030 年可持续发展议程》和《联合国残疾人包容战略》的指引下,近些年来国际残疾人事业的发展方向进一步强调残疾人包容(disability inclusive),残疾人包容成为残疾事业工作的重点。

1. 利用技术加强包容

联合国秘书长古特雷斯在第 15 届《残疾人权利公约》缔约国大会上强调利用技术加强包容性,使包容、无障碍和可持续的世界变成现实。作为实现所有可持续发展目标的基础,科学、技术和创新在支持包容残疾人的可持续发展方面发挥着关键作用。借助技术和工具,残疾人可以同非残疾人一样正常地参与社会、经济和政治,这也是加强残疾预防和康复的根本目的所在。对于某些类型的残疾人来说,辅助设备和辅助技术可以从教育、就业到休闲、文化、旅游、体育、媒体、政治等所有层面促进包容和全面参与。这些工具可以是硬件设备,如手杖、阅读眼镜、3D 打印机义肢;也可以是更复杂的软件技术,如辅助机器人或手势或情感识别软件。

全球有 10 亿有某种形式残疾的人可以得益于辅助技术的帮助。尽管《残疾人权利公约》承认获得辅助技术是残疾人的基本权利,但是这一目标的实现在现实中存在很多障碍。在世界各地需要助行装置的数千万残障人士当中,平均仅有 10％的人能够获得假肢康复服务使其能够实现社会和经济融入。[1]那些可以受益于助听器的人中,只有 17％真正使用助听器。[2]辅助技术的发展依赖于许多复杂的因素。它需要激励研究人员、技术人员、创造者寻找技术解决方案,需要吸引必要的投资,不仅实现技术突破,而且将技术突破转化为产品带给最终用户。在不少国家几乎所有人都无法获得这些基本工具。因此缩小国家之间的技术差距,扩大技术的普及性,所有人都可以获得、使用和负担得起残疾人通过使用辅助技术,更好地融入社会,是残疾人事业的重中之重。

技术的应用不但可以消除残疾人自身活动的限制,更重要的是可以帮助创建和普及无障碍的环境。无障碍环境指的是一个既可通行无阻而又易于接近的理想环境,包括物质环境、信息交流、获得公共服务的无障碍。无障碍的实现要求产品、设备、服务或环境的设计便于残疾人或非残疾人使用。无障碍环境的体验直接决定着残疾人和老年群体等社会成员的生活质量,使他们可以平等参与社会

---

① 红十字国际委员会:《国际残疾人日:新冠肺炎疫情构成对残障人士的另一阻碍》,2020 年 12 月 3 日。
② 世界卫生组织:《关于耳聋的 10 个事实》,2022 年 3 月 22 日,https://www.who.int/zh/news-room/facts-in-pictures/detail/deafness。

生活。

无障碍环境依赖于技术的进步和支持,例如利用信息通信技术为听力严重残疾的认识提供语音到文字的转换,为他们提供数字图书馆;为视力残疾的人士提供放大阅读器或者文字到语音的转换,为视力不佳的人士提供警告或者运动传感器告知周围的障碍;为智力或者精神残疾提供全球定位系统(GPS)导航;通过自动驾驶技术为视听残疾的人士实现自主驾驶汽车的权利;或者通过语音生成机器为患有运动神经元疾病等不能说话的人士生成语音。①

技术进步的应用除了帮助实现设施无障碍和服务无障碍,还可以助力信息的无障碍获得。②信息无障碍是指在任何情况下,残疾人或者非残疾人都能平等的、方便地、无障碍地获取和利用信息。当前人们获取信息的一个重要渠道是互联网。《残疾人权利公约》特别要求缔约国作出承诺,采取措施,"促使残疾人有机会使用新的信息和通信技术及系统,包括因特网";"促使在早期阶段设计、开发、生产、推行无障碍信息和通信技术及系统,以便能以最低成本使这些技术和系统无障碍"。尽管《公约》还要求各国制定法律法规确保残疾人信息的获得,但是在大多数国家都缺少关于以无障碍格式(例如盲文、音频格式、手语)提供信息或使网站无障碍的法律。即使有相关法律,在实际中也并没有很好地执行。③因此,如何通过技术的进步、普及和应用实现信息的无障碍获取,实现无障碍环境的建设,消除残疾人的活动和参与障碍,对于最终推动残疾人事业进步、实现残疾人包容的可持续发展目标至关重要,这也是残疾人事业发展和努力的方向。

2. 平等参与劳动市场实现包容

残疾人就业机会少,失业概率高。他们在融资渠道、社会资本方面受到限制,并且额外开支过高,再加上公开自身残疾的污名效应造成他们主观上不愿参与工作,残疾人在经济上往往很脆弱,他们在贫困人口所占比例过高。他们的就业问题不仅在于工作机会不平等,还在于残疾人在工作时所经历的不平等——当残疾人工作时,他们通常工作时间更长,收入更低,晋升机会更少,并且长时间失业的风险

---

① 国际电信联盟:《信息通信技术的无障碍获取》,https://www.itu.int/zh/mediacentre/backgrounders/Pages/accessibility-to-ict.aspx。

② 联合国:《残疾包容性语言指南》,https://www.ungeneva.org/zh/disability-inclusive-language/annex-ii。

③ 联合国,Accessibility:A guiding principle of the Convention,https://www.un.org/esa/socdev/enable/disacc.htm。

更大(Tripney et al.，2015)①。残疾人的就业和生计问题越来越受到广泛关注。《2030年可持续发展议程》设定了人人获得体面工作的目标。对于残疾人来讲，促进经济赋权和创业，以推动残疾人平等参与劳动力市场至关重要。

推动残疾人平等参与劳动市场，除了通过法律保护残疾人免受歧视，通过无障碍环境使残疾人融入工作环境和劳动市场，最根本的在于增加残疾人在劳动市场上的竞争力。而提高残疾人的教育水平则是提高残疾人劳动市场竞争力的重要手段。

据联合国开发计划署统计，全球残疾成年人识字率低至3%，其中，残疾妇女识字率仅有1%。高等教育中残疾学生、学者和研究人员比例更低，他们是校园中最边缘、最弱势和最受排斥的群体。②因此，社会充分接纳残疾人的重要一环就是让残疾人也能平等地接受基本教育和优质教育。包容教育有助于社会融合的早日实现。

专栏 3.4　您公司的工作环境是否具备包容性？

1. 公司是否具备可供轮椅通行的无障碍设施，包括无障碍入口、电梯、通道、厕所、报警器？食堂是否提供不同高度的桌椅板凳？是否提供较私密的休息室？

2. 公司的网站和社交媒体，是否为视频和图像提供字幕？影片描述、内容警告等的字体大小和色彩是否易于阅读？是否以多种格式(如Word、PDF、音频、视频等)来发布企业内部信息？

3. 举办活动的环境是否无障碍？提供口译服务？合理定价？餐饮能满足不同族群需求？在官网上提供交通信息？时段适宜？为参与者提供休息室？为活动提供直播或录制影片？

4. 在讨论残疾相关课题或筹备残疾人相关活动时，是否让残疾员工参与讨论和筹办过程？

5. 公司是否为残疾员工提供：

● 公平的薪酬

---

① Janice Tripney, Alan Roulstone, Carol Vigurs, Nina Hogrebe, Elena Schmidt, Ruth Stewart, "Interventions to Improve the Labour Market Situation of Adults with Physical and/or Sensory Disabilities in Low-and Middle-Income Countries: A Systematic Review", *Campbell Systematic Reviews*, 2015, 11:1—27.

② 联合国:《残疾与高等教育:全纳型校园建筑的更优选项》,https://www.un.org/zh/131985.

● 无障碍的申请和面试流程——例如在招聘广告中注明可通过文字、语音、视频等方式进行面试

　　● 设有无障碍设施的工作环境

　　● 灵活的工作安排（兼职、居家办公、灵活工时等）

　　● 让残疾员工能倍感心安、有晋升机会的工作环境

　　资料来源：Carly Findlay，《打破壁垒3大要点：为残疾员工创造公平而包容的工作环境》，《CEO杂志》，2022年3月22日。

　　联合国《2030年可持续发展议程》的可持续发展目标4（SDG 4）着力于确保"包容和公平的优质教育"，促进"全民终身享有学习机会"。2006年联合国《残疾人权利公约》第二十四条承认残疾人享有获得包容性教育的权利。实际上，教育隔离的做法仍然普遍。尽管如此，一些国家的残疾人教育也正在向着包容教育过渡。2020年《全球教育监测报告》显示，对于残疾学生，25％的国家（亚洲国家以及拉丁美洲和加勒比国家为40％以上）立法规定，应在单独的环境中为这部分学生提供教育，10％的国家规定开办融合教育（integration），17％的国家规定提供包容教育（inclusion），其余国家选择将隔离式教育与主流教育结合起来。①取消并行的教育结构，将资源更集中有效地用于单一的包容性主流教育系统，还可以提高效率。然而从经济角度衡量教育包容的成本和收益显然是具有局限性的，从社会成本和价值来看，包容教育的相关裨益涉及好几代人，很难进行量化。包容教育让多种多样的学生进入主流课堂和主流学校，有利于改善残疾学生的学习成绩，有助于树立和增强残疾学生的自尊；在和非残疾同伴相处的过程中，能促使同伴相互理解和接纳，可以防止污名、成见、歧视和异化。

　　包容教育不仅是在学校中如何安置残疾学生的问题。《残疾人权利公约》着重强调要让残疾人进入学校，这不仅打破了历来将残疾儿童排除在教育领域之外或是将其隔离安置在特殊学校中的传统做法，同时也打破了在很多或大部分情况下让残疾学生分班就读的做法。但要做到包容，还需要在校方支持和风气方面做出很多改变。②

----

① 联合国教科文组织：《2020年全球教育监测报告摘要——包容与教育：覆盖全民，缺一不可》，2020。

② 《残疾人权利公约》没有指出特殊学校违反公约，但残疾人权利委员会的近期报告日益倾向于这种观点。《残疾人权利公约》提出了包容性教育，放权各国政府自行处理，公约通过这种方式含蓄地承认了实现全面包容的各种障碍（2020年《全球教育监测报告》）。

专栏 3.5 《关于包容性信息通信技术造福残疾人的新德里宣言：实现赋权》(部分)

呼吁教育领域的所有利益攸关方——决策者、从业者、技术专家、资助者和管理者：

1. 落实两次国际会议(1990 年和 2000 年)和《萨拉曼卡声明》(1994 年)做出的全民教育承诺，目的是确保课程、教—学过程，以及学习环境真正做到包容残疾人；

2. 实现相关公共和私营利益攸关方开展的国际无障碍举措的价值最大化，这些部门针对具体资源，努力推动残疾人纳入知识社会；

3. 权衡两种政策选项——为残疾儿童建立特殊学校，还是将特殊教育纳入主流教育环境，在这两种情况下均应促进相关职业技能的发展以及最先进的主流技术和辅助技术的发展；

4. 关于开放式远程学习(ODL)，认识到必须通过个性化和适应开放式远程学习教学技术的性质的具体行动，才能充分发挥这项技术在残疾人问题上的全部潜能；

5. 由于大多数残疾人生活在较贫困国家的偏远地区，而且信息通信技术的进步为世界各地的成年学习者带来了近在咫尺的开放式远程学习机会，正规和非正规教育的实际教育环境必然不是实现赋权的唯一途径，应在此基础上采取行动；

6. 认识到不仅是天生残疾者或幼年罹患残疾者在包容和赋权问题上面临障碍，听力、视力、行动能力和动手能力衰退的老年人也面临着这些障碍；要解决这些难题，需要专门的辅助技能和资源；

7. 考虑到某些社会的文化因素，但同时要强调在教育、表达自由、信息、就业和赋权等方面不可剥夺的人权；

8. 承认和提倡媒体(机构媒体和社交媒体)以及广大民间社会在培养民众对于残疾人形成建设性积极态度方面可以起到重要作用，包括承认残疾人的需求以及利用特定的信息通信技术和无障碍信息规范来满足残疾人的需求。

资料来源：联合国教科文组织：《关于包容性信息通信技术造福残疾人的新德里宣言：实现赋权》，2015 年 3 月 3 日。

(二) 残疾人数据建设

为确保不让残疾人掉队,实现联合国《残疾人权利公约》和可持续发展目标规定的残疾人的权利,就需要与政策相关的高质量、高时效残疾数据,以掌握残疾人的状况趋势和需求困难,加深对残疾问题的了解、消除障碍,确保残疾人可以在平等的基础上参与社会并作出贡献。残疾数据的收集、研究和相关政策还需要广泛推广和深层推进。[1]

2021年《残疾数据报告》发现,世界上24％的国家的普查数据和65％的调查数据中,没有设置任何形式的关于残疾人的议题。[2]这在一定程度上说明,在许多国家的人口普查和家庭调查中,残障人群仍然是被忽视的。另外,现有的残疾数据和统计在各国之间仍有很大差异,这造成了各国数据的可比性不高。由于各国没有统一的残疾人的定义,各国根据其政策需要调整了实际定义和判断"残疾/非残疾"的标准以收集本国数据。各国对残疾的定义在含义、范围和严重程度上有所不同。基于这样的实际情况,在《世界残疾人报告》中,联合国等国际组织呼吁各国在残疾统计领域中,全面采用ICF方法改善统计数据,改进各统计数据的可比性。具有国际可比性的数据,需要符合残疾人人权方针的概念、按残疾程度分类,反映残疾人生活的各个方面及其多样性。尽管符合国际可比性标准的残障议题,如收集关于功能障碍(如视障、听障、行走困难)的信息已被越来越多地采用,但在180个国家中,只有84个国家的普查数据和16％的家庭调查数据中有国际可比的残障议题。由此可见,虽然大多数国家已经批准了《残疾人权利公约》,对残疾人日益关注,并且多年来可获得的数据大幅增加,但是残疾人数据的建设仍然还有较大的改善空间。

(三) 新冠大流行背景下的残疾人保障

新冠(COVID-19)大流行在很大程度上改变了人们传统的工作方式和生活习惯。对于残疾人来说,新冠大流行更是给他们带来了非比寻常的影响。它加剧了残疾人和非残疾人之间明显的不平等,并产生了新的威胁。应对疫情的限制隔离措施迫使我们居家工作和学习,或是通过虚拟网络会议进行沟通和交流。在这样

---

[1] Mitra, S. and Yap, J.(2022). The Disability Data Report. Disability Data Initiative. Fordham Research Consortium on Disability:New York.

[2] Mitra, S. and Yap, J.(2021). The Disability Data Report. Disability Data Initiative. Fordham Research Consortium on Disability:New York.

的背景下,数字技术被广泛使用,人们对数字技术空前依赖。这种转变也进一步凸显出残障人士在此期间面临的一系列障碍。例如,当学校停课时,许多残疾学生无法获得有效远程学习的技术和辅助设备。①这显示出残疾人享有机会获得所需的设备、能与数字世界联通和获得使用这些设备的技能的重要性和必要性。

许多残疾人需要定期和长期依赖药物和医疗保健用品和服务,以维持其基本的健康。尽管在疫情之前,残疾人获取医疗保健产品和服务的机会就相对不便,在新冠大流行期间,由于普遍采用的社交距离和限制隔离会改变这些产品和服务的获取方式,残疾人获得这些产品和服务更是障碍重重。由于卫生系统中持续的障碍,残疾人的生命损失率要高得多。

在新冠疫情背景下,残疾人还面临获取信息的障碍。例如,对于视觉或听觉残障人士,他们缺少了盲文的帮助或者手语的指导,缺乏屏幕阅读器和字幕,造成的结果是他们不能获取有效的预防新冠病毒的信息和应对疫情的措施,因此比非残疾人面临更高的健康风险。②因此,除了利用无障碍的形式提供信息之外,利用无障碍的方式进行沟通至关重要。包容性通信和包容性数字社会的建设不但在疫情期间有利于残疾人保护和残疾人融合,它更是构建包容性社会,实现《2030可持续性发展议程》的基石。

新冠疫情的持续对全球经济发展带来了一定的冲击,而残疾人成为疫情造成的经济危机的首要受害者。残疾人在疫情中更有可能失业。已经遭受排斥和边缘化的残疾工人往往最先失去工作,最后被重新雇用。虽然残疾人的失业率一直普遍较高,然而疫情期间适龄残疾人就业人数下降的比例超过适龄非残疾人就业人数下降的比例。③并且,根据已有的证据,在经济衰退期间失业的残疾人重返劳动市场的可能性较小。可以想见,这样的趋势会因为新冠大流行重演,残疾人的就业率下降的幅度比实际情况更大。④因此,一方面,各国政府需要给予残疾人更多的财政

---

① 《古特雷斯在全球残疾人峰会上呼吁实现"全面包容"》,2022年2月16日,https://news.un.org/zh/story/2022/02/1099332。

② 《秘书长古特雷斯:新冠疫情增加了全世界十亿残疾人所面临的"障碍"》,https://news.un.org/zh/story/2021/12/1095462。

③ Kessler Foundation, Special Report: Workers with Disabilities in the COVID-19 Economy, 2020. https://kesslerfoundation.org/press-release/ntide-may-2020-special-report-workers-disabilities-covideconomy.

④ National governors' association, Governors' role in promoting disability employment in COVID-19 recovery strategies, 2021.

支持,提供社会保障和社会服务保证残疾人能够在大流行期间保持健康和收入稳定。另一方面,努力创造条件和机会使残疾人享有体面和高质量的工作,以便使他们能够更好地应对疫情造成的就业和经济冲击。这不但是疫情背景下残疾人事业的努力方向,更是使残疾人全面融入社会工作和生活的目标。

第四章
典型国家的残疾人保障制度

残疾在世界范围内无处不在,更不是某个国家和地区特有的情况。如何通过预防和康复减少残疾的发生,通过教育和就业赋能残疾人的持续和高质量发展,通过公共服务消除障碍融合残疾人,不同国家根据自己的经济社会发展情况、社会保障的制度特点形成了残疾人保障的不同理念,这些理念落实在残疾人的保障实践中,发展出不同的残疾保障方式,体现着各自的特点,发挥着各自的优势。

一、美国的残疾人保障

作为发达的资本主义国家,美国对残疾人的社会保障走在当今世界各国前列。经过两个多世纪的历史演变和进步,美国残疾人社会保障已经形成了较为健全的法律法规体系,社会保险与社会福利互为补充,联邦与州政府分工协作,政府提供的社会保障与民间社会组织提供的社会救济齐头并进。

(一) 美国残疾人社会保障的简要历史

与其他传统社会一样,建国之初的美国缺乏系统性的对残疾人的保障政策和制度。政府除了依靠英国的《伊丽莎白济贫法》为残疾人提供基本的生活保障之外,没有其他救助。社会公众也缺少对残疾人的承认和理解,社会性救助主要依靠包括教会组织在内的有限慈善活动而实现。

19世纪中叶开始的工业革命和战争推动了美国残疾人社会保障的起步。[1]工业革命带来的机械化生产使得参加劳动时更容易产生残疾。大规模的矿难、肺病、工伤等问题不但影响劳动力的稳定供给,也催生了劳工阶级的政治抗争,影响社会和政治稳定。同时,在独立战争和墨西哥战争中大量士兵因伤致残,对他们的就业安置也促使美国政府开始为残疾人提供更多的保障。随着残疾人争取自身权利运动的扩大,美国政府在1920年制定了《美国康复法》,奠定了为残疾人提供就业帮助的法律基础。

第二次世界大战后美国残疾人社会保障的程度得到极大提高。这得益于当时的两大趋势。第一个趋势是20世纪50年代开始的民权运动。民权运动最初是由非裔美国人发起和领导的争取平等权利和法律待遇的群体性公民抗争运动,最终转化成为一场为所有美国人尤其是弱势群体争取权利的运动。残疾人权利运动也在这个期间蓬勃发展。全国性的残疾人组织纷纷建立起来,并开始组织示威、静坐等政治活动。残疾人组织也通过游说、影响选举等方式更直接地影响政府的立法和政策。第二个趋势是战后西方福利国家的兴起。虽然美国相对于欧洲国家来说福利规模较小,但受其影响也极大地扩大了对残疾人的社会保障。

在美国保障残疾人权益的最重要的法案是1935年通过的《社会保障法案》(Social Security Act)和1990年通过并于1992年开始生效的《美国残疾人法》(Americans with Disabilities Act)。《社会保障法案》于1956年修订时加入了针对残疾人保障的内容(Social Security Disability Insurance,SSDI),在1972年修订时加入了补充保障项目(Supplementary Security Income,SSI),是目前美国残疾人社会保障的主要制度基础。在社会保险和社会救助之外,美国政府为残疾人建立了包括就业、医疗、康复、社会融入、生活照料、心理咨询和治疗、无障碍建设等在内的福利项目。而《美国残疾人法》是美国残疾人社会保障中最重要的也是最具特色的。该法律将对残疾人的保护定义为对残疾人人权的保护,而不是政府和社会对其进行的施舍或慈善。遵循现代自由主义的积极自由观念,该法律对残疾人的保护目的在于促使生活机会平等化,给予残疾人和其他人同样进行选择的机会。

---

① 关信平:《美国的残疾人保障制度》,收录于谢琼主编:《国际视角下的残疾人事业》,人民出版社2013年版,第259—288页。

(二) 美国残疾人概况

按照《美国残疾人法》，残疾人是指"身体或精神障碍严重限制一项或多项主要生活活动的人，有此类障碍病史或记录的人，或被他人认为有此类障碍的人。"这既包括身体也包括心理残疾，既包括现在残疾也包括有过残疾或者被认为有残疾的人。而且，这个定义不仅包含身体某个部位的障碍，还重点强调这些障碍对生活活动的限制。这也是目前美国政府，医学界和社会学领域对残疾的定义形成的共识。但是在针对残疾人的不同保障项目中，对残疾还可能有不同的界定。

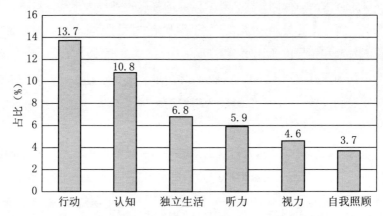

图 4.1 成年人中残疾人占比情况——按残疾类型

资料来源：CDC：Disability Impacts ALL of US①.

美国疾控中心(CDC)利用 2016 年行为风险因素监测系统(BRFSS)的数据，发布了第一份关于六种残疾类型成年人百分比的报告，如图 4.1。这六种残疾包括：行动障碍(行走或爬楼梯严重困难)，听力障碍，视力障碍，认知障碍(难以集中注意力、记忆困难或有困难做出决定)，独立生活(难以独自完成任务)，自我照顾(穿衣或洗澡有困难)。②可以看出，美国对于残疾的定义相当的宽泛。

根据美国人口普查局的美国社区调查(American Community Survey，ACS)，在 2021 年 13％的美国人报告患有某种形式的残疾。美国 CDC《发病率和死亡率周

① https://www.cdc.gov/ncbddd/disabilityandhealth/documents/disabilities_impacts_all_of_us.pdf.

② Erickson，W.，Lee，C.，von Schrader，S.（2022），Disability Statistics from the American Community Survey(ACS)，Ithaca，NY：Cornell University Yang-Tan Institute(YTI). Retrieved from Cornell University Disability Statistics website：www.disabilitystatistics.org.

报》(Morbidity and Mortality Weekly report)显示,在成年人口中,当前有 6 100 万成年人存在某种严重影响生活的残疾,占成年人口的 26％。这意味着,每四位成年人中,就有一位残疾人。其中最常见的残疾类型是行动障碍,每 7 个成年人中就有 1 个受到影响。第二种最常见的残疾类型是认知障碍,其次是独立生活、听力、视力和自我照顾(见图 4.1)。

(三) 美国残疾人的社会保障

1. 社会保障残疾保险(SSDI)

社会保障局(Social Security Administration,SSA)向美国残疾人提供两种形式的残疾福利:社会保障残疾保险(Social Security Disability Income,SSDI)和补充保障收入(Supplemental Security Income,SSI)。社会保障意义上的残疾的界定非常严格。《社会保障法》规定,申请人必须是由于任何医学上可确定的身体或精神损害而无法从事任何实质性的有偿的工作,或者由于医学上确定的健康状况,申请人不能继续从事之前的工作或者适应其他工作,或者这些损害可能会导致死亡或已经持续或正在发生并预计将持续至少一年。2022 年有偿实质性工作的判定标准是月收入超过 1 350 美元(对盲人的要求是 2 260 美元/月)。因此,残疾是从工作状态,严重程度或者身体状况是否符合美国社会保障局列举的一系列身体条件来综合判定的(如表 4.1)①。SSI 和 SSDI 在残疾认定标准上相同,实际上获得医疗保险和医疗救助的残疾认定标准也是一样的。关于个人是否是社会保障局认定的残疾,由各州残疾确定服务机构(Department on Disability Services,DDS)做出初步判断,该服务机构与联邦政府签订合同,并且必须遵守联邦关于残疾的定义,最终由社会保障局确定个人是否存在严重妨碍个人工作的残疾。

除了满足残疾方面的要求,要获得残疾人保险项目 SSDI 的福利还对所参加的工作提出了要求:申请人残疾之前参加的工作缴纳了社会保险,工作了足够长的时间(duration work test),并且是在残疾之前的近期参加了足够长时间的工作(recent work test)。对于视力残疾人,不要求满足近期工作要求的条件(表 4.2),只需要满足累计工作时长要求即可(表 4.3)。

---

① 儿童残疾的界定与成人不同,详见 https://www.ssa.gov/disability/professionals/bluebook/ChildhoodListings.htm。

表 4.1　美国社会保障局对残疾的界定

符合条件的类别	具 体 描 述
肌肉骨骼系统	肌肉无力、活动范围受限、反射迟钝等问题
特殊感官和言语	视力丧失,阅读和看清细节受到限制
呼吸系统疾病	呼吸困难,如慢性阻塞性肺病、慢性支气管炎和肺气肿、哮喘和囊性纤维化
心血管系统	妨碍心脏或循环系统(动脉、静脉和血管)正常工作的疾病
消化系统	消化系统问题,包括肝功能障碍、炎症性肠病、短肠综合征和营养不良等
泌尿生殖系统疾病	导致慢性肾病的泌尿生殖系统疾病
血液系统疾病	会破坏白细胞、红细胞、血小板和凝血蛋白的发育和功能的非恶性(非癌性)血液系统疾病
皮肤病	皮肤问题,包括皮肤或粘膜的慢性感染、皮炎和烧伤
内分泌失衡	导致身体腺体分泌过多的特定激素,功能亢进或过少,功能减退的疾病
影响多个身体系统的先天性疾病	唐氏综合征和其他出生缺陷,包括戴萨克斯症(Tay-Sachs disease)、苯丙酮尿症(PKU)和胎儿酒精综合症等
神经系统疾病	限制身体和精神功能的疾病,如癫痫、肌萎缩侧索硬化症(ALS)、昏迷和早发性阿尔茨海默病
精神障碍	涵盖广泛的精神障碍,包括精神分裂症、抑郁症、双相情感障碍和相关障碍、强迫症、自闭症、饮食障碍以及创伤和应激相关障碍
癌症(恶性肿瘤疾病)	除某些与人类免疫缺陷病毒(HIV 感染)相关的癌症外,所有类型的癌症
免疫系统疾病	影响免疫系统的疾病,包括风湿性疾病、结缔组织疾病和人类免疫缺陷病毒(HIV 感染)

注:表格列举了各种可能的情况,但是并没有穷尽符合条件的每一种身体状况。
资料来源:美国社会保障局①。

---

① https://www.ssa.gov/disability/professionals/bluebook/listing-impairments.htm.

表 4.2　SSDI 申请条件——近期工作要求（recent work test）①

若残障开始于……	那么需要：
在年满 24 岁的季度之前	在截至残障开始季度之前的 3 年内至少工作 1.5 年。
在年满 24 岁的季度之后，但在年满 31 岁的季度之前	从年满 21 岁的季度之后开始至残障开始季度结束的这段时间内，至少工作一半的时间。例：若在年满 27 岁的季度患有残障，则在截至残障开始季度之前的 6 年内需要工作 3 年。
在年满 31 岁的季度之后	在截至残障开始季度之前的 10 年时间内，至少需要工作 5 年。

表 4.3　SSDI 申请条件——工作累计时长要求（duration work test）

如果您在……之前患有残疾	那么您通常需要缴纳社会保险：	如果您在……之前患有残疾	那么您通常需要缴纳社会保险：
28 岁	1.5 年	48 岁	6.5 年
30 岁	2 年	50 岁	7 年
34 岁	3 年	52 岁	7.5 年
38 岁	4 年	54 岁	8 年
42 岁	5 年	56 岁	8.5 年
44 岁	5.5 年	58 岁	9 年
46 岁	6 年	60 岁	9.5 年

资料来源：美国社会保障局，https://www.ssa.gov/benefits/retirement/planner/credits.html。

SSDI 的资金来源为社会保障税（social security tax）。目前工人和雇主各自缴纳的社会保障税为工资的 6.2%，并设定应税工资上限。2022 年的上限为 147 300 美元。该上限每年都会进行调整，以与平均工资保持同步。在工人和雇主各自上缴的 6.2% 的社会保障税中，5.015% 用于支付社会保障退休金和遗属福利，1.185% 用于支付残疾保险。工人和雇主为残疾保险缴纳的合并税为工资的 2.37%，而退休和遗属福利的合并税为 10.03%，总计 12.4%。②

残疾工人每月获得的福利金额取决于他残疾之前在社会保障覆盖的工作的收入。对于每位残疾人可以获得的 SSDI 会取决于其主要保险额（primary insurance

---

① 这些工作都是缴纳社会保障税的工作，每缴一个季度记为一分，工作满一年可以获得 4 分，以此类推。

② https://www.nasi.org/learn/social-security/what-is-social-security-disability-insurance/.

amount，PIA)，PIA 在美国的社会保障制度中是一个非常重要的概念，它决定了工人在达到全额退休年龄(full retirement age)能够获得的养老金额度或者工人残疾之后能够获得的全额补助金额。残疾人本人获得相当于 100％的 PIA 的福利，其符合条件的配偶或子女也可以获得 50％的 PIA 作为福利，但向家庭支付的总金额存在上限。2019 年支付给残疾工人的福利金额约为每月 1 260 美元，大约 36％的残疾工人每月领取 1 000 美元左右的福利。①

2. 补充保障收入(SSI)

美国政府的另一项和残疾人密切关联的福利项目为补充保障收入项目(SSI)。联邦补充保障收入项目的保障对象或者需要收入较低、资产有限，或者年龄在 65 岁以上，或者符合社会保障局认定的残疾人。作为一项救助项目，SSA 会严格审查受益人的经济情况，并进行定期复查，确保其符合受助标准。2022 年联邦 SSI 每月支付给个人的最高补充收入为 841 美元，给夫妻两口家庭的补充收入为 1 261 美元。②SSI 提供的补充收入每年会根据物价指数进行调整。SSI 提供的保障低于贫困线(Federal Poverty Level)，仅为 FPL 的 74％，因为其主要目的是帮助满足残疾人的基本食品、居住和衣服等基本生活需求。由于 SSA 发放残疾福利时对残疾状态做了严格的规定，因此并非所有残疾人都有资格获得 SSI。2019 年，美国 21 岁至 64 岁的非机构的残疾人中，有 17.9％左右获得了 SSI 福利。③

SSI 的资金来源与 SSDI 不同，它来自一般税收，而非社会保障税。各州通常必须向接受 SSI 的人提供医疗救助 Medicaid。相比之下，有资格获得 SSDI 的人通常会在经历 24 个月的等待期后获得免费的住院医疗保险 Medicare part A；除了对应的医疗保险不同，SSI 的受益者在获得 Medicaid 之前不需要经历等待期。

3. 残疾人医疗保障

美国的医疗保障体系以雇主和个人购买的商业健康保险为核心，是世界上商业健康保险最发达的国家。对于老年群体和残疾弱势群体，美国政府提供公共医疗保障：面向全体公民的医疗保险项目 Medicare 和面向低收入等群体的医疗救助

---

① https://www.ssa.gov/policy/docs/statcomps/supplement/2020/5d.html#table5.d2.

② https://www.ssa.gov/ssi/text-benefits-ussi.htm.

③ Erickson, W., Lee, C., von Schrader, S. (2022), Disability Statistics from the American Community Survey(ACS), Ithaca, NY：Cornell University Yang-Tan Institute(YTI). Retrieved from Cornell University Disability Statistics website：www.disabilitystatistics.org.

项目 Medicaid。Medicare 始于 1965 年，它主要为 65 岁及以上的美国人，或者社保局确定的具有残疾状态的年轻人提供健康保险。满足 SSDI 获取条件的通常会自动获得 Medicare，但是使用 Medicare 的福利要求这些人必须已经领取了 24 个月的社会保障残疾福利金，或者患有终末期肾病（ESRD）或肌萎缩性侧索硬化症（ALS，也称为 Lou Gehrig 病）①。Medicare 的承保范围包括某些医院、疗养院、家庭健康、医生和社区卫生服务。

残疾人还能享受 Medicaid 的救助。Medicaid 是一项由州管理的项目，为符合条件的人提供医疗保障。符合条件的群体除了残疾人，还包括低收入孕妇，低收入家庭的子女，寄养儿童，低收入老年人，低收入的父母或照顾者。所有州还提供老年、盲人和残疾人（Aged, Blind and Disabled, ABD）医疗补助。ABD Medicaid 的目标人群为 65 岁及以上的成年人或根据社会保障规定的残疾人，他们也需要满足所在州的 Medicaid 对资产的要求。通常获得 SSDI 的残疾人会获得 Medicare，而获得 SSI 的人可以获得医疗补助（Medicaid），大约有三分之一的 Medicaid 受益人同时获得了 SSI②。据估计，美国大约有 1 000 万人口有资格获得 Medcaid 的医疗补助。

4. 残疾人养老服务

在美国的 65 岁以上人口中，大约有一半都存在残疾。美国老年残疾人在机构养老和居家养老方面都得到政府相应的支持。在机构养老方面，在接受住院治疗之后，残疾老年人可以在私人疗养院接受专业的后续康复治疗。残疾老年人出院后需要继续得到辅助医疗治疗和护理。私人疗养院提供包括医疗救助，医疗保险，药物治疗管理，日常生活活动援助，食宿服务，社交及康乐活动等在内的服务。一般残疾老年人也可以在各种"长期护理中心"获得帮助。这些中心提供舒服的环境和居住条件，也配备简单的医疗设备，为老年人提供生活上的照料。其他养老机构还包括日托服务中心，老年活动社区等。

在居家养老方面，除了家属亲友对残疾老人提供的照顾之外，美国政府还提供生活辅助护理。生活辅助护理为老年残疾人提供上门护理服务，这种护理通常需要生活辅助设施来提供服务，包括：家务管理、伙食、24 小时看护、药物管理、康乐活动、交通。美国各个州政府为生活辅助护理提供金额不等的医疗救助，以及为老年

---

① 与其他残疾人相比，患有 ESRD 和 ALS 的人不必在领取 24 个月的福利金后才有资格获得医疗保险。
② https://www.macpac.gov/subtopic/people-with-disabilities/.

残疾人的生活辅助设施提供财政资助。在居家养老服务中，居民个人、居民社区组织、志愿者和非营利性组织以及私人照料公司是服务的提供主体，政府通过鼓励和扶持性政策参与其中，是组织和管理的主导力量。政府主要负责制定相应政策、基本运作规范和部分财政支持，通过政府购买服务等方式提高福利效率。

（四）美国残疾人教育和就业保障

1. 美国残疾人教育保障

美国政府对残疾人提供了全面而有力的教育保障。在法律层面，除了《美国残疾人法》中的一般性规定之外，美国国会在 2004 年通过了专门的《残疾人教育法》（The Individuals with Disabilities Education Act，IDEA），明确了残疾人受教育的权利以及政府的义务，其目标是为残疾儿童提供与非残疾学生相同的教育机会。学生的学习成绩必须受到以下 13 类残疾中任何一种的"不利影响"时，可以被 IDEA 所涵盖。

表 4.4　IDEA 涵盖的 13 种残疾[①]

1. 特定学习障碍 Specific learning disability, SLD	影响读、写、听、说、推理或做数学的能力的障碍。SLD 是符合 IDEA 要求的最常见的类别。在 2018—2019 学年，大约有 33％的残疾儿童是因为 SLD 而获得 IDEA 的福利。
2. 其他健康损伤 Other health impairment	限制力量、精力或注意力。一个例子是 ADHD，它影响注意力和执行力。
3. 自闭症谱系障碍 ASD	ASD 是一种发育障碍。它涉及的症状很多，但主要影响儿童的社交和沟通能力，也会影响儿童的行为。
4. 情绪障碍 Emotional disturbance	各种心理健康问题都属于"情绪障碍"的范畴。它们可能包括焦虑症、精神分裂症、双相情感障碍、强迫症和抑郁症（其中一些可能也包含在"其他健康损害"中。）
5. 言语或语言障碍 Speech or language impairment	这一类包括言语或语言方面的困难，例如口吃或发音困难。它还涵盖了儿童难以理解单词或表达自己的语言等问题。
6. 视力障碍，包括失明 Visual impairment, including blindness	有视力问题的儿童被认为有视力障碍。这一类别包括部分视力和失明。如果佩戴眼镜可以纠正，则不涵盖在内。

[①] Andrew M.I. Lee, JD, The 13 disability categories under IDEA，https://www.understood.org/en/articles/conditions-covered-under-idea.

7. 耳聋 Deafness	被诊断为耳聋的儿童属于这一类别。这些孩子即使使用助听器也听不到大部分或全部声音。
8. 听力受损 Hearing impairment	"听力受损"是指耳聋定义中未涵盖的听力损失。这种损伤会随着时间的推移而改变。听力困难与有听觉或语言处理的困难不等同。
9. 聋-盲 Deaf-blindness	被诊断为聋盲的儿童有严重的听力和视力障碍。仅针对聋哑人或盲人的项目无法满足他们独特的沟通需求和其他需求。
10. 外形缺陷 Orthopedic impairment	骨科损伤是指儿童身体缺乏功能或能力。脑瘫就是一个例子。
11. 智力残疾 Intellectual disability	患有这类残疾的儿童智力低于平均水平。他们还可能缺乏沟通、自我照顾和社交能力。唐氏综合征是智力残疾的一个例子。
12. 创伤性脑损伤 Traumatic brain injury	由事故或某种体力造成的脑损伤。
13. 多重残疾 Multiple disabilities	患有多重残疾的儿童有不止一种疾病被 IDEA 所涵盖。他们的需求在为任何一个残疾人设计的项目中都无法满足。

《残疾人教育法》包含六大支柱性内容[①]：

（1）个性化教育计划（Individualized Education Program，IEP）。IDEA 要求公立学校为每个符合联邦和州残疾标准的学生制定个性化教育计划。该计划由 IEP 团队来设计。除了学生的父母，IEP 团队必须包括：一名正规儿童教育教师，一名特殊教育教师，可以解释孩子教育评估意义的人，例如学校心理学家，适当或必要的相关服务人员，以及管理人员或特殊教育委员会代表。

（2）免费合适的公共教育（Free Appropriate Public Education，FAPE）。免费适当公共教育被定义为满足下列条件的"特殊教育和相关服务"：在公众监督和指导下，由公众出资，免费提供；符合国家教育机构的标准；在所涉州的学前教育、小学或中学教育，以及提供的个性化教育计划。学校必须为学生提供"强调特殊教育和相关服务的教育，旨在满足他们的独特需求，并为他们继续接受教育、就业和独立生活做好准备"。

---

① https://sites.ed.gov/idea/.

（3）限制最少的环境（Least restrictive environment，LRE）。IDEA 法规要求"在最大范围内，在公共或私人机构或护理机构中的残疾儿童与非残疾儿童一起接受教育"。该条例进一步规定，"只有在残疾的性质或严重程度使得无法通过使用辅助设备和服务进行常规班级教育的情况下，才会发生特殊班级、单独学校教育或以其他方式将残疾儿童从常规教育环境中移除"。换言之，限制最少的环境（LRE）是与典型儿童最相似的环境。如今被理解为常规教室，残疾儿童被尽可能地纳入"常规"教室。在这种环境中，残疾儿童可以在学业上取得成功。

（4）适当评估。DEA 评估法规的目标是帮助减少错误识别的数量，提供多种评估工具和策略，禁止将任何单一的评估作为学生是否被安置在特殊教育服务机构的唯一标准，保护免受种族或文化歧视的评估措施。总体而言，适当评估的目标是让需要帮助的学生获得适当的帮助，并帮助他们实现各自 IEP 团队设定的目标。

（5）家长和教师参与。家长和老师需要愿意沟通和合作，以确定与学生合作和为学生提供信息的最佳方式。家庭和教师在 IEP 团队中共同确定目标、确定限制最少的环境（LRE），并讨论影响每个学生的其他重要因素。在整个 IEP 和特殊教育的过程中，家长和家庭应了解最新情况，并随时知晓有关学生的任何决定。父母还应该能够提供有关孩子的宝贵意见，以确定教育目标。

（6）程序保障。IDEA 包括一套完整程序保障，旨在保护残疾儿童及其家人的权利。家长和老师都可以对他们认为不适合学生的任何决定提出质疑，以确保残疾儿童获得免费合适的公共教育。

在保障残疾人教育中，美国联邦政府的角色主要体现在制定支持性的政策，向州政府提供大部分依据残疾人教育法案的财政开支，由州政府对残疾人提供资金补助。这些项目具体包括[1]：

（1）所有残疾儿童资助（Assistance for Education of All Children with Disabilities）。这个大类主要包含两个项目："grants-to-states"（资助到州项目）和"preschool grants program"（学前资助项目）。这两个项目向各州提供用于残疾儿童教育的联邦资金，要求为 3 岁至 21 岁的残疾儿童提供 FAPE。州内各学区必须确定、定位和评估所有残疾儿童，以确定哪些儿童有资格获得特殊教育和相关服务，随后由 IEP

---

[1]　Kyrie E. Dragoo, The Individuals with Disabilities Education Act(IDEA)Funding: A Primer. August 29, 2019(R44624)EveryCRSReport.com.

团队为每个接受服务的孩子创建个性化的教育计划。这两个项目是联邦最大的残疾人教育资助项目。在2019财政年度,按IDEA要求的拨款总共约134.5亿美元,其中大约95%用于资助这两个项目。

(2)残疾婴幼儿资助(Infants and Toddlers with Disabilities)。这一类资助也包含两个项目,一个是针对0—3岁婴幼儿的早期干预(early intervention services to infants and toddlers with disabilities ages birth to three years)。这个资助旨在帮助每个州建立和维护一个为残疾婴幼儿及其家庭提供早期干预服务的全州、全面、协调、多学科、跨机构系统。这些婴幼儿在身体、精神或其他能力方面很可能会"发育迟缓",该资助项目针对每个残疾儿童仔细制定个性化的家庭服务计划。另一个是针对3—5岁儿童的补助补贴项目(supplementary grants to states for preschool programs serving children with disabilities ages three through five)。

除了向州政府机构的财政资助,联邦政府还直接面向高等教育机构或其他社会组织,提供用于研究和改进服务的"选择性资助"。例如,联邦资助过"州特殊教育人才发展项目""特殊教育数据收集技术支持项目",以及"特殊教育全民活动的技术支持和传播项目"等。①

图4.2展示了根据2019年ACS数据统计的21—64岁残疾和非残疾人口受教育情况。在这一年龄段的残疾人中有18%的受教育水平低于高中,34.5%获得了高中或者相当的文凭,31.8%接受了大学或相当水平的教育,15.7%的残疾人获得了本科及以上的学位。和非残疾人相比,他们接受的教育较低,接受高等教育的比例比非残疾人低了20个百分点。从数据看,美国残疾人接受教育的情况要远远领先于其他国家。例如,在2015—2016学年,本科生和12%的研究生群体报告患有残疾的比例分别为19%和12%。②但是因为各国残疾的定义大相径庭,因此对数字的解读需要加以注意。然而,美国对残疾人相对宽泛的定义也体现了美国对残疾人和残疾学生提供了广泛的支持和保障。

2. 美国残疾人就业保障

反残疾人就业歧视是残疾人保障的重要组成部分,对于保障残疾人的平等权,提高残疾人的就业率具有重要意义。美国联邦通过制定一系列的反残疾人就业歧

---

① 朱逸杉:《美国残疾人社会保障政策概况》,《残疾人研究》2012年第2期,第71—76页。
② Factsheets: Students with Disabilities in Higher Education. September 26, 2022, https://pnpi.org/students-with-disabilities-in-higher-education/.

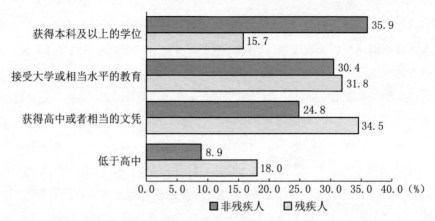

图 4.2　美国 21—64 岁残疾和非残疾人口受教育情况：2019ACS[1]

视的法案来保障残疾人就业权利的实现,与之相关的两个最重要的法案是《康复法》(The Rehabilitation Act)和《美国残疾人法》(The Americans with Disabilities Act)[2]。

1973 年的《康复法》(Rehabilitation Act of 1973)是最早旨在保护残疾人权益和促进残疾人就业的重要法律之一。《康复法案》被许多州接受,其许多概念后续也被 1990 年的《美国残疾人法案》采用。《康复法》含有禁止在就业中歧视残疾人的条款。例如第 501 条,该条要求所有联邦部门、机构和其他执行机构不加歧视或尽职尽责地"雇用、安置和晋升"残疾人,并且他们具有"提供合理便利条件"和采取"积极扶持性措施"的义务。第 503 节要求,当联邦部门或机构与交易对方签订超过10 000 美元的合同时,必须在合同中加入一项条款,即规定对方在雇用人员履行合同时必须采取"积极方式"雇用或晋升"合格的残疾人"。第 504 条规定,在联邦资助的项目或活动中,残疾人不得因残疾而被排除在外、被剥夺福利或受到歧视。这一规定与资助金额无关。联邦资助的对象包括政府部门、教育机构(如大学)以及接受资助的公司、合伙企业或其他私人组织。

《康复法》强调政府机构应为私人企业和机构树立榜样,并承担更多的责任。它的主要规制对象是公共部门,即联邦部门、联邦政府采购合同当事人、接受联邦

---

[1] Erickson, W., Lee, C., von Schrader, S. (2022), Disability Statistics from the American Community Survey(ACS), Ithaca, NY: Cornell University Yang-Tan Institute(YTI). Retrieved from Cornell University Disability Statistics website: www.disabilitystatistics.org.

[2] U.S. Department of Labor, Office of Disability Employment Policy, Employment Laws: Disability & Discrimination. http://www. dol. gov/agencies/odep/publications/fact-sheets/employment-laws-disability-and-discrimination.

资助的机构，并没有直接针对普通雇主的反歧视措施，因此，适用范围较窄。

1990 年的《美国残疾人法案》是美国第一部禁止对残疾人进行就业歧视的综合性法律。①《美国残疾人法》第一章就对残疾人的就业作了规定。例如，禁止雇主（包括城市和乡村）歧视符合就业条件的残疾人士，禁止雇主在相关就业过程中歧视残疾人，他们不得在"申请程序"中歧视残疾人，也不能在"雇用""晋升""解雇""薪酬""职业培训"方面歧视残疾人。为了不给小企业带来负担，《美国残疾人法》仅适用于雇用超过 15 名员工的雇主。如果残疾人在就业中遭受歧视，他们可以向美国联邦就业平等委员会提出投诉，并有机会根据联邦法律采取法律行动。

除了上述两个法案，很多政府政策也涉及残疾人就业权益的保护。例如，2000年时任美国总统克林顿颁布了 13163 号总统行政令，要求联邦政府和部门为残疾人就业做出更多努力，在 60 天内递交改进计划，以提高残疾人在联邦政府工作的机会，提出在 5 年之内残疾人在联邦政府和相关机构的雇佣人数达到 10 万人。②2010 年时任美国总统奥巴马颁布了 13548 号总统行政令，提出了联邦政府作为美国最大的雇主，必须在保障残疾人就业方面起到榜样作用。这项行政令要求联邦政府部门和机构提高残疾人的招聘、雇佣，以及保留残疾员工。该行政令也继续采用 13163 号行政令中的目标，提出在 5 年时间之内在联邦机构内残疾人雇佣人数达到 10 万人。③

在法律的基础上，美国形成了比较完备的由社会保障局、项目管理者、就业网络、持有工作许可证的残疾求职者多方组成的残疾人就业支持体系。社会保障局会挑选合适的项目管理者和就业网络进行合作，协调项目管理者、就业网络和残疾求职者之间的关系。项目负责人负责监测就业网络，以确保残疾人获得充分和适当的职业培训和就业服务。就业网络是由社会保障部批准和资助的组织，为希望工作并持有工作许可证的残疾求职者提供职业培训和其他就业服务。就业网络包括州或地方政府机构、一站式职业中心、州职业康复机构、学校、社区和宗教组织、独立生活中心和残疾人组织。需要注意的是，就业网络的一站式就业中心是一个非常宝贵的就业资源，为求职者提供一系列免费的就业服务，包括：工作机会、职业

---

① 李成：《美国禁止残疾职业歧视法律制度研究》，《四川师范大学学报（社会科学版）》2011 年第 2 期，第 36—43 页。

② Presential Document, Executive Order 13163 of July 26, 2000, Increasing the Opportunity for Individuals with Disabilities to Be Employed in the Federal Government, Federal Register, Vol. 65, No.146, Friday, July 28, 2000.

③ Presidential Documents, Increasing Federal Employment of Individuals with Disabilities, Federal Register, July 30, 2010, Vol.75, No.146.

培训、雇主搜索、简历写作技巧、在线信息发布、面试技巧、职业资源、在线资源、失业救济金、失业援助申请等。①

不但对残疾人职位的需求方，政府提供全方位的支持；在残疾人职位的供给方面，为了激励企业雇佣残疾人，保障残疾人就业，美国向雇佣残疾雇员的雇主提供税收优惠政策。例如，雇主每雇佣一个持有工作许可证的残疾人，且雇主提供的工作时间和工作待遇符合最低标准，将得到不低于 20 000 美元的现金补贴。雇主雇佣受过职业康复训练的残疾人，并向工作一年的残疾人提供适合的工资，可以获得 25%（120—400 小时工作时间）或者 40%（工作时间多于 400 小时）工资金额的税收优惠。与很多国家不同，在美国企业雇佣残疾人享有的税收优惠是以雇佣单个残疾人为基础的，相较于需要满足一定残疾人就业率的要求，按单个残疾人兑现税收优惠更加灵活和方面，促进残疾人就业则仍容易实现。

根据美国 Current Population Survey(CPS)数据，就业年龄段残疾人口就业率和劳动参与率均为非残疾人口的约 50%，失业率是非残疾人口的 1 倍。美国 American Community Survey(ACS)调查数据还显示，在 2019 年残疾人的年平均收入为 42 400 美元，略低于非残疾人 50 500 美元的年收入水平。尽管劳动参与率和就业率较低，但是残疾人的工资水平却和非残疾人比差距不大。

（五）美国残疾人保障制度的启示

美国是一个高度市场化的国家，医疗和养老保障也主要依靠发展市场化的医疗保险和养老保险，因此美国不像欧洲等很多福利国家，提供涵盖包括残疾人在内的全民医疗保障。但是，美国政府建立了一系列支持残疾人的社会保险、生活补助、就业保障、养老医疗、教育服务等方面的社会保障和福利政策，以"机会平等、正常对待"的发展理念服务残疾人。美国作为一个发达国家，在残疾人的定义上尤其宽泛，充分体现了以"障"来界定和保障残疾人的观念。正因为这样，其全方位的残疾人保障和福利涉及的范围非常广泛，并重视通过法律法规保障残疾人权利的实现。在为残疾人提供基本保障和救助之余，美国还尤其重视为残疾人"增能"。一方面，关注婴幼儿可能发展成残疾的情况，尽早提供补贴和帮助，预防残疾的发生；另一方面，对接受教育过程中遇到的障碍给予充分的考虑并提供可以灵活实现教育的方式和途径；其次，在保障残疾人就业方面，并不像很多国家采用的，要求企业践行社会责任吸纳一定比例

---

① 曾真：《美国残疾人社会保障研究》，武汉科技大学文法与经济学院硕士学位论文，2011 年。

的残疾人就业,而是通过正向激励,企业雇佣培训每一位残疾人都会通过税收优惠的方式得到鼓励。企业压力减轻的同时,实现了残疾人就业。除此之外,政府部门发挥表率作用,成为帮助残疾人就业的主要责任主体。这些为残疾人兜底保障和增能赋权的方式,在一定程度上为我们完善残疾人保障事业提供思路。

表4.5　美国残疾人和非残疾人就业情况:16—64岁

	残疾人				非残疾人			
	2022*		2021		2022		2021	
	16—64	16+	16—64	16+	16—64	16+	16—64	16+
劳动力参与率	38.80%	23.70%	35.10%	21.30%	76.90%	67.50%	76.50%	67.10%
就业人口比率	36.50%	22.30%	31.40%	19.10%	74.40%	65.30%	72.50%	63.70%
失业率	6.00%	5.80%	10.80%	10.10%	3.30%	3.20%	5.20%	5.10%

注:16—64岁被普遍认为是就业年龄人口。＊截至2022年11月。
劳动力参与率:等于劳动力(就业和失业的总和)除以全体人口(无军职、非机构人员)。
就业人口比率:等于就业人口除以全体人口(无军职、非机构人员)。
失业率:等于失业人口除以劳动力人口(就业人口和失业人口之和)。
资料来源:美国劳动统计局,Current Population Survey, CPS, https://www.dol.gov/agencies/odep/research-evaluation/statistics。

二、老龄化社会的残疾人保障——日本

(一)日本残疾人概况

1. 残疾人定义

日本关于残疾人的定义借鉴了国际上的通用概念。2006年第61届联合国大会上通过的《残疾人权利公约》中,将残疾人明确定义为"包括肢体、精神、智力或感官有长期损伤的人,这些损伤与各种障碍相互作用,可能阻碍残疾人在与他人平等的基础上充分和切实参与社会"。1970年日本制定了《身心残疾人对策基本法》,对"身心残疾"进行了界定,可理解为与肢体、感官等有关的残疾;1993年日本国会对该部法律进行了修订,并将该法名称改为《残疾人基本法》,并对残疾人的定义进行了补充,增加了"精神残疾";2011年的再次修订将"发育上的残疾"纳入了残疾的范畴,残疾人的定义再次得以扩充和完善。发育残疾人一般都有高度自闭症、埃斯博格综合征、其他广泛发育性障碍、学习障碍等症,在身体、智力和精神的分类框架下

很难对其进行帮助。自此在日本的相关法律上，对残疾人界定包括身体残疾人、智力残疾人、精神残疾人和发育残疾人。

2. 残疾人口现状和特点

根据厚生劳动省公布的数据，截至 2021 年日本的残疾人人数为 963.5 万人，占人口总数的 7.6%，与 2018 年的 7.4% 相比有所增加。其中，身体残疾为 436 万人，智力残疾者为 108.2 万人，精神残疾者为 419.3 万人。[1]在日本，残疾人持有残疾证以享有相应的残疾人权益，残疾人证包括残疾人手册、特殊教育手册和精神残疾者保健福利手册。根据日本 2020 年社会福利管理和服务报告与公共卫生管理和服务报告，日本持有这三种手册的人数分别为 4 997 249 人、1 178 917 人和 1 180 269 人。[2]根据评估数据，日本残疾群体中主要以身体残疾为主，占总人口数量的比重约 3.4%；精神残疾占比也较高，占日本总人口数的 3.3%；智力残疾人口占总人口的比重约为 9%。这或许也是日本现有的关于残疾人保障政策大多倾向于身体和智力残疾者，对精神残疾和发育残疾者的保障相对滞后的一个原因。随着时代的进步和相关制度的完善，对后两种残疾人的保障和发展问题也逐渐被大家关注。

表 4.6　按年龄组别划分的身体残疾人口比重变化情况

（单位：每千人）

年份	总共	年龄（岁）							
		18—19	20—29	30—39	40—49	50—59	60—64	65—69	70 及以上
1955	14.5	5.3	7.1	14.5	16	20.6	25.4	25.4	29.4
1980	23.8	3.5	4.9	7	16	33.7	55.8	68.7	87.6
2006	32.7	4.5	4.1	6.1	11.6	24.4	48.9	58.3	94.9
2011	35.2	4.3	4.2	6	10	19.8	44.1	53.5	105.4
2016	39.9	4.1	5.9	6.4	9.8	20.3	40.6	56.1	104.3

注：以统计局《全国人口普查》和《人口估计》中 18 岁以上的人口为基数，计算每千人口中身体残疾人数。

资料来源："身体残疾人士调查"和"居家残疾人士调查"，卫生部和残疾人士福利局、社会福利及战争受害者救济局、厚生劳动省。

---

[1]　Shiho Futagami & Erja Kettunen, 2022, "Employment and Human Resource Development of Disabled People in Japan and Finland: A Comparative Study from the Perspective of Diversity, Inclusion, and Decent Work", Contributions to Economics, in: Bernadette Andreosso-O'Callaghan & Serge Rey & Robert Taylor (ed.), *Sustainable Development in Asia*, pp.31—53, Springer.

[2]　根据日本厚生劳动省 2018 年公布的评估数据，日本实际残疾人数与拥有残疾人证书的人数不完全一致。

表 4.7　按年龄组别划分的智力残疾儿童/成人人口变化情况

（单位：每千人）

年份	0—9 岁	10—19 岁	20—29 岁	30—39 岁	40—49 岁	50—59 岁	60 岁及以上
1995	2.8	4.1	4.1	2.1	1.7	1.2	0.5
2005	4.9	6.6	5.7	4.8	2.8	1.6	0.7
2011	5.4	9.6	8.2	7	4.6	2.6	2.1
2016	9.4	13.8	14.8	7.7	6.7	4.7	4.3

注：以统计局《全国人口普查》和《人口估计》中 18 岁以上的人口为基数，计算每千人口中身体残疾人数。

资料来源："身体残疾人士调查"和"居家残疾人士调查"，卫生部和残疾人士福利局、社会福利及战争受害者救济局、厚生劳动省。

表 4.6 和表 4.7 列出了身体残疾和智力残疾人口自 1955 年以来的变化情况。[1] 一个明显的趋势是，不论身体残疾还是智力残疾，在 1955 年到 2016 年的近 60 年间，残疾的发生率都显著提高。身体残疾人口比重和 1955 年相比，增加了近 2 倍。另一个显著的特征是，伴随年龄的增大，身体残疾的人口比重也不断增加。65 岁及以上人群中超过 5.6％的老年人口面临身体残疾的问题，70 岁及以上身体残疾的人口超过 10％。在智力残疾方面，根据日本厚生省公布的 2016 年的调查数据中，年龄较低的人口中智力残疾比重相对较高，10—19 岁的青少年人口中，智力残疾的比重为 1.38％；20—29 岁年轻群体中，智力残疾的比重为 1.48％。并且在两类残疾人中有一个共同的发展趋势：高年龄组的残疾发生比重以更快的速度增长。18—19 岁群体中，肢体残疾的比重在 2016 年相较于 1955 年还略有下降，但是，70 岁以上老人的身体残疾发生率增加了两倍多。在智力残疾方面，10—19 岁群体残疾发生率增加了一倍，而 60 岁及以上的群体，残疾发生率增加了 7 倍多。由此可见，在老龄化的日本，老龄残疾问题尤为突出。

（二）日本残疾人社会保障体系

日本结合自身的东亚文化特点建立了统分模式的残疾人社会保障，主要包括社会保险、社会福利和社会救助。第一，日本的残疾人原则上免费享有医疗保险、年金保险、健康护理保险、雇佣保险等社会保险。第二，日本残疾人的康复服务费用基本也由政府承担。第三，日本针对生活较为困难的残疾人提供社会救济。

---

[1]　关于精神残疾人口数量的变化，我们暂未查到日本政府的官方公布文件。

1. 养老保险

日本的年金制度,即养老保险制度,为残疾群体提供了第一道保障。日本的年金制度分为"公共年金"和"私的年金"两种。"公共年金"包括国民年金、厚生年金和共济年金。国民年金也被称为基础年金,20 岁至 60 岁的国民都依法加入国民年金制度。2022 年 4 月至 2023 年 3 月的国民养老保险的月度缴费金额为 16 590 日元。如果已经缴纳 10 年以上的国民养老保险,65 岁时,每年可以领取 777 800 日元的国民年金。厚生年金指参与工作的职工所加入的年金制度,具有强制参加的性质,企业或事业单位只要有 5 位以上的正式职工就必须加入厚生年金,受保人的月标准收入金额(上限 65 万日元)以及标准奖金额(上限 150 万日元)的 18.3‰由受保人与企业经营者各自承担一半。①共济年金指公务员可加入的年金制度。厚生年金和共济年金又被合并成为"雇员年金"。

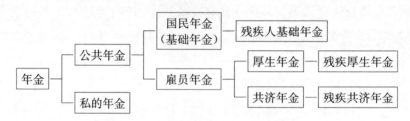

图 4.3　日本年金制度的组成

"私的年金"包括企业年金和个人年金。有些企业会设立企业年金,为雇员退休后过上较为富裕的老年生活提供补充保障;个人年金主要指个人储蓄或个人购买的保险产品。

各项年金中都设置了针对残疾人的年金:残疾基础年金、残疾厚生年金和残疾共济年金。在加入国民年金期间,如果发生了残疾,在满足了一定缴费条件的情况下,残疾人可以领取基本年金。参加年金制度的残疾人在缴费时可以享受优惠政策。残疾人基本年金还根据残疾的等级发放不同的年金,残疾等级较高的残疾人享受的年金水平高于老龄基础年金。②2022 年残疾人每人每年可以获得 777 800 日元(2 级残障)至 972 250 日元(1 级残障)的年金③,对于有未成年子女的残疾人,还

---

①　Japan External Trade Organization(JETRO):《第四章人事和劳动制度:4.9 日本的社会保险制度》。

②　日本国民年金制度的多国语言介绍:https://www.hyogo-ip.or.jp/cn/kurashi/fukushi.html。

③　残疾养恤金数额因财政年度(4 月至次年 3 月)而异,上述残疾人基础年金是 2022 财政年度的金额,比 2021 年下降了 0.4%。

可以多获得子女加算金额(见表4.8)①。与厚生残疾年金不同,没有残疾等级低于
2级的没有残疾基础年金。即使没有到达参加国民年金的年龄,年龄低于20岁的
低收入残疾人也可以领取部分基础年金。

表4.8 残疾基础年金额度(2022年)

残疾等级	金 额
1级	972 250日元 (81 020日元/月)+子女加算
2级	777 800日元 (64 816日元/月)+子女加算
3级	无
子女加算取决于子女数	
≤2个子女	每多一个子女,每年可以多获得223 800日元残疾人基本年金(18 650日元/月)
≥3个子女	从第三个子女开始,每多一个子女,每年可以多获得74 600日元残疾人基本年金(6 216日元/月)

表4.9 残疾厚生年金(2022年)

残疾等级	金 额
1级	残疾基础年金(972 250日元+子女加算)* + 厚生年金×1.25+配偶额外年金
2级	残疾基础年金(777 800日元+子女加算) + 厚生年金+配偶额外年金
3级	厚生年金:最低保证583 400日元(48 616日元/月)
一次性残疾年金	如果残疾程度比3级残疾轻,则领取一次性残疾年金, 额度为年厚生年金的2倍: 厚生年金×2(最低保证1 166 800日元)

　*注:残疾厚生年金因人而异。年金金额因个人的平均标准薪酬金额(计算厚生年金缴费的金额)和参加厚生年金的时间长短而异(一般来说,工资越高,在公司工作的时间越长,年金就越高)。

　资料来源:NPO残疾人支持网络,https://www.syougainenkin-shien.com/amount_of_money2022。

---

① NPO残疾人支持网络,https://www.syougainenkin-shien.com/amount_of_money2022。

加入厚生年金的人因疾病或受伤而残疾时可以获得"伤残厚生年金"。残疾人获取伤残厚生年金不需要满足厚生年金缴费超过10年的要求。残疾厚生年金取决于残疾程度、儿童数量、工资数额、年金缴费的支付期限以及是否有配偶。1级2级残疾人在领取残疾厚生年金的基础上还可以领取残疾基础年金,3级或者更轻等级的残疾人仅可领取厚生残疾年金。

日本的残疾人年金制度不仅保障残疾人本人的生活,还充分考虑了残疾人的家庭构成。参加国民年金的残疾人如果还有受抚养的未成年子女时,他们还可以获得子女加成,厚生年金还因为残疾人有配偶多给付年金,这在很大程度上减轻了残疾人及其家庭的负担。

2. 医疗保障

日本残疾人享受的医疗保障有以下几种:覆盖全体国民的国民健康保险;企业提供的健康保险,包括大企业的健康保险组合和中小企业职工由全国健康保险协会提供的协会健康保险;以及公务员参加的共济组合。另外,还有保障老年人的介护保险(长期护理保险)以及残疾人自立医疗支持等。

日本是一个实行全民医保的国家,所有国民和外国居民都应加入国民健康保险。国民健康保险是面向自营业者、非职工家属、退休人员、无收入者的,具有强制性的公共医疗保险,是日本社会保险制度的重要组成部分。因此日本残疾人也都加入了国民健康保险,享有健康保险保障。国民健康保险由各地的市町村政府进行运营,参保者每月缴纳的国民健康保险金由地方确定,保险额根据地区、年收入等因素会有浮动调整(被保险人约为3 600万人)。尽管日本的医疗费用高昂,但是参保者一般只需负担30%的医药费,15岁以下的儿童免费享受医疗服务,70—74岁的长者仅需承担20%的医疗费,75岁以上的老人仅需承担10%。①

另外,参加工作的残疾人职工还参加企业医疗保险。企业保险具有强制性,适用于所有的法人以及有5名固定员工的个人经营单位雇佣的所有员工。员工和企业按照工资的一定比例缴费。2021年3月全国健康保险协会修订的一般保险费率为被保险人的月标准收入金额(上限为139万日元)以及标准奖金额(年度总计上限为573万日元)的9.87%,40岁以上未满65岁的职工因为还要缴纳长期护理保险,

① 日本全国健康保险协会:https://www.kyoukaikenpo.or.jp/。

缴费率为 11.64%,由受保人与企业经营者各自承担一半。①企业医疗保险由职工因工作导致的伤残可以获得工伤保险的医疗保障。

3. 长期护理保障

日本特别值得一提的惠及残疾人群体的社会福利制度还包括护理保险制度(也叫介护保险制度)。不同于医疗保险,长期护理保险保障的不是医治而是提供护理服务。护理保险主要为失能的老年人、因疾病或年老而失去生活自理能力的人提供照护服务和保障。

20 世纪 90 年代后期,日本的人口红利逐渐消失,老龄化问题日渐突出。根据日本总务省 2021 年 11 月 30 日公布的 2020 年人口普查数据显示,截至 2020 年 10 月 1 日,包括外国人在内的日本总人口的数量为 1 亿 2 614 万 6 099 人,与 2015 年进行的调查相比,人口减少了 0.7%,65 岁以上老年人口的占比为 28.6%,与上次调查的结果相比增加了 2.0 个百分点。②根据联合国公布的数据,截至 2021 年 9 月,日本老年人口比为 29.1%。③根据国际通行的划分标准,65 岁以上人口占人口的比重超过 7%,则表示进入老龄化社会;该比重超过 14%,则表明进入深度老龄化;超过 20%,则进入超老龄化社会。按此标准,日本已然进入超老龄化社会。

老龄化带来了失能可能性较高等风险,随着社会老龄化程度的不断加深,老龄残疾人问题日益凸显。为此,日本政府紧急制定了《推进老年人保健福利的十年战略》以及《老年人保健法》,并于 2000 年 4 月开始实施《护理保险法》(也称《介护保险法》),从预防、恢复以及后期护理三个阶段对老年人,特别是对老龄残疾人进行保障。介护服务业务包括提供家庭护理、日间护理、残疾护理、上门护理和洗浴等服务,开办护理学校,销售出租护理设备,销售保健产品,并提供家政、配餐和私人护理服务。为了更好地对老龄残疾人进行长期护理,日本厚生劳务省于 2005 年进一步通过了《有关部分修改护理保险等的法案》,该法案更加重视预防护理以及提供更加多样化的服务。《护理保险法》实施后,日本基本建立起了较为完善的“医疗保险＋护理保险”的机制,为残疾人群体,特别是老龄残疾人群体的康复服务提供了较完备的保险体系。

---

① 日本的社会保险制度:https://www.jetro.go.jp/sc/invest/setting_up/section4/page9.html。
② 资料来源:http://japan.people.com.cn/。
③ 资料来源:http://www.news.cn/。

日本长期护理保险的保障对象为 40 岁以上人口,细分为两类:第一类群体为 65 岁及以上的老年人口,该群体也为长期护理保险的主要受保对象;第二类群体为 40—64 岁参保人。两类参保人在保险的领取条件、费用缴纳等方面存在差异,如下表所示。

表 4.10　日本护理保险制度内容

筹资来源	一半来自缴费,一半来自税收补贴; 65 岁以上老年人有 6 个缴费档次(该类参保人的缴费约占全部缴费收入的三分之一); 40—64 岁参保人缴纳收入的 1%(该类参保人的缴费约占全部缴费收入的三分之二)
地区性的费率差异	65 岁以上的老年人,基于地区支出水平进行缴费,费率可能有差异,保费为地方统筹; 40—64 岁参保人,保费为全国统筹调节
受益覆盖面	65 岁及以上老人均可; 40—64 岁患与年龄因素相关疾病者
受益人/65 岁以上老年人比例	2008 年为 16.5%; 2013 年为 18.2%
受益人分级	普通长护有 5 个级别; 预防照护有 2 个级别
每月待遇上限	仅享受居家照护:1 670—3 610 美元; 家庭预防照护:500—1 050 美元; 机构照护:1 990—3 960 美元(包含食宿费); 护理保险基金为低收入者政府提供照护
受益人自付比例	个人承担 10%左右护理费用
经办管理	各级地方政府管理
服务供给	政府大规模直接建设照护设施
服务费用	由地方确定,疾病基金与服务机构进行谈判

资料来源:Jong Chul Rheea, Nicolae Donec, Gerard F. Anderson, "Considering long-term care insurance for middle-income countries: comparing South Korea with Japan and Germany", *Health Policy*, 119(2015):1319—1329.

根据日本《长期护理保险现状报告》显示,自长期护理保险实施以来,参与该保险的日本人口整体呈上升趋势,2020 年达到了 3 557 万人,从覆盖面上来说已基本实现了全民参保(见图 4.4)。

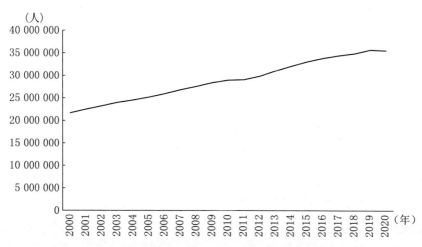

图 4.4　日本长期护理保险主要受保人数变动情况

资料来源:老年健康福利局、厚生劳动省,《长期护理保险现状报告》。

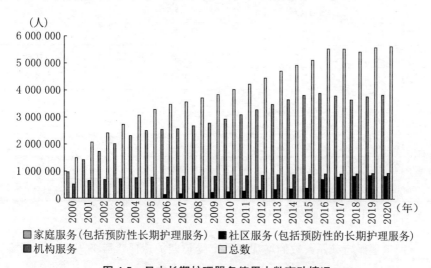

■家庭服务(包括预防性长期护理服务)　■社区服务(包括预防性的长期护理服务)
■机构服务　　　　　　　　　　　　　　□总数

图 4.5　日本长期护理服务使用人数变动情况

资料来源:老年健康福利局、厚生劳动省,《长期护理保险现状报告》。

根据图 4.5,享受护理保险服务的人数逐年增加,到 2020 年,有 563 万人享受护理保险服务。日本护理服务的提供以家庭服务为主,其次为机构服务,选择社区服务的人数最少。2020 年使用长期护理服务的人群中,约 68％的使用者选择的是家庭服务,将该保险用于购买社区服务的人群占比约为 15％,用于购买机构服务的比例约为 17％。日本厚生劳动省 2016 年公布文件,努力建设"社区综合护理体系"。此时社区服务的提供比重有了明显的增加,选择社区长期护理服务的占比从 2015 年的 7.7% 增加到 2016 年的 13%,逐渐与机构服务持平,增加的选择社区护理服务的人数几乎都来自使用家庭服务的部分,家庭服务的比例从 74.7% 下降到 70.3%。

表 4.11　长期护理服务项目使用占比

年份	家庭服务	社区服务	机构服务
2006	0.732	0.041	0.227
2007	0.723	0.049	0.229
2008	0.723	0.055	0.222
2009	0.726	0.059	0.215
2010	0.729	0.063	0.208
2011	0.733	0.067	0.200
2012	0.737	0.070	0.193
2013	0.739	0.073	0.188
2014	0.743	0.076	0.181
2015	0.747	0.077	0.176
2016	0.703	0.130	0.166
2017	0.687	0.146	0.167
2018	0.674	0.155	0.172
2019	0.675	0.156	0.169
2020	0.681	0.150	0.169

资料来源:日本老年健康福利局、厚生劳动省:《长期护理保险现状报告》。

长期护理保险参保人数的增加以及享受长期护理保险服务人数的不断攀升,也导致了长期护理保险的支出费用整体呈上升趋势。

值得一提的是,日本完善的残疾人康复服务体系的运转离不开专业的人才体系。日本在残疾人和老年人服务、康复服务专业人才的培养和任用上具有较为成熟和严格的规定。日本将专业从事介护工作的人员称为介护士。日本有专业的假肢矫正器从业者、轮椅车从业者和介护士培养体制。与国内医院的护士不同,介护士是介于临床护理人员和传统家庭照顾者之间,接受过专业理论、技术培训并通过国家资格考试注册的一类护理人员。日本在康复服务专业建立起了较为系统的职

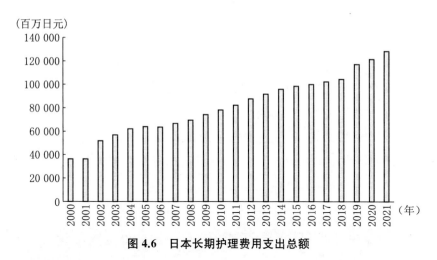

图 4.6　日本长期护理费用支出总额

资料来源:日本老年健康福利局、厚生劳动省:《长期护理保险现状报告》;2019 年到 2021 年的数据根据政府预算得出。

业资格认证体系,既提高了专业人才的社会地位,也使其受到相关规定的制约。日本健全的康复服务人才体系为改善残疾人生活,保证相关政策高效实施提供了坚实的保障。

4. 日本无障碍设施建设

日本无障碍环境建设一直为世界各国称道。为了给老年人和残疾人等弱势群体营造无障碍的生活环境,日本政府和社会从环境、建筑和公共设施等方面着力推进适老化和无障碍设计。

针对无障碍环境设施建设,日本出台了多项法律对其进行规定,形成了完善的法规体系。具体包括《残疾人基本法》《关于适用于老年人、残障人居住及建筑的无障碍法律》《关于促进使老年人、残疾人等移动无障碍法律》和《关于老年人、残疾人等交通无障碍法律》,并且采用图文并茂的形式加以说明,具有很强的指导性和实施性。日本的无障碍设计法规体系由国家层面法规加上地方层面条例组成。在国家法规的基础上,地方政府结合自身情况又制定了更加详细和有针对性的地方设计规范条例。例如日本国土交通省 2006 年颁布的《交通与建筑无障碍法规》对于出入口的宽度要求基本标准是 800 毫米;而《东京地方福祉条例》提高基本标准,把出入口宽度的要求提到高 850 毫米。

更重要的是,日本的无障碍设施建设不仅仅是独立环境的无障碍建设,而是系统的、连贯的无障碍环境。无障碍设计关注的重点包括建筑物、道路、公园这些人流量很大的城市公共空间,也包括室内室外的无障碍衔接,从而使行动不便人士能够毫无障碍地出行,这也是为什么在日本可以见到很多残疾人的原因。根据清华大学无障碍发展研究院在东京的调研结果,截至 2014 年 3 月,东京约 60％的地铁车辆、83％的地铁车站(日均客流量超过 1 000 万),以及 82％的公交巴士车站完成了无障碍设施建设,其中 48％的公交巴士是低地板公交车升降台;近 14 000 辆出租车做到了通用设计,占总数近 30％。无障碍环境建设的不断完善为残疾人和老年人创造了更加便捷的生活环境。

专栏 4.1 日本无障碍设计——细节处透露温暖

在日本,考虑到身障人士出入公共场所的需求,部分公共类建筑如行政办公类建筑、车站、各类展馆活动中心等设置了与室外盲道连成一体的室内盲道,且盲道设计与场所内的问询台、电梯间、楼梯间、卫生间等相连。

在日本,盲道的设置非常普遍,而最为细致之处在于盲人过街设施的设置。盲道被一直延伸到人行横道处,保证连贯性和安全性。日本的共享街道通过抬升全路面至相同高度来创造不同出行模式的无障碍共享空间,方便了轮椅、婴儿车等行动不便人士。交叉口及路中的无障碍过街设施避免了由人行道路缘石高差造成的通行障碍。

在日本,停车场必须按照一定的比例配置身障人士专用的无障碍停车位。这些停车位一是要离入口较近,使身障人士能就近停车;二是车位尺寸要比一般车位的尺寸要大,考虑到轮椅使用者的需求。

公共汽车停车时可"侧跪"的公交车缩短了站台与车门的差距,方便行动不便的人上下。

日本在无障碍设计实际环境中无处不在的细心设计更是直观地反映了日本在建设无障碍环境方面的用心程度。更重要的是,充分了解弱势群体的需求后,日本政府和社会力求打造一个完整的、连贯的无障碍环境,而不仅仅是单体的无障碍设施,从而使行动不便人士真正做到从起始地到终点的无障碍出行。

资料来源:节选自交通与发展政策研究所:《日本无障碍设计——细节处透露温暖》,2021 年 6 月 10 日。

（三）日本残疾人的教育与就业保障

1. 残疾人教育保障

在日本，进入大学等机构接受高等教育的残疾学生在全体学生中的比例一直在增加，在 2006 年，这一比例仅为 0.16％，而 15 年之后到 2020 年，大学残疾学生的比例达到 1.09％，在 2019 年一度达到 1.17％，特别是有发育障碍、健康障碍和心理健康问题的学生人数以更快的速度增加，详见图 4.7。

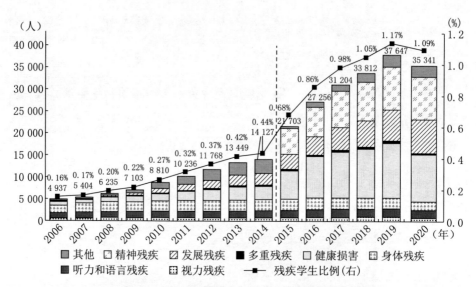

图 4.7　按残疾类型划分的残疾学生人数变化

注：该调查中的"残疾学生"是指持有"身体残疾证书、精神残疾证书或康复证书"或"通过体检等发现残疾的学生"。"健康损害"包括心脏、肾脏、呼吸器官、膀胱或直肠、小肠、肝脏等的功能损害、免疫系统功能障碍人类免疫缺陷病毒、神经系统疾病、恶性肿瘤等，或需要限制日常生活活动的持续身体虚弱的状态。图中的统计数字包括"大学"、"初级学院"和"技术学院"的学生人数，审计学生和特殊课程学生不包括在内。2020 财年残疾学生人数的减少被认为是因为新冠肺炎疫情紧急宣布学生通过网络上课，因此一些大学无法充分统计残疾学生。

资料来源：JASSO（Japan Student Services Organization）outline：2022—2023，第 17 页，https://www.jasso.go.jp/en/about/organization/__icsFiles/afieldfile/2022/09/08/e2022-2023_outline_all.pdf。

日本从多方面确保残疾人有机会参加高等学校入学考试、顺利进入高校学习。因此在考试前、考试中和录取环节都有相应的照顾措施。这不但提高了残疾学生的就业能力，更能保障他们的生活质量。首先，日本高等教育录取选拔方式有三种:通过招生办公室(AO)入学考试、推荐入学考试和残疾人特别入学考试。为了使得残疾人获得平等的受教育机会,日本的大学入学考试不设体检。在考试中,有多种照顾残疾人的措施,按照实施频率从高到低的 23 种排序分别是:可使用拐杖(79.1%)、可使用轮椅(78.8%)、安排独立考场(76.4%)、允许开车进入考场(73.9%)、安排靠近厕所的考场(72.8%)、安排靠窗的座位(71.6%)、可携带助听器(71.3%)、可使用放大镜(61.1%)、延长考试时间(50%)、放大考题文字(45.3%)、放大答题用纸(44.7%)、看护者陪同(28.9%)、手语翻译陪同(12.3%)、盲文考题(11.6%)、可口答(5%)等方式。[1]

相较于非残疾人的教育,残疾人的教育需要更多的资本投入和更多的教师与教辅人员。据日本文理省的数据,日本残疾人的人均教育费用大约是普通国立大学学生费用的 3 倍,残疾人学校师生比高达 1∶3,普通学校也会配备提供辅助服务的工作人员。另一方面,为了使残疾学生不因经济负担错失受教育的机会,根据抚养人的经济状况,残疾学生还可以获得学习和生活相关的各种奖学金、助学金、学费减免或补贴。这些资助措施为残疾人进入学校接受高等教育消除了后顾之忧。

2. 残疾人就业保障

日本促进残疾人就业主要遵循四方面的原则。一为正常化原则,即使得残疾人(主要是身体和智力残疾者)能够像非残疾人一样,作为社会成员有效地利用自身的能力参与到工作生活中。二是努力使残疾人成为独立的专业人士,这与正常化原则相呼应,残疾工作者需要意识到自己有责任去追求事业,主动发展和提高自身的能力,成长为独立的专业人士。三是强调雇主的责任。以上两个原则的实现需要雇主和社会各界的理解和配合,适当评估他们的能力,提供合适的工作,使之成为独立的专业人士。四是强调国家和地方当局的责任,根据《日本宪法》第 25 条和第 27 条对生命权和工作的权利与义务的规定,国家有责任积极主动地制定保障残疾人就业的措施。

日本关于直接保障残疾人就业的法律主要有两部,一部为《残疾人基本法》,另一部为 1960 年颁布的《残疾人雇佣促进法》。这两部法律保障了日本主要通过强调企业、国家机关以及地方政府雇佣残疾人就业的义务、完善残疾人职业康复措施来促进和稳定残疾人就业。《残疾人基本法》规定国家和社会团体有义务为残疾人提

---

[1]　廖菁菁:《从全纳到高质量:日本残疾人高等教育的新进展及启示》,《外国教育研究》2018 年第 5 期。

供就业培训、就业指导、职业介绍和促进就业等方面的帮助。《残疾人雇佣促进法》旨在通过对残疾人进行就业的培训和指导,使其能够正常地行使公民权利,参与到社会经济生活中,并规定企业必须雇佣一定比例的残疾人员工。企业规模超过50人的企业,2021年3月最新公布的法定雇佣比例为2.3%。自法定雇佣比例的要求经过多次调整后,法定就业率从最初(1976年)设定的1.5%,增至1988年的1.6%,1998年增至1.8%,2013年增至2.0%,到2018年该比例增加至2.2%。①图4.8展示了残疾人在日本就业的情况。残疾人就业主要以身体残疾人为主,但智力残疾和精神残疾的就业人数虽然相对较少,但是这两类残疾人的就业人数和在残疾人就业中的比例都在快速增加。从整体上看,残疾人在企业员工中的占比在逐年增加,

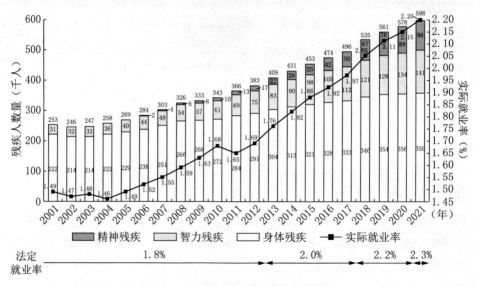

图 4.8　正常一般就业的残疾人人数

资料来源:摘自 Futagami & Kettunen(2022)。图中数据来自日本内阁府 2021 年政府残疾人措施年度报告。②

①　国家、地方政府及相关企业与县和市的教育委员会的法定残疾人雇佣比例高于一般企业。Shiho Futagami & Erja Kettunen, 2022, "Employment and Human Resource Development of Disabled People in Japan and Finland: A Comparative Study from the Perspective of Diversity, Inclusion, and Decent Work", Contributions to Economics, in: Bernadette Andreosso-O'Callaghan & Serge Rey & Robert Taylor(ed.), *Sustainable Development in Asia*, pp.31—53, Springer.

②　Cabinet Office, Government of Japan, Annual Report on Government Measures for People with Disabilities 2021.

这虽然有法定雇佣比例调整的作用,但是在法定雇佣比例相对稳定的时期,该比例仍保持上涨趋势。尽管实际的雇佣比例不断增加,但是仍可以注意到历年这一指标都低于法定残疾雇佣比例。

同时,考虑到雇佣残疾人可能会对企业造成一定的经济损失,政府也出台了相关措施鼓励雇佣残疾人。2015 年 4 月起,对于公司雇佣规模达到 100 人的企业,若其达到规定的残疾人雇佣率,超过规定人数每人每月将补助 27 000 日元,由企业获得。对于没有达到规定的残疾人就业比例的公司,每少一人每月需缴纳 50 000 日元的罚金。此外,政府也为向残疾人就业提供相关服务设施及工作人员的企业提供补贴。尽管有法律规定的法定雇佣比例和雇佣不足缴纳罚金的要求,但从实际情况看来,企业雇佣残疾人的积极性并不高。在 2021 年,只有 47％的企业按照 2.3％的要求雇佣残疾人员工。[①]

另外,为了更好地支持残疾人独立就业,日本在 20 世纪 50 年代初期学习欧美先进的残疾人职业康复理论和技术后,建立了一套较为完善的残疾人职业康复服务体系,旨在为残疾人进行职业评估、向残疾人提供就业咨询和指导、为他们介绍工作岗位等。残疾人职业康复工作指导的政府部门为厚生劳动省(the Ministry of Health Labor and Welfare, MHLW)。[②]在其管辖下,日本设立公共劳动就业保障办公室(PESOs),其主要职能是根据个人情况安排工作,进行职业指导,提供工作机会等;对企业雇佣残疾人员工的情况进行监督和审批。日本共设立了 545 个劳动就业保障办公室。为了使得个人、雇主及相关服务机构之间的信息互通有无,厚生劳动省下设国家职业康复中心(National Institute of Vocational Rehabilitation, NIVR),为残疾人、雇主和服务机构搭建了共享平台,互通信息。日本 47 个地区还设立了区域性的残疾人职业康复中心,为残疾人提供专业的职业康复服务,比如工作能力评估、就业准备训练、职业辅导等。除此之外,日本还设立了 316 个老人和残疾人生活与就业保障中心,为残疾人的工作和生活提供咨询和支持服务。这些政府机构和非营利组织逐步形成了从中央到地方的职业康复服务资源网络体系。

---

① Shiho Futagami & Erja Kettunen, 2022, "Employment and Human Resource Development of Disabled People in Japan and Finland: A Comparative Study from the Perspective of Diversity, Inclusion, and Decent Work", Contributions to Economics, in: Bernadette Andreosso-O'Callaghan & Serge Rey & Robert Taylor (ed.), *Sustainable Development in Asia*, pp.31—53, Springer.

② 厚生劳动省的前身为劳动部门和卫生与福利部,这两个部门于 2001 年合并为厚生劳动省。

根据日本厚生劳动省公布的数据,2018年通过劳动就业培训中心就业的残障者人数达到了102 318人,与上一年相比增长了4.6%。此外,有希望实现就业的残

表 4.12　日本残疾人职业康复服务机构及服务内容

组织名称	下设机构数	行政上级	为残疾人提供服务内容	为雇主提供服务内容
公共劳动就业保障办公室(PESO)	545个(全国)	厚生劳动省(MHLW)下的地方劳动局	职业指导:就业相关信息;职业康复相关的医疗及其他服务;工作准备(3个月见习就业,精神残疾3—12个月的见习);职业训练;寻求就业的辅助支持与就业安置;就业跟踪指导服务;提供家庭办公的就业辅助支持	审批企业年度雇佣情况,审核企业残疾人是否达到规定就业比例;对所雇佣的残疾人提供建议、指导、咨询与帮助(多针对辅助设施建设及基金帮助);完成残疾人比例就业的特殊指导
国家职业康复中心(NIVR)	1个(千叶)	残疾人寻求就业联合部(JEED)	提供有关残疾人就业相关信息、研究及资源	提供有关残疾人就业相关信息、研究及资源;企业工作教练的教育与培训
残疾人地方职业康复中心	47个	国家职业康复中心(NIVR),部分由MHLW下设的残疾人寻求就业联合部(JEED)管理	职业评估、咨询、培训及指导、工作准备;职业推荐(私营部门);工作教练支持、就业跟踪;精神残疾特殊就业支持	对已雇佣的残疾人提供就业持续支持服务,其中包括咨询与指导等;工作教练支持;精神残疾特殊就业支持
大的地区性职业康复中心	2个(埼玉县、冈山)	同上	职业评估、职业咨询与指导;工作训练(一年期;智力残障长期)	根据雇主实际需求,定期提供传统的短期职业训练
残疾人职业能力发展中心	19个(6各地方级、13个国家级)	2个属JEED管理17个地方性管理	职业培训	无
老人及残疾人生活与就业保障中心	316个(全国)	非营利性组织	工作相关的支持(就业信息,就业安置);日常生活辅助计划	处理雇主调整企业残疾人就业比例、奖励及基金支持申请;提高残疾人就业相关技能培训以及意识教育

资料来源:Boeltzig-Brown, Heike; Sashida, Chuji; Nagase, Osamu; Kieman, William E.; Foley, Susan M.,"The vocational rehabilitation service system in Japan", *Journal of Vocaitional Rehabilitation*,2015(2):169—183.

障人士达到 211 271 人,实际就业比重为 48.4%。残疾人就业领域主要在医疗、福利行业,占总就业人数的 34.7%,其次为制造业,约占 14.2%,零售与卸货贩卖行业约占 12.3%。[1]而《平成 30 年残障人士雇佣情况调查结果》(2018 年)表明:身体残障人士的平均月收入为 215 000 日元,智力障碍人士的平均月收入为 117 000 日元,而精神障碍人士的平均月收入为 125 000 日元。与普通劳动者的平均月薪 26.4 万日元相比,残障人士的平均月薪是 25.4 万日元。[2]

(四)日本残疾人保障制度的启示

日本作为全球人口老龄化最严重的国家之一,其残疾人保障制度也为我国相关制度的建设和优化带来启示:日本强调对残疾人家庭的补贴和保障,不但保障残疾人个体,还重视减轻残疾人家庭的负担。随着社会老龄化的加剧,日本建立了完善的长期护理保险制度,尤其是护理人员的培养和供给,为老年残疾人的照护需求提供了有力的保障。尽管我国老龄化的程度不及日本,但是老龄化的趋势也促使我国尝试建立长期护理保险制度,日本的长期护理保险制度为我国老年残疾人保障制度的完善提供了有益借鉴。与此同时,日本很早就认识到环境与残疾之间的关联,中央和地方政府致力于无障碍和适老化环境的打造,并取得了世人瞩目的成就。我国的无障碍环境建设起步较晚,学习先进的无障碍设计理念和技术能够进一步改善残疾人的生活质量和社会融入。

三、发展中国家的残疾人社会保障——巴西

(一)巴西残疾人基本情况

1. 巴西基本国情

巴西位于南美洲东南部,国土总面积约 851.49 万平方公里,约占南美洲总面积的 46%,位居世界第五,共有 5 570 个城市,是拉丁美洲人口最多、面积最大、经济实力最强的发展中国家。经济上看,作为"金砖四国"之一,巴西远离了两次世界大战的破坏,并从 1930 年开始逐渐步入了工业化进程。1968 年至 1971 年期间,巴西国

---

[1] 国家康复辅具研究中心:《辅具情报研究第一期　日本老年人及残障人社会保障现状》,2020 年 9 月 21 日。

[2] 富士国际语学院:《日本的残疾人的"幸福指数"为何如此之高?》,2022 年 6 月 11 日。

内生产总值增长率超过10％,经济发展取得了举世瞩目的成绩,被誉为"巴西奇迹"。在政府的大力扶持下,20世纪70年代,巴西已经基本建立起较为完善的工业体系。但伴随中东石油危机的爆发,巴西陷入债务危机,打乱了经济发展的节奏。根据图4.9数据可以看出,进入80年代后,巴西经济增速出现明显下降,甚至出现负增长,虽然巴西政府也采取了一系列发展措施,但仍难以扭转巴西经济发展失速的局面。近些年受全球新冠疫情的冲击,巴西经济发展的脚步放缓,2020年根据世界银行公布的数据来看,巴西经济出现负增长。

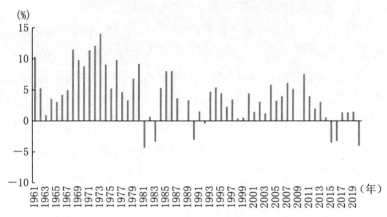

图4.9　巴西GDP增长率

资料来源:世界银行。

图4.10　工业增加值占GDP比重

资料来源:世界银行、IMF。

巴西残疾人事业的发展与其工业化进程有着密不可分的关系。作为传统的农业大国,农业在巴西经济发展中一直占有十分重要的地位。然而自1960年开始,巴西工业占GDP的比重超过30%,首次超过了农业占比,且该比重增长的趋势一直延续到70年代。工业部门的蓬勃发展也带来了工伤数量的不断攀升。此外,制造业的快速发展使得工人阶级的队伍不断壮大,受贝弗里奇福利思想的影响,巴西先后建立起工伤、残疾和疾病的保障制度,用以保障劳动者的生存权利。

从人口结构上看,根据联合国公布的最新数据①,截至2021年,巴西人口已经达到214 466 663人,65岁及以上的老龄人口达到2.13千万,约占总人口的9.94%,已超过7%的国际老龄化标准。近些年来,巴西人口中14岁及以下青少年人口比重不断下降,65岁及以上老年人口比重不断攀升,未来巴西的人口结构问题需要引起重视。

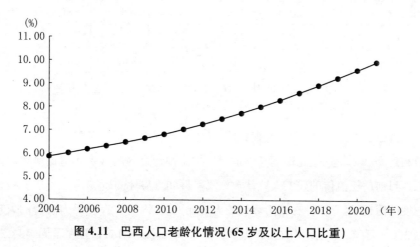

图4.11 巴西人口老龄化情况(65岁及以上人口比重)

资料来源:世界银行、IMF。

2. 巴西残疾人现状和特点

巴西采用的残疾概念和联合国《残疾人权利公约》的定义一致。根据巴西2015年制定的《残疾人法》,在巴西,残疾人(PCD)是指那些"身体、精神、智力或感官上长期受阻的人,这可能会阻碍他们与其他人在平等的条件下充分有效地参与社会活动"。巴西的残疾人相关法律根据类别划分为:身体残疾、听力损失、视力障碍、精

---

① 联合国经济和社会事务部人口司编制数据。

神残疾和多重残疾。

根据巴西地理统计局全国卫生调查公布的调查数据,2019 年,巴西 2 岁以上残疾人数量为 1 725.8 万人,占当时总人口的比例约为 8.18%,其中 83.3% 的残疾人口来自城市,16.7% 来自农村。[①]分年龄段来看,残疾最容易在老年人口中发生,年龄越大,发生残疾的比例越高。其中,2—9 岁的残疾儿童约占残疾群体的 1.9%;10—17 岁青少年约占该群体的 3.3%;18—29 岁的年轻残疾人约占残疾群体的 6.2%;30—39 岁的青年群体约占该残疾人口的 6.8%;40—59 岁年龄群体的残疾人占该群体的比重约为 32.4%;60 岁及以上残疾人口占总体残疾人口的比重约为 49.4%。

表 4.13　巴西残疾人口现状,2019　　　　　　　（单位:千人）

年龄分组	总	2—9 岁	10—17 岁	18—29 岁	30—39 岁	40—59 岁	≥60 岁
总	17 258	332	561	1 063	1 177	5 592	8 534
占比(%)	100	1.9	3.3	6.2	6.8	32.4	49.4
城　市	14 374	289	448	868	973	4 577	7 219
农　村	2 884	43	113	195	204	1 014	1 315

注:2 岁或以上的人考虑了以下功能:视觉、听觉、上肢或下肢的运动、精神或智力。
资料来源:巴西地理统计局——全国卫生调查。

根据巴西 2010 年的人口普查数据,身体至少存在一项缺陷的人口占总人口的比重高达 23.9%。这一比例远高于世界平均水平。过高的残疾人口比例也引起了对巴西目前广泛流传的残疾人统计数据真实性和可靠性的质疑。[②]在不区分残疾严重程度的前提下,巴西存在视力障碍的人口比例为 18.7%,存在听力障碍的人口比重约为 5%,存在运动障碍的人群比重约为 6.9%(见表 4.14)。且在不同年龄段中,残疾群体的比重随年龄的增加大致呈上升趋势:0—14 岁人群中,至少存在一项残疾的比重相对较低,约为 7.5%;15—64 岁人群中,残疾人占比约为 24.9%;65 岁及以上人群中,残疾人比重约为 67.7%;80 岁及以上人群中,残疾的比重高达 80.6%

---

① 根据巴西 2010 年的人口普查数据,身体至少存在一项缺陷的人口占总人口的比重高达 23.9%。巴西的人口普查每十年一次。受疫情影响,截至收稿时,2020 年全国普查数据还未完全公布,最近可查数据为 2010 年。全国健康调查目前可查数据为 2013 年和 2019 年。

② 巴西普遍流传的残疾人数据可靠性受到质疑。尽管最新的人口普查数据(2010)中关于残疾人的数据是根据华盛顿集团的问题短集部分获得的(Washington Group Short Set of Questions),但受访者认为数据不可靠。

（表4.15）。最后,数据显示,巴西残疾妇女明显多于男子(女性57％,男性43％)。除0—14岁(4％的男性和女性)外,所有年龄组都是如此。

表4.14　按年龄、残疾种类分组的残疾人口分布,2010　（单位:人）

年龄	总人数	听力障碍	运动不足	心理/智力	无以上残疾情况	未回答
总	190 755 799	9 717 318	13 265 599	2 611 536	145 084 976	64 775
0—14 岁	45 941 635	616 202	453 413	391 265	42 475 548	6 685
15—64 岁	130 728 560	5 495 940	7 416 508	1 808 663	98 063 640	55 897
≥65 岁	14 085 604	3 605 178	5 395 677	411 608	4 545 787	2 193
≥80 岁	2 917 391	1 182 354	1 680 369	144 510	565 475	245

资料来源:巴西2010年人口普查数据。

表4.15　按年龄分组的残疾人口分布,2010

年　龄	总人数(人)	至少存在一个缺陷人数(人)	占　比
总	190 755 799	45 606 048	23.9％
0—14 岁	45 941 635	3 459 402	7.5％
15—64 岁	130 728 560	32 609 023	24.9％
≥65 岁	14 085 604	9 537 624	67.7％
≥80 岁	2 917 391	2 351 671	80.6％

资料来源:巴西2010年人口普查数据。

在导致残疾的原因中,除了自然风险外,工伤导致残疾的现象屡见不鲜。[1]"国际劳工组织(ILO)近日公布的最新调查显示,巴西的工伤事故数量位列全球第四"。在工业化快速发展的过程中,巴西残疾人的数量也随之攀升。随着人口的老龄化,巴西因工业化快速发展带来的人口致残率高逐渐演化为人口老龄化带来的残疾问题。

(二) 巴西残疾人的社会保障

巴西的社会保障由"三大支柱"构成,即退休保障、医疗保障和救助保障。巴西社会保障资金来源主要由四部分构成:员工和企业缴纳工资税、农民以税收附加的

---

[1]　谢琼主编:《国际视角下的残疾人事业》,人民出版社2013年版。

形式缴纳的保险金,以及国家财政的适当补贴。社会保障资金主要用于发放退休金、残疾人补助和支付医疗费用。除了一般的社会福利,残疾人的社会保障还包括:遗属福利(Survivor's benefits);疾病津贴(Sickness benefits);以及部分和全部残疾的残疾津贴(Disability pension)。

1. 养老保障

巴西是拉美国家中最早建立起退休制度和养老保险制度的国家。城市职工的养老保险资金筹集的主要来源为工资税,个人缴费率约11%,雇主的缴费率为20%。一般而言,当达到缴费年限退休时便可领取相应的养老金。巴西的养老保险制度采取的是给付确定型模式,当满足累积的缴费年限后,退休金替代率最低从70%开始,缴费年限每延长一年,替代率增加1个百分点,最高替代率可达到100%。[①]巴西的养老金制度被称为"最慷慨"的养老金制度。自2013年以来,已缴纳社会保险15年的残疾人便可退休领取全额养老金。对于低、中或重度残疾,他们分别可以提前3年、6年或10年退休。

残疾人可以获得残疾津贴(Disability pension)。残疾津贴是劳动者发生残疾时领取的保险金。根据残疾发生的时间长短,享受的残疾津贴也不同。若被鉴定为导致劳动能力丧失的残疾,在缴费满12个月的情况下,可以领取足额残疾津贴。若是意外事故或重大疾病致残的,则可免除缴费,同时可以获得全额的残疾津贴,相当于受助人的全额月薪。如果还有额外长期照护的需求,残疾津贴还会再增加25%。残疾津贴是永久发放的,但是按照法律规定会每两年重新评估一次。除了残疾的要求,领取残疾年金还要求受益人退出劳动力市场。如果残疾津贴领取者返回工作岗位,福利将被取消。

如果有因为疾病导致暂时性的残疾,可以获得疾病津贴(Sickness benefits)。不管导致暂时性残疾的因素是否与工作相关,受助人都可以按100%月薪的水平领取15天的津贴,并由雇主支付。如果患病/受伤所致残疾使受助人无法工作的时间超过15天,受助人可以获得平均月薪91%的津贴。2015年有3 353 955残疾人获得残疾年金,有1 612 657人获得了疾病津贴。[②]

遗属福利通常是在被保险人死亡时为其受抚养的家属提供的养老金。但是残

[①]　谢琼主编:《国际视角下的残疾人事业》,人民出版社2013年版。

[②]　Wapling, Schjoedt, Kidd, Social Protection and Disability in Brazil, Working paper:2022.2.

疾人如果有严重残疾,则被视为受抚养人。2015年,有7 545 905人领取了遗属福利,其中城市地区520万人,农村地区230万人。①

针对农村人口,巴西采取的是救助型养老保障模式,包括农村年金计划和农村救助年金计划。针对农村的养老年金计划以1988年《巴西宪法》为基础于1991年建立的,为农村受雇者和自雇工人提供的社会保险福利。它不以缴费为基础,由政府通过公共部门提供大量补贴。如果能够证明自己在采矿、农业或渔业工作至少15年,超过领取养老金年龄以上的居民每月则可以获得最低工资水平的养老金。农村救助金制度起源于1974年巴西政府推行的月度寿险年金制度,是政府无偿为人均收入低于最低法定收入的贫困家庭中70岁以上老人或者无法独立工作的残疾人提供的救助金。但由于农村年金制度主要依靠政府财政的支持,该制度也面临着筹资困境。

2. 医疗保障

巴西的医疗保险制度始于20世纪20年代,起初在私营企业开始建立,现已发展成为覆盖城乡全民的免费医疗制度:全民统一医疗制度(System of unified/Unique Health, SUS)。巴西的全民统一医疗资金主要来自政府财政税收,由联邦通过财政筹集后根据地方实际需要下拨到州,再由州下拨到所辖县。其中联邦政府资金有一半源于雇主和雇员的社会保障金,州和市的医疗资金除了联邦政府下拨,还包含自筹的部分。

《巴西宪法》规定健康是国家的一项义务,是所有公民的一项社会权利,与其对该系统的贡献无关。因此无论贫富,人人都可享有医疗保障。巴西医疗保险的覆盖范围广、发展速度快、待遇水平高,在发展中国家独树一帜。巴西公立医疗机构对病人的治疗是免费的,大约有80%的巴西人完全依赖于这一系统。残疾人除了可以像非残疾人一样享受免费的医疗服务外,还可以免交医疗保险费用。残疾人在公立医院看病、手术、住院、领取医院药房供应的基本药物均不收费,医院所有费用支出由政府负担。巴西这种全民免费的医疗制度也带来一些问题。首要问题便是医疗经费不足,大医院尤甚。由于大医院的技术、设施相对完善,病人更愿意前往大医院就诊,造成大医院医疗经费紧张。其次,由于医疗免费,提供免费医疗服务的医院也存在医生随意开药、病人随意要药的问题,造成医疗资源的浪费。虽然巴西政府改革支付机制,也采取了一系列措施治理这些现象,但对这些现象的改善效果有限。

---

① Wapling, Schjoedt, Kidd, Social Protection and Disability in Brazil, Working paper:2022.2.

虽然巴西针对残疾人群体提供一系列卫生保健保障政策,但碍于发展水平有限,残疾人公共服务的发展仍然不足。根据巴西地理统计局 2019 年全国卫生调查数据,在过去一年中残疾处境较为困难且能定期接受康复护理服务的人仅有 8 305 人,且享受该服务的群体以老年人为主,这对于残疾人数量庞大且老龄化程度不断加深的巴西来说,康复护理服务是远远落后的。

表 4.16　按年龄分组定期接受康复护理残疾人口,2018　(单位:人)

总	2—9 岁	10—17 岁	18—29 岁	30—39 岁	40—59 岁	≥60 岁
8 305	343	439	496	740	2 816	3 470

注:仅考虑 2 岁或以上的残疾人群;考虑了以下功能:视觉、听觉、上肢或下肢的运动、精神或智力障碍。

资料来源:巴西地理统计局——全国卫生调查 2019。

3. 社会救助

社会救助是巴西社会保障制度的重要组成部分。巴西的社会救助政策始于 1938 年创立的"国民社会服务委员会"(CNSS),其目标是通过社会慈善组织向最贫困人口提供社会救助。因此,在社会救助出现的早期,政府在社会救助上贡献不大。但是,此后的几十年里,巴西的社会救助在政府的参与下,有了长足的发展,先后针对儿童、农业工人、残疾人和没有足够收入的老年人建立了社会救助制度。社会救助的资金来源主要为中央政府,但资金的运作完全由国家社会保障协会负责。

巴西的社会救助的一个主要组成项目是持续现金福利(Benefício de Prestação Continuada, BPC),是一项主要的税收资助残疾福利。它是一项针对 65 岁以上老人和不论年龄的残疾人的一项救助政策,为那些因残疾或老年而无法获得足够收入的人提供收入保障。只要他们属于低收入人群——即人均家庭收入低于国家规定的最低工资的四分之一,每月就可以获得政府补助的一份最低工资。因此以最低工资为参考确定的补助也受到最低工资调整的影响。2022 年 1 月 1 日,巴西最低工资从 1 100 雷亚尔(约为 1 468 元人民币)上升到 1 212 雷亚尔(约为 1 618 元人民币),新的最低工资比 2021 年的标准增加了 10.18%。这个增长幅度仅仅能够补偿上一年的通货膨胀,最低工资并没有出现实际增长。[1]在 2015 年,BPC 为超过 235

---

① 巴西中资企业协会、中国国际贸易促进委员会驻巴西代表处、巴西 IEST 公司:《巴西经济月刊》2022 年第 2 期。

万残疾人(122.8万男性和109.5万女性)提供了救助。其中,161.89万人年龄在19岁至64岁之间。

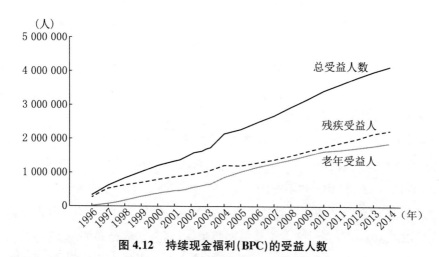

图4.12　持续现金福利(BPC)的受益人数

资料来源:该图来自 Wapling,Schjoedt 和 Kidd(2022)第51页图10。

以人均家庭收入作为低收入的标准划分,体现了巴西社会救助工作的一个重要特点:以家庭为基础开展社会救助。获得现金给付的补助是以两年一次的家庭调查为前提的,但是关于哪些收入应被计入家庭收入存在争议。2003年之前,通过社会救助而获得的转移支付也算入家庭收入中,这样使得收到其他方面补助的老年或残疾贫困人口可能难以获得这部分社会救助资金。2003年改革后,老年家庭成员收到的社会救济不再计入家庭收入。针对残疾人的现金给付制度还存在另一问题,即获得的条件十分苛刻。残疾人必须是患有严重的视觉、听觉或视力障碍,或者多重残障人员至少有一种残障属于严重残障才能被纳入保障对象,这使得部分多重残障人员被排除到了现金给付救助之外。

(三) 巴西残疾人就业和教育保障

1. 就业保障

残疾人在劳动力市场中处于不利地位,在世界上绝大部分国家如此,巴西也不例外。在至少有一项残疾的群体中,54%的人退出了劳动力市场,这一比例比没有残疾的人高了10个百分点。根据2010年人口普查数据,有2 000万残疾人活跃在劳动力市场,但是他们更多的是在非正式的劳动力市场就业,这一比例占就业残疾人大约82%,只有18%的残疾人是在正规的劳动力市场中就业。

为了帮助残疾人就业,巴西在1991年制定了《残疾人配额法》,通过要求企业保证一定的残疾人雇佣比率将残疾人纳入劳动力市场中,给残疾人平等就业的机会,消除就业歧视,保护残疾人的就业权利。《残疾人配额法》规定,员工数量在100人以上的企业,需要将一定比例的岗位分配给残障人士。其中,员工数量在100—200人的企业,残疾人雇佣比率需达到2%;员工数量在201—500人的企业,残疾人雇佣比率为3%;员工数量在501—1000人的企业,残疾人雇佣比率为4%;员工数量在1001人及以上的企业,残疾人雇佣比率须达到5%。政府将对不遵守《残疾人配额法》的企业处以罚款,并在2020年对罚款额度进行了调整,罚款金额从2519.31雷亚尔到251929.36雷亚尔不等。[1]

根据2010年巴西地理统计局人口普查数据,在巴西约有3100万人可以从《残疾人配额法》中受益。据南美侨报网报道,巴西劳动部公布的2016年社会信息年度报告显示,2016年巴西共有41.85万残疾人和康复人员就业,同比增长了3.79%,就业单位包括私营部门、国有企业、公共机构等。报告指出,在就业的残疾人中,有93.48%的人就业是因为就业单位在履行法定义务。但实际上,企业在履行《配额法》规定的义务时,倾向于雇佣轻度残疾者来完成配额指标,重度残疾者仍被排除在劳动力就业市场之外,其中智力障碍的残疾者就业尤为困难。除了智力障碍者外,需使用轮椅的残疾者和失明者的雇佣率也较低。因为缺乏残疾人服务设施,雇佣轮椅使用者需要对工作场所进行改造,由此造成企业经常较为排斥雇佣此类残疾者。[2]也有少部分企业存在偏见,认为雇佣残疾人会为公司产生不必要的费用且得不到回报。

巴西经济部每年都会对《残疾人配额法》的执行情况进行检查。发现企业对《残疾人配额法》的执行情况并不乐观。根据巴西经济部劳工局公布的数据,全国各类企业中残疾人雇佣的平均比例从未超过1%。通过残疾人配额法,2019年有768723个工作岗位分配给残疾人,但是只有389165(50.62%)个岗位招收到了残疾人。根据劳工局发布的社会信息年度报告显示,2010年至2017年期间,巴西国

---

① Ana Cléssia Pereira Lima de Araújo, et al., (2021): The quotas law for people with disabilities in Brazil: is it a guarantee of employment?, *International Review of Applied Economics*.
② 张裕:《巴西残疾人就业法实行28年 效果远低预期》,南美侨报网,2019年7月25日。

内劳动力市场中残疾人比例由 0.69％上升至 0.95％。劳动部为了监督企业履行残疾人配额要求的义务,也会对残疾人和康复人员的就业情况进行检查。

2. 教育保障

在发达国家,残疾人口接受高等教育已基本与非残疾人口实现同步,巴西等许多发展中国家也在提升教育普及率、降低残疾儿童等边缘儿童的辍学率,努力缩小两者在教育资源上的差距。为了提高残疾儿童的入学率,巴西制定了将残疾人纳入正规教育体系的计划。巴西还重视对全纳教育工作人才的培养,从而适应针对残疾学生的多样化教育工作,被纳入正规基础教育体系的残疾人比例由 1998 年的13％增长至 2003 年的 28.8％。2004 年,巴西残疾人口的入学率达到了非残疾人口的三分之一。目前有 130 万巴西残疾人参加了全纳教育。许多大学和学院设立了特殊教育专业,这也是许多发展中国家所不及的。图 4.13 展示了巴西 2010 年人口普查获得的 0—19 岁残疾儿童和非残疾儿童入学情况的对比。可以看出,残疾儿童入学或入托的比例和非残疾群体相差不大。

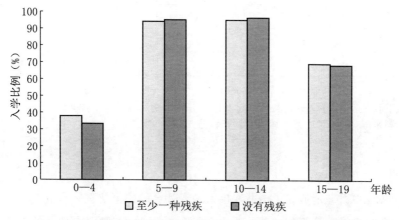

图 4.13　按残疾状况和年龄分组的绝对入学率(包含日托机构)

注:本图来自 Wapling, Schjoedt and Kidd(2022)第 10 页图 2。数据来源于巴西地理和统计研究所(Instituto Brasileiro de Geografia e Estatística, IBGE),2010。①

但是学校在残疾学生资源供给方面,仍然存在很多不足。例如,在主流学校的学生通常依靠学校提供的手语译员参与日常学习,这些手语译员的素质各不相同,

---

① Wapling, Schjoedt and Kidd, Social Protection and Disability in Brazil, Working paper：2022. 2.

而且大多没有接受过支持聋哑儿童语言发展的培训。因此，大多数聋哑儿童结束正规教育时，语言技能不高，识字和算术水平也较差。2011年巴西发起《促进残疾人权利国家计划》，在教育领域出台了一系列改善残疾人全纳教育的规定：例如提供无障碍的交通运输服务以确保残疾学生可以进入学校等教育机构；对公立学校和联邦高等教育机构进行建筑改造，装备适当的无障碍设施；开设新的或者升级现有多功能教室等。然而，根据巴西全国卫生调查2019年公布的数据显示，在18岁以上的巴西残疾人口中，仍有67.6%的残疾人没有受过中等教育，这一比例在农村残疾人口中达到了86.7%；上过大学的残疾人口仅占16.6%。残疾人接受高等教育的情况更不乐观。因为未能接受较高等级的教育，在一定程度上也削弱了残疾人士在劳动力市场上的竞争力，限制了他们持续发展的能力。巴西的残疾人教育仍有待改善。

表 4.17　按教育程度和家庭状况分类的残疾人分布情况，2019

（单位：人）

家庭状况	总人数	初等教育及以下	受过中等教育	受过高等教育
总	16 365	11 069	1 760	2 718
都市	13 637	8 704	1 585	2 559
农村	2 728	2 365	176	159

注：(1)仅考虑18岁或以上的残疾人口，残疾类型上仅考虑了以下功能的残疾：视觉、听觉、上肢或下肢的运动、精神或智力。(2)从2019年开始，上小学的人被归类为"未受过教育"。
资料来源：巴西2019年全国卫生调查数据。

(四) 巴西残疾人的社会融入

1986年联邦政府成立了援助残疾人融入社会的国家协调委员会，负责残疾人融入社会的相关政策管理。残疾人在巴西的社会融入，体现在社会的方方面面。在交流方面，据巴西地理和统计研究所(IBGE)2019年的统计数据，近972万巴西人有听力障碍，占总人口的5%。巴西联邦政府发布"政府手语"(Libras Gov)项目，让巴西听障人士、巴西手语译者等通过政府设定的手语特定术语，来了解巴西政府的相关信息。同时，通过法律规定，巴西手语(Libras)成为巴西第二官方语言，通过设定特定术语帮助听障人士了解政府，帮助残疾人群体融入社会。

在交通出行方面，根据巴西法律规定，所有公路、水路以及铁路运输公司都对残疾人实行免费服务,巴西最大的三家航空公司(VARIG、TAM、VASP)都必须向有关残疾人免费提供服务。在私营领域,网约车软件在听障司机的车里放有特殊标语"请用手势与我交谈""请发信息与我沟通"等,方便乘客与驾驶员交流。以巴西网约车软件 99 为例,在里约热内卢市,该平台上的注册司机有 20% 为听障人士。此外该平台还专门设有接待中心,为有听力障碍的司机提供手语服务。

(五) 总结

作为拉丁美洲人口最多,面积最大的国家,巴西自 20 世纪六七十年代至今取得了瞩目的发展成就,不仅积累了雄厚的工业基础,形成了完整的工业体系,科学技术和信息产业也得到了长足的发展。近些年来,巴西由于经济快速发展带来的贫富悬殊问题不断凸显,为了协调社会矛盾,解决贫困者、残疾人、老年人等各种困难人群的生活困境,巴西政府采取了一系列措施来加强社会保障工作。随着国家经济的发展和政府政策的引导,巴西残疾人保障事业也取得了长足的进步。

自 1988 年《巴西宪法》颁布以来,巴西政府逐渐重视残疾人的保障工作,针对残疾人的福利保障政策也逐渐完善。养老保障方面,残疾人群体可不受缴费年限和退休年龄限制领取养老保险金。对于社会保险缴费满一年的残疾群体,还可以领取残疾年金。医疗保障方面,巴西实施的是全民免费的医疗保障制度。但巴西公共卫生服务资源存在较大不足,真正能够享受到定期康复服务的残疾人群体十分有限。社会救助方面,满足条件的残疾人还可以享受社会救助的现金补助,这也是巴西针对残疾人开展救助工作的一项重要内容。

除了保障残疾人的日常生活外,巴西政府也采取了一系列措施鼓励残疾人积极融入社会。《残疾人配额法》的实施为保障残疾人的就业权利提供了坚实的后盾。该法案要求企业雇佣一定比例的残疾人参与到工作中,增强残疾人的自主性和独立性,减少就业歧视。此外,巴西在教育、无障碍设施建设上努力为残疾人的社会融入扫清障碍。保障残疾人的生活、就业,加强残疾人的社会融入程度需要社会各界的包容与支持。巴西在残疾人保障事业上的工作方向上已经有了相对清晰的判断,其相关政策的实施和法律法规的制定为世界各国残疾人事业的发展提供了宝贵经验。

四、欧洲福利国家的残疾人社会保障——瑞典

(一) 瑞典残疾人保障事业基本情况

瑞典位于斯堪的纳维亚半岛,总面积约 45 万平方千米,是北欧面积最大的国家。截至 2020 年末,瑞典的总人口约为 1 038 万。[①]早在 20 世纪初期,瑞典就建立起了社会保障制度。瑞典的社会保障制度为普享式,凡是在瑞典工作和生活的人普遍享有社会保障。作为北欧高福利制度的国家之一,瑞典的社会保障项目是"从摇篮到坟墓"的终身保障。政府为所有居民提供基本的医疗保险,为有孩子的家庭提供家庭津贴,为疾病、残疾和工伤患者提供收入补助,为残疾人士和老年人提供护理服务,保障伤残、失业人员及其双亲的福利,为老年人提供养老金。在残疾人事业方面,瑞典被称作"残障者的乐园",其完善的社会保障和福利制度使其国家的残疾人事业发展水平处于世界领先水平。

瑞典的残疾人保障也经历了从对残疾等弱势群体的救济到重点通过医疗和康复保障"二战"后的伤残的过程。自从 20 世纪 70 年代以后,瑞典残疾人保障理念进一步发展,"残废"(handicap)被"残疾"(disability)取代,残疾被认为是周围环境造成的障碍,因此残疾人服务的主要目标转变为改变环境使残疾人正常融入社会生活。相应地,为残疾人提供康复、教育、就业和居住等服务的机构化取向受到质疑。在"残疾基于环境"观念的影响下,去障碍化和去机构化的保障项目得到快速推进。2000 年瑞典国会通过了《从病人到市民:残疾政策全国行动计划》,要求鉴别和清除残疾人全面参与社会的各种障碍,防止对残疾人的各类歧视。20 世纪 60 年代中期约 14 000 张智障者病床,目前已经不复存在;当时的 36 000 张精神病患者病床目前仅保留 5 000 张。这一改变实现了瑞典绝大部分残疾人(包括精神病人)都在家庭和社区中生活的目标,实现了残疾人向"普通市民"身份的转变。因此,瑞典残障人士政策的主要目标就在于确保残障人士有权力掌控自己的生活,可以全面参与社会事务。在这样的残疾理念和政策目标的引领下,出于个人尊严的考量,瑞典并不像很多国家一样对残障人士进行登记。据估计,在瑞典 1 023 万人口中,大约 20%

---

① 国家概况,中华人民共和国外交部(fmprc.gov.cn)。

的人生活在残疾中。①

政府的责任是保障残疾人的健康、经济收入和社会地位,确保他们能够独立生活。在以上观念的指导下,瑞典政府在生活、医疗保障、社会援助等方面立法保障残疾人。相关法律包括《社会服务法》《健康服务法》,还有专门针对身体有残障人士,由社保管理机构管理的《残疾人保障法》和《智力和精神残疾人士残疾支持服务法》。此外,对无法自食其力的残疾人也有专门的法律规定,支持残疾人到康复中心去康复。

瑞典以法治为基础,国会制定国家法律,政府执行相关法律。瑞典健康福利局和其他一系列政府部门负责与残疾人有关的问题。这些机构相互合作、相互支持、促进问题的解决。瑞典伤残人政策合作署在相关政策和机构之间发挥协同作用,以确保所有人的平等参与。目前,瑞典残疾人不仅享有与非残疾人相同的法律和政治权利以及各种社会权利,而且享有各种特殊的法律和政治权利以及社会权利。在对残疾人政治权利的保护方面,残疾人或其监护人都要尽可能影响和参与决策,相关残疾人组织也要参与其中。瑞典甚至建立了一个"公平监察官"制度,以监督残疾人法律的执行情况。

(二) 瑞典残疾人的社会保障

瑞典对残疾人的社会保障主要体现在给残疾人提供的社会福利上。在瑞典,残疾人除了可以像普通公民一样享受养老保险、医疗保险等社会保险之外,还可以获得政府特别提供给残疾人的一些福利补贴,主要有以下几个方面:

1. 残疾津贴

残疾津贴(disability allowance)是对那些具有功能性障碍的人所遭受的伤害或疾病的一种补偿,目的是覆盖残疾人在日常生活中需要帮助或者因为残疾产生的其他花费。残疾津贴自 1934 年起,仅对盲人提供补贴。1975 年后,所有残疾人均可获得残疾津贴。残疾补贴的发放对象是 19 岁至 64 岁之间的残疾人,当其身体状况或智力水平下降持续一年以上时便可领取残疾补贴。残疾人能够获得的补

---

① "Statistiksammanställning över funktionsnedsättningar; Bilaga till PTS marknadsöversikt för innovatörer"[Statistical compilation on disabilities], The Swedish Post and Telecom Authority (in Swedish), 8 November 2016, p.4.

贴取决于其需要帮助的程度。残疾津贴每年都会调整,2022 年每月的残疾津贴水平如下①:

表 4.18 瑞典残疾津贴

残疾津贴	最低水平	1 449 瑞典克朗
	中间水平	2 133 瑞典克朗
	最高水平	2 777 瑞典克朗

注:1 瑞典克朗=0.69 元人民币。

残疾津贴目前已被额外费用津贴(Additional cost allowance)所取代,即不再接受新的申请,而残疾津贴和额外费用津贴在未来一段时间内将并行存在。如果因残疾产生与之相关的额外费用,并且每年费用超过 12 075 瑞典克朗(2022 年标准),那么残疾人就有资格获得额外费用津贴。

残疾人还可以获得疾病补偿(Sickness compensation)和活动补偿(Activity compensation)。疾病补偿的对象是 19—64 岁的残疾人。对不同年龄段的残疾人,可以获得疾病补偿的条件不同。年龄在 19 岁至 29 岁的残疾人,因疾病或者残疾在当前或者未来都不能以任何形式在劳动力市场工作,才可以获得疾病补偿;而 30 岁以上的残疾人,如果因病或残疾最多只能完成当初 75% 的工作,就可以申请获得疾病补偿。活动补偿的对象是 19—29 岁,工作能力受到损害的残疾人。如果因生病或残疾使得工作能力损失至少四分之一,则可以申请获得活动补偿。根据因残疾损失的工作能力,可能会得到全额、四分之三、一半或四分之一的活动补偿。根据无法工作的时间长短,活动补偿可以支付 1—3 年。②

疾病补偿和活动补偿取决于个人的收入。疾病补偿和活动补偿为名义收入的64.7%。名义收入是根据您在指定时期内拥有的基于养老金的收入计算的,该收入从保险事件开始向后追溯。如果没有工作,或者收入较低,残疾人还将获得保证保障金(guaranteed benefits)以保证其享有的保障能够达到最低的保障要求。保证保障金取决于年龄和在瑞典居住的时间长短。

---

① Sweden-Benefits during sickness:https://ec. europa. eu/social/main. jsp? catId = 1130&langId = en&intPageId=4813.

② Sweden-Benefits during sickness:https://ec. europa. eu/social/main. jsp? catId = 1130&langId = en&intPageId=4810.

2. 车辆补贴

瑞典残疾人车辆补贴始于1988年。车辆补贴指发放给残疾人用于购买、改装汽车或其他交通工具的补贴。终身残疾人或者因为身体疼痛、呼吸困难、行动能力下降或难于保持平衡等出行或乘坐公共交通工具有较大困难的18—65岁人士可以申请车辆补贴。补贴的形式有基本补贴和购买补贴、改装补贴等额外补贴。有功能障碍子女的家长也可以申请车辆补贴。

表4.19　2022年瑞典残疾人车辆补贴①

补贴种类	补贴条件	补贴金额
基本补贴	满足要求的身体条件	最高30 000瑞典克朗
额外补贴	低收入 需要改装车辆 需要轮椅而需要特定车辆	最高40 000瑞典克朗 最高30 000瑞典克朗 最高40 000瑞典克朗

注：1瑞典克朗＝0.69元人民币。

3. 儿童护理补贴

残疾儿童需要父母的额外照顾。护理补贴指19岁以下的重度残疾儿童的父母可以获得的补贴。这些孩子至少需要六个月的专门护理和照顾。由于要照顾重度残疾子女，需要承担额外的劳动和责任，由此对家庭造成额外的压力，有可能会影响父母的就业收入，因此可以获得护理补贴。

4. 个人援助和援助津贴

1994年瑞典颁布《残疾人支持和服务法》，该法案最重要的一项内容是规定了残疾人拥有获得个人护理的权利。个人援助服务是指由地方当局为残疾个人委派护理人员，或提供资助以使其能够聘用护理人员。如果残疾人在日常生活中遇到困难，如呼吸、个人清洁、饮食、衣物、与人沟通等方面，并且每周需要20小时以上的支持帮助，那么可以向瑞典社会保险局申请援助津贴；如果对帮助的需求不足20小时，则可以向市政府提出个人援助申请。个人援助和援助津贴没有年龄方面的限制。2022年的援助津贴为每小时315克朗（215人民币），如果有特殊训练需求，援助津贴可以高达35 280克朗每小时。在基本需求得到满足的情况下，残疾人还可

---

① Sweden-Benefits during sickness：https://ec. europa. eu/social/main. jsp? catId＝1130&langId＝en&intPageId＝4813.

以申请其他的津贴。

(三) 瑞典残疾人的教育保障和就业保障

1. 教育保障

瑞典是全球教育均等化水平最高的国家之一,特别是在推动教育无障碍建设和促进教育公平方面领先于其他发达国家。教育无障碍是指在教育领域实现无障碍建设,消除残疾人在接受普通教育过程中的障碍,从而使残疾人更加充分、平等地融入普通教育体系,保障其接受教育的平等权利。瑞典经历了"消除入学障碍""回归主流教育""关注个性化需求"三个阶段来保障残疾人受教育的权利,通过推广基础教育、发展特殊教育和政府支持等措施,有效保障了残疾人受教育的权利。

瑞典实行免费教育,从义务教育到高等教育阶段,学校提供免费的教材和学习用品,以消除所有学生的经济障碍,包括残疾学生。每个学生都有平等的学习机会,无论智力或其他方面是否有差异,都可以就近入学。虽然瑞典还有服务残疾人的特殊学校,但家长可以决定是否让孩子进入普通学校或残疾儿童学校,使得绝大多数残疾人能够融入普通教育中或者参加普通学校的特别班。最后,瑞典推崇融合教育理念,建立了一套独特的发展评估体系,能够及时发现学生在学习中的问题和障碍,并为残疾学生提供必要的帮助和额外的支持,实现教育无障碍的目标。

瑞典在残疾人特殊教育方面投入了大量的资源,根据残疾类型和程度提供特殊的教育服务。瑞典设立了特殊教育学院,为地方政府、学校领导和教师提供支持,为残疾学生提供特别培训的教师、辅助设备和助手,并根据学生的需要对教学环境进行调整。此外,瑞典还有多所聋哑学校和智力残疾儿童学校,为这些学生提供适当的教育和学习环境。瑞典政府还设立了援助服务委员会,为残疾人的教育提供特别支助,同时提供免费的个性化帮助和护理服务。瑞典还有许多特殊教育援助中心,可以为不同类型的残疾人提供专业的帮助和服务。最后,各级政府和协会也为残疾人提供各种补习和其他教育活动。

2. 就业保障

瑞典的残疾人政策旨在帮助残疾人全面融入社会和经济生活,享有与其他公民相同的平等待遇。因此,在瑞典残疾人就业被视为普通劳动力市场的一部分。瑞典对残疾的定义着重于人与环境之间的关系。无论是因为智力、身体、精神残疾,还是因疾病、事故等原因导致难以维持原有工作的求职者,都被称为"职业残疾"者(occupational disability)，并在劳动力市场上得到对应的支持。

为了保障和促进残疾人的就业权利，瑞典政府颁布并实施了《残疾人就业促进法》。瑞典的劳动力市场政策基于激活和提高技能的原则，重视残疾人的培训和实习，旨在使他们享有工作的权利并能够持续地工作，而不是依赖现金援助。为了提升残疾人的工作能力，瑞典中央政府向市政当局拨出大量经费开发成人教育项目，并规定其中 10% 必须用于"职业残疾人"教育。此外，中央政府还额外拨发资金用于发展智力残疾人的成人教育。成人教育是劳动力市场培训的一部分，因此免费提供，并且参与者可以获得额外的活动补助。尽管如此，瑞典残疾人的教育水平仍然低于非残疾人，有学习障碍的残疾人中只有 22% 在开放的劳动力市场工作，一半的残疾人没有工作。

残疾求职人员可以与公共就业服务机构签订行动合同，接受康复训练。在所有计划的康复训练结束后，参加训练的残疾人将再次接受评估，公共就业服务机构将根据评估结果为其提供帮助并提供跟踪性后续服务，以协助他们找到工作。在瑞典的大约 320 个就业服务中心中，有 40 个专为残疾人和就业困难的失业人员提供服务。此外，瑞典特别制定了"残疾求职者的劳动力市场计划"，为那些身体、精神、智力以及社会医学(social-medical)意义上的残疾人提供资助。公共劳动办公室(public labor office)将帮助求职者找到空缺的岗位，并与雇主协商工资标准。

提到瑞典的残疾人就业，就不得不提到促进残疾人就业的另一个解决方案庇护就业(Sheltered employment)。庇护就业的主要目标是为残疾人提供工作机会，使他们享有与他们没有残疾时相同的权利。在瑞典，国有服务和商品供应商 Samhall 是唯一一家提供庇护就业的企业。它于 1992 年成立，是一家隶属于政府的有限责任公司，接受政府资助和补贴。Samhall 是瑞典最大的残疾人雇主之一，由 24 个县属分支机构，分布在瑞典 300 个地方的 800 个工作场所，通过与客户企业签约承包加工以及自主加工等形式为残疾人提供诸如家具、木鞋、工服等制作岗位。目前 Samhall 拥有 23 000 名员工，残疾人员工约占 90%，其中 40% 的残疾员工存在精神、智力等多种残疾。从事庇护工作的残疾人的平均年龄为 46 岁，工作的平均时间约为 8 年。在庇护就业岗位工作的职业残疾人几乎全部加入了工会，这也使得他们可以通过工会进行谈判来保护自身的权益。政府对 Samhall 雇佣残疾人方面还提出了其他要求，例如在其残疾雇员中招收至少 40% 就业特别困难的人；不允许该公司在就业岗位紧缺时解雇残疾人。通过培训和在该公司的就业岗位过渡，每年能帮助5％的雇员在普通劳动力市场上找到工作。2015年，Samhall的1 122名员工得到其他雇主的聘用。在瑞典，除庇护性就业外，瑞典政府还采取扶持性就业的方式帮助残疾人实现就业。扶持性就业是指为在开放的劳动力市场中，残疾人通过他人的帮助完成工作的一种就业形式。

虽然瑞典政府采取了一系列方案保障残疾人就业，但由于许多残疾人的工作能力有限，在工作中常常面临各种各样的歧视；传统工厂的工作环境往往也不适合残疾人参与工作，残疾人就业仍然面临诸多困难。瑞典的残疾人观念中重视残疾人的社会参与，为了改善残疾人与社会的隔离情况，瑞典政府组织和非营利机构成立了许多工作小组，为在主流企业上班的残疾人士配备专门的服务人员进行支持，从而帮助残疾人更加真实地融入工作环境中。政府也会为刚刚参加工作的残疾人提供补贴用于购买工作时所需的辅助器具。除了购买辅助用品的补贴外，政府还会补贴残疾人护工工资，企业为残疾人安排专门人员为残疾人提供帮助也可获得该补贴。此外，残疾人自主创业也可以获得政府补贴。

（四）特定人群的社会保障和社会福利

目前，世界各国对残疾人保障问题的关心主要表现在为肢体残疾人群提供无障碍设施和提供机会以接受教育和就业，相关福利政策也主要针对肢体残疾人群。然而，相比之下，精神和智力障碍人群仍未得到足够的关注，政策保障和相关研究也较少，学术研究也主要集中在精神病学领域。值得一提的是，瑞典是目前世界上对精神和智力障碍人权保障最好的国家之一。这为其他国家提供了很好的榜样，以加强精神和智力障碍人群的人权保护工作。

瑞典在1993年颁布了《特定功能障碍人士支持与服务法》(LSS, The Swedish Act concerning Support and Service for Persons with Certain Functional Impairments)，为该国提供支持的义务制定了明确的标准。LSS适用人群的范围主要包括：智力迟钝者、孤独症患者或类似症状的患者、由于外伤或身体疾病而导致成年后仍无法恢复的脑部损伤或由此而精神和智力受到严重的永久性损伤的人、以及由于非正常衰老引起的持续性的身体或精神损伤的人。该法的目的是保证这些人能够有适当的生活水准，能够获得他们日常生活中所需要的照顾和服务。这些社会支持不仅面向残疾人自身，还延伸到残疾人家庭及照护者，进一步提高了他们的生活质量。

专栏 4.2 《为特定功能障碍人士提供支持与服务法》(LSS)服务项目

(1) 咨询和个性化支持。提供帮助的专家不仅需要具有专业性知识,而且需要对身体和智力障碍人的特殊生活状况有特别的了解。社会工作者、心理学家、身体治疗学家、语言治疗学家、职业治疗学家(occupational therapist)或营养学家等都会提供这样的专家意见。这些意见和帮助可以作为身体和智力障碍人接受的社会服务及恢复措施的补充。

(2) 个人援助。这一服务主要针对65岁以下的身体和智力障碍的人。目标群体若有需要,可以得到一位或几位个人助理。这些个人助理会照顾他们的饮食起居、处理个人卫生、帮助他们与外界交流及处理其他一些个人事务。个人助理需要有广泛的知识和技能来帮助身体和智力障碍人。市政当局可以直接向身体和智力障碍人提供个人助理,或者提供资助来帮助其雇佣个人助理。具体资助办法是:每周20小时以内的个人助理费用由市政当局全部承担;如果要超过这个限额,就应该依据另外一部涉及个人帮助补偿的专门法律(The Act Concerning Compensation for Assistance,简称 LASS)向地方保险机构提出申请,由地方保险机构决定是否提供。年龄在65岁以上的身体有实质性功能障碍的人要获得政府的个人助理,则必须是在65岁之前已经接受了或已经向市政当局申请了个人助理。

(3) 陪伴服务。对没有个人助理的身体和智力障碍人,市政当局会向其提供陪伴服务。陪伴服务是十分个人化的,以适应身体和智力障碍人的具体要求和实际需要,使其能够有更加积极的社会生活。

(4) 12岁以上学生的短期监护。这样的监护在他们上学前、放学后及假期里提供。

(5) 个人联络服务。为了减轻与社会的隔离,身体和智力障碍人有时需要从联系人那里获得帮助。例如帮助他们参加一些休闲活动、在日常生活中提供一些建议,等等。尤其是对于独立生活的身体和智力障碍人,联系人的帮助能够使他们的生活更便利。有时是由一个家庭来充当联系人,这样的家庭在瑞典被称为"帮助家庭"(support family)。

（6）家庭喘息服务（Relief service in the home）。这种服务既可以作为常规服务来提供，也可以在意外情况发生时提供。

（7）短暂离家服务。这项服务的目的是为身体和智力障碍人提供一个暂时改变其生活环境的机会，使他们能够获得一些娱乐消遣，同时也使他们的亲属得到一些放松。短期居留可以安排在另外一个家庭里，或者采用其他可能的方式，例如野营。

（8）残疾成年人的特殊服务住所。居所的安排是多种多样的，但最普遍的形式是归类集合居住（group housing）和居住在提供服务的房屋（service housing），也有居住在市政当局分配的经过特别改造的房屋。

（9）儿童或青少年的特殊服务住所。对于那些不能与其父母一起生活的儿童和青少年，市政当局会安排他们生活在另外的家庭中，或生活在能为他们提供特别服务的居所里。该居所也可以作为其父母的补充居所，这种帮助提供给那些只能部分时间与其父母共同生活的儿童和青少年。

（10）日常生活。处在工作年龄的身体和智力障碍人，符合LSS的规定条件，在日常活动中可以由人陪伴做义工。

除此之外，每位身体和智力障碍人都有权得到一项个人计划。该计划简洁地描述了残疾者将得到的帮助和服务。计划制定需要与身体和智力障碍人进行协商，充分考虑当事人的意见和要求，并且需要明确给出达到预定目标的方式方法，例如计划涉及的各方会在什么时候做什么、需要什么样的措施、如何才能得到需要的帮助，等等。这样的计划往往会被作为年历，并落实在身体和智力障碍人之后的生活中。

（五）服务瑞典残疾人的社会组织

在社会组织高度发达的瑞典，约有一半的公民参与各种志愿组织。这使得瑞典的残疾人组织具有强大的群众基础，从而能够获得社会舆论、资金和人力的支持。基于以上原因，瑞典残疾人组织众多，其中大部分属于"瑞典残疾人联合会"。这些组织的重要作用是推动残疾人政策的制定。很多的残疾人组织都自视为是关于残疾人的利益团体，并经常参与各种社会运动。瑞典残疾人组织主要扮演自我的组织者、利益代表、社会运动的发动者，以及政策制定的参与者和影响者的角色，服务递送职能多由政府面向社会采购,从而形成"高福利国家支出、弱非营利部门规模"的北欧模式特点。由于瑞典的经济发展水平高且国家福利支出也较高,瑞典残疾人服务的推广呈现高水平、广覆盖的特点。

据不完全统计,瑞典有70多个代表残疾人团体的国家级组织,其中大约有40个组织受到中央政府、地方政府的财政支持。作为国家级的公共机构,瑞典障碍协会负责监测、评估残疾人技术服务的行动,并承担研究与发展的工作。瑞典智力障碍协会(The Swedish National Association for Persons with Intellectual Disability,简称FUB)则是瑞典最大的非政府组织之一,旨在提高所有智障人士的生活质量。该协会在全国大约有165个分支机构,拥有29 000多名成员。协会的核心成员主要由两类人组成,一部分是智障人士及其亲友;另一部分是关心智障人士社会融合事业的友好人士。此外,大多数瑞典人都是残疾人组织和协会的成员,其中约有4万人积极参与残疾人运动。这些非政府机构的努力极大地推动了瑞典和其他北欧国家智障人士的社会融合工作。

瑞典残疾人组织在残疾人服务中扮演着重要的角色。该国的残疾人康复、教育、就业、交通、信息等服务项目,主要通过郡县政府来实施,但具体的服务由非营利组织负责。瑞典政府通过向残疾人组织购买服务来支持这些项目,而残疾人服务组织的资金主要来自政府的残疾人服务项目拨款。截至2011年,瑞典国家总计拨款超过1.82亿瑞典克朗(约合2 540万美元),向60个残疾人组织购买了服务。

(六) 总结

作为北欧具有代表性的高福利国家之一,瑞典在残疾人社会保障工作上做出了突出成绩。首先,瑞典在残疾人保障政策的立法方面相对完善,对相关政策的执行和监督进行了规范,有效保障了残疾人群体在社会发展中享有平等的生存权和参与权。其次,瑞典的残疾人社会组织在残疾人服务的提供中发挥着十分重要的作用。瑞典是一个高度发达的组织社会,残疾人组织是残疾人服务的重要递送者,政府面向社会进行采购,具体服务主要由非营利组织进行递送,由此也形成了"高福利国家支出、弱非营利部门规模"的北欧模式特点。此外,在对智力和精神障碍人群的人权保障方面,瑞典为其他国家提供了良好的典范,相关措施和法律法规的制定也为各国对智力和精神障碍人群的保障工作提供了有益借鉴。

第三编

我国残疾人社会保障制度

第五章
我国残疾人和残疾人家庭的基本情况

我国大约有 8 500 万残疾人,是世界上残疾人口数量最多的国家。残疾人往往被视为弱势群体,难以像非残疾人一样获得充分发展的机会,甚至无法独立生活。随着我国人口结构和疾病谱的变化,残疾人群体的结构、困难和需求也随之演化。了解残疾人和残疾人家庭的现状、困难和变化趋势,有助于优化残疾人保障制度,为残疾人提供精准服务,适应性地调整残疾人保障的工作内容和工作重点。

一、残疾的定义、分类和认定

(一) 残疾的定义

受经济社会发展水平制约,我国实行相对狭隘的残疾标准。[1]我国残疾人的认定标准由国务院确定,根据《中华人民共和国残疾人保障法》,残疾人是指在"心理、生理、人体结构上,某种组织、功能丧失或者不正常,全部或者部分丧失以正常方式从事某种活动能力的人。它包括视力残疾、听力残疾、言语残疾、肢体残疾、智力残疾、精神残疾、多重残疾和其他残疾的人"[2]。这一表述从两个维度定义了残疾的含义。一是心理、生理或身体上的功能的损失,是个体层面的功能缺失;二是这种损失造成的活动能力的缺失,是社会层面的功能缺失。[3]根据这一规定,我国《残疾人残疾分类和分级》标准将残疾类别限定于视力残疾、听力残疾、言语残疾、肢体残

---

[1]　乔尚奎、郭春宁:《如何加强残疾预防?》,中国政府网,2014 年 3 月 20 日。

[2]　《中华人民共和国残疾人保障法》。

[3]　周沛、李静、陈静、柳颖等著:《残疾人社会福利》,山东人民出版社 2013 年版。

疾、智力残疾和精神残疾。我国的残疾标准在重视身体和生理结构缺损的同时强调功能障碍和社会适应性。受经济保障和社会服务总体水平的制约,对内脏器官缺损、不可逆慢性病等在许多发达国家被明确列为可能导致残疾的项目,我国暂时没有将其列入评残范围(国家标准化管理委员会)。尽管我国采用了相对严格的残疾定义标准,但是由于人口基数庞大,我国仍是世界上残疾人口最多的国家。目前我国残疾人口总数达到 8 500 万,占人口总数的 6.34%。

我国残疾人口占总人口的比例与发达国家相比并不高。根据世界卫生组织的统计数据,全球残疾率为 15.3%,亚太地区残疾率从 1.1% 到 24% 不等,相差 20 倍之多。值得指出的是,由于各国残疾的定义和认定标准不同,不同国家之间的残疾率并不存在可比性。例如,世界盲人联合会的统计数据表明,全球大约有 2.53 亿人遭受失明或视觉损伤。其中同时可能包含"存在局部视觉障碍的人",也可能包含"能够从事一定职业的轻微残障人口"或者"完全失明的重度残障人口"。[1]在很多发达国家,人们对残疾的认识和观念的进步,存在生活和行动障碍的人,例如高度近视、过度肥胖等都被算作残障人士,因此在统计数据中反映出较高的残疾率。从这一角度来看,高的残疾比例反而在一定程度上反映出一个国家对残疾人认知的改变和对残疾人提供保障的能力。

(二) 残疾的分类和分级

残疾可以是容易察觉的,例如肢体残疾,有些残疾却是不容易被察觉的,例如听力残疾。对残疾的分类和分级,涉及对残疾和障碍的理解和认识,关乎残疾人的补助和福利,对于推动残疾人事业发展,改善残疾人的生活水平发挥着重要的作用。国际上目前对残疾人的分类和分级,源于 2001 年第 54 届世界卫生大会上正式命名和使用的分类标准《国际功能、残疾和健康分类》。以此为基础,我国 2006 年第二次全国残疾人抽样调查时设计了"第二次全国残疾人抽样调查残疾标准",残疾被相应地分为七类:视力残疾、听力残疾、言语残疾、肢体残疾、智力残疾、精神残疾和多重残疾。[2]

到 2010 年,我国制定了首个残疾人领域关于残疾分类和分级的国家标准:《残

---

[1] 因加·维斯珀(Inga Vesper),《全世界残疾人口已近 10 亿,他们过得还好吗?》,澎湃新闻,2020 年 5 月 23 日。

[2] 国务院妇女儿童工作委员会办公室、国家统计局和联合国儿童基金会:《2018 中国儿童发展指标图集》,第十一章。

疾人残疾分类和分级》国家标准（GB/T 26341—2010），也是我国现行的残疾分类和分级标准。《残疾人残疾分类和分级》国家标准规定了残疾人残疾分类和分级的术语和定义、制定了残疾的分类和分级及代码等，是我国制定和实施残疾人社会福利政策，也是管理和发放残疾人证的重要依据。①根据残疾发生的功能损失，我国在对残疾进行分级标准时，遵循以下两个基本的原则②：

（一）以社会功能障碍为主来确定残疾，即以社会功能障碍的程度划分残疾等级。每类残疾划分四个等级，各对应不同程度自理能力。

（二）为利于国际学术交流和资料的互相比较，凡是已经有国际统一标准的，尽量和国际统一标准取得一致；对没有国际统一标准的，自行制订。

根据这两个原则，我国对视力障碍和听力、言语障碍的标准基本与国际标准接轨，并对其他几类残疾自行订制了分级标准。其中，肢体残疾的标准是自行制定的；精神障碍的标准参照了世界卫生组织的精神分类标准自行制定；智力残疾标准参照世界卫生组织和美国精神发育迟滞协会的评估标准，根据智商（IQ）和适应性社会行为划分智力残疾的等级。根据《残疾人残疾分类和分级》的国家标准，各类残疾按照严重程度分为四级，分别为残疾一级（极重度）、残疾二级（重度）、残疾三级（中度）和残疾四级（轻度）。

专栏 5.1　《残疾人残疾分类和分级》国家标准关于残疾的分类

视力残疾：

各种原因导致双眼视力低下并且不能矫正或双眼视野缩小，以致影响其日常生活和社会参与。视力残疾包括盲及低视力。

	级　别	最佳矫正视力
盲	一级盲	最佳矫正视力＜0.02；或视野半径＜5 度
	二级盲	0.02≤最佳矫正视力＜0.05；或视野半径＜10 度
低视力	一级低视力	0.05≤最佳矫正视力＜0.1
	二级低视力	0.1≤最佳矫正视力＜0.3

---

① 该标准与我国现有的工伤、交通事故、司法鉴定等涉及的伤残评定标准相比，在适用范围、使用目的、评定方法及等级划分等方面都存在差异。

② https://baike.baidu.com/item/残疾人/1056468?fr=aladdin.

听力残疾：

各种原因导致双耳不同程度的永久性听力障碍，听不到或听不清周围环境声及言语声，以致影响其日常生活和社会参与。

级别	平均听力损失(dBspL)	言语识别率(%)
一级	>90(好耳)	<15
二级	81—90(好耳)	15—30
三级	61—80(好耳)	31—60
四级	41—60(好耳)	61—70

言语残疾：

各种原因导致的不同程度的言语障碍，经治疗一年以上不愈或病程超过两年，不能或难以进行正常的言语交流活动(3岁以下不定残)。包括：失语、运动性构音障碍、器质性构音障碍、发声障碍、儿童言语发育迟滞、听力障碍所致的言语障碍、口吃等。

级别	语音清晰度(%)	言语表达能力
一级	≤10%	未达到一级测试水平，不能进行任何语言交流
二级	11%—25%	未达到二级测试水平
三级	26%—45%	未达到三级测试水平
四级	46%—65%	未达到四级测试水平

肢体残疾：

人体运动系统的结构、功能损伤造成的四肢残缺或四肢、躯干麻痹(瘫痪)、畸形等导致人体运动功能不同程度丧失以及活动受限或参与的局限。肢体残疾主要包括：上肢或下肢因伤、病或发育异常所致的缺失、畸形或功能障碍；脊柱因伤、病或发育异常所致的畸形或功能障碍；中枢、周围神经因伤、病或发育异常造成躯干或四肢的功能障碍。

级别	程　度	计　分
一级	不能独立实现日常生活活动	0—4
二级	基本上不能独立实现日常生活活动	4.5—6
三级	能部分独立实现日常生活活动	6.5—7.5
四级	基本上能独立实现日常生活活动	/

智力残疾：

智力显著低于一般人水平，并伴有适应行为的障碍。智力残疾包括在智力发育期间（18岁之前），由于各种有害因素导致的精神发育不全或智力迟滞；或者智力发育成熟以后，由于各种有害因素导致智力损害和老年期的智力明显衰退导致的痴呆。

	发展商（DQ） 0—6岁	智商（IQ） 7岁及以上	适应性行为 （AB）	WHO-DASⅡ 分值
一级	≤25	<20	极重度	≥116分
二级	26—39	20—34	重度	106—115分
三级	40—54	35—49	中度	96—105分
四级	55—75	50—69	轻度	52—95分

精神残疾：

各类精神障碍持续一年以上未痊愈，由于存在认知、情感和行为障碍，以致影响其日常生活和社会参与。18岁以上（含）的精神障碍患者根据《世界卫生组织残疾评定量表Ⅱ》（WHO-DASⅡ）分数和下述的适应行为表现，18岁以下者依据下述的适应行为的表现，把精神残疾划分为四级：

精神残疾一级：

WHO-DASⅡ值≥116分，适应行为严重障碍；生活完全不能自理，忽视自己的生理、心理的基本要求。不与人交往，无法从事工作，不能学习新事物。需要环境提供全面、广泛的支持，生活长期、全部需他人监护。

精神残疾二级：

WHO-DASⅡ值在106—115分之间，适应行为重度障碍；生活大部分不能自理，基本不与人交往，只与照顾者简单交往，能理解照顾者的简单指令，有一定学习能力。监护下能从事简单劳动。能表达自己的基本需求，偶尔被动参与社交活动；需要环境提供广泛的支持，大部分生活仍需他人照料。

精神残疾三级：

WHO-DASⅡ值在96—105分之间，适应行为中度障碍；生活上不能完全自理，可以与人进行简单交流，能表达自己的情感。能独立从事简单劳动，能学习新事物，但学习能力明显比一般人差。被动参与社交活动，偶尔能主动参与社交活动;需要环境提供部分的支持,即所需要的支持服务是经常性的、短时间的需求,部分生活需由他人照料。

精神残疾四级:

WHO-DASⅡ值在 52—95 分之间,适应行为轻度障碍;生活上基本自理,但自理能力比一般人差,有时忽略个人卫生。能与人交往,能表达自己的情感,体会他人情感的能力较差,能从事一般的工作,学习新事物的能力比一般人稍差;偶尔需要环境提供支持,一般情况下生活不需要由他人照料。

多重残疾:

存在两种或两种以上残疾为多重残疾。多重残疾应指出其残疾的类别。多重残疾分级按所属残疾中最重类别残疾分级标准进行分级。

资料来源:《残疾人残疾分类和分级》国家标准(GB/T26341-2010)(中华人民共和国国家标准 2011 年第 2 号公告)。

(三) 残疾的认定

残疾人证是我国残疾人身份的唯一合法证明,持证者可以合法享受针对残疾人的各项优惠服务和福利。我国《残疾人保障法》从就业、文化、住房、社保和无障碍环境方面提出了保障残疾人的各项原则和措施,各地根据自己的实际情况制定实施办法,因此各地残疾人在享受的社会福利方面存在差别,但是残疾人享受社会福利和保障都以持有残疾人证为前提。残疾证的申领遵循自愿的原则。根据《中华人民共和国残疾人证管理办法》,各地方残联是负责残疾人证的发放和管理的单位。根据以上残疾人的分类和认定标准,对残疾人进行残疾评定,并发放残疾人证。

目前我国持证的残疾人共有 3 781 万,和我国 8 500 万残疾人口规模相比,持证残疾人比例不足 50%。没有残疾人证的残疾人,无法享受残疾人本应享有的社会保险补贴,交通优惠等众多补贴和福利。两个数字相差如此之大,有多方面的原因。

其一,根据我国残疾人证管理办法,在残疾人证申领过程中,"评定结果符合残疾人标准的,应在申请人所在村(社区)予以公示……申请人为未成年人的,原则上不予公示"。尽管公示环节的设定是为了保证残疾人证的真实性和公正性,但是污名化和标签化的顾虑使得残疾人及其家属担心受到关注而自卑,担心受到歧视和排挤而不愿意申请残疾人证。

其二,申领残疾证的过程和程序对于残疾人,特别是行动不便的人不够友好,降低或者妨碍了他们申领残疾人证的意愿。随着我国残疾人事业的发展,各地对于出门困难的重度残疾人采取了更加便利和人性化的申领服务。

其三,在不办理残疾人证的群体中,以老年人占多数。或因行动不便,或因残疾认证的福利与一般老年人的福利如乘车公园优惠多有重叠,并且老年人已有社保福利没有就业创业要求,因此残疾人证的价值对于这部分老年人来说大打折扣。

其四,我国绝大部分残疾人都生活在农村,由于信息闭塞以及对残疾人证附加的优惠政策认识不全面,他们申领的动机也不强。

专栏 5.2　老年残疾人领证的,不到两成

8月3日,省残联公布,从2009年我省开始为残疾人更换二代《残疾人证》至今,全省共换发二代《残疾人证》54万余个。领证者大部分是40—59岁的人,60岁以上的残疾人只有1.3万人领证,占所有领证残疾人的24.1%,占全省老年残疾人的13.2%。

领《残疾人证》的大多是中年人

《残疾人证》是残疾人身份、残疾类别、残疾等级的证明,是残疾人享受国家和地方政府优惠政策的重要凭证。2009年3月,我省按照国家要求开始统一更换二代《残疾人证》。全省各地推出免费换证、免费体检等优惠措施。目前,全省共换发二代《残疾人证》54万余个。

所有领证的残疾人中,绝大多数在40—59岁之间,还有一部分是30岁左右的年轻人,60岁以上的老人只有1.3万,占领证人数的两成多。"其实,残疾人中近一半是60岁以上的老人。"省残联的工作人员介绍,老年人骨关节病、痴呆等的发病率和致残率较高,随着年龄的增加,残疾风险随之提高。

目前,我省共有残疾人202.9万余人,其中60岁以上的老人有99.02万人,占残疾人的48.83%,但领证的老年残疾人只有一成多。

有老人认为领《残疾人证》没用

"我们身边不少老人患半身不遂、白内障等病,这都属于残疾,但他们中领《残疾人证》的却寥寥无几。"省残联的工作人员介绍,残疾人是指在心理、生理、人体结构上,某种组织功能丧失或者不正常,全部或部分丧失以正常方式从事某

种活动能力的人。很多腿脚不便、耳背眼花的老年人按照标准可能被鉴定为残疾，符合领《残疾人证》的条件。"老都老了，还成了残疾人，丢不起那人。"太原市尖草坪区的高红利老人说。老人今年79岁，因脑溢血导致半身不遂，外出必须坐轮椅。区残联的人曾经入户要为老人办《残疾人证》，可老人坚决不办，"不愿接受自己残疾的事实，也认为领《残疾人证》会受歧视。"

太原市尖草坪区的张春生老人虽然承认自己听力残疾，但也不想办证。"免费坐公交、逛公园，《残疾人证》能享受的《老年证》也能享受，费那劲儿干嘛？"老人说。

对老年残疾人的优惠会逐渐加大

省残联工作人员称，持有《残疾人证》的老人除了可以享受免费乘公交车、逛旅游景点外，家庭贫困的残疾人还可申请免费白内障手术、配助听器、申领轮椅等辅助器械，贫困残疾人家庭的子女还可申请助学金等。"政府会逐渐加大对老年残疾人的优惠力度，如果不领证，就会放弃很多应享有的权益。"

省残联近期下发通知，加大核发二代《残疾人证》的力度。派车辆、专家下乡入户，为行动不便的老年残疾人和重度残疾人办理《残疾人证》。"除了需要各级政府、卫生部门在措施和资金上支持外，更需要老人们理解，不要放弃自己应有的权益。"省残联的工作人员说。

资料来源：王也：《老年残疾人领证的，不到两成》，山西新闻网，2011年8月4日。

二、我国残疾人的现状

（一）基本情况

我国残疾人口数量庞大，残疾人数量在不断增长，残疾人占全国人口的比例不断攀升。根据1987年和2006年先后两次全国残疾人抽样调查数据，20年来，我国残疾人总数从5 164万人增加到8 296万人，残疾人占总人口的比例也从4.9%提高到6.34%。根据第六次全国人口普查得到的我国总人口，以及2006年第二次全国抽样调查中残疾人占中国总人口的比例和各类残疾人占残疾总人口的比例推算，截至2010年底，我国残疾人总数为8 502万人，相当于平均每16个人中就有一个残疾人,其中男性 4 382 万人,女性 4 120 万人。2006 年的调查还显示,我国残疾人口的分布呈现明显的城乡差异。他们中的绝大部分生活在农村,占残疾人总数的75.04%,占农村总人口的6.95%。考虑到我国城镇化进程不断推进的过程中,已经有大量农村人口转向城市,实际上农村残疾人口的发展形势比数字表面上显示的更为严峻。加上农村人口总体收入水平低,保障不全面,农村残疾人口具有双重弱势。

从残疾类型的分布来看,各类残疾人的人数分别为:视力残疾 1 263 万人;听力残疾 2 054 万人;言语残疾 130 万人;肢体残疾 2 472 万人;智力残疾 568 万人;精神残疾 629 万人;多重残疾 1 386 万人。如图 5.1 所示,肢体残疾和听力残疾是我国残疾人数最高的两类残疾,分别占残疾整体的 29% 和 24%。[1]从残疾的程度看,重度(包含极重度)残疾占了三分之一左右,中度和轻度残疾占三分之二。重度(包含极重度)残疾 2 518 万人;中度和轻度残疾人 5 984 万人。

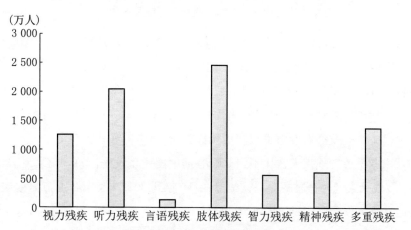

图 5.1　我国残疾人口按残疾种类的分布

注:根据第六次全国人口普查我国总人口数,及第二次全国残疾人抽样调查我国残疾人占全国总人口的比例和各类残疾人占残疾人总人数的比例,推算得到 2010 年残疾种类的分布。

资料来源:中国残疾人联合会。

---

[1] 尽管从单一残疾看,我国残疾人中肢体残疾的比例最高,高于单一听力残疾的比例,但是考虑到多重残疾中占比高达 57.4% 的听力残疾人口(第二次全国残疾人抽样调查),听力残疾是我国最主要的残疾类型。

残疾人口的性别比例和总体人口性别比例基本保持一致,男性残疾人口占51.55%,女性残疾人口占48.45%。①按年龄分布来看,残疾儿童和青少年在残疾人群体中的比例较小,为4.7%;残疾人以60岁以上老人为主,该年龄段的残疾人占残疾人的比例超过了50%。在我国人口结构不断老龄化的过程中,老年残疾值得特别重视。

表5.1 残疾人口在年龄段上的分布

年龄段	人数(万人)	占比(%)
>65	3 755	45.3
60—64	661	8.0
15—59	3 483	42.0
0—14	387	4.7
总人数	8 286	100.0

资料来源:2007年第二次全国残疾人抽样调查主要数据公报。

从残疾人接受教育的情况来看,我国残疾人整体受教育程度偏低。2006年第二次全国残疾人抽样调查数据显示,我国6—14岁学龄残疾儿童有246万人,占全部残疾人口的2.96%;15岁及以上的残疾人中,文盲人口有3 591万人,文盲率为43.29%,小学毕业人数为2 642万,占比31.07%;而能够完成义务教育的残疾人少之又少,1 248万残疾人能够完成初中阶段教育,占全部残疾人口的14.67%,具有高中及中专学历的残疾人占比不到5%。②据中国残联数据,2008年到2012年间,仅3.5万残疾人进入普通高等院校学习;2016年到2019年,有4.39万名残疾考生被普通高等院校录取。残疾人难以进入高等院校学习的情况得以改善,这主要归功于2017年《残疾人参加普通高等学校招生全国统一考试管理规定》的出台。自此之后,我国每年被普通高校录取的残疾大学生人数逐年增加。该规定出台之后的三年里,被普通高校录取的残疾学生人数分别为10 818人、11 154人和12 362人。③

---

① 国家统计局、第二次全国残疾人抽样调查领导小组:《第二次全国残疾人抽样调查主要数据公报》,中国统计出版社2007年版。

② 《助残脱贫,决胜小康——中国残疾人福利基金会在行动》,中国网,2020年5月17日。怒江潮,《中国残疾人真实生存状态曝光:扎心的数字,悲情的群体》,2022年9月13日。

③ 《2016年至2019年我国共有4.39万名残疾考生被普通高校录取》,人民日报海外版,2020年10月28日。

尽管情况在不断改善,但是在2019年被主流大学录取的900万人中,仅有1.2万人是残疾人;在2021年1076万高校毕业生中有2.9万高校残疾人毕业生。[①]保障和推动残疾人教育与就业,是为残疾人赋能以促进残疾人持续发展的主要动力。第八章和第九章将详细刻画残疾人的教育和就业现状、政策支持和演化,总结在发展残疾人教育和促进残疾人就业实践中面临的问题,并提出相应的意见和建议。

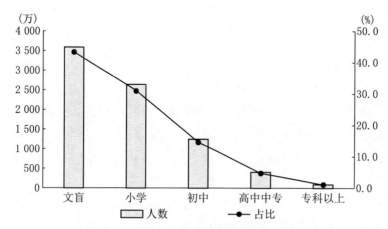

图5.2 15岁以上残疾人教育水平分布情况

资料来源:2006年第二次全国残疾人抽样调查。

从就业方面来看,据统计,目前我国共有近1 800万就业年龄段持证残疾人。截至2021年底,全国城乡持证就业残疾人881.6万人。其中,按比例就业81.8万人,占持证残疾人的9.28%;集中就业26.8万人,占3.04%;个体就业63.5万人,占7.2%;公益性岗位就业14.8万人,占1.68%;辅助性就业14.3万人,占1.62%;灵活就业(含社区和家庭就业)250.3万人,占28.39%;从事农业种植业、养殖业、加工业("种养加")的有430.1万人,占48.79%。但目前仍有近1 000万就业年龄段持证残疾人未实现就业,即便是已经列入就业范围,占比高达77.18%的灵活就业和从事农业"种养加"的人群也大多存在收入微薄和岗位不稳定问题。另外,在按比例就业的81.8万人中,相当一部分是靠残疾证挂靠实现的"假就业"。就业是民生之本,然而难以消除的固有歧视和偏见让不少企业宁愿交残保金也不接受残疾人,这不但是我国残疾人在劳动力市场中遇到的难题,也是其他国家普遍面临的问题。

---

① 王晶:《今年应届高校残疾人毕业生超2.9万人 中国残联与教育部联合发声破解"就业难"》,央广网,2022年2月28日。

(二) 致残的原因

参照现有的残疾标准,我国的残疾人口还在迅速增加。了解造成残疾的原因,尽可能地减少残疾或延缓残疾的发生,十分迫切和必要。

根据第二次全国残疾人抽样调查,从整体上看,后天获得性因素是致残的主要因素,占残疾人口的 74.67%,先天性因素占 9.57%,不明原因或其他因素致残占 15.75%。在先天性残疾中,遗传性残疾占 31.09%,发育缺陷非遗传性残疾占 68.91%。后天性残疾中,非传染性疾病(心脑血管病、糖尿病等慢性非传染性疾病[称慢性病])致残占 71.58%,创伤及伤害致残占 16.65%,传染性疾病致残占 11.77%。由此可见,后天非传染性疾病是造成残疾的最主要的原因。[①]图 5.3 按照残疾的不同种类展示了不同残疾类别中慢性病致残的比例。可以看出,慢性病致残占整体残疾的比例超过了 50%,在精神、视力和听力残疾中的比例尤其高,分别高达 95.80%,80.8% 和 54.6%。[②]此外,创伤及伤害致残的人口占残疾人口的 12.43%,是第二大致残原因。

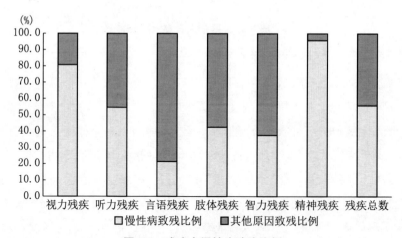

图 5.3　残疾人慢性病致残比例

资料来源:林雅嫣、徐梦:《经历残疾与康复:社会对残疾的反应》,《医学与哲学》2020 年第 41 卷第 3 期,第 11—16 页。

[①] 罗争光,崔静:《完善预防机制　提升康复能力——中国残联康复部主任胡向阳解读〈残疾预防和残疾人康复条例〉》,新华社,2017 年 2 月 27 日。

[②] 宋新明、陈新民、刘天俐等:《我国成年人慢性病导致的残疾负担分析》,《残疾人研究》2013 年第 4 期,第 43—48 页。

还应注意到,不同年龄段残疾人致残原因差异较大。根据第二次全国残疾人抽样调查,0—6 岁儿童主要致残原因为出生缺陷等先天因素;6—14 岁学龄儿童主要是因为传染性疾病和意外伤害致残;而 15—59 岁就业年龄段人群主要是因为工伤、交通事故等为主的意外伤害致残;随着年龄增长,心脑血管病、糖尿病等慢性病致残的比例迅速增加,60 岁及以上老年人多因慢性病和身体机能衰退而致残。目前,我国每年约有 100 万严重出生缺陷儿出生,约有 100 万人因意外伤害致残,每年新发的慢性病致残人数尽管尚不能准确估算,但是可以肯定的是 60 岁以上老人新增残疾的比例不断攀升。①

在各类残疾中,致残的原因也存在差别。就我国目前最主要的残疾类型——肢体残疾——来说,造成肢体残疾的十大原因依次为脑血管病、骨关节病、脊髓灰质炎、职业事故、交通事故、发育畸形、脑瘫、脊髓疾病、传染病和地方病。不同年龄的残疾人,残疾的原因可能非常不同。例如,脑瘫、发育畸形以及先天性发育障碍是 0 至 14 岁肢体残疾儿童残疾的主要原因。脊髓灰质炎、其他外伤、交通事故、职业事故是 25 至 54 岁青壮年肢体残疾的最主要原因。脑血管疾病、骨关节病和其他外伤等是 55 岁及以上人群肢体残疾的主要原因。脑血管疾病和骨关节病分别是城市肢体残疾和农村肢体残疾发生的最主要的原因,致残比例分别为 25％和 19％,这两种疾病的发病率都随着年龄的增长而增高。在人口加速老龄化的时期,可以预见,肢体残疾的发生率在高水平的基础上还将持续上涨。②

就我国的第二大残疾种类——听力残疾来说,调查数据显示致残原因按照重要性依次为:非传染性疾病,原因不明及其他因素,创伤或意外伤害,传染性疾病,发育缺陷和遗传因素。据世界卫生组织的最新数据,全球大约有 4.66 亿人患有残疾性听力损失,其中儿童约为 3 400 万。这个数字比美国人口总数还多,几乎占全世界人口的 5％。并且,预计到 2050 年残疾性听力损失人数将达到 9 亿。世卫组织数据显示,听力受损的一个重要原因是长时间或者过度暴露在娱乐噪声中,全球 12—35 岁人群中有将近 50％,大约 11 亿人由于这个原因面临听力受损的风险。

我国是世界上听力残疾人数最多的国家。第二次全国残疾人抽样调查显示,

①　乔尚奎、郭春宁:《如何加强残疾预防?》,中国政府网,2014 年 3 月 20 日。
②　《肢体残疾的 30 个问题解答》,2017 年 11 月 12 日,https://www.sohu.com/a/203842644_654067。

我国有听力残疾人 2 780 万,每年新增听力残疾超过 30 万人;患听力障碍的人士共有 3 480 万人。据《中国出生缺陷防治报告(2012)》数据显示,我国 0—6 岁的儿童有超过 80 万人有听力残疾,每年约有 3.5 万新生儿是先天听力残疾的,位居我国出生缺陷前列。在我国庞大的听力残疾群体中,致残因素占比如图 5.4 所示,超过一半的听力残疾都是因为非传染性疾病造成的。进一步细分,我国听力残疾主要为老年性耳聋(51.61%),其次为原因不明(13.61%)、中耳炎(11.80%)和全身性疾病(4.83%)等原因导致的听力残疾。①同肢体残疾一样,听力残疾人口预计会随着人口老龄化的加快和加深而增加。

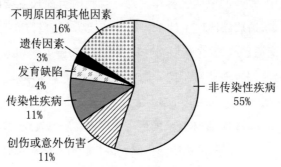

图 5.4 听力残疾的致残因素

(三) 残疾的变化趋势

随着经济和社会的发展,残疾人的构成也会随着时间在不断演化。根据第二次全国残疾人抽样调查数据推算,我国每年新增残疾人主要由人口老龄化、慢性疾病、意外伤害、出生缺陷等因素导致。就残疾类型的分布来说,我国第二次残疾人口普查和第一次残疾人口普查的结果相比就存在很大差异。1987 年第一次人口普查显示当时的残疾主要以听力言语残疾为主,其次为精神残疾。而 2006 年第二次人口普查显示残疾主要为肢体残疾和听力残疾。除去两次普查之间肢体残疾的评定方法修订造成的差异,残疾类型结构的差别在很大程度上反映了我国致残原因的转变。一方面可以归结为这一时期我国人口结构的老龄化,老年人身体机能退化,脑血管疾病和关节疾病致残率较高。另一方面可以归结为我国的城市化和工

---

① 中国听力医学发展基金会:《中国听力健康报告(2021)》,社会科学文献出版社 2021 年版。

业化进程。城市化和工业化的推进加快了生活和工作节奏,增加了安全事故和意外伤害,同样增加了致残的风险。①

就我国残疾人的年龄结构来说,我国两次残疾人口普查结果显示,新增的残疾人主要集中于 60 岁以上的老年人,占新增残疾人口的 75.5%。世界卫生组织 2011 年发布的《世界残疾报告》指出,全球残疾人数量持续增加的原因在于人口增长和老龄化的发展。人口的快速老龄化和高龄化也是支配我国人口结构变化的决定性因素。随着我国人口老龄化程度的加快加深,以及疾病谱由急性、传染性疾病向慢性病、非传染性疾病转化,老年残疾人口在今后一段时期仍将是我国残疾人增加的主要原因。加上我国仍处在工业化和城市化进程不断推进的阶段,我国仍然面临着较大的残疾发生风险。而不同年龄、不同类型的残疾对于残疾保障的需求完全不同,残疾人的保障政策和残疾人事业的推进需要应对残疾人口结构的变化。

三、残疾人家庭的基本情况

家庭是人们获得照料的主要环境和单元,对于残疾人来说尤其如此。在残疾人社会保障制度仍需进一步发展和完善的阶段,家庭对残疾人,尤其是重症残疾人的重要性不言而喻。从我国当前的实际来看,大多数残疾人都生活在自己的家庭中,家庭承担了绝大部分的照顾和康复工作,为残疾人提供重要的支持和依靠。根据 2010 年第六次人口普查,我国有 8 502 多万残疾人,②涉及 7 050 万个家庭 2.6 亿人口,占全国家庭总户数的 17.8%,有残疾人的家庭户的总人口占全国总人口的 19.98%。③联合国《残疾人权利公约》强调,家庭是基本的自然和社会单位,残疾人及其家庭成员都应该并且有权得社会和国家的保护,使家庭能够为残疾人充分和平等地享有其权利作出贡献。面对如此庞大的残疾人和残疾人家庭群体,为残疾人提供照料和看护的群体在现实中却缺乏社会支持。

---

① 2015 年《中国脑卒中防治报告》显示,我国每年新增脑卒中患者逾 200 万,年发病率增长 8.7%,脑卒中患者中近 70% 可以存活,但多数会造成较严重的残疾。
② 该统计数据未包含港澳台地区。
③ 国家统计局、第二次全国残疾人抽样调查领导小组,《第二次全国残疾人抽样调查主要数据公报(第二号)》,2007 年 5 月 28 日。

(一) 残疾人家庭的现状和特点

1. 残疾人家庭的结构

首先,残疾人家庭的规模比非残疾人家庭的规模大。这主要是由于残疾人多存在各种行动方面的障碍,需要长期与亲属共同生活。残疾人家庭户均规模为3.51人,而全国平均户规模为3.13人。残疾人家庭人数在四人(含)以上占全部残疾人家庭的47.33%;六人及以上残疾人家庭占全部残疾人家庭的12.42%。[1]第二次全国残疾人抽样调查还显示,残疾人家庭中残疾人数大部分为1人,有2位以上残疾人的家庭比重也比较高,达到12.43%。[2]

由于存在残疾,残疾人的婚姻状况不容乐观。2006年第二次全国残疾人抽样数据结果显示了残疾人婚姻状况两大特点。一方面,残疾人的在婚率远远低于非残疾人,表现在未婚率高、离婚率高、丧偶率高,如图5.5所示。另一方面,残疾人的育龄期和婚龄差都远远大于非残疾人,残疾人晚婚晚育的情况比较普遍。其中,男性残疾人面临着更突出的婚姻困境,需要特别关注。根据第二次残疾人抽样调查,男性残疾人未婚率高、离婚率高。男性残疾人未婚率为8.6%,女性残疾人未婚率为4%,高出女性未婚率一倍多。男性离婚率为1.4%,也是女性残疾人的两倍。但

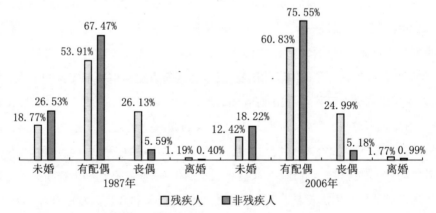

图5.5　全国15岁及以上残疾人口婚姻状况

资料来源:全国残疾人普查数据。

---

① 《残疾人婚姻家庭的结构》,https://www.guayunfan.com/lilun/94316.html。

② 郑晓瑛、张蕾、陈功、裴丽君、宋新明:《中国人口六类残疾流行现状》,《中华流行病学杂志》2008年第7期,第634—638页。

是男性残疾人丧偶率低于女性，丧偶的残疾人占全部残疾人的 7.7%，这一比例在女性残疾人中为 11.3%，在男性残疾人中为 3.9%。不同残疾类型的婚姻家庭状况还有所不同。肢体、视力、听力和言语残疾人婚姻状况好于精神和智力残疾人。前者多选择同类的残疾人为配偶，而精神残疾和智力残疾多以其他类别的残疾人为主，但是他们在婚姻家庭中处于劣势地位，受家庭成员歧视的情况时有发生。绝大多数精神和智力残疾终身未婚。①

2. 残疾人家庭的收入

残疾人家庭往往面临着巨大的经济压力，相比非残疾人家庭有明显的经济困难。首先，残疾人家庭的收入较低。这一方面是由于贫困或者低收入家庭可能会增加残疾的风险。因为贫困，缺乏医疗保健和有营养食物，导致出生体重过低、营养不良，导致疾病的发生从而导致残疾。因为贫困，多数生活在缺乏清洁的水源和卫生条件的地区，需要从事风险工作。在不安全的工作和生活条件下，发生事故和意外的可能性更高。并且，疾病和意外发生之后，由于缺乏资源购买康复服务和器械，进一步增加了贫困人口残疾的风险(Groce, et al., 2011)。②

另一方面，因为家庭中存在残疾成员，收入低支出高，经济拮据的情况普遍。从残疾人自身来看，因为不能充分融入社会，往往就业率较低，收入难以保障，即使

表 5.2　2018 年全国家庭和残疾人家庭收入及来源

项　　目	全国居民家庭		残疾人家庭							
			全　国		城　镇		农　村	
	金额（元）	百分比（%）	金额（元）	百分比（%）	金额（元）	百分比（%）	金额（元）	百分比（%）
人均年收入	28 228	100.0	16 112.3	100.0	22 413.3	100.0	13 364.9	100.0
转移性收入	5 168	18.3	7 784.4	48.3	12 306.6	54.9	5 812.6	43.5
工资性收入	15 829	56.1	5 914.7	36.7	7 993.5	35.7	5 008.2	37.5
经营净收入	4 852	17.2	2 078.0	12.9	1 532.8	6.8	2 315.7	17.3
财产性收入	2 379	8.4	335.3	2.1	580.5	2.6	228.4	1.7

资料来源：全国残疾人普查数据。

---

① 肖文山：《社会工作对残疾人婚姻问题的干预与调试》，华中师范大学硕士论文，2012 年。
② Groce, Nora, Maria Kett, Raymond Lang, and Jean-François Trani, "Disability and Poverty: The Need for a More Nuanced Understanding of Implications for Development Policy and Practice", *Third World Quarterly*, 2011, 32(8):1493—1513.

有工作,他们从劳动工作中获得的收入也偏低。从残疾人家庭的非残疾成员来看,照料残疾成员需要耗费大量的时间和精力。在有残疾儿童、老人、重度残疾人的家庭里,照顾任务尤其繁重,家庭成员甚至需要放弃工作和收入专职照顾残疾者,这进一步造成了有残疾成员的家庭通常整体收入较低的局面。

全国残疾人家庭收入状况调查报告显示,2018年全国居民人均可支配收入为28 228.0元,而全国残疾人家庭人均年收入为16 112.3元,仅为全国人均可支配收入的57.1%,见表5.2,残疾人贫困问题仍然比较突出。从整体上看,全国家庭收入的主要来源是工资性收入,对比之下,全国残疾人家庭的收入来源则主要是转移性收入。残疾人家庭人均年收入水平在城乡之间差异明显。城镇残疾人家庭人均年收入为22 413.3元,农村为13 364.9元,仅为城镇的60%。就残疾人家庭的收入主要来源渠道来看(图5.6),城镇残疾人家庭来以转移支付和工资性收入为主,其中转移支付是其最重要的收入来源,几乎占到残疾人家庭收入的一半。而农村残疾人家庭则主要以经营性和工资性收入为主,但是随着残疾人事业的发展和对残疾人的不断重视,农村残疾人家庭的转移支付在逐年增加。

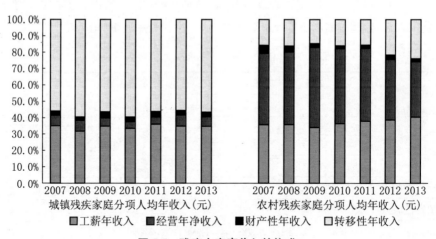

图5.6　残疾人家庭收入的构成

资料来源:全国残疾人家庭收入状况调查报告。

为了帮助残疾人摆脱贫困,在实现全民小康的道路上不让残疾人掉队,我国还先后制定出台了一系列帮助残疾人脱贫的扶持计划和行动方案,例如《贫困残疾人脱贫攻坚行动计划(2016—2020年)》《着力解决因残致贫家庭突出困难的实施方案》和产业扶持等。在各方努力下,我国建档立卡的贫困残疾人数量大幅减少,从2013年我国开始对贫困居民建档立卡以来的近700万减少到了2019年底的48万人。①尽管帮助残疾人脱贫我们取得了令人瞩目的成绩,但是仍未摆脱贫困的这些残疾人大多为劳动能力弱或无劳动能力的智力、精神、肢体重度残疾人,帮助他们脱贫解困的任务异常艰巨。

3. 残疾人家庭的支出

较低的收入水平,也决定了残疾人家庭的整体消费远低于全国居民人均消费支出。2018年全国残疾人家庭人均消费性年支出为10 246.6元,大约为全国人均消费支出的一半(全国居民人均消费支出19 853.0元)。在较低支出水平的表象下,隐藏着残疾人家庭的消费结构与普通家庭的消费结构的显著区别。残疾人家庭的消费支出以医疗保健支出为主,并且远超全国平均水平。高额的康复和治疗费用,使残疾人家庭的经济状况雪上加霜。2018年全国残疾人家庭收入状况调查报告显示(表5.3),残疾人家庭医疗保健支出2018年达到人均消费性年支出的26.3%,而医疗保健支出只占到全国居民家庭消费支出的8.5%。不仅医疗保健支出的占比高,残疾人家庭人均医疗保健支出的绝对额度也超过全国居民家庭人均医疗支出,是全国居民家庭人均医疗保健支出的1.6倍,与2016年和2017年的2.1倍、1.7倍相比有所下降。在家庭支出的结构上,城乡并没有呈现出较大的差异。城镇残疾人家庭和农村残疾人家庭的两项最大的支出都来自食品和医疗保健。残疾不仅影响收入,还影响生活成本,因此在贫困线以上的家庭仍然可能陷入贫困。②有残疾成员的家庭收入低支出高,因残致贫的情况非常普遍,贫困发生率也相对较高。

残疾人家庭的支出结构还显示出残疾人家庭的生活质量和社会参与度程度也处于较低水平(图5.7)。例如,残疾人家庭人均教育文化娱乐支出和交通通信支出相对更少。残疾人家庭的交通通信支出占消费性支出的比例不足10%。较低的交通通信消费,一方面反映出客观条件上残疾人和残疾人家庭出行不便,呼吁建设更加便利的出行和无障碍环境;但是另一方面,残疾的污名化和残疾人家庭的实际困难也使得残疾人和残疾人家庭在主观上不愿意参与社会交往。不管

---

① 《数个部门全力助推打赢贫困残疾人脱贫攻坚战》,央视网,2020年4月1日。
② 亚洲开发银行:《关于中国贫困问题、脆弱性和财政可持续性的研究》,2021年6月。

是出于主观还是客观原因,交通通信消费的低水平从一个侧面反映了残疾人和残疾人家庭社会参与程度较低的事实,这进一步阻碍了残疾人和残疾人家庭参与社会的融合。

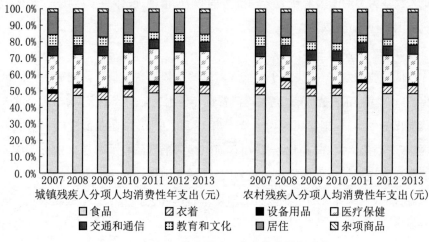

图 5.7 2018 年残疾人分项人均消费性年支出

资料来源:全国残疾人家庭收入状况调查报告。

消费数据还显示出残疾人家庭的生活质量明显落后于全国居民家庭。2018年,和全国居民家庭人均教育文化娱乐支出相比,残疾人家庭的人均教育文化娱乐支出只有全国平均水平的 25.4%。残疾人家庭的恩格尔系数常年维持在较高的水平,2013 年残疾人家庭恩格尔系数为 48.5%,明显高于全国居民家庭 36.2% 的恩格尔系数。尽管有逐年下降的趋势,但是 2018 年全国残疾人家庭恩格尔系数仍高达40.9%,比全国居民家庭的恩格尔系数(28.4%)高出 12.5 个百分点。这表明,残疾人小康进程正在如期推进,但残疾人相对贫困问题在未来一段时间将更加突显,实现残疾人全面发展和共同富裕目标任重道远。[①]

4. 残疾人家庭的其他特点

除了经济上的压力,残疾人和残疾人家庭还面临众多其他方面的困难。例如,由于大部分残疾人存在行动障碍,因此需要长期与亲属等家庭成员共同生活,残疾人家庭的人均居住空间通常较小。以浙江省为例,2011 年,浙江省城镇家庭住房人

---

① 厉才茂等:《2019 年全国残疾人家庭收入状况调查报告》,《残疾人研究》2020 年第 2 期,第 75—81 页。

表 5.3　全国居民家庭和残疾人家庭支出水平和结构

| 组　别 | 全国居民家庭 | | 残疾人家庭 | | | | | |
| | | | 全　国 | | 城　镇 | | 农　村 | |
	金额(元)	百分比(%)	金额(元)	百分比(%)	金额(元)	百分比(%)	金额(元)	百分比(%)
人均消费性年支出	19 853	100	10 246.6	100.0	14 034.3	100.0	8 595.0	100.0
食品烟酒	5 631	28.4	4 190.7	40.9	5 765.7	41.1	3 503.9	40.8
其中:伙食	—	—	3 736.9	36.5	5 227.0	37.2	3 087.3	35.9
医疗保健	1 685	8.5	2 697.0	26.3	3 662.0	26.1	2 276.3	26.5
居住	4 647	23.4	902.1	8.8	1 253.6	8.9	748.8	8.7
交通通信	2 675	13.5	907.5	8.9	1 205.6	8.6	77.5	9.0
教育文化娱乐	2 226	11.2	566.0	5.5	760.6	5.4	481.2	5.6
衣着	1 289	6.5	464.5	4.5	632.9	4.5	391.0	4.5
生活用品及服务	1 223	6.2	364.6	3.6	511.7	3.6	300.5	3.5
其他用品及服务	477	2.4	154.1	1.5	241.9	1.7	115.9	1.3

注:全国居民家庭消费性支出数据源于国家统计局。

均面积为 36.9 平方米[1],而浙江城镇残疾人家庭人均住房面积(指建筑面积)为 32.3 平方米[2],比整体人均面积少 12.5%。

其次,不仅残疾人自身在婚姻恋爱方面困难重重,作为残疾人的单亲父母或者兄弟姐妹,在婚恋市场也处于劣势地位。不管是因为客观的实际障碍,还是主观的社会偏见,残疾人参与社会交往的机会很少。一方面家庭成员承担照护残疾人,物理性障碍限制了残疾人的活动空间,也同样缩小了残疾人照料亲属的社交圈;另一方面,由于存在世俗偏见,残疾人亲属不愿参与社会交往,或者出于经济负担和社会负担的考量,接受残疾人亲属作为配偶的顾虑较多,心理负担重;众多方面的原因导致残疾人家属在婚恋市场中面临障碍,他们的正常生活和身心健康都进一步受到挑战。

另外,很多残疾人家庭照顾者担心家中残疾人步入老年后,自己无力照顾;或

[1]　浙江省统计局、国家统计局浙江调查总队:《2011 年浙江省国民经济和社会发展统计公报》。
[2]　浙江省统计局:《2011 年度浙江省残疾人状况和小康实现程度监测主要数据公报》。

者自己年老后无力照顾家中残疾人。因此残疾人家庭对托养服务有强烈的需求，但是机构托养可望而不可即。对于大多数残疾人家庭来说，他们无法承担昂贵的私立养老院；而公立养老院因为程序繁琐，名额有限，老年残疾人难以入住。为残疾人年老之后提供一个老有所依、老有所养的安身之所，是众多残疾人家庭的迫切愿望。①当前我国也在大力推进残疾人托养照护服务，以解决成年和老年残疾人的照护问题，将残疾人家庭的非残疾人家庭成员从繁重的照护工作中解脱出来，提高残疾人的照护质量，减轻残疾人家庭的照护负担。关注残疾人家庭的困难和需求，支持和帮助残疾人家庭，是有效提高残疾人生活质量的重要途径。

长期以来，残疾人主要在家里由家庭成员照顾，只有少量残疾人在机构托养。这一方面是受传统文化观念的制约，另一方面是因为社会正规的照顾系统不健全，并且托养机构费用较高，残疾人家庭经济条件不足以支撑机构托养。家庭照料仍然是残疾人照料的核心和基础，残疾人的生活质量在很大程度上取决于家庭环境和家庭照料。

家庭照料不但为残疾人提供生活上的支持和帮助，如家务、购物、照顾日常生活活动，还提供经济资助。②残疾人因为其身体或精神上的功能障碍，在承受身体病痛的同时，还承受着心理和精神上压力，相比其他照护方式，家庭照料者更能够提供情感上的安抚和慰藉。在对家庭照料对象为老年人的研究中发现，家庭照料能显著改善失能老人的身体和心理健康，降低抑郁发生的概率。

但家庭照料并非没有成本。残疾人在社会适应能力、市场竞争能力、收入能力、抵御风险能力、家庭情感凝聚力、人口再生产能力等方面受到诸多限制，这些同时也是残疾人家庭其他成员面临的困难。在实际中，大部分家庭照料都由女性提供③，并且大部分家庭照料者在提供家庭照料的同时，还有自己的工作。作为照料者，在付出高强度劳动力的同时，还需要付出时间，经历和金钱，同时还承担着高强度的精神压力。一方面，因为心理和精神压力过大，调查显示残疾人家庭照料者在长期照顾残疾人的过程中，缺乏耐心，情绪不稳定甚至脾气暴躁。④与此同时，由于残疾人对照料有大量的需求，照顾残疾人成为家庭成员照料者的生活重心；而残疾

---

① 成都市残联：《残疾人家庭面临的具体问题》，《四川科技报》第 3059 期，第二版。

② 陈功、林艳、张蕾、宋新明、郑晓瑛：《中国残疾人口的生活状况》。

③ National Alliance for Caregiving, in collaboration with AARP, Caregiving in the U.S., 2015.

④ 四川成都双流民政局，《"温暖相伴、互励前行"——残疾人照顾者关爱项目》，2022 年 7 月 9 日。

人本身社会交往缺乏,间接导致照料者的社会交往圈逐渐萎缩,严重影响照料者的精神健康。另一方面,和老年人照料不同,残疾人照料往往是长期的,随着照顾者年龄增大,对残疾人的照护会逐渐力不从心[1],照料者的身体健康也会受到影响。在实际中,家庭照料者并不具备专业的知识,也缺乏家庭照顾技巧和康复技巧,但是他们也不知道有哪些社区和社会资源,该如何获得和利用。

(二) 对残疾人家庭的政策支持

在传统的社会政策中,关注的重点往往都是残疾人,而忽视了为残疾人提供照料的家庭成员。即便是针对残疾人的福利项目,由于我国面疾人口基数大、家庭规模逐步缩小、就业市场竞争激烈等问题,导致残疾人福利供给不足。针对残疾人家庭照护成员,其重要性在政策支持中并没有显示出来。

从政策上来看,适用于残疾人和残疾人家庭的经济支持政策有"最低生活保障"和 2016 年建立的"困难残疾人生活补贴"和"重度残疾人护理补贴"(残疾人两项补贴)制度。其中,仅有"最低生活保障"明确是以家庭为单位的。数据显示,在"十三五"期间,共有 1 076.8 万困难残疾人被纳入最低生活保障范围。[2]然而,领取低保金的限制条件诸多,包含家庭收入、个人状况、就业情况等,甚至还存在许多残疾人家庭入不敷出的同时却无法享受低保金的情况。另外,低保金的保障水平相对较低,由于残疾和照料通常是长期存在的困难,最低生活保障对于缓解残疾人家庭的实际经济困难杯水车薪。在实际情况中,无配偶的残疾人通常领取救济金的比例高于有配偶的残疾人,但有配偶的残疾人往往更需担负家庭资金的重担。

而针对残疾人家庭的补贴政策,仅仅有"困难残疾人生活补贴"和"重度残疾人护理补贴"制度(残疾人两项补贴)。困难残疾人生活补贴主要对低保家庭因为残疾人家庭成员产生的额外生活支出进行补助;重度残疾人护理补贴主要对重度残疾人(一二级残疾)因为残疾产生的长期照护费用给予补助。两项补贴仅限于低保家庭和重度残疾人家庭,享受到补贴的残疾人家庭较少。在"十三五"期间,共有 1 212.6 万困难残疾人得到生活补贴,1 473.8 重度残疾人得到护理补贴。各地的补贴由地方自主决定,每月从 50 元到 100 元不等(每年 600—1 200 元),和

---

[1] 李静、谢雯:《增能视角下残障老人居家养老的现实困境与纾困之道——基于 S 市若干残障老人的研究》,《西北大学学报(哲学社会科学版)》2021 年第 5 期,第 98—108 页。

[2] 国务院:《"十四五"残疾人保障和发展规划》。

2016年残疾人家庭人均2 746.2元的医疗保健支出相比,补贴力度偏低。自2021年以来我国进一步完善了残疾人两项补贴制度,将更多残疾人尤其是原先不符合低收入条件的家庭纳入补贴范围,并且动态调整补贴水平,使补贴标准与当地经济社会发展水平相适应。2021年两项补贴制度从残疾人补贴的广度和深度上都进行了调整,进一步缓解残疾人和残疾人家庭的生活和护理困难。①

尽管有所提高,但是对残疾人和残疾人家庭单一的经济支持不足以有效提高残疾人的生活质量。要提高残疾人和残疾人家庭生活质量,除了经济上的支持,需要进一步为残疾人提供更专业全面的照护服务,也需要为残疾人家庭成员释放照护负担提供配套和政策支持发展他们的能力。由政府和社会组织建立的托养机构,是提高残疾人家庭发展力的前提保障。通过建立福利性的托养机构,接收重度残疾人,为他们提供照料护理和医疗康复服务,保障其生活,在很大程度上能够减轻残疾人家庭的负担,解除残疾人家庭的后顾之忧。

要提高残疾人家庭和成员生活质量,在现有经济补助的基础上还需要通过发展能力尤其是促进残疾人就业得以实现。目前的就业配套和政策主要集中在拓宽残疾人的就业渠道,打破残疾人的就业障碍,其健康的家庭成员往往被忽视。残疾人的家庭照料者需要通过就业增加家庭收入,通过工作使身心俱疲的状态得到缓解压力得到释放。对于重度残疾人家庭,可以为家庭照料者提供就近的公益性工作岗位,可以兼顾照顾残疾人的需要和家庭成员的工作需求,提高残疾人的家庭收入。②

对残疾人家庭和家庭照料者来说,生活质量的改善离不开社区的帮助和支持:改造无障碍居住环境、提供社区照料服务和康复训练指导等服务缓解家庭照料者的照料强度和照料负担、提供专业心理疏导等服务帮助方面提供家庭政策支持,可以在很大程度上改善残疾人家庭的生活环境,解决残疾人和照料者日常生活中的实际困难。"照看一个人,拖累一群人,致贫一家人"的局面终究会被改变。

---

① 民政部:《完善残疾人两项补贴政策电视电话会议》,2021年9月15日。
② 成都市残联:《残疾人家庭发展的困境与出路探究》,《四川科技报》第3059期,第二版。

第六章
我国残疾人保障的内涵和演化

残疾人社会保障制度的完善程度体现了一国福利水平和文明程度,也反映了一个国家的残疾观。我国残疾人保障事业尽管起步较晚,但是发展较快,随着经济社会的发展和残疾人事业的进步,残疾人保障和残疾人服务工作也面临新的挑战和要求。本章在回顾我国残疾人保障事业发展历程的基础上,从残疾人基本社会保障、社会福利以及残疾人社会救助方面梳理讨论我国的残疾人社会保障政策及实施效果,从残疾预防、康复以及无障碍环境等方面阐述总结我国的残疾人社会服务工作的困难问题并提出意见和建议,推动实现平等、共享、参与社会建设和发展成果的残疾人保障事业建设。

一、我国残疾人保障事业发展历程

我国残疾人保障事业从无到有,经历了一个不断发展、逐步完善的过程。[①]学者对于我国残疾人保障发展的历程经历的不同阶段有不同的划分方法和依据。我们参照《平等、参与、共享:新中国残疾人权益保障 70 年》白皮书,本书将我国残疾人保障的发展过程划分为三个阶段:残疾人保障的初创阶段,残疾人保障的兴起阶段,以及残疾人保障的科学发展阶段。

(一) 残疾人保障的初创阶段(1949—1978 年)

从新中国建立之初,我们就非常关注和保护残疾人。根据我国当时的国情,这

---

① 姚进忠、陈蓉蓉:《中国残疾人社会福利 70 年:历史演进和逻辑理路》,《人文杂志》2019 年第 11 期。

一时期的残疾人保障重点关注的对象主要是革命伤残军人和因工伤残者,并扩展到更广泛的盲聋哑残疾人群体,残疾福利的覆盖面逐步拓宽。对于残疾军人,1949年通过的《中国人民政治协商会议共同纲领》明确规定:"参加革命战争的残废军人和退伍军人,应由人民政府给予适当安置,使其能谋生自立。"随后政府公布实施《革命残废军人优待抚恤暂行条例》《革命工作人员伤亡褒恤暂行条例》《民兵民工伤亡抚恤暂行条例》等一系列法规,明确伤残的等级划分以及相应等级对应的优待抚恤标准,对伤残军人从休养、治疗、生活、学习、工作等方面给予特殊保障。1952年政务院发布了《关于加强革命残废军人学校正规教育的决定》,在已有的物质帮助和就业安置之外,还对残疾军人的接受教育的权利给予保障,提升他们谋生的技能。①

受当时经济条件和社会环境的制约,这一时期残疾人的社会保障主要以社会福利救助的形式开展,侧重于保障残疾人基本生活。残疾人的社会福利救助主要通过直接救济和安置的方式提供:一是给残疾人分配粮食或给予现金。例如,在农村,失去劳动能力的残疾人在符合一定条件的前提下由集体保吃、保穿、保住、保医、保葬或保教,即享受"五保"待遇。1951年通过的《中华人民共和国劳动保险条例》明确规定,对因工致残丧失工作能力的职工,发放抚恤金直至终老;对尚能工作者,发放一定残废补助并分配适当工作。1954年通过的《中华人民共和国宪法》将残疾人享有物质帮助的权利写入宪法,残疾人的保障实现了从0到1的突破。二是将残障人士安置到福利机构和精神病院。政府通过对已有的旧慈善团体和救助机构进行改造,建立教养院也就是后期的社会福利院,救助生产不能自给或无依无靠的残障人士,包括重度残疾人、残疾孤儿、残疾老人、精神残疾人和残疾军人,由政府提供补助、福利院提供照料供养。福利院成为依托人民公社的集体福利机构。

在保障残疾人基本生存和生活的基础上,残疾人发展权利的获得也逐渐得到了更多关注,主要体现在残疾人特殊教育的提供和残疾人就业的促进。1951年《关于改革学制的决定》规定:"各级人民政府应设立聋哑、盲目等特种学校,对生理上有缺陷的儿童、青年和成人,施以教育。"为盲人和聋哑人服务的盲童学校、聋哑学校等特殊教育学校建立,确立了特殊教育成为社会主义教育体系的一个重要组成部分。在促进残疾人就业方面,初步形成"劳动福利型"的残疾人福利模式。主要

---

① 刘婧娇等:《残疾人社会福利的中国道路:1921—2021》,《残疾人研究》2021年第4期。

通过在城市兴办福利工厂和福利生产单位,在农村地区兴办手工合作社,以集中就业的方式安排残疾人就业。①

这一时期在保护残疾人领域的另一个重要发展是为残疾人建立了社会组织和出版物。中国盲人福利会和中国聋哑人福利会分别于 1953 年和 1956 年成立。1960 年盲人和聋哑人福利会合并为中国盲人聋哑人协会。盲人和聋哑人协会的成立,为后来中国残疾人联合会的成立奠定了基础。这些组织服务于盲人和聋哑人群体,协助政府为他们提供帮助和福利,此后大部分省、自治区、直辖市也建立起地方协会和基层组织。在此期间,关注残疾人的第一本刊物《盲人月刊》于 1954 年创刊,这本期刊到目前为止仍然是我国广大盲人唯一一份有盲文、电子汉语和录音版的综合性文化刊物。这本期刊的创办对丰富残疾人的精神文化生活,呼吁社会关注残疾人起到重要的作用。

从整体看,这段时期是我国残疾人保障事业的创立时期,各项事业从无到有,逐步发展。残疾人保障对象从以伤残军人为主辐射到聋哑残疾人;当时的经济条件和发展水平决定了残疾人保障以保障基本生活为主,残疾人保障还有待进一步完善。但是该时期残疾人获得了和非残疾人一样的政治地位,享有公民的权利和义务;残疾人组织的创立也使之成为推动今后残疾人事业发展的源动力。遗憾的是,在残疾人保障正要步入正轨之时,我国经历了动荡的十年特殊时期。在这期间,不但经济发展受创,残疾人事业的发展也处于暂停状态。直到"文化大革命"结束,残疾人保障事业才得以恢复和延续。

(二) 残疾人保障的发展和兴起阶段(1979—2011)年

"文化大革命"结束之后,我国进入了改革开放和社会主义现代化建设时期。尽管停滞了 10 年,但是中华人民共和国成立 30 年来残疾人保障事业的运行和实践,为这一时期残疾人社会保障事业的发展奠定了基础。改革开放后中国经济进入全新时期,经济的腾飞和社会的平稳为残疾人社会保障事业平稳发展创造了环境,同一时期人民生活水平和权利意识的提高,也对残疾人保障提出了更广泛更深层的内生要求,我国的残疾人保障和残疾人事业在这一时期得以迅速发展并兴起。这个时期,残疾人群体有了自己的代表组织——中国残疾人联合会,有了针对保障

---

① 刘婧娇等:《残疾人社会福利的中国道路:1921—2021》,《残疾人研究》2021 年第 4 期。

残疾人福利的法律法规。保护残疾人的目标已经从确保基本生计转向保障权利,并在满足最初生存需要的基础上,满足残疾人的权利需要,如教育、就业和康复。①

代表残疾人群体、维护残疾人保障的最重要的组织——中国残疾人联合会(中国残联)于 1988 年成立,它是在 1984 年成立的中国残疾人福利基金会的基础上,综合了盲人聋人协会组建而成,随后各省、市、县、区也先后建立了地方残联组织。中国残疾人联合会的成立标志着残疾人有了维护和保障他们利益的专门机构,残疾人保障事业的组织体系形成并得到加强。

同一时期,国际残疾人事业也在快速发展。1982 年联合国大会第三十七届会议通过的《关于残疾人的世界行动纲领》要求会员国通过立法确立保护残疾人权利的法律基础和权威。改革开放十年来,人民群众物质生活水平得到显著提高,残疾人人权保障问题与国际达成共识,在此背景下,1990 年全国人大常委会通过了《中华人民共和国残疾人保障法》,它的颁布实施在我国残疾人保障发展历史上具有划时代的意义。《中华人民共和国残疾人保障法》首次明确了残疾人的各项公民权利,包括康复、教育、工作和就业以及平等参与文化生活的基本权利。残疾人平等充分地参与社会生活,共享社会物质文化成果有了法律的保障。2006 年联合国通过了《残疾人权利公约》(下文称《公约》),这是联合国历史上第一部全面保护残疾人权力,促进残疾人事业发展的国际法律文件。中国全国人大常委会于 2008 年 6 月批准《公约》,同年 9 月《公约》在我国正式生效,我国成为《公约》的积极倡导者和履行者。

围绕《中华人民共和国残疾人保障法》,我国还出台了保障残疾人基本生活、就业、教育、康复、社会保障等方面的行政法规,形成了保障残疾人权利的法律体系。为了全面了解我国残疾人的生存状况,准确有效地制定保障残疾人各项权利的各项政策,中国残疾人联合会②和民政部、国家统计局、卫生部、国家教委、公安部、财政部等多个政府部门联合组织协调,于 1987 年和 2006 年对残疾人进行了两次全国抽样调查,获得了大量残疾人数据,对康复、教育、就业状况、年龄构成、文化程度、性别与婚姻状况、城乡分布、致残原因等有了透彻的了解,为发展残疾人事业提供了参考依据。

---

① 姚进忠、陈蓉蓉:《中国残疾人社会福利 70 年:历史演进和逻辑理路》,《人文杂志》2019 年第 11 期。
② 1987 年第一次全国残疾人抽样调查开展时为中国残疾人联合会的前身,残疾人福利基金会和中国盲人聋哑人协会。

在保障残疾人基本生活方面,一项重点和难点是帮助残疾人家庭脱离贫困。残疾人很容易陷入贫困,全国三分之一的贫困人口为残疾人。我国于1998年开展《残疾人扶贫攻坚计划》,利用三年时间,通过扶贫开发和社会保障兜底,实现残疾人家庭增产增收,残疾人贫困户年人均纯收入达到政府确定的温饱线标准。

在残疾人就业方面,1995年《残疾人就业保障金管理暂行规定》出台;1999年制定了《关于进一步做好残疾人劳动就业工作的若干意见》;2007年通过了《残疾人就业条例》和《福利企业资格认定办法》;2008年国务院发布了《中共中央国务院关于促进残疾人事业发展的意见》等。这些法律法规在明确劳动就业是残疾人的基本权利并受国家保障的基础上,进一步强调保障残疾人就业的特殊重要性,鼓励企业和街道安置残疾人就业或者鼓励个体经营实现残疾人灵活就业。

在残疾人教育方面,国务院1994年颁布了专门针对保障残疾人教育的《残疾人教育条例》明确,接受教育是残疾人的权利,禁止任何基于残疾的教育歧视。《残疾人教育条例》明确残疾人的教育可以通过特殊教育和普通教育结合的方式得以实现。

这一时期还强调了残疾人康复的重要性,康复服务为残疾人融入正常生活和工作提供必要条件,是残疾人事业发展的重要一环,享有康复服务也是残疾人的权利。2002年卫生部等部门《关于进一步加强残疾人康复工作的意见》指出了我国残疾人康复工作中存在的问题,努力的方向和实现的目标。希望通过完善服务体系,加强技术人员队伍建设,提高康复机构水平,增加经费投入等方面的努力,实现残疾人能够普遍享有康复服务。

2008年中共中央国务院出台了《关于促进残疾人事业发展的意见》,"明确要求增强责任感和使命感,促进残疾人事业在新的起点上加快发展,提出了进一步发展残疾人事业的目标任务和政策措施"[1]。这一年《中华人民共和国残疾人保障法》修订,增加了残疾人"社会保障"和建设"无障碍环境"的内容。残疾人保障法赋予残疾人同非残疾人一样的各项社会保障。残疾就业人员可以通过其就业单位享有职工养老、医疗、生育、工伤和失业保险,残疾非就业人员可以参加居民社会保险得到基本保障。残疾人保障法从法律层面明确了无障碍设施建设的重要性和必要性,

---

[1] 李克强:《促进残疾人事业在新的起点上加快发展 为夺取全面建设小康社会新胜利共同奋斗》——在中国残疾人联合会第五次全国代表大会上的祝词,2008年11月11日。

为了进一步促进残疾人的社会融合,无障碍环境建设得以加强,无障碍环境理念得以推广。至此,我国的残疾人保障事业由保障基本生活扩展到了保障康复、就业、教育、社会保障、体育文化和无障碍环境等各个方面,残疾人的各项权益得到全面保障和发展。

(三) 残疾人保障的科学发展阶段(2012 年以后)

对于残疾人保障,党和国家领导人始终对残疾人事业高度关注。党的十八大以来的精准扶贫、最低生活保障以及残疾人"两项补贴"等有针对性的政策措施使残疾人生活和发展状况得到显著改善。在这一时期,残疾人保障和发展的法律体系、残疾人的社会保障和社会服务体系都不断完善。

残疾人事业的发展依赖于法律的保障。截至 2021 年 5 月,我国有 80 多部直接涉及残疾人权益保障的法律和 50 多部相关的行政法规。这些法律法规强调了残疾人的基本权益和权力,对他们的生活保障、教育、就业、康复等做出了明确的规定和保护。例如最近几年出台的《国务院关于加快推进残疾人小康进程的意见》《关于发展残疾人辅助性就业的意见》《国务院关于全面建立困难残疾人生活补贴和重度残疾人护理补贴制度的意见》《残疾预防和残疾人康复条例》等一系列法律法规,残疾人事业在法律法规的保驾护航下迅速发展。

这一阶段,在《"十三五"加快残疾人小康进程规划纲要》《贫困残疾人脱贫攻坚行动计划(2016—2020 年)》的引领下,残疾人保障取得了长足的进步,实现了既定目标。而《"十四五"残疾人保障和发展规划》又对残疾人的基本保障和提高残疾人的生活质量做出了系统性的安排,包括《"十四五"特殊教育发展提升行动计划》《"十四五"残疾人职业技能提升计划》等,全面提高特殊教育质量,提高残疾人的职业技能。

十八大之后,我国在建设小康社会的过程中,取得了令人瞩目的返贫脱贫成果。"2020 年全面建成小康社会,残疾人一个也不能少"。2015 年,国务院印发《关于建立困难残疾人生活补贴和重度残疾人护理补贴制度的意见》,两项补贴是国家层面的第一个残疾人专项福利补贴制度,主要惠及生活有困难的残疾人,通过补贴他们与残疾相关的长期额外支出缓解他们的经济压力。各地党委政府高度重视残疾人"两项补贴"的推进和落实,确保有需求的困难残疾人和残疾人家庭都能受益,确保广大残疾人的基本生活状况得到持续改善,助力残疾人脱贫攻坚工作的开展。

同一时期,国务院发布《国务院关于加快推进残疾人小康进程的意见》,重点精准解决"因残致贫"的残疾群体的贫困问题,从通过补贴救助脱贫转向帮助残疾人提高自身发展能力和就业能力。经过努力,在 2020 年我国实现了全面消除绝对贫困的目标,其中包含 710 万建档立卡贫困残疾人,创造了人类减贫历史上的奇迹。

为了保障残疾人的基本生活,残疾人的社会救助工作也不断加强。中国残联、民政部、财政部等 7 部门于 2015 年联合印发了《关于加强残疾人社会救助工作的意见》,进一步完善和明确了残疾人可以享受的最低生活保障和医疗教育住房等救助服务。2020 年,中共中央办公厅、国务院办公厅印发《关于改革完善社会救助制度的意见》中更是进一步明确对低收入家庭的重度残疾人采取必要措施,保障其基本生活,同时在物质和服务救助方面进一步细化,以满足残疾人多样化和差异化的救助需求。

这一阶段残疾人保障的工作重点还体现在残疾的预防上。习近平总书记强调:"要增强全社会残疾预防意识,重视残疾人健康,努力实现残疾人'人人享有康复服务'的目标。"①2014 年国务院政府工作报告提出"做好残疾人基本公共服务和残疾预防",加强残疾预防工作,以较低的预防成本从源头上更好地控制残疾的发生和发展。2017 年国务院颁布《残疾预防和残疾人康复条例》,批准设立"残疾预防日",唤起人们对残疾预防的重视。在"十三五"期间,我国还完成了《国家残疾预防行动计划》(2016—2020),在此期间还根据《关于建立残疾儿童康复救助制度的意见》自 2018 年全面实施残障儿童康复救助制度。当前,《国家残疾预防行动计划(2021—2025 年)》已经启动,它通过以下几个方面的行动部署致力于加强残疾预防:推进残疾预防知识普及行动,推进疾病致残防控行动,推进出生缺陷和发育障碍致残防控行动,推进伤害致残防控行动,推进康复服务促进行动。②

在 2008 年无障碍环境建设被写入《残疾人保障法》之后,我国加快了无障碍环境的建设。无障碍环境的建设蕴含着"平等、参与、共享"的理念。2012 年《无障碍环境建设条例》和《无障碍设计规范》等法律法规相继出台,对无障碍环境的内容和设计做了具体的规定,推动公共环境的无障碍以及残疾人家庭生活空间的无障碍改造。公共场所的坡道、盲文、无障碍卫生间;智能化服务平台和无障碍信息终端产品,都是无障碍环境建设的成果。2022 年北京残疾人奥运会加速推进了无障碍

① 习近平总书记 2016 年 8 月 25 日出席全国卫生与健康大会上的讲话。
② 《〈全国残疾预防日〉〈国家残疾预防行动计划(2021—2025 年)〉出台——普及预防知识 共享美好生活》,澎湃新闻,2022 年 8 月 30 日。

环境建设的步伐。根据 2022 年 3 月 17 日《法制日报》的报道,"……全国村(社区)综合服务设施中有 81% 的出入口、56% 的服务柜台、38% 的厕所进行了无障碍建设和改造;在无障碍出行和服务环境方面,3 598 组列车设置了残疾人专座,城市公交车配备车载屏幕、语音报站系统;无障碍信息终端产品供给也在不断增加"①。无障碍环境的建设和无障碍理念的推广,为残疾人更好地融合社会,分享社会主义建设和发展的成果扫除了"障碍"。在"平等、参与、共享"理念的引领下,我国残疾人事业还将持续繁荣发展。

专栏 6.1　织密保障残疾人基本民生的安全网

党中央、国务院高度重视残疾人民生保障工作,"十三五"期间,各级残联不断落实各项残疾人帮扶制度,不断完善残疾人社会保障和托养服务制度,织密筑牢残疾人民生保障底线,残疾人生存发展状况显著改善,为实现残疾人全面小康、助力脱贫攻坚打下坚实基础。

"两项补贴"夯实制度基础

"这份补贴虽然不多,却能解决我们一家人的大问题。从此我们再也不用为每月家里的粮袋子发愁。"快到年底,家住在江西省南昌市新建区的重度残疾人余满根又一次领取了当地政府发放的困难残疾人生活补贴和重度残疾人护理补贴。虽然这份补贴只有几百元,但是在他眼中却显得格外珍贵。

作为国家层面创建的第一个残疾人专项福利制度,2015 年 9 月,国务院印发《国务院关于全面建立困难残疾人生活补贴和重度残疾人护理补贴制度的意见》,部署从 2016 年开始,对低保家庭中的残疾人发放困难残疾人生活补贴,对残疾等级为一、二级的残疾人发放重度残疾人护理补贴,有条件的地方可以扩大到低收入家庭、非重度智力、精神残疾人及其他困难残疾人。

河南省驻马店市西峡县阳城乡田营村的林红耀和林浩是一对父子,先后因肌肉萎缩成为残疾人,西峡县残联通过入户走访核查了解到他们一家的情况,帮助父子二人办理了残疾人"两项补贴",并安排两人入住当地的托养中心,在减轻他们经济负担的同时,也化解了他们的照护隐忧。

---

① "我国不断健全残疾人权益保障制度　法治保障促进残疾人事业健康发展",zhibugongzuo.com。

残疾人"两项补贴"制度的推进落实得到了各地党委政府的高度重视,各地相关部门大力推动,制度建设创新发展,补贴发放稳步推进,受益规模持续增长,目前已有5个省份通过与低保挂钩或逐年固定上涨一定金额等方式建立了补贴标准调整机制。截至2020年3月,享受生活补贴的人数达到1 153万人,享受护理补贴的人数达到1 433万人。超过2 500多万人(次)的困难和重度残疾人直接受益,影响到约5 000到6 000万残疾人家庭人口,持续改善了广大困难残疾人的基本生活状况,使广大残疾人及其亲属切身体会党和政府的温暖和关爱,残疾人"两项补贴"成为助力困难残疾人脱贫攻坚的重要制度支撑。

资料来源:节选自人民网,杨乐:[巡礼"十三五"·残疾人事业这五年]织密保障残疾人基本民生的安全网——社会·法治,2020年12月23日。

二、我国残疾人的社会保障

残疾人社会保障制度不仅是现代社会保障体系的重要构成部分,更是残疾人生存权和发展权得到保障的基础,也是维护社会公平与正义的重要途径(庞文、张蜀缘,2018)。改革开放后我国残疾人社会保障制度的发展取得重大成就,残疾人事业发展的指导理念也经历从"人道主义"到"权利本位"的转变。人道主义强调人与人之间要相互关爱、相互帮助,但在这一理念下社会保障制度会在无形中给残疾人贴上弱势群体的标签,实际上是默许了人与人之间的不平等,会给残疾人带来"污名效应"。2008年中国印发《中共中央国务院关于促进残疾人事业发展的意见》,修订了《中华人民共和国残疾人保障法》,并加入《残疾人权利公约》,因此这一年被视为以权利为本的理念指导残疾人事业发展的元年。权利本位强调公民有资格要求国家和社会对其承担责任,而公民权利主要由法律权利、政治权利和社会权利组成,其中社会权利又具体包括经济保障、基本生活和文明条件等内容。

随着指导理念的变革,残疾人社会保障制度的保障水平也在不断拓展与提升。在改革开放早期,整体上救济水平相对有限。具体表现为,家庭为残疾人生活保障的主要依靠,对于无实际赡养人的农村残疾人实施五保供养,后者主要资金来源为农村集体经济。在城市政府则是主要通过税收优惠等方式促进残疾人就业,例如

1980 年财政部和民政部联合印发《关于民政部门举办的福利生产单位交纳所得税问题的通知》;通过税收减免鼓励社会兴办社会福利院和残疾人康复中心,例如 1984 年财政部联合税务总局发布《关于对残疾人员个体开业给予免征营业税的通知》,但从总体上看投入力度相对有限。指导理念转变为权利本位后,政府在残疾人事业上的投入大幅增长,并逐渐形成了由社会保险、社会福利和社会救助构成的残疾人社会保障体系。本部分将围绕社保保障三大构成部分,从中选取主要构成部分,分析当前残疾人社会保障体系发展现状。

(一) 社会保险

20 世纪 90 年代,随着《残疾人保障法》的实施,中国残疾人事业的发展开始步入法制化轨道,但这一时期制度的重点在"保障残疾人平等地充分参与社会生活,共享社会物质文化成果"。由于彼时中国社会保险体系本身还不完善,职工社保是社会保险的主体,非职工的社保体系还未构建,残疾人中仅有少部分成为城镇职工,因此残疾人群体也难以享受到社会保险。2001 年《中国残疾人事业"十五"计划纲要(2001—2005)》发布,纲要中第六条明确提出要通过将残疾人纳入社会保障体系保障残疾人基本生活。其中对于城镇残疾职工,任职单位要为其缴纳职工养老、医疗和试验等保险;对于非职工就业残疾人员,省级政府要探索机制将其纳入社会保险体系;对于无业的残疾人员,则要通过医疗救助和社会救济等制度,解决基本医疗和基本养老问题。

进入 21 世纪后,我国社会保险体系发展取得重要进展,以 2003 年实施新型农村合作医疗制度、2009 年实施新型农村社会养老保险、2007 年实施城镇居民基本医疗保险、2011 年实施城镇居民养老保险等制度标志,城乡居民基本养老和医疗保险制度相继建立。居民社会保险体系的发展,也为残疾人纳入社会保险制度提供了契机。而且对于部分残疾人在缴费时,给予缴费减免政策,例如新型农村社会养老保险和城镇居民社会养老保险都规定,"对农村重度残疾人等缴费困难群体,地方政府为其代缴部分或全部最低标准的养老保险费"。

1. 医疗保险

政府于 2003 年实施新型农村合作医疗制度的试点,并在后续年份迅速在全国农村实现全覆盖。借鉴新农合成功的经验,政府于 2007 年在城镇地区开始逐步实施城镇居民基本医疗保险制度。随着居民医疗保险体系的建立,残疾人纳入社保体系的制度障碍也被消除,社保在残疾人群体中的覆盖率大幅提升。庞文、张蜀缘(2018)一文显示,自2010年起至2017年农村残疾人参加新型农村合作医疗的比例始终处于96%以上。这一数据高于国家医疗保障局公布的95%总体参保率,说明城乡居民医疗保险已经成为减轻残疾人医疗负担的重要途径。

除了基本医疗保障外,残疾人当中尤其是重度残疾人,日常生活需要专业护理,这对收入较低的残疾人家庭而言,是一笔不小的开支。为减轻护理负担,政府针对残疾人有专门的护理补贴。图6.1给出了2016年至2021年间重度残疾人享受护理补贴的人数。在2016年相应人数为500万人,2017年增长超过一倍达到1 053.7万人,此后几年持续增长,到2021年已经增至1 503万人。不过也应该注意到,护理补贴的前提是发生了护理行为,对于基础设施相对落后、缺乏科学护理观念的农村而言,如何提升重度残疾人的护理可及性,缩小城乡差距仍是一个亟待解决的问题。短期一种可以考虑的方式是借助乡镇医院,对重度残疾人家属进行一些基础护理知识培训,提高家属的护理水平,政府给予家属一定的护理补贴。

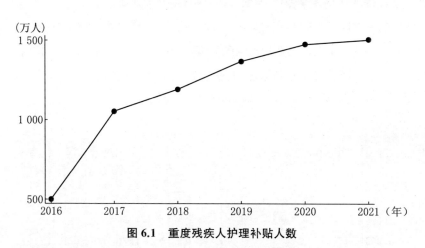

图6.1 重度残疾人护理补贴人数

注:数据源于2016年至2021年《民政事业发展统计公报》。

2. 长期护理保险

从残疾人的年龄分布来看,世界上大部分残疾都发生在老年阶段,我国也不例外。随着人口老龄化进一步加快加深,独生子女的赡养负担加重,需要特别保障和关爱老年残疾人。衰老是每个人都必经的自然过程,通常会伴随着身体机能退化,智力减退,甚至会出现精神方面的疾病。因此,老年人常常会出现行动不便行动受限,认知能力减弱或者抑郁焦虑等情况,造成残疾。结合老年人年龄和身体特点,老年残疾人的保障和关爱主要可以从以下几个方面展开:改造无障碍环境保障老年残疾人的居家和交通安全,提供精神抚慰丰富社交活动来关爱老年残疾人,保障他们的生活质量。而老年和残疾的叠加,使得他们的医疗服务支出陡增,医疗补贴或者提供服务可以为老年残疾人提供经济支持和保障。其中,医疗和照护服务以及围绕照护出现的其他问题是保障和关爱老年残疾人关键内容,而长期护理保险(长护险)能妥善解决老年残疾人的护理需求。

长护险与医疗险的区别在于,医疗险主要保障医疗治疗所需要的费用,而长期护理险主要用于保障一般生活照料所支付的费用,一般不包含医疗介入。长护险为年老患病或者丧失日常生活能力的老年人和残疾人提供各种长期护理服务,例如提供日常生活照护、医疗护理、康复训练、心理疏导等照护服务。根据受保人残疾或者失能所对应的护理等级和服务的内容,长护险会为这些基本护理服务有差别的支付保险费用,在满足老年残疾人在熟悉的环境中获得更专业全面的照护服务的需求,减轻他们享受照护服务的经济负担,提升生活质量。

我国的长护险工作起步相对较晚。自 2016 年开始实施长期护理保险试点工作,于 2020 年开展第二批长期护理保险的试点,并在此基础上逐步推广长期护理保险制度。由于经济发展水平的限制,长护险主要适用于城镇职工医疗保险的参保人群,但是试点地区可以结合自身的实际情况扩展保障对象。截至 2022 年 3 月,我

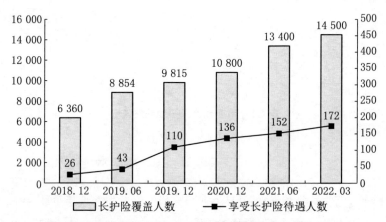

图 6.2　我国长期护理保险覆盖人数和享受待遇人数(万人)

注:本图摘自马婷:《我国长期护理保险试点进展与下步发展展望》,2023 年 1 月 31 日,http://www.sic.gov.cn/News/455/11798.htm。

国已有 49 个试点城市,1.45 亿人参加了长期护理保险。长护险的参保人数和 2018 年相比翻了一番还多,使用人数更是 2018 年的 6 倍(见图 6.2)。

长期护理保险对于老年残疾人照护提供了很好的支持,可以为老年人和残疾人提供更好的照护服务,缓解老年人和残疾人以及他们家属的照护压力,提高老年人和残疾人的生活质量。

长护险在我国已经迈出了关键的一步,试点阶段的经验不足为进一步完善和推广老龄社会中的长护险提供了宝贵的参考。在"十四五"阶段,长护险制度还将进一步健全和完善,逐步扩大参保对象,探索互助共济和与经济社会发展相适应的筹资机制,并制定长护险需求认定和评级标准,进一步明确和规范长护险的保障项目和保障程度,有效解决老年残疾人"机构不能医、医院不能养、家庭无力护"的困难。

3. 养老保险

中国政府于 2009 年实施新型农村社会养老保险,在 2011 年实施城镇居民养老保险,二者在全国的推广,也标志着覆盖全民的基本养老保险体系的建立。尽管居民养老保险相对于职工养老保险而言,其支付水平较低,但是也为步入退休年龄的老年人提供了较为稳定的收入,为低收入人群提供了重要的生活保障。工资是居民收入主要来源,残疾人由于就业率低,其收入也相应处于低位。因此,可以判断基本养老保险对残疾人的生活保障起着重要作用。

表 6.1 给出了 2016 年至 2020 年间,残疾人参加城乡居民养老保险的情况。2016 年领取残疾证的人数为 2 955 万,当年参加居民养老保险(包括领取和缴费)的人数为 2 371 万,未参保人数有 585 万,总体参保率为 80%。随着年份的推移,残疾人总人数和参保总人数在缓慢增长,但从总体看,参保人增长速度要低于总人数增长速度。截至 2020 年,办理残疾证的残疾人在城乡居民养老保险的参保率为 77%。这些数据表明,残疾人参保概率处于相对高位,但是仍有较多人群未被纳入体系。这背后可能的一个重要原因是残疾人收入水平低,没有经济能力缴费。还有一个原因是,在残疾人中有一部分参加了职工居民养老保险,如果不考虑这一部分会导致基本养老保险参保率被低估。然而,2020 年《中国残疾人事业统计年鉴》显示,当年以城镇职工形式就业的残疾人数量约为 135 万。如果将此部分人员都视为缴纳了职工养老保险,此时参保也仅为 81.24%。

表 6.1　残疾人群体城乡居民养老保险参保情况　　（单位:百万）

年份	18 岁以上人数	参保人	未参保人数	参保率
2016	29.55	23.71	5.85	0.80
2017	31.30	26.15	5.16	0.84
2018	32.86	25.61	7.25	0.78
2019	34.02	26.31	7.72	0.77
2020	34.89	26.99	7.89	0.77

注:18 岁以上人数依据如下方法推算得到:假设 15—59 岁人口为均匀分布,得到 18—59 岁对应人口,然后加上 60 岁及以上人数。

资料来源:2017 年至 2021 年的《中国残疾人事业统计年鉴》,此处分析对象为办理残疾证的人,因为年鉴仅披露了这部分人员的相关指标。

在已经达到法定退休年龄的残疾人当中,能领取居民养老保险的人员数量是多少? 此处依然基于《中国残疾人事业统计年鉴》数据展开分析,对象为领取了残疾证的残疾人员,具体情况见表 6.2。2016 年 60 岁以上领取残疾证的残疾人员数量为 1 269 万,2020 年增长至 1 677 万,这同我国人口快速老龄化相一致。在此期间,领取城乡基本养老保险的人数由 936 万增至 1 141 万。但领取人数增速低于老龄人口增速,领取率从随之从 74% 降至 68%。

表 6.2　残疾人群体城乡居民养老保险领取情况　　（单位:百万）

年份	60 岁及以上人数	领取人数	未领取人数	领取率
2016	12.69	9.36	3.33	0.74
2017	13.99	10.42	3.56	0.75
2018	15.29	10.24	5.04	0.67
2019	15.93	10.71	5.22	0.67
2020	16.77	11.41	5.37	0.68

资料来源:2017 年至 2021 年的《中国残疾人事业统计年鉴》,此处分析对象为办理残疾证的人,因为年鉴仅披露了这部分人员的相关指标。

除了领取养老保险外,还有部分残疾人寄宿在托养机构。2020 年和 2021 年《中国残疾人事业统计年鉴》数据显示,2019 年和 2021 年分别有 8 370 个和 11 278 个残疾人托养服务机构,寄宿制托养残疾人分别为 11.7 万人和 13.8 万人,还有 42 万人和 47.1 万人居家接受了养老服务。尽管寄宿制托养残疾人在增长,但和庞大的残疾人总量相比,数量还较小。因此,即使考虑到这部分人群及部分人群领取职工养老保险,残疾人中领取基本养老保险占比仍有进一步提升空间。

表 6.3 给出了处于缴费阶段,残疾人参加居民养老保险的情况。2016 年和 2020 年适龄参保残疾人数量分别为 1 686 万和 1 811 万,增长速度相对缓慢。同期缴费人数也由 1 434 万增长至 1 559 万。2020 年未缴纳城乡居民养老保险的人数为 252 万,当年残疾人城镇职工约 135 万,假设这部分人群都缴纳了城镇职工养老保险,则当年残疾人参加基本养老保险的比例将达到 93.52%。

表 6.3　残疾人群体城乡居民养老保险缴费情况

年份	18—59 岁人数(百万)	缴费人数(百万)	未缴费人数(百万)	缴费率(%)
2016	16.86	14.34	2.51	85
2017	17.31	15.73	1.59	91
2018	17.57	15.37	2.20	87
2019	18.09	15.60	2.49	86
2020	18.11	15.59	2.52	86

资料来源:2017 年至 2021 年的《中国残疾人事业统计年鉴》,此处分析对象为办理残疾证的人,因为年鉴仅披露了这部分人员的相关指标。

在参保人群中,有部分残疾人的个人缴费是由政府全部代缴或部分代缴。表 6.4 显示,从整体上看,在重度残疾人中政府代缴(包括全部代缴和部分代缴)个人养老保险的比例远高于非重度残疾人,以 2020 年为例,前者代缴比例高达 97%,

表 6.4　政府对残疾人参加城乡居民养老保险的补贴情况

年份	重度残疾人			其他残疾人		
	总计(百万)	代缴(百万)	代缴率(%)	总计(百万)	代缴(百万)	代缴率(%)
2016	4.82	4.46	92	9.52	2.69	28
2017	5.47	5.30	97	10.25	2.83	28
2018	5.95	5.76	97	9.42	2.98	32
2019	6.36	6.18	97	9.24	2.99	32
2020	6.80	6.58	97	8.79	3.04	35

资料来源:2017 年至 2021 年的《中国残疾人事业统计年鉴》,此处分析对象为办理残疾证的残疾人,因为年鉴仅披露了这部分人员的相关指标。

后者为 35%。从发展趋势看,前者自 2017 年起代缴比例一直维持在 97% 的高位;而后者则是处于增长通道中,2016 年代缴比例为 28%,2020 年代缴比例增长至 35%,这说明政府在残疾人养老保险上的投入在逐年增长。

(二) 社会福利

农村居民最低生活保障、城市居民最低生活保障等兜底保障制度已成为残疾人生活重要的依靠。然而,不同于一般的低收入家庭,残疾人家庭还面临着额外生活开支和长期照护支出问题,这给原本就不富裕的残疾人家庭带来了额外负担。为应对这一问题,2015 年国务院印发了《关于全面建立困难残疾人生活补贴和重度残疾人护理补贴制度的意见》,要求建立困难残疾人生活补贴和重度残疾人护理补贴制度,这也是首次在国家层面建立针对残疾人的专项福利补贴制度。生活补贴政策主要对象为低保家庭中的残疾人,不过政策也鼓励有条件的地区将受益人拓展至其他困难残疾人。照护补贴的对象为需要长期照护且残疾等级不低于二级的重度残疾人,有条件的地区也可以将政策范围扩大到精神残疾或非重度残疾。

残疾人补贴制度于 2016 年 1 月 1 日起执行,表 6.5 显示政策实施当年分别有 521 万人和 500 万人享受到了困难残疾人生活补贴和重度残疾人护理补贴。政策实施第二年,享受政策待遇的人数几乎较政策实施第一年翻倍,困难残疾人生活补贴和重度残疾人护理补贴享受人数分别达到 1 019 万和 1 053 万。此后,困难残疾人生活补贴人数保持缓慢增长,2021 年享受待遇人数为 1 194 万;而重度残疾人护理补贴人数依然保持相对较快的增速,2021 年政策受益人达到 1 503 万。

表 6.5　生活补贴和护理补贴

年份	困难残疾人生活补贴人数(万人)	重度残疾人护理补贴人数(万人)
2016	521.3	500.1
2017	1 019.2	1 053.7
2018	1 005.8	1 193
2019	1 085.7	1 368.5
2020	1 214	1 475.1
2021	1 194.1	1 503.2

资料来源:2016 至 2021 年的《民政事业发展统计公报》。

(三) 社会救助

1. 就业救助

我国当前仍是以按劳分配为主的收入分配方式,劳动收入是家庭主要收入来源。由于残疾人身体功能不完整,导致很多工作难以胜任,但在劳动力市场中也普遍存在歧视残疾人的现象,即某一项工作残疾人能胜任,但企业仍更倾向于雇佣非残疾人。歧视加自身能力不足,导致残疾人在就业市场中处于劣势地位,通常残疾人属于最先被解雇,最后被雇佣的群体(廖娟,2015)。为了保障残疾人的就业权利,世界上很多国家都出台了专门针对残疾人的就业保障法,我国也不例外。1991年我国实施《残疾人保障法》,其中第五章就是关于劳动就业的条款,强调国家要保障残疾人的劳动权利,除政府自身要积极招聘残疾人职工外,也通过税费减免等方式鼓励企业吸纳残疾人就业。

为进一步促进残疾人就业,2007年国务院实施了《残疾人就业条例》,对用人单位吸纳残疾人就业做了更为具体的规定,主要体现在如下两点。一是在集中使用残疾人的用人单位中残疾人职工占比不低于25%。二是要求一般用人单位残疾人职工数量占比不低于1.5%,具体比例由各省级单位制度,若用人单位雇佣残疾人的比例达不到要求,需要缴纳残疾人就业保障金。

通过建设扶贫基地和技术培训也是政府促进残疾人就业的方式。从表6.6可以看出,2020年全国残疾人扶贫基地有4 581个,带动贫困残疾人就业9.6万人,安置就业5.6万人。从绝对数值来看,扶贫基地在促进残疾人就业上的作用相对较弱,而且从时间维度看政策力度还在削减。表6.6最后一列为政府为残疾人提供的实用性技术培训数据,每年培训人才为50万左右,不过从趋势上看也在逐年下降。

表6.6 残疾人扶贫基地与培训

年份	扶贫基地(个)	带动贫困残疾人(万户)	安置就业(万人)	技术培训(万人次)
2016	7 111	24.9	11.6	75.6
2017	6 692	21.8	10.5	70.6
2018	5 490	13.5	7	58.8
2019	4 662	10	6.2	50.9
2020	4 581	9.6	5.6	45.7

资料来源:2017年至2021年的《中国残疾人事业统计年鉴》。

表 6.7 给出了近年残疾人就业情况。由第一列可知,2016 年和 2020 年按比例就业残疾职工人数为 66.9 万和 78.4 万。而这两年城镇总数分别为 42 051 万和 46 271 万,按照《残疾人就业条例》所规定的 1.5% 计算,按比例就业人口应为 631 万和 694 万。这说明促进残疾人就业的政策并未得到较好的执行。由表 6.7 最后两列可知,务农和灵活就业是残疾人就业的主要两种形式。而由表 6.7 还可以知道,残疾人劳动参与率也处于低位。以 2020 年为例,当年参与劳动的残疾人数为 798 万,当年处于就业年龄的残疾人为 1 811 万,劳动参与率为 44%。

表 6.7　残疾人就业情况　　　　　　　　　　（单位:万人）

年份	按比例	辅助性	集中	公益性岗位	从事农业种养	灵活就业
2016	66.9	13.9	29.3	7.9	451.2	262.9
2017	72.7	14.4	30.2	9	472.5	272.6
2018	81.3	14.8	33.1	13.1	480.1	254.6
2019	74.9	14.3	29.1	14.4	430.1	228.2
2020	78.4	14.3	27.8	14.7	424.2	238.8

资料来源:2017 年至 2021 年的《中国残疾人事业统计年鉴》。

2. 法律救助

早在 1991 年实施的《残疾人保障法》中就强调通过法律保障残疾人的合法权益。该法律明确指出,无论是国家工作人员还是普通个人都不得侵害残疾人的合法权益。当侵害行为使得残疾人的财产蒙受损失或人身权益遭到侵犯,侵害人应当承担相应法律责任及赔偿相应损失。由于残疾人属于弱势群体,在日常生活和工作中比普通群众更容易遭受不法侵害。与此同时,残疾人受教育水平普遍较低,保留受到侵害的证据意识相对淡薄、举证困难及经济收入水平低。这使得残疾人面临着法律咨询难、请律师难、立案难等问题,导致残疾人很难依靠自身力量通过法理手段维护自身合法权益。

在这一背景下,为做好残疾人法律援助和司法救助,2009 年最高人民法院又联合公安部、中国残联等九家单位印发《关于加强残疾人法律救助工作的意见》,要求建立残疾人法律救助体系。一方面,建立残疾人法律救助工作协调机构,负责制定相关法律救助的政策和计划,并妥善解决日常救助过程中遇到的疑难问题。另一方面,建立和完善残疾人法律救助工作站体系。工作站是承担残疾人法律救助工作的具体机构,借助工作站收集残疾人的诉求,解决残疾人面临的法律服务困境。从表6.8可以看出,我国残疾人法律救助工作协调机构和法律救助工作协调机构仍处于稳步增加阶段,截至2020年二者数量分别达到2 881个和2 795个。

表6.8 残疾人法律援助

年份	法律救助工作协调机构(个)	法律救助工作站(个)
2016	1 921	1 670
2017	1 987	1 746
2018	1 988	1 814
2019	2 201	2 021
2020	2 881	2 795

资料来源:2017年至2021年的《中国残疾人事业统计年鉴》。

法律救助工作协调机构和法律救助工作协调机构的设立为提高残疾人法律援助可及性起到重要的作用,但残疾人法律援助仍存在诸多困难需要解决。[1]首先,残疾人法律救助缺乏立法依据,使得援助工作法律效力低,政策力度较小。其次,残疾当事人缺乏证据、家庭无力支出各种鉴定费等原因,使得立案难、打官司难的现象未得到根本性改善。再次,法律援助工作在基层覆盖不全,援助工作涉及部门多、协调难度大,也使得残疾人法律援助体系运行效率不高。最后,残疾人法律救助工作所需经费还未列入财政预算,导致援助工作经费短缺。

3. 住房救助

随着城乡居民基本养老保险和居民医疗保险体系的构建和完善,残疾人的基本养老和基本医疗问题得到解决,最低生活保障制度等兜底政策也使残疾人的基本生活有了保障。然而,住房的购买或修建需要花费巨大的成本,这对原本收入就处于低位的残疾人而言更是难以承受。政府通过保障房和廉租房等方式尽可能满足城镇低收入残疾居民的住房权益。但由于城乡差异较大,农村地区仍有部分残疾人居住在危房当中,自身无力修缮或重建房子,这不仅导致这部分人群居住环境较差,生命财产安全也受到一定威胁。

为解决这一问题,《“十三五”加快残疾人小康进程规划纲要》(下文称《纲要》)

---

[1] 蒋宏伟、韩忠伟:《关于残疾人法律救助实践问题的思考——以甘肃省残疾人法律救助为例》,《学理论》2015年第34期。

提出要优先保障残疾人基本住房。当城镇残疾人家庭满足住房保障条件时享有优先轮候、优先选房等政策。对农村残疾人家庭而言,同等条件下优先享受农村危房改造政策,而且无力自筹资金的残疾人家庭将享受更多的倾斜政策。《纲要》要求农村贫困残疾人家庭的存量危房改造工作要在 2020 年底之前完成。表 6.9 给出了2016 年至 2020 年间农村贫困残疾人危房情况。其中 2016 年至 2019 年间危房改造和受益残疾人数量都呈现上涨趋势,二者数量分别从 8.2 万增加至 10.4 万、从 10.4万增至 11.5 万。2020 年农村贫困残疾人危房改造数量和受益人有较大幅度下降,可能是由两个因素导致,一是经过前期改造危房存量已经大幅下降,二是新冠疫情导致施工时间被压缩。

表 6.9　农村贫困残疾人危房改造

年份	危房改造(万户)	受益残疾人(万人)
2016	8.2	10.4
2017	8.2	9.6
2018	11.3	13
2019	10.4	11.5
2020	4.8	5.6

资料来源:2017 年至 2021 年的《中国残疾人事业发展统计公报》。

三、我国残疾人的公共服务

(一) 残疾预防

1. 残疾预防的重要性和必要性

人的一生中会面临各种各样的致残风险。但残疾并不是注定要发生的,有些残疾在很大程度上是可以避免的,如遗传、发育缺陷、意外伤害、疾病、环境等原因导致的残疾。预防性措施可以显著降低一些致残性疾病的发病率。例如世界卫生组织指出,利用现有技术就可以使至少 50％的残疾得到控制或使其延迟发生。世界卫生组织调查还显示,在听力障碍人群中,约 60％的 15 岁以下儿童听力障碍是可避免的。[1]根据《关于残疾人的世界行动纲领》的定义,残疾预防是指预防出现心

---

① 　龙墨、郑晓瑛、卜行宽主编:《中国听力健康报告(2021)》,社会科学文献出版社 2021 年版。

智、身体和感官缺陷的各种措施;或在出现缺陷后,防止它造成不良后果。残疾预防是保障残疾人基本权利,保护人民健康和促进社会和谐发展的一个重要举措,也是成本最低、效果最好的一项社会战略。[①]

我国残疾人总和已达8 500万人,人口加速老龄化导致残疾人口仍然保持增长的态势,给社会和家庭带来了较大的压力,亟须加以预防,开展残疾预防具有时间上的迫切性。因此残疾人事业中,残疾预防建设占据关键的地位。随着现代医学科技的迅速发展,残疾预防的技术支持越来越多,因此残疾的预防也具有可控性,在技术上也是可行的。《中华人民共和国残疾人保障法》明确规定:"国家有计划地开展残疾预防工作,加强对残疾预防工作的领导,宣传、普及母婴保健和预防残疾的知识,建立健全出生缺陷预防和早期发现、早期治疗机制,针对遗传、疾病、药物、事故、灾害、环境污染和其他致残因素,组织和动员社会力量,采取措施,预防残疾的发生,减轻残疾程度。"

2. 残疾预防的内容

针对残疾发生的原因和时间,残疾的预防措施有三类,分别为预防疾病的公共卫生措施、治疗疾病的治疗性措施和治疗损伤或障碍的治疗性和康复性措施,这三类措施构成了一级、二级和三级预防的连续统一体。一级预防包括免疫接种、预防性咨询及指导、预防性保健、避免引发伤病的危险因素或危险源、实行健康的生活方式、提倡合理行为及精神卫生、安全防护照顾等措施。二级预防包括残疾早期筛查、定期健康检查、控制危险因素、改变不良生活方式、早期医疗干预、早期康复治疗等措施,防止伤害后出现残疾。三级预防包括康复功能训练、假肢矫形器及辅助功能辅助器具使用、康复咨询、支持性医疗及护理、必要的矫形替代性及补偿性手术等措施,防止残疾后出现残障。[②]

残疾的预防需要根据致残原因在疾病或者损伤发生的不同时期有针对性地展开。残疾可以分为先天性与后天性残疾。先天性残疾的常见原因有近亲婚育、遗传因素、父母的不良行为、妊娠期患某些疾病、服用不当药物等。后天性残疾的常见原因有传染性疾病和非传染性疾病,如乙型脑炎、麻疹、精神疾病等;意外伤害也会导致残疾,如交通事故、工伤等。残疾预防则指针对这些常见的致残原因,采取

---

① 《北京市发布2018年度残疾预防工作报告》,北京市残疾人联合会网站,2019年8月20日。
② 北京市残疾人康复服务指导中心:《残疾预防概述》,2020年5月11日。

有效措施和方法,预防或减少致残性疾病和伤害的发生,限制或逆转由伤病而引起的残疾,并在残疾发生后防止其进一步发展为更严重的残障。[①]

围绕致残原因和三级预防的不同阶段,《国家残疾预防行动计划(2016—2020)》从出生发育、控制疾病、减少伤害、改善康复等四个方面明确了主要行动和目标。《残

表 6.10 《残疾人预防行动计划》的侧重内容对比

	《残疾人预防行动计划 2021—2025》	《残疾人预防行动计划 2016—2020》
残疾预防知识普及行动	建立完善残疾预防科普知识资源库	
	加强重点人群残疾预防知识普及	
	组织实施重点宣传教育行动	
出生缺陷和发育障碍致残防控行动	加强婚前、孕前保健	加强婚前、孕前健康检查
	做好产前筛查、诊断	做好产前筛查、诊断
	加强儿童早期筛查和早期干预	加强新生儿及儿童筛查和干预
疾病致残防控行动	加强慢性病致残防控	有效控制传染性疾病
	加强社会心理服务和精神疾病防治	有效控制地方性疾病
	加强传染病及地方病致残防控	加强慢性病防治
	加强职业病致残防控	加强精神疾病防治
伤害致残防控行动	加强安全生产和消防安全监督管理	加强安全生产监管
	加强道路交通和运输安全管理	加强道路交通安全管理
	加强儿童伤害和老年人跌倒致残防控	加强农产品和食品药品安全监管
	增强防灾减灾能力	加强饮用水和空气污染治理干预
	加强农产品和食品药品安全监管	增强防灾减灾能力
	保障饮用水安全和加强空气、噪声污染治理	减少儿童意外伤害和老年人跌倒致残
康复服务促进行动	加强康复医疗服务	加强康复服务
	保障残疾人基本康复服务	推广辅助器具服务
	加强长期照护服务	推进无障碍环境建设
	提升无障碍设施建设水平	

资料来源:《残疾人预防行动计划 2016—2020》《残疾人预防行动计划 2021—2025》。

---

① 中国残疾人联合会:《第六个全国残疾预防日:残疾预防核心知识 2022 版》。

疾人预防行动计划 2021—2025》对残疾人预防的行动计划做了与时俱进的调整。对比可以看出(表 6.10),《残疾人预防行动计划 2021—2025》尤其重视残疾预防知识的科普和残疾预防意识的提高;在出生缺陷防治方面,由婚前孕前检查落实为婚前孕前保健;在防控疾病致残方面,预防的优先级由传染性和地方性疾病转向慢性病和心理精神疾病的防治,并特别关注职业疾病致残的预防;在康复防治残疾方面,重点突出了加强长期照护的地位。

3. 我国残疾预防工作的进展

我国自 20 世纪 80 年代以来就非常重视残疾预防工作。1988 年实施的残疾人事业五年工作纲要,把积极开展预防残疾作为残疾人事业发展的三项主要任务之一。《残疾人保障法》明确提出:"国家有计划地开展残疾预防工作,加强对残疾预防工作的领导宣传,普及优生优育和预防残疾的知识,针对遗传、疾病、药物中毒、事故、灾害、环境污染和其他致残因素,制定法律、法规,组织和动员社会力量,采取措施,预防残疾的发生和发展。"此后的残疾人事业计划纲要都明确强调开展残疾预防工作的重要性。卫生部、中国残联在 2002 年组织制定《中国提高出生人口素质、减少出生缺陷和残疾行动计划(2002—2010 年)》;2006 年组织制定了《全国防盲治盲规划(2006—2010 年)》,2007 年制定了《全国听力障碍预防与康复规划(2007—2015 年)》,对于唤醒人们对残疾预防的认识,有效预防残疾发生起到了重要作用。

为进一步全面加强残疾人预防,2008 年 3 月 28 日,《中共中央国务院关于促进残疾人事业发展的意见》提出"建立健全残疾预防体系",成为残疾预防工作的纲领性文件,残疾人预防工作进入一个全面发展的新时期。2016 年 8 月 25 日,国务院办公厅印发《国家残疾预防行动计划(2016—2020 年)》,针对防控遗传、疾病、伤害致残和改善康复服务,提出 16 项工作任务和相关工作目标;同年通过的《"健康中国 2030"规划纲要》明确要求"制定实施国家残疾预防行动计划,增强全社会残疾预防意识,开展全人群、全生命周期残疾预防,有效控制残疾的发生和发展";2017 年 2 月国务院颁布《残疾预防和残疾人康复条例》。为了进一步强调残疾预防的必要性、普及残疾预防的重要性,在 2017 年 6 月,国务院正式批准将每年 8 月 25 日设立为"残疾预防日"。第一个全国残疾预防行动计划结束后,2021 年又开始了下一个《国家残疾预防行动计划(2021—2025 年)》。

> **专栏 6.2　全国残疾预防日**
>
> 　　2017 年 8 月 25 日是全国第一个"残疾预防日",主题为"推进残疾预防　建设健康中国";
>
> 　　2018 年 8 月 25 日第二次全国残疾预防日主题为"残疾预防,从我做起";
>
> 　　2019 年 8 月 25 日第三个全国残疾预防日主题是"残疾预防,从生命源头做起";
>
> 　　2020 年 8 月 25 日第四个全国残疾预防日主题为"残疾预防,从儿童早期干预做起";
>
> 　　2021 年 8 月 25 日第五个全国残疾预防日主题为"加强残疾预防,促进全民健康";
>
> 　　2022 年 8 月 25 日第六个全国残疾预防日主题为"普及残疾预防知识,建设健康中国"。
>
> 　　资料来源:中国残疾人联合会。

　　在政策法规的完善出台及全体国人共同努力下,我国从公共医疗卫生、残疾人康复等方面加强残疾预防,相关工作取得显著成效。[1]根据中国残疾人联合会数据,截至 2020 年,在防治出生缺陷方面,目标人群孕前健康检查率达 96.4%,孕妇产前筛查率达 81.1%,孕前优生健康检查、增补叶酸以预防神经管缺陷等被纳入国家基本公共卫生服务。在预防疾病致残方面,适龄儿童国家免疫规划疫苗接种率维持在 90% 以上,几乎所有的县(市、区)的重大地方病都得到控制或消除;高血压、糖尿病患者的规范管理率超 60%,百万人口白内障复明手术率(CSR)达 3 400,登记在册的严重精神障碍患者管理率达 95.1%;并通过实施"三减三健",即国家《全民健康生活方式行动方案(2017—2025 年)》中提出的减盐、减油、减糖、健康口腔、健康体重、健康骨骼等六个专项行动,提倡和组织实施适量运动、控烟限酒和心理健康等活动,减少疾病的发生,提高全民的健康素养。在减少伤害致残方面,我国在"十三五"期间也取得了显著的成绩。2020 年我国生产安全事故发生起数相比 2016 年下

---

[1]　国家残疾预防行动计划(2016—2020 年)。

降39.8%,死亡人数下降36.3%,道路交通事故万车死亡率下降22.4%。①

尽管我国的残疾人预防工作取得了较大的进步,但是也应意识到,我国残疾预防工作仍然面临众多挑战。首先,人口的持续老龄化使我国残疾发生率还会持续增加。据测算,预计"十四五"时期,60岁及以上老年人口总量将突破3亿,占比将超过20%,我国将进入中度老龄化阶段。2035年左右,我国60岁及以上老年人口将突破4亿,在总人口中的占比将超过30%,进入重度老龄化阶段(国家卫健委)。②另外,随着经济和公共卫生的发展进步,我国的疾病谱发生了明显的变化。全国的五次卫生服务调查变化趋势显示,人口老年化已经促使与老年人密切相关的肿瘤疾病、内分泌营养代谢病(如糖尿病等)、循环系统疾病(心血管、脑血管)、类关节炎等病症的患病率迅速增加,慢性病、精神障碍等致残的风险不减。提高我国残疾预防水平和全民残疾预防的意识,进一步的残疾预防措施依然十分迫切。《国家残疾预防行动计划(2021—2025年)》提出,通过残疾预防知识普及行动、出生缺陷和发育障碍致残防控行动、疾病致残防控行动、伤害致残防控行动,经过5年的努力进一步完善覆盖经济社会发展各领域的残疾预防政策体系,健全全人群全生命周期残疾预防服务网络,提升全民残疾预防素养,有效控制主要致残因素,改善残疾康复服务状况。到2015年,残疾预防主要指标达到中高收入国家前列(如下表6.11所示)。

表6.11 《国家残疾预防行动计划(2021—2025年)》主要指标

领 域	指 标	2020年	2025年
残疾预防知识普及行动	重点人群残疾预防知识普及率	—	>80%
出生缺陷和发育障碍致残防控行动	婚前医学检查率	68.5%	>70%
	孕前优生健康检查目标人群覆盖率	>80%	>80%
	孕产妇系统管理率	>90%	>90%
	产前筛查率	>60%	>75%
	新生儿遗传代谢性疾病筛查率	≥98%	≥98%
	新生儿听力筛查率	86.5%	≥90%
	3岁以下儿童系统管理率	≥80%	≥85%

---

① 中国残疾人联合会:第五个残疾预防日新闻发布会,2021年8月24日。
② 国家卫健委新闻发布会,2022年9月20日。

领　域	指　标	2020 年	2025 年
疾病致残防控行动	高血压患者基层规范管理服务率	＞60％	≥65％
	Ⅱ型糖尿病患者基层规范管理服务率	＞60％	≥65％
	百万人口白内障复明手术率	＞2 000	＞3 000
	以社区为单位心理咨询室或社会工作室建成率	—	＞80％
	登记在册的严重精神障碍患者规范管理率	＞80％	＞83％
	适龄儿童免疫规划疫苗接种率	＞90％	＞90％
	控制和消除重大地方病的县（市、区、旗）	＞95％	＞95％
	接触职业病危害的劳动者在岗期间职业健康检查率	≥90％	≥90％
伤害致残防控行动	生产安全事故发生起数	比 2016 年下降 10％以上	比 2020 年下降 10％以上
	声环境功能区夜间达标率	80.1％	达到 85％

资料来源:《国家残疾预防行动计划(2021—2025 年)》。

(二) 残疾康复

1. 残疾康复的内容

世界卫生组织发布的《世界残疾报告》对"康复"做出新定义,"康复是针对身体功能和结构、活动和参与、环境因素和个人因素采取的一系列措施",这些措施可以帮助个体在与环境相互作用中获得最佳功能状态。康复服务包括医疗康复、康复训练、日间照料、工(娱)疗、辅助器具服务、职业康复、心理支持、信息咨询与转介等。它可以是脑损伤后改善患者的言语练习;可以是改善老年人的居家条件,降低摔跤受伤风险;可以是心脏病患者正常生活训练;可以是截肢者假肢的定制与使用,失明者导航白色拐杖的使用;可以是烧伤患者定位和夹板技术,促使皮肤愈合与运动训练;治疗脑瘫患儿肌肉僵硬的药物;也可以是抑郁症患者的心理支持。[1]康复治疗的目的不是治愈疾病,而是恢复患者或残疾者的功能。

---

[1]　世界卫生组织:《康复》2021 年 11 月 10 日。

专栏 6.3　脑卒中后要积极开展康复治疗

2019 年 6 月,国际权威医学杂志《柳叶刀》发表论文,分析了 1990—2017 年中国 34 个省份(包括港澳台)居民的死亡原因,结果显示:中国人目前第一大死亡原因是脑卒中。脑卒中俗称"中风",包括脑梗死、脑出血和蛛网膜下腔出血。脑卒中具有发病率高、死亡率高和致残率高的特点。随着我国人口老龄化和生活方式的改变,其发病率日趋增高,且发病年龄有年轻化趋势。脑卒中以后约 70% 以上的患者都会存在不同程度的功能障碍,其中 40% 会出现严重的残疾。如果家庭里面出现脑卒中患者,无疑将面临巨大的看护、经济及心理负担。所以,我们倡导脑卒中后要积极开展康复治疗。

中风之后进行积极的康复治疗,90% 的患者可重新获得步行和自理生活的能力,其中 30% 的患者还能恢复一些较轻的工作。相反,不进行康复治疗者,上述两方面恢复的百分率相应的只有 60% 和 5%。在病死率方面,康复组也降低了 12%。因此,康复治疗对脑卒中患者很重要。

利用大脑可塑性积极康复

提到脑卒中,人们通常会关心第一时间的救治,但之后患者的功能康复并未得到重视。脑卒中以后,患者常常表现出各种功能障碍:最常见的是感觉和运动功能障碍,表现为患侧肢体麻木、瘫痪;第二个就是交流功能障碍,表现为说话减少、说得不流畅、断断续续,吐词含糊不清,严重者则完全不能说出;第三个就是认知功能障碍,表现为记不清事物,前面说的后面就忘了,或者不理解别人说的话;第四个就是吞咽功能障碍,主要表现为吃饭、喝水出现呛咳;此外,患者还会出现情绪障碍,表现为着急康复或情绪低落,甚至不愿意吃饭、治疗,严重者有自杀倾向。

除了功能障碍,患者因长期卧床还会出现压疮、尿路感染、肺部感染、下肢深静脉血栓形成等并发症。这些不仅给患者本人带来极大的痛苦,也严重影响家人的生活质量,增加了社会的医疗支出。事实上,大脑存在可塑性,在目前医疗技术尚不能治愈脑卒中的情况下,及早开展康复治疗,可以促进神经功能的重组,激发残存的脑细胞替代损伤的细胞行使功能,使患者获得最大限度的功能改善和自理能力,提高患者本人及家人的生活质量。

资料来源:黄礼群:《脑卒中后要积极开展康复治疗》,《家庭医药》2020 年第 9 期;李茜:《走出脑卒中康复治疗的认识误区》,《中老年保健》。

残疾康复可以减少疾病或伤害等各种健康问题带来的负面影响。推动残疾人康复机构的建设与发展,满足残疾人的康复服务需求是当前残疾人社会保障体系和服务体系建设的重要内容。通过辅助其他医疗和外科等健康干预措施,残疾康复有助于减轻、管理或预防相关的并发症,如脊髓损伤、中风或骨折的并发症等。为残疾人提供康复服务,不仅能帮助残疾人恢复或者补偿身体功能,减轻残疾程度,提高残疾人的生活质量;它还能为个人和社会减轻成本和负担,如实现残疾人有偿就业,减少住院等昂贵医疗资源的使用,以及减少政府救助支出和减少残疾人对他人和社会的照料依赖。

2. 残疾人康复发展现状

根据第二次全国残疾人抽样调查数据,全国残疾人中曾接受康复训练与服务和辅助器具配备服务的比例分别占残疾总人口的8.5%和7.3%,而有上述服务需求的比例分别为残疾总人口的27.7%和38.6%,二者之间存在不小的差距。我国政府高度重视残疾人康复事业建设,不断完善残疾人康复服务行业发展政策环境,推动残疾人康复机构发展。根据我国全面建设小康社会的总体要求和部署,中国残联和卫生部、民政部、财政部、公安部、教育部等部门和组织2002年联合提出《关于进一步加强残疾人康复工作的意见》(国办发〔2002〕41号),设定了到2015年实现我国残疾人"人人享有康复服务"的目标。2006年,卫生部、民政部、财政部、公安部、教育部、中国残联又共同发布了《中国残疾人"人人享有康复服务"审评方案》和《中国残疾人"人人享有康复服务"评价指标体系(2005—2015年)》。我国的医药卫生体制改革也同样助力残疾人康复事业的建设。例如,2009年3月国务院办公厅发布的《关于深化医药卫生体制改革的意见》提出要注重残疾预防、治疗和康复;2010年9月《关于将部分康复项目纳入基本医疗保障范围的通知》提出将部分康复评定和治疗项目纳入医保支付范围;2015年3月《全国医疗卫生服务体系规划纲要(2015—2020年)》提出,"完善治疗—康复—长期护理服务链条,鼓励社会力量举办中医类专科医院、康复医院及老年病和慢性病等诊疗机构"。

为了推进残疾人康复机构的建设和管理,中国残联2006年提出了《残疾人康复中心建设标准》(残联发〔2006〕43号),并在2008年出台了一系列康复机构评估和验收标准,例如《省级康复中心检查验收评估办法》《省级听力语言康复中心检查验收评估办法》《残疾人辅助器具服务机构检查验收办法》《孤独症儿童康复机构评审方案(试行)》,等等。2011年中国残联又制定了《残联系统康复机构建设规范(试行)》(残联厅发〔2011〕12 号），以促进各类各级残疾人康复机构规范发展。为了进一步实现康复机构的高质量发展，中国残联还在 2022 年组织编制了《残联系统康复机构业务规范建设评估指南（试行）》，规范残疾人康复机构的内容和质量。

随着我国对残疾发生的认识的进一步深化，2016 年 9 月《关于印发国家残疾预防行动计划（2016—2020）》明确强调推广疾病早期康复治疗，减少残疾发生，"康复服务促进行动"在残疾预防中的重视程度进一步提升。2017 年国务院制定了《残疾预防和残疾人康复条例》，更是明确了推动残疾康复服务的责任主体：该条例规定，县级以上政府应依据本地残疾人数量和康复需求等因素，制定康复机构发展计划，举办公益性康复机构，并在准入、执业及政府购买等方面给予社会资本举办的康复机构支持，将相应机构纳入到基本公共服务体系中。该条例还对残疾人康复服务体系建设提出了要求。要求综合运用医学、心理及辅助器具等举措，帮助残疾人恢复或补偿身体功能，以此增强残疾人的生活自理能力和社会活动参与能力，此后残疾人康复服务进一步发展。2018 年，《国务院关于建立残疾儿童康复救助制度的意见》要求各地出台本地残疾儿童救助制度和配套措施，建立残疾儿童康复救助工作体系和服务网络。[1]2021 年《关于开展康复医疗服务试点工作的通知》提出于 2022 年将"15 个省份作为康复医疗服务试点地区，并增加提供康复服务的医疗机构和床位数、加强康复医疗学科能力建设"。

为了适应残疾人对康复服务的需求，深化残疾人康复工作，我国不断努力建设残疾康复机构。残疾人康复机构是为残疾人提供专业康复服务的重要场所，它包含综合和专科的康复机构；综合和专科医院及疗养院中的康复医学科以及社区卫生服务中心的康复治疗室。按照康复服务的内容看残疾人康复机构包括康复中心、听力语言康复中心、辅助器具服务中心、孤独症儿童康复机构等。表 6.12 显示，2016 年全国有残疾人康复机构 7 858 个，康复机构在岗员工数为 22.3 万，全国展开社区康复服务的县区有 2 962 个，对应社区康复协调员 45.4 万。此后几年中，康复机构和在岗职工人数都处于稳步增长的趋势。截至 2020 年底，全国有残疾人康复机构 10 440 个，其中残联系统康复机构 2 550 个[2]；截至 2021 年底，全国有残疾人康复机构 11 260 个，全国残疾儿童康复救助定点服务机构发展到 7 900 多家。

---

① ②　《2020 年残疾人事业发展统计公报》。

表 6.12　残疾人康复机构

年份	残疾人康复机构（个）	康复机构在岗人员（万人）	开展社区康复服务的县（市、区）（个）	社区康复协调员（万人）
2016	7 858	22.3	2 962	45.4
2017	8 334	24.6	2 988	47.9
2018	9 036	25	2 750	47.8
2019	9 775	26.4	2 731	47.8
2020	10 440	29.5	2 726	47.8

资料来源：2017 年至 2021 年的《中国残疾人事业统计年鉴》。

　　为了减轻康复服务所带来的经济负担，《残疾预防和残疾人康复条例》规定，对于可以纳入基本医疗保险的康复费用应予以报销，对基本医保和大病保险等报销后支付康复费用仍有困难的残疾人给予医疗救助，这极大促进了残疾人对康复服务的消费。表 6.13 显示，2016 年享受视力康复、听力康复、肢体康复、智力康复、精神康复服务的人数分别为 40 万、18.5 万、135.7 万、23.1 万、23.1 万和 62.6 万。2017 年《残疾预防和残疾人康复条例》实施后，享受这几项服务的残疾人数量有一个跃升，分别达到 88.3 万、40.7 万、484.6 万、71.3 万和 125.9 万。2020 年，我国残疾人获得康复服务的人数相较于 2016 年增长了 3 倍，达到 1 063.6 万人。我国残疾人康复事业经过数十年的发展，目前已有不错的成果。残疾人基本康复服务覆盖率达到 80％，辅助器具适配率达到 80％。[①]

表 6.13　残疾人康复服务人数　　　　（单位：万人）

年份	视力	听力	言语	肢体	智力	精神	多重	合计
2016	40	18.5	—	135.7	23.1	62.6	—	279.9
2017	88.3	40.7	4.3	484.6	71.3	125.9	35.5	850.6
2018	120.5	66.1	7.5	592.3	83.8	150.8	48.2	1 069.2
2019	112.2	73.1	4.4	553.5	82.3	161.5	46.8	1 033.8
2020	114.6	81.6	5.1	542.8	86.4	178.4	54.7	1 063.6

资料来源：2017 年至 2021 年的《中国残疾人事业统计年鉴》。

---

① 　国务院：《"十四五"残疾人保障和发展规划》。

专栏6.4 打通康复"最后一公里"：
多地出台残疾预防和残疾人康复实施办法

虽然已临近春节，江苏盐城的郝女士依然带着女儿在不懈地进行着康复训练。据记者了解，郝女士的女儿患有先天性耳聋，四岁时才被确诊，错过了最佳的康复时间。如今，虽然仍在做康复训练，但是孩子的康复难度非常大。与郝女士一样，江苏南京的王女士同样有一个患有先天性耳聋的女儿。不同的是，由于发现早、干预早，康复效果非常理想，如今，已经是一个能说能唱，各方面发展都很健康的孩子，并且去年9月份已进入了普通幼儿园。

儿童期是康复的黄金时期，通过早发现、早诊断、早干预，多数残疾儿童都能显著改善功能，不仅可以减轻家庭的经济和精神负担，甚至还可能正常地上学和工作。不过，即便我国残疾儿童康复救助制度已在全国范围普遍建立并全面实施，但是，依然会有一些家庭因各种原因而错过残疾儿童的最佳康复期。

康复是生命的重建，是残疾人最迫切的需求，它可以帮助残疾人消解痛苦，获得功能补偿，获得生活、学习和工作的能力，为融合社会创造条件。新年伊始，部分地区出台了残疾预防和残疾人康复实施办法，这无论是对于残疾人的治疗康复，还是对残疾人的家庭责任意识，都起到了巨大的强化作用。

根据2006年第二次全国残疾人抽样调查显示，我国大约有167.8万0至6岁残疾儿童，占全国残疾人总数的2.02%。每年新增0至6岁残疾儿童约19.9万人。那时候，我国0至17岁残疾儿童医疗服务与救助需求为67.72%，但接受过医疗服务与救助的残疾儿童仅占27.92%；残疾儿童康复训练与服务需求为49.64%，但接受过康复训练与服务的残疾儿童仅占10.46%；残疾儿童辅助器具需求为16.29%，但接受过辅助器具的残疾儿童仅占4.15%。

显然，我国当年的残疾儿童接受康复的现状与康复需求存在很大的差距。

除了先天性残疾，意外伤害、突发事故这些都有可能带来残疾。同时，当人们老去的时候，糖尿病、高血压等慢性病也容易缠身，这对于人口老龄化严重、拥有超过2亿60岁以上人口的中国来说，加强残疾预防与残疾人康复的需求工作更是迫在眉睫。

鉴于此,2017年2月27日,国务院常务会议通过了《残疾预防和残疾人康复条例》(下称《条例》),并于7月1日起施行,首次以法规的形式明确了国家、社会、公民在残疾预防和残疾人康复工作中的责任,并为实现残疾人"人人享有康复服务"的目标提供有力保障,为中国人民的健康保驾护航。

针对这一政策,专家们将其解读为,残疾人康复领域中首个具有普惠意义的福利制度,为推动我国残疾人的康复工作,特别是残疾儿童康复工作发展建立了"里程碑"。同时,其中有针对性的补贴和康复医疗制度,将帮助重度残疾人和贫困残疾人减轻康复治疗所带来的负担,提高了治疗效果,保证了生存质量,将进一步织密我国社会保障网。

政策中一系列措施从人的生命周期理念出发,对婴儿出生前后期、幼年期、成年期、老年期等不同阶段采取针对性预防措施,有助于建立起持续的残疾防控体系。

自此,残疾预防和康复纳入国家医疗卫生事业大局和"健康中国"战略,从最初的抢救性三项康复到残疾人基本康复服务纳入政府基本公共服务,覆盖率持续提升,从中国康复研究中心建设到各省区市残疾人康复服务机构初步建成,从简易的手摇轮椅、木制假肢到人工耳蜗、智能辅具和现代化康复设备,残疾人康复事业取得了巨大的进步。

资料来源:《打通康复"最后一公里":多地出台残疾预防和残疾人康复实施办法》,《华夏时报》2021年2月7日。

(三) 无障碍环境

无障碍环境是残疾人平等参与社会建设,分享社会经济成果的基本条件。无障碍环境建设的普及和提升,是一个社会文明进步的重要标志。

1. 无障碍环境建设的现状

无障碍包括物质环境无障碍和信息共享与沟通交流无障碍。物质环境无障碍主要涉及公共环境,如道路、公共建筑物和居住社区,它们的设计能方便残疾人通行和使用。比如,公共道路应当满足坐轮椅者、挂拐杖者的通行需求;建筑物的出入口、大门、卫生间、柜台等设施的设置可以方便残疾人使用和通行。信息和交流的无障碍主要指听力言语及视力残疾者能够方便地获取信息,表达信息,利用技术设备与外界沟通不存在障碍。例如利用字幕、解说和有声读物实现参加网络会议、上网课、欣赏电影等。

我国当前的残疾人无障碍环境建设主要从四方面展开：一是城乡新建道路、建筑物和居住区配套建设无障碍设施，以及原有基础设施的改造；二是出行和服务环境的无障碍建设；三是信息无障碍建设；四是校园和工作场所无障碍环境建设。①

根据中国残联的数据，在"十三五"期间，全国村（社区）综合服务设施中有 81％的出入口、56％的服务柜台、38％的厕所进行了无障碍建设和改造。②对于残疾人家庭，我国还重视对他们的住所和居住社区进行改造。2016 年实施无障碍改造残疾人家庭 93 万户，至 2020 年我国实施无障碍改造残疾人家庭 167.3 万户，较 2016 年增加 74.3 万户，其中包含 65 万建档立卡重度残疾人家庭。无障碍改造，助力残疾人脱贫攻坚，提高残疾人生活质量。为了监督和确保无障碍环境的建设和实施，我国还不断加大无障碍建设检查的力度。2020 年开展无障碍检查 8 000 次，较上 2018 年增加 5 071 次。

2. 无障碍环境建设的发展过程

残疾人无障碍环境的建设始于 1985 年中国残疾人福利基金会、北京市残疾人协会、北京市建筑设计院在"残疾人与社会环境研讨会"上"为残疾人创造便利的生活环境"的联合倡议。随着社会经济发展进步，从北京、上海、天津、广州、深圳等大城市开始，无障碍环境的建设逐渐铺开。

到 2008 年 3 月，《中共中央关于促进残疾人事业发展的意见》（中发〔2008〕7 号）就加快无障碍建设和改造提出了明确、具体的要求。2008 年 4 月《残疾人保障法》修订后，有关无障碍建设的规定扩展为独立的一章，无障碍建设被摆在了突出的位置。从此以后，无障碍环境的建设进入了一个快速发展的时期。随着信息技术的迅速发展，残疾人又面临着获取电子信息和访问互联网的障碍，在建设无障碍环境的过程中，他们再一次陷入融入信息社会的障碍。2009 年，国务院法制办、住房和城乡建设部、工业和信息化部、中国残联等部委开始制定《无障碍环境建设条例》，随着经济、技术和残疾人事业的发展，对待残疾人观念的进步，残疾人无障碍环境的建设也逐步融入了信息和交流无障碍的内容。

---

①② 人民网-社会频道：《加强无障碍环境建设　为残疾人生活、学习和工作提供便利》，2022 年 3 月 3 日。

为了规范和指导无障碍环境的建设,1986年7月,建设部、民政部、中国残疾人福利基金会共同编制了我国第一部《方便残疾人使用的城市道路和建筑物设计规范(试行)》。在多年的实践总结之后,2000年建设部对原《设计规范》进行了修订,在此基础上于2001年发布了《城市道路和建筑无障碍设计规范》,其他公共场所的无障碍环境设计也出台了具体的设计规范和标准,例如中国民航总局2000年发布的《民用机场旅客航站区无障碍设施设备配置标准》;建设部、教育部2004年联合颁布实施的《特殊教育学校无障碍设计规范》以及铁道部2005年发布实施的《铁路旅客车站无障碍设计规范》《地铁设计规范》,等等。目前,我国无障碍设施设计规范的全国标准包括《无障碍设计规范》(GB50763-2012)、《民用建筑设计通则》(GB50352-2005)等。《无障碍环境建设条例》出台之后,政府相继出台了无障碍设施建设相关法规及规范性文件,例如《信息无障碍身体机能差异人群网站设计无障碍技术要求》规定了无障碍上网的网页设计技术要求、《呼叫中心信息无障碍服务技术要求》规定了呼叫中心信息无障碍服务技术要求。

专栏6.5 国际通用的无障碍设计标准的六个方面

1. 在一切公共建筑的入口处设置取代台阶的坡道,其坡度应不大于1/12;

2. 在盲人经常出入处设置盲道,在十字路口设置利于盲人辨向的音响设施;

3. 门的净空廊宽度要在0.8米以上,采用旋转门的需另设残疾人入口;

4. 所有建筑物走廊的净空宽度应在1.3米以上;

5. 公厕应设有带扶手的座式便器,门隔断应做成外开式或推拉式,以保证内部空间便于轮椅进入;

6. 电梯的入口净宽均应在0.8米以上。

资料来源:中国残联门户网站。

---

3. 无障碍建设的困难和发展方向

尽管我国残疾人无障碍环境建设已经取得了一定的进步,但是残疾人无障碍地融入社会仍然存在不少障碍。一方面,社会重视无障碍设施的氛围尚未形成,无障碍环境的建设缺乏统一的规划和指导。[①]无障碍设施建设配备之后,要真正被残

---

① 吕世明:《我国无障碍环境建设现状及发展思考》,《残疾人研究》2013年第2期,第3—8页。

疾人利用才实现了其价值,并且这些设备设施还要求后续的维护。①另一方面,在整体建设水平不高的基础上,我国的无障碍环境建设存在地域发展极为不平衡的情况。大城市和中小城市之间、东西部地区之间以及城乡之间等发展很不平衡。"十四五"期间,《残疾人预防行动计划(2021—2005)》在上一个行动计划的基础上,继续强调残疾人无障碍环境建设,从无障碍环境的推广到无障碍环境建设水平的提升。在此期间,我国将从"加快推进无障碍环境建设立法、落实无障碍环境建设推进工作机制、完善无障碍环境建设政策和标准体系、提升城乡基础设施无障碍建设水平、实施困难重度残疾人家庭无障碍改造、大力发展信息无障碍建设、加强无障碍环境建设监管、提高全社会无障碍意识"等方面入手,全面推进无障碍环境建设。

表 6.14　我国无障碍环境建设"十四五"预期目标

指　　标	"十四五"预期目标	指标类型
城市道路无障碍设施建设率	100％	预期性
公共建筑无障碍设施建设率	100％	预期性
困难中度残疾人家庭无障碍改造	110 万户	约束性
居家适老化改造	200 万户	预期性
与民生密切相关的互联网网站无障碍改造	95％	预期性
与民生密切相关的手机 App 无障碍改造	95％	预期性

资料来源:《无障碍环境建设"十四五"实施方案》。

专栏 6.6　用不一样的视角,满足残疾人多样化需求

2022 年 9 月 27 日,UME 新天地影城来了一批特殊的观影者,他们佩戴着专属接收器与耳机,观看《1921》无障碍版本。在无电影对白等场景画面时,他们可以听到娓娓道来的旁白解说。无障碍电影已经成为上海市精神文化建设的一张名片,丰富了残疾人的精神文化生活,也保障了他们共享平等发展的权益。

时钟拨回 10 年前,视障人士或许还要跨区到国泰影院等"看电影"。如今,上海各区每月都会在指定影院定期举行无障碍电影放映专场,每年可以达到 200 多

---

① 夏菁、王兴平、王乙喆:《关于残疾人无障碍设施建设的反思——以南京市为例》,《残疾人发展理论研究》2017 年第 1 期。

场,服务视障人士 2 万多人次。2021 年 10 月,一项突破性创新举措上线——"阳光之声"无障碍电影平台推出,为视、听障人群带来更好、更便捷的视听体验。现在,他们足不出户,就可以"看"电影,"追"电视剧了。

在满足残疾人多样化需求上,上海走在全国前列。2020 年 9 月,国内首个提供手语翻译服务的娱乐演出在上海迪士尼精彩上演,妙趣横生的歌词在专业手语翻译老师的翻译下得以完美呈现。"我'听'到了,以前看过花车巡游,现在有了手语翻译后,我才完全了解演出中歌词的内容。"7 岁的听障小游客月月比画着。演出结束后,她感激地拥抱了手语翻译人员。

2022 年 2 月 22 日起,上海的每场疫情防控新闻发布会有了"新变化"——增配了一支由葛玉红、顾忠、陈伊佳、唐文妍、寇辰珠、郭奕敏、萧亮七人组成的手语翻译团队,通过轮班制,站立一旁,对着直播镜头"解说",为上海 8 万名听障人士提供了"看"新闻的平等机会,让他们更好地应对疫情,做好防护。

此外,在手机端观看发布会的上海听障听众,能从直播中看到占手机约三分之一的手语翻译画面,"看"新闻更方便了。手语翻译陈伊佳告诉记者,不少上海的听障人士和她反馈,这看似小小的变化,体现了国际化大都市的温度,他们都感到很骄傲。"真的是获得感满满,有了手语翻译,我就可以实时观看,及时了解疫情防控最新情况。"曾因"听不见"而放弃收看直播,如今杜承彦可以和健全人一样,同步收看疫情防控新闻发布会。

资料来源:葛俊俊:《在上海,让城市温暖触手可及》,人民网——上海频道,2022 年 10 月 27 日。

第四编

我国残疾人保障专题和典型案例

第七章
残疾人教育保障

一、残疾人教育保障政策和教育现状

(一) 我国残疾人受教育现状

随着社会经济进步,我国残疾人教育也取得了迅速发展,残疾人受教育的普及度、义务教育阶段入学率、接受职业教育和进入高等院校深造的人数等均有显著提升。

1. 义务教育阶段残疾人受教育现状

"十三五"以来,我国特殊教育改革获得了长足的发展,残疾学生教育普及率不断提升。特殊教育在校生由 2015 年的 44 万人增加到 2020 年的 88 万人,残疾儿童义务教育入学率达到 95% 以上,同时,国家大力推进融合教育,2020 年普通学校随班就读的残疾学生由 2015 年的 23.9 万名增加到 2020 年的 43.9 万名,增长 83.6%,50% 左右的残疾学生就读于普通学校。[1]2020 年,残疾人一年级 78 076 人,二年级 98 041 人,三年级 108 595 人,四年级 114 111 人,五年级 104 850 人,六年级 100 571 人,初一 84 837 人,初二 88 932 人,初三 83 777 人,初四 2 653 人。

2021 年全国招收包括特殊教育学校、其他学校附设特教班、普通学校随班就读和送教上门的特殊教育学生 14.91 万人,比上年增加 16 万人,在校生 91.98 万人,比上年增加 3.90 万人,增长 4.42%,其中在特殊教育学校就读在校生 33.04 万人,占特殊教育在校生的比例 35.92%。[2]

---

① 《不断加大政策、资金、项目对特殊教育的倾斜——我国残疾儿童义务教育入学率超 95%》,《中国教育报》2021 年 9 月 27 日。

② 2021 年《全国教育事业发展统计公报》。

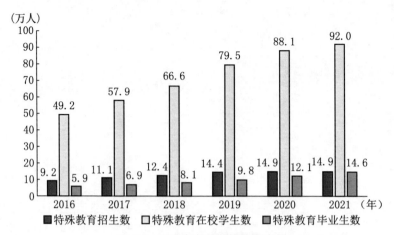

图 7.1　我国特殊教育基本情况

资料来源:国家统计局。

从各年的特殊教育招生数、特殊教育在校学生数、特殊教育毕业生数看,呈现逐年增长的状况。特殊教育招生数始终超过 9 万人,特殊教育在校学生数超过 49 万人,特殊教育毕业生数超过 5 万人。

2. 非义务教育阶段残疾人受教育现状

我国特殊教育非义务教育阶段规模不断扩大。2018 年,我国出台专门的政策文件——《关于加快发展残疾人职业教育的若干意见》,文件明确对残疾人中等职

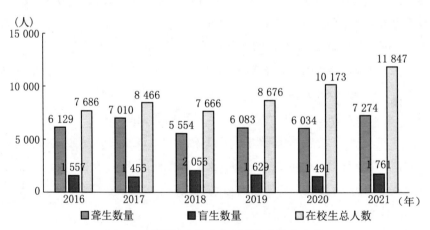

图 7.2　中国特殊教育普通高中在校生人数

资料来源:中国残疾人联合会《残疾人事业发展统计公报》。

业教育重点发展、扩大规模、加强基础能力建设、增加残疾人可以选择的专业等。①这一政策有助于提升残疾人的就业能力,帮助残疾人更顺利地融入社会。

同时,《意见》还提出,针对高等教育阶段,推进无障碍环境不断改善和教育考试便利化等一系列改革试点工作,为残疾学生创造更多接受高等教育的机会。根据中国残联统计,2016—2019 年共有 4.39 万名残疾考生被普通高校录取。

根据中国残疾人联合会 2020 年教育统计数据显示,2020 年共有学前教育阶段 4 620 人,高一 4 366 人,高二 3 546 人,高三及以上 3 825 人。

从特殊教育普通高中在校生人数上看,自 2016 年以来,我国特殊教育普通高中在校生人数均在 7 000 人以上,其中聋生和盲生占大多数,其他种类的残疾人也有通过进入特殊教育普通高中进行学习。2021 年,全国共有特殊教育普通高中在校生 11 847 人,其中聋生 7 274 人、盲生 1 761 人、其他 2 812 人。②从图 7.2 中可以看到,近年来我国特殊教育普通高中在校人数在不断增长,平均年增速在 9.5% 左右。

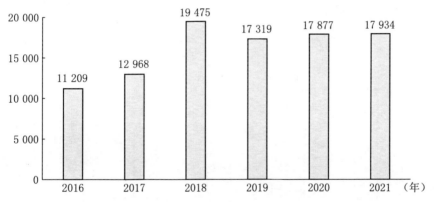

图 7.3　残疾人中等职业学校在校生人数(人)

资料来源:中国残疾人联合会。

从残疾人中等职业教育情况上看,自 2016 年以来,残疾人中等职业学校在校生人数始终超过 11 000 人,呈现逐步增长趋势,其中 2018 年在校生人数激增。根据 2021 年残疾人事业发展统计公报显示,2021 年,全国共有残疾人中等职业在校生 17 934 人,毕业生 4 396 人,毕业生中 1 005 人获得职业资格证书。

---

① 教育部等四部门《关于加快发展残疾人职业教育的若干意见》教职成〔2018〕5 号。
② 2021 年《残疾人事业发展统计公报》。

从残疾人高等教育情况上看,普通高等院校残疾人数量和高等特殊教育学院残疾人数量均呈上涨趋势。2021 年,全国有 14 559 名残疾人被普通高等院校录取,2 302 名残疾人进入高等特殊教育学院学习。①

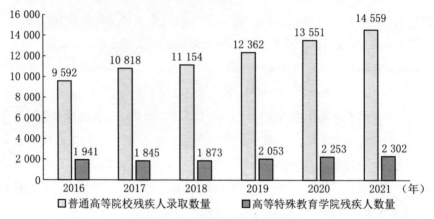

图 7.4　残疾人高等教育情况(人)

资料来源:中国残疾人联合会。

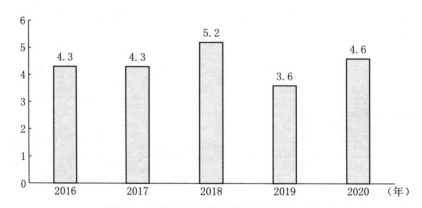

图 7.5　接受扫盲的残疾青壮年数量(万人)

资料来源:中国残疾人联合会。

2016 年以来,我国接受扫盲教育的残疾青壮年文盲人数波动变化。其中 2020 年,共有 4.6 万名残疾青壮年文盲接受了扫盲教育。②

---

① 2021 年《残疾人事业发展统计公报》。
② 《2021 年中国残疾人教育事业市场发展现状分析　各级教育发展良好、在校生人数上升》,证券之星,2021 年 6 月 15 日。

（二）我国残疾人教育办学现状

1. 残疾人教育办学模式

目前，我国残疾人教育办学模式主要有两种。第一种模式是普通学校随班就读。20世纪50年代时，我国开始接收当地残疾儿童随班就读的实践[1]，此后，《中国残疾人事业五年发展纲要》《残疾人教育条例》和《教育法》等有多个文件明确残疾人随班就读政策和办法。残疾人随班就读能够有效提高残疾人就读比例和受教育水平，促进与非残疾学生之间的交流融合。第二种模式是进入特殊教育学校学习。我国特殊教育学校数量逐年增加，特殊教育班级数呈上升趋势。这种模式能够为残疾人接受教育创造了较好的条件，在教育提供上更加专业化。

2. 残疾人义务教育办学现状

在办学数量上，残疾人义务教学取得快速发展。据教育统计数据显示，2020年共有特殊教育班31 220个，毕业生数121 411人，招生数149 046人，共880 800人，其中女性324 217人。据教育统计公报显示，2021年全国共有特殊教育学校2 288所，比上年增加44所，增长1.96%。[2]

在办学内容上，课程和手语盲文规范化工作成效显著。2016年，教育部发布了盲聋培智三类特教学校义务教育课程标准，开展了新课标的国家级培训，组织编审了新教材，对特教学校开展课堂教学提供了基本的遵循和依据。[3]"十三五"期间，教育部、国家语委、中国残联等部门共同实施《国家手语和盲文规范化行动计划（2015—2020年）》。修订《残疾人中等职业学校设置标准》，《国家通用手语常用词表》、《国家通用盲文方案》、《〈中华人民共和国国歌〉国家通用手语方案》作为国家语言文字规范发布，研究建立国家通用盲文测试大纲和题库，出版了《国家通用手语词典》。2019年《特殊教育专业认证标准》规定特殊教育专业学生必须掌握国家通用手语或国家通用盲文。残疾人义务教育教学内容取得了快速进步，实现了规范化、标准化和通用化。

3. 残疾人非义务教育办学现状

残疾人学前教育、高中教育、职业教育、高等教育的办学均取得了长足进步，形成了一贯式的教育体系。

---

[1] 华国栋：《残疾儿童随班就读现状及发展趋势》，《教育研究》2003年第2期，第65—69页。

[2] 2021年《全国教育事业发展统计公报》。

[3] 《教育部：特殊教育专项补助经费达4.1亿元》，人民网，2021年9月27日。

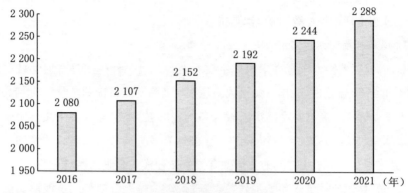

图7.6　特殊教育学校数(所)

资料来源:中国残疾人联合会,《残疾人事业发展统计公报》。

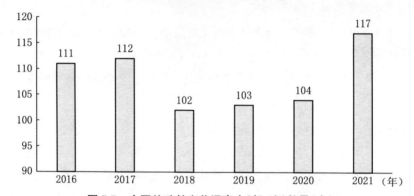

图7.7　中国特殊教育普通高中(部、班)数量(个)

资料来源:中国残疾人联合会《残疾人事业发展统计公报》。

我国特殊教育普通高中(部、班)数量多,近几年班级数量全部超过100个,2021年高达117个班级。

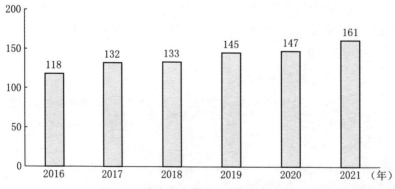

图7.8　残疾人中等职业学校数量(个)

国际社会保障动态

残疾人中等职业学校数量总体上呈现上升趋势。2021年,全国共有残疾人中等职业学校(班)161个,在校生17 934人,毕业生4 396人,毕业生中1 005人获得职业资格证书,全国有14 559名残疾人被普通高等院校录取,2 302名残疾人进入高等特殊教育学院学习。[①]

十三五以来,招收特殊教育专业的高校增加至80所,招生人数和毕业生人数稳步增长,特殊教育的专任教师由2015年的5.03万名增加到2020年的6.62万名,增长31.6%。[②]

(三) 我国残疾人教育资金支持现状

我国针对残疾人教育的资金逐年提高,为残疾人更好的接受教育提供了坚实的财力保障。

1. 残疾人教育资金正式支持现状

对于残疾人教育保障的经费给付,在《特殊教育提升计划(2014—2016年)》和《第二期特殊教育提升计划(2017—2020年)》等文件中多次提出国家将增强特殊教育保障能力,健全经费投入机制。义务教育阶段实行"两免一补",学前教育和高等教育阶段优先资助残疾学生,并逐步加大资助力度。残疾学生特殊学习用品和交通费等补助等方面也进行制度性的细化资助。国家在减轻残疾人受教育经济负担、推动教育公平方面切实加强了经费保障。

2021年9月26日国务院新闻办公室举行发布会中教育部基础教育司负责人朱东斌表示,在"十三五"期间,中央将义务教育阶段残疾学生的生均公用经费基准定额提高到6 000元,普通学校小学为650元、初中为850元,特教的专项补助经费提高到4.1亿元,家庭经济困难的残疾学生实现了义务教育和高中阶段的12年免费教育,特殊教育办学条件得到有效改善[③]。投入保障实现较大增长。

从中国教育经费统计年鉴记录的数据来看,十三五期间,特殊教育国家经费支出逐年增长,2015年到2017年,教育经费支出增长25%,由120亿元增长到150亿元;在财政补助支出方面,2015年到2017年,财政补助支出增长19.8%,由117亿

---

① 2021年《残疾人事业发展统计公报》。
② 《不断加大政策、资金、项目对特殊教育的倾斜——我国残疾儿童义务教育入学率超95%》,《中国教育报》2021年9月27日。
③ 《教育部:特殊教育专项补助经费达4.1亿元》,人民网,2021年9月27日。

元增长到 146 亿元;在公共预算教育事业费支出方面,2015 年到 2017 年,公共预算教育事业费支出增长 22.4%,由 97 亿元增长到 125 亿元。特殊教育生均教育经费支出由 2015 年的 58 922 元增长到 2017 年的 63 037 元。

在学前教育阶段,《中共中央国务院关于学前教育深化改革规范发展的若干意见》提出完善学前教育资助制度,确保残疾儿童得到资助。《高中阶段教育普及攻坚计划(2017—2020 年)》中重点保障残疾学生等特殊群体接受高中阶段教育的权利。实现家庭经济困难的残疾学生从义务教育到高中阶段 12 年免费教育,北京、辽宁、江苏、福建、西藏、新疆等省(区、市)实现家庭经济困难残疾学生 15 年免费教育。①

2.残疾人教育资金非正式支持现状

我国积极实施残疾人事业专项彩票公益金助学项目,资助家庭经济困难儿童享受普惠性学前教育。上海、天津、江苏等地逐步构建起学前教育资助制度体系。残疾儿童的学前教育是泛指所有的学龄前残疾儿童,由受过特殊教育专业训练的教师对其进行初步的集体生活能力和学习习惯的培养,并进行针对性的缺陷补偿训练,为今后顺利接受初等特殊教育奠定基础。残疾人事业专项彩票公益金助学项目 2016—2019 年累计投入约 1.09 亿元,资助 28 所残疾人中高等院校改善办学条件,带动了地方政府对特殊教育的重视,为残疾学生进一步提高技能水平、增加就业机会奠定了基础。②

(四) 我国残疾人教育师资现状

当前我国特殊教育教师分为在普通学校中任职以及特殊教育学校中任职两种情况。《残疾人教育条例》首次在法律条文中明确了特殊教育教师的资格取得、专业培训以及考核方式,《第二期特殊教育提升计划(2017—2020 年)》在实际操作层面将条文规定具体细化。各省(区、市)可结合地方实际制定特殊教育学校教职工编制标准,在发放工资、津贴以及核定绩效时向其适当倾斜,同时为送教上门的教师、承担"医教结合"的实验人员提供工作和交通补助。在专业培训方面,普通师范院校和综合性院校的师范专业应普遍开设特教课程,在教师资格考试中要含有一定比例的特殊教育相关内容。③

---

①②　徐俊星:《[巡礼"十三五"·残疾人事业这五年]"十三五"期间　我国残疾人教育取得跨越式发展》,中国残疾人网,2021 年 1 月 8 日。

③　闫奕:《我国残疾人受教育权保障研究》,青岛大学硕士学位论文,2020 年。

1. 残疾人教育师资数量

"十三五"期间,特殊教育教职工人数由 2016 年的 6 万人增加到 2020 年的 8 万人,增幅 33%。特殊教育专任教师数由 2016 年的 5 万人增加到 2021 年的 7 万人,增幅 40%。说明我国残疾人教师数量增长迅速,为残疾人接受教育提供了有力的师资保障。

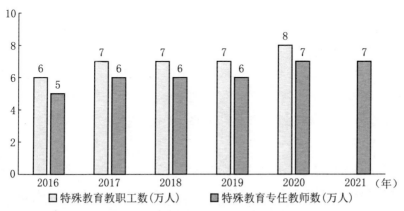

图 7.9　特殊教育教师人数(万人)

资料来源:国家统计局。

2. 残疾人教育师资结构

根据我国特殊教育学校专任教师数量和学历水平情况数据分析,我国特殊教育专任教师数量逐年增多,2018 年较 2015 年增长幅度为 16.5%。在特殊教育教师中大部分是本科学历,本科及研究生学历者数量逐年增加、占比逐年上升。到 2018

表 7.1　特殊教育专任教师情况:2015—2018 年

年份	特殊教育专任教师数量(人)	特殊教育专任教师学历水平			
		研究生(人)	本科(人)	专科(人)	高中及高中以下(人)
2015	50 334	957	30 224	17 414	1 719
2016	53 213	1 085	33 386	17 307	1 435
2017	55 979	1 246	36 624	16 952	1 157
2018	58 656	1 428	39 809	16 418	1 001

资料来源:教育部 2015—2018 年教育统计数据。

年,本科及以上学历者占总专任教师人数的70%以上。在特殊教育中,专科及以下学历者逐年降低。这说明我国越来越重视残疾人教育,注重残疾人教育水平提升,注重残疾人师资质量。

此外,招收特殊教育专业的高校增加至80所,招生人数和毕业生人数都有提升,特殊教育的专任教师由2015年的5.03万名增加到2020年的6.62万名,增长31.6%。①残疾人高等教育师资取得了很大的发展,适应了社会的发展要求。

(五) 残疾人受教育权的法律政策保障现状

《宪法》确立了受教育权是残疾人的一项宪法性权利。"十三五"以来,多项特殊教育政策被制定实施,特殊教育事业快速发展。目前,我国已经基本形成了包括宪法、法律、法规、政策性文件的残疾人教育法律保障体系。

1. 基本法方面

残疾人教育保障基本法主要涉及教育权和社会保障两个方面。在教育权方面,《教育法》《义务教育法》《高等教育法》《职业教育法》和教师法均对残疾人教育保障做出相关规定。《教育法》确定了国家要扶持和发展残疾人教育事业,社会和学校等其他主体也应该根据残疾人特点对其提供教育。《高等教育法》强调残疾人和普通人享有平等高等教育受教育机会。《职业教育法》规定国家进行支持,并对一些特殊残疾人给予费用减免或优惠。《教师法》规定残疾人教师相关工作情况。在社会保障方面,《残疾人保障法》《妇女权益保障法》和《未成年人保护法》对残疾人教育保障做出了规定。《残疾人保障法》明确了残疾人各个阶段教育的发展方向以及侧重点,并且具体规定了教育经费、课程安排、师资要求等。在《妇女权益保障法》和《未成年人保护法》中强调残疾人义务教育保障的重要性。

2. 行政法规层面

涉及残疾人教育保障的行政法规方面,主要包括《残疾人教育条例》和《无障碍环境建设条例》。《残疾人教育条例》中对残疾人各阶段的教育经费补助、环境要求、就业服务、师资保障等方面进行了全面的细化规定,并制定了奖惩机制。进一步地,该条例还指出了未来残疾人教育的发展方向。关于残疾人教育保障,2012年

---

① 《不断加大政策、资金、项目对特殊教育的倾斜——我国残疾儿童义务教育入学率超95%》,《中国教育报》2021年9月27日。

颁布施行的《无障碍环境建设条例》提出县级以上人民政府优先推进特殊教育学校无障碍环境设施改造的主张,加快了我国残疾人教育配套措施的建设,切实推动了残疾人教育发展。

3. 规范性文件层面

在规范性文件方面,《国家中长期教育改革和发展规划纲要(2010—2020 年)》《特殊教育学校建设标准》《特殊教育提升计划》等均有残疾人教育保障相关内容。具体来说,《国家中长期教育改革和发展规划纲要(2010—2020 年)》中主要具体规划了特殊教育的目标、途径和课程改革。《特殊教育学校建设标准》对特殊教育的学校建设、建筑规划等方面进行了具体规定。《特殊教育提升计划》有多期,每个阶段都推出特定的促进特殊教育发展具体项目。此外,《关于开展残疾儿童少年随班就读工作的试行办法》对残疾儿童随班就读做出了详细的规定。《关于做好残疾儿童少年义务教育招生入学工作的通知》对于残疾人教育要求"全覆盖、零拒绝",对特殊情况的残疾儿童采取安置到特殊教育学校、供送教上门或远程教育方式提供教育,一律需要进行学籍管理。《残疾人参加普通高等学校招生全国统一考试管理规定》为视力残疾学生参加普通高考提供特殊盲文试卷、为听力残疾学生免除外语听力考试等多项措施。这些做法进一步扩展到了大学英语四六级考试、研究生考试等考试中,切实保障残疾人公平考试和接受教育。

4. 法律救济层面

当公民的受教育权利受到学校、社会或他人的不法侵害时,受教育者有权要求侵权者停止侵害的行为,并有获得补偿和救济的权利。[1]行政救济和司法救济是我国残疾人主要的受教育权救济方式。第一,行政救济主要有三种形式,即行政复议、信访和教育申诉。当事人对高等学校等单位作出的行政行为不服的,根据《中华人民共和国行政诉讼法》当事人可以把该事业单位作为被告提起行政诉讼。行政机关没有依申请履行保护受教育权利的法定职责的,公民、法人或其他组织可根据《行政复议法》向行政机关提起行政复议。残疾人可以依据《信访条例》向县级以上人民政府反映受教育权受损情况,提出建议、意见或者投诉请求。根据教育申诉制度,残疾人对学校或其他教育机构及有关政府部门作出的处理不服,或其合法权益受到侵害时,有权向教育行政部门或其他政府部门申诉理由,请求

---

① 孙霄兵:《受教育权法理学——一种历史哲学的范式》,教育科学出版社 2003 年版,第 514 页。

重新作出处理。①第二,司法救济包括行政诉讼和民事诉讼。根据《残疾人保障法》,当残疾人教育权益受到侵害,有权依法向人民法院提起诉讼。行政诉讼的案由为行政机关和行政机关工作人员的行政行为侵犯到公民的合法权益。当残疾人受教育权并非受到行政机关和行政机关工作人员的侵犯,或是这些主体的侵犯行为并非基于行政行为时,残疾人可以通过民事诉讼保护自己的权利。②

专栏 7.1 重庆市綦江区人民检察院督促保护残疾未成年人受教育权行政公益诉讼案

基本案情

重庆市綦江区存在部分残疾未成年人失学辍学,如重庆市綦江区的未成年人罗某某原就读于綦江区某小学,2017 年因意外事故致使下肢瘫痪申请休学治疗,至 2019 年休学期满罗某某病情已稳定在家疗养,其家长未向学校申请延长休学,原就读学校也未积极组织劝返复学,亦未根据实际情况开展送教上门,致使罗某某长期未接受义务教育。

调查和督促履职

2021 年 4 月,重庆市綦江区人民检察院(以下简称綦江区院)在开展残疾人权益保护专项行动过程中发现本案线索,遂统筹公益诉讼检察部门、未成年人检察部门成立联合办案组立案调查。检察机关从綦江区残疾人联合会(以下简称区残联)调取基础数据,通过分工协作对全区 600 余名适龄残疾未成年人入学情况逐一核实摸底,再对筛选对比出的 10 余名疑似受教育权被侵害的重点对象开展入户调查,同时走访残联、民政、特殊学校等多家单位听取意见。通过全面调查,綦江区院查明辖区内存在多名适龄残疾未成年人未入学或未按期复学接受义务教育的情况,部分学校未按要求对不宜到学校随班就读的残疾学生提供送教上门。根据《中华人民共和国义务教育法》《中华人民共和国残疾人教育条例》等规定,教育行政部门应当组织和督促适龄儿童、少年入学,因残疾不适宜到校入读的,对其提供送教上门或远程教育等方式实施义务教育,并纳入学籍管理。

---

① 姜明安主编:《行政法与行政诉讼法》,北京大学出版社、高等教育出版社 2015 年版,第 280 页。
② 周光礼:《教育与法律——中国教育关系的变革》,社会科学文献出版社 2005 年版,第 280 页。

2021年5月21日,重庆市人民检察院和重庆市人民检察院第五分院(以下简称五分院)在听取綦江区院对该案的汇报请示时,对监督方向、调查措施、司法救助等重点问题介入指导。据此,綦江区院进一步与綦江区教育委员会(以下简称区教委)磋商沟通,明确教育行政主管部门具有保障残疾未成年人接受义务教育的法定职责,并在此基础上进一步研究解决辖区内相关特殊教育问题。

2021年7月5日,依据《中华人民共和国未成年人保护法》等相关规定,綦江区院向区教委发出残疾人受教育权保护行政公益诉讼诉前检察建议,针对调查发现的部分适龄残疾未成年人纳入学籍管理、送教上门不规范以及盲人儿童就近入学难等问题,建议区教委依法全面履职,保障相关残疾未成年人受教育的权利,完善特殊教育保障体系,以点带面推动辖区内残疾未成年人受教育权相关问题的全面整治。检察建议发出后,区教委高度重视,成立以区教委主任为组长的整改领导小组,详细制定整改方案,在全区范围内开展控辍保学工作专项督查整治行动,以未实际入学、休学到期未复学、区外就读返綦治疗等为分类,建立工作台账、摸清情况底数。整改过程中,綦江区院全程动态跟进监督,对教育部门收集掌握残疾人信息不全面等困难,主动协调公安机关、残联部门支持配合。

2021年8月30日,区教委书面回复检察建议,在秋季开学时已对清理出未入学的79名适龄残疾儿童全部完成安置,以"全覆盖、零拒绝"要求,多方协调解决4名返綦康复治疗的学生和2名盲人儿童就近入学难问题,率先在全市探索因地制宜、因人施策解决送教上门质效问题。

2021年11月18日,五分院、綦江区院和区残联一同对本案开展"回头看",并对家庭经济困难对象启动帮扶救助,对行动不便的开展"莎姐送法上门"等活动。2021年12月,在綦江区院、区教委和区残联共同推动下,綦江区未成年人保护工作领导小组出台关于加强残疾儿童少年送教上门、随班就读工作机制,进一步压实教委、民政、团委等相关部门及村社、学校等单位的责任,推动残疾未成年人接受义务教育问题长效治理。2022年1月,綦江区院联合区妇联对部分监护职责履行不到位的家庭,进行家庭教育指导;联合民政部门引入社工帮扶和慈善资金,形成多方社会力量协同关爱残疾人的工作局面。

资料来源:中国检察网——残疾人权益保障检察公益诉讼典型案例。

残疾人受教育权的法律救济在现实生活中为残疾人接受教育提供了坚实的保障。积极维护残疾人合法权益,进一步营造了平等保护残疾人权益的良好社会环境。

二、残疾人教育保障完善和典型案例

虽然随着国家对残疾人教育要求的逐步提高,残疾人教育快速发展,义务教育普及水平提高,特教教师队伍不断壮大。但我国残疾人教育发展仍亟须在立法保障方面、师资力量方面、特殊教育普及程度方面加以完善和提高。

(一) 残疾人教育立法保障亟待完善

1. 法律体系亟待健全

国家越来越重视残疾儿童群体的特殊教育,根本大法《宪法》,教育工作的基本法《教育法》,法律法规《残疾人保障法》《义务教育法》《未成年人保护法》等中均有专门的条款规定残疾儿童受教育权。然而,我国还没有专门保障残疾人受教育权的《特殊教育法》。针对残疾儿童特殊教育具体问题制定的行政法规《残疾人教育条例》(1994 年出台,2017 年修订),与普通教育立法《义务教育法》相比,立法层次低,所发挥的法律效力有限,导致残疾儿童的受教育权难以像普通儿童那样得到充分保障。而美国、英国等国为保障残疾儿童的受教育权,都颁布了单独的特殊教育法。如美国 1975 年颁布的《全体残障儿童教育法案》、英国 2002 年生效的《特殊教育需要和残疾人法》。①

2. 规定内容亟待细化

在残疾人教育对象界定方面,《义务教育法》规定的是盲、聋哑和弱智三类,《残疾人保障法》规定的则是视力残疾、听力残疾、言语残疾、智力残疾、精神残疾、多重残疾和其他残疾,法律条文在残疾人教育对象界定上不够清晰。

《残疾人教育条例》中提到"适龄残疾儿童、少年能够适应普通学校学习生活、接受普通教育的,依照《中华人民共和国义务教育法》的规定就近到普通学校入学接受义务教育"。"适龄残疾儿童、少年不能接受普通教育的,由县级人民政府教育行政部门统筹安排进入特殊教育学校接受义务教育。"如何界定残疾儿童能否接受

---

① 李莎:《残疾儿童特殊教育法律问题研究》,西南大学硕士学位论文,2012 年。

普通教育呢?《残疾人教育条例》对残疾儿童是否能接受普通教育的判定模糊,使得普通学校在很大程度上能够自行决定是否接收残疾儿童,并且各级政府很难对学校行为加以监管。从而出现能够适应普通学校学习生活、接受普通教育的适龄残疾儿童、少年被普通学校"拒之门外"。《残疾人教育条例》还提到"县级人民政府应当根据本行政区域内残疾儿童、少年的数量、类别和分布情况,统筹规划,优先在部分普通学校中建立特殊教育资源教室,配备必要的设备和专门从事残疾人教育的教师及专业人员,指定其招收残疾儿童、少年接受义务教育;并支持其他普通学校根据需要建立特殊教育资源教室,或者安排具备相应资源、条件的学校为招收残疾学生的其他普通学校提供必要的支持"。各省市公布的实施《残疾人教育条例》办法中,对普通学校的特殊教育资源配备依然没有详细的要求。有学校因"认为自己的软件和硬件不达标,对孩子照顾不到,以及孩子可能有潜在的危险性"提出让残疾儿童家长作为"影子老师"陪读,详见专栏7.2。在招收残疾学生的普通学校的教师要求方面,《残疾人教育条例》中也仅仅要求"安排专门从事残疾人教育的教师或者经验丰富的教师承担随班就读或者特殊教育班级的教育教学工作",实际上,"经验丰富"难以界定。模糊的条例内容使得普通学校的特殊教育资源配置不足,随班就读的残疾儿童的教育质量难以得到保障。

专栏 7.2 孤独症孩子入学困境调查

"医学上,我被诊断为'孤独症谱系障碍',但我并不满意这个命名,因为我并不感觉'孤独'。"

"低频的声音我会感到很刺耳,这令我恐惧,而你们几乎听不到那些声音;有些你们认为不是笑点的事情,我却沉浸其中笑个没完……"

"我喜欢研究电脑,尝试把我家的电脑重做系统,在经历 n 次失败后,终于成功装入了 Windows xp 系统,让我特别有成就感。"

2021 年 12 月 4 日,11 岁的西西"写"下这封《给 20 班的信》,工整稚嫩的字体填满作文纸格,一言一语,诉说着他的些许不同。这原本是一份家庭作业,妈妈梁盈突发奇想,借此完成了一次关于孤独症的科普。

信是梁盈以儿子的口吻写好,再由西西一笔一画抄写,他还没有足够的语言表达能力。写信前,梁盈试着解释了写信的缘由,她觉得西西应该可以理解。

结局令人惊喜。老师在班里念了信,还让全班同学给西西写了回信,有家长听说后感动落泪,有孩子妈妈在班群里感谢西西。

梁盈总说儿子是幸运的:进入了普校,被老师和同学接纳,还找到了满意的"影子老师"。与她交流后,记者发现,这份"幸运"背后有着被两所普校拒绝的经历和一些陌生人的偏见。

近年来,随着融合教育的推进,越来越多像西西这样的孤独症孩子进入普通学校就读。但在尚存偏见、特殊教育资源和专业知识不足的情况下,融合教育理念的落地面临着挑战。

对于孤独症孩子家长而言,要不要对外诉说孩子真实的情况,尤其是进入普校后如何向校方、同学及其他家长告知,或多或少成为他们的一道坎。"怕遭受歧视,怕不被接纳,怕拒收",每位受访家长都有过这样的害怕和担忧。于是,他们小心翼翼,有人从长计议,有人编织善意的谎言,有人等到不得不说的时候。

6岁的圆圆进入普校的第一天便被发现不对劲。老师带着孩子们去卫生间,他被马桶冲水的声音吸引,不愿出去。圆圆妈妈如实告知情况后,老师问孩子是不是应该去特殊学校。圆圆妈妈坚持要留在普校,双方商量后决定让孩子缓读一年。

小君爸爸选择在班群里公开孩子的身份源于一次肢体冲突。那时,小君在天津的一所普校读二年级。一次,他去拿同学的文具,遭到了拒绝,小君坚持,两人争执,继而发生了推搡,同学的家长很快知道了此事。考虑到继续隐瞒可能会给孩子带来更多风险,而公开也可能会面临能否继续就学的问题,权衡再三,小君爸爸决定说明孩子的情况。后来,他发现儿子愈发不爱去学校,便申请了休学。

迈过了被普校接收的第一道门槛,"西西们"接下来要面临的是,如何在学校持续就读,并至少完成九年义务教育。

在政府文件里,西西这样的孩子在普校就读被称为随班就读。2017年,教育部等七部门印发《第二期特殊教育提升计划(2017—2020年)》,明确优先采用普通学校随班就读的方式,就近安排适龄残疾儿童少年接受义务教育。来自教育部的数据显示,2018—2020年在普通中小学随班就读的特殊学生数量就分别占当年特殊学生在校生总数的49.41%、49.15%、49.47%。

> 　　而当"西西们"就读于普校后,是否需要陪读也成了家长与学校之间的一场博弈。缓读一年后,圆圆重新入学,校方提出由一名家长陪读。原本以为只是陪着孩子适应一下,圆圆妈妈没有想到,一陪就是3年半。其间,她与校方就撤出陪读的问题至少进行了6次谈判,屡次失败。
>
> 　　华东师范大学融合教育研究院的邓猛教授将家长陪读看作是一种"不正常"的现象。他认为,这种方式一定程度上违背了教育公益性的特点,是学校将孩子的责任推给了家长。任何一个家长进入学校,即使什么也不干,只是坐在教室里,也会改变课堂教学生态,对老师和孩子们都不公平,是对学校教学生态的一种冲击。而家长陪读意味着要放弃工作,又给孤独症孩子家庭增加了经济负担。
>
> 　　资料来源:杨乔:《孤独症孩子入学困境调查》,人民网,2022年4月2日。

3. 义务教育普及进程亟待加速

在要求残疾儿童参加义务教育方面,2009年首次提到对重度肢体残疾、重度智力残疾等残疾儿童实施义务教育。2021年国家仍在要求提高残疾儿童的入学率,而2011年我国就已宣布全面普及城乡免费义务教育。2021年12月教育部、国家发展改革委等出台的《"十四五"特殊教育发展提升行动计划》指出要持续提高残疾儿童义务教育普及水平,到2025年,适龄残疾儿童义务教育入学率达到97%。当普通教育在追求完成九年义务教育的巩固率时,我们对特殊教育的要求仍然停留在提高入学率。[①]

(二) 特殊教育普及率亟须提高

1. 须增加特殊教育学校数量

我国残疾人数量庞大。据中国残疾人联合会公布的2020年度数据,截至2020年12月31日,我国已办理残疾人证的残疾人有37 806 899人。已办理残疾人证的残疾人中,受教育程度为文盲、小学、初中、高中及中专的人数分别为7 075 436、14 989 785、11 256 656、3 141 812,分别占比18.71%、39.65%、29.77%、8.31%。近60%的办理残疾人证的残疾人受教育程度仅为小学或文盲,反映出我国残疾人总体受教育程度不高。[②]

[①]　于素红、陈路桦:《我国义务教育阶段特殊教育政策演进评析》,《中国特殊教育》2020年第6期,第3—9页。

[②]　资料来源:2020《中国残疾人事业统计年鉴》。

考虑已有的特殊教育学校的情况,根据教育部公布的 2020 年特殊教育学校基本情况,全国总计有 2 244 所特殊教育学校、30 521 个班级、320 775 名在校学生。其中,盲人学校有 26 所,包含 389 个班级和 3 530 名在校生,聋人学校有 389 所,包含 5 728 个班级和 64 437 名在校生,培智学校有 568 所,包含 6 293 个班级以及 63 432 名在校生。①然而,根据教育部发展规划司组织编制的《特殊教育学校建设标准》(以下简称《标准》),盲、聋校每班班额为 12 人,培智学校每班配额为 8 人。培智学校的平均班级人数超过了 10 人,未达到《标准》的要求。

特殊教育普通高中在校人数也远远不足。我国 2021 年普通高中在校人数为 2 605.03 万人,因而特殊教育普通高中在校人数仅为普通高中在校人数的 0.045% 左右。根据戴玉昭的文章,中国各类残疾人总数已达 8 500 万,约占中国总人口的比例的 6.21%。②因而特殊教育普通高中在校生占比远远低于全人口中的残疾人比例。尽管一部分原因是,许多残疾人选择在普通高中就读,但由于上述两个比例相差 135 倍,显然并不是普通高中就读所能解释的。

另外,仍存在大量学龄残疾儿童没有入学。据中国残疾人联合会公布的 2006 年第二次全国残疾人抽样调查数据,6—14 岁学龄残疾儿童数量为 246 万,而教育部关于各级各类学历教育学生情况数据显示,2020 年在读学前教育、小学、初中以及高中的残疾人人数为 880 800 人,与第二次全国残疾人抽样调查数据对比,可以看出还有相当大数量的学龄残疾儿童没有入学学习。此处我们将 2006 年的学龄残疾儿童数量与 2020 年在读残疾人数量进行对比,或许不完全具有可比较性。需要进一步说明的是,2012 年,中华慈善总会秘书长刘国林指出,我国约有残疾儿童(0—14 岁)817 万。2018 年,中国残联理事长鲁勇指出,我国约有 0—6 岁残疾儿童 168 万。这些数据可以进一步说明我国 6—14 岁学龄残疾儿童数量基数较大,有大量学龄残疾儿童没有入学。

2015 年《教育蓝皮书》指出,我国仍有 589 个人口在 30 万以下的县没有特教学校,这些地区中无法随班就读、需要到特殊教育学校就读的残疾人因没有途径入学就读,只能选择送教上门的方式接受义务教育。但仅靠每月一到两次的送教上门,很难有教育质量和全面发展而言。③

---

① 资料来源:中华人民共和国教育部 2020 教育统计数据。
② 戴玉昭:《残疾人社会工作所面临的困境及策略探析》,《祖国》2017 年第 4 期。
③ 丁勇:《加快农村特殊教育发展,促进乡村振兴和残疾人共同富裕》,《现代特殊教育》2022 年第 1 期,第 4—6 页。

2. 须兼顾地区间平衡性

残疾人受教育程度不足的情况存在着明显的地区间差异,如西部一些地区的残疾人中有 57.82％为文盲,受教育程度为初中及以上的残疾人仅占总数的 8.03％。而上海地区的残疾人中仅 7.74％为文盲,19.70％获小学学历,获得初中及以上学历的残疾人占到了 72.56％。东西部形成了非常鲜明的对比。详细的各省份残疾人的受教育程度情况由表 7.2 展示:

表 7.2　各省份残疾人受教育程度

区　域	文盲占比(％)	小学占比(％)	初中占比(％)	高中及中专占比(％)
北　京	10.42	17.15	38.87	22.30
天　津	8.63	23.19	39.86	20.98
河　北	12.39	40.85	34.54	8.37
山　西	12.66	34.27	40.18	9.39
内蒙古	16.56	36.23	33.75	10.15
辽　宁	10.18	31.69	44.27	10.47
吉　林	11.37	32.28	39.72	14.09
黑龙江	8.07	34.28	42.16	12.25
上　海	7.74	19.70	41.82	22.87
江　苏	31.72	31.14	27.27	7.77
浙　江	19.79	44.81	25.89	6.03
安　徽	29.91	38.89	23.88	4.71
福　建	17.46	47.33	24.05	6.66
江　西	12.96	43.33	31.72	7.49
山　东	19.90	37.13	30.81	8.49
河　南	26.81	34.32	28.78	7.00
湖　北	20.74	33.07	32.24	10.88
湖　南	13.00	43.45	30.73	10.01
广　东	14.44	42.11	29.28	8.39
广　西	11.85	50.52	27.45	5.64
海　南	18.36	31.86	36.53	9.72
重　庆	10.20	51.21	28.29	6.43
四　川	15.92	52.47	24.32	5.11

227

区　域	文盲占比(%)	小学占比(%)	初中占比(%)	高中及中专占比(%)
贵　州	28.91	43.92	21.22	3.76
云　南	25.97	48.22	18.66	4.42
西　藏	57.82	34.15	4.57	1.21
陕　西	19.63	37.25	32.09	8.66
甘　肃	30.81	38.47	21.00	7.35
青　海	25.30	49.64	15.33	6.23
宁　夏	25.13	36.81	25.55	8.17
新　疆	11.66	41.70	28.12	10.38
新疆兵团	7.06	27.50	40.19	17.56

资料来源:2020《中国残疾人事业统计年鉴》。

将我国地区分为四部分:东北地区、东部地区、中部地区以及西部地区。东北地区包含辽宁省、吉林省和黑龙江省;东部地区包括北京市、天津市、河北省、上海市、江苏省、浙江省、福建省、山东省、广东省和海南省;中部地区包括山西省、安徽省、江西省、河南省、湖北省以及湖南省;西部地区包括内蒙古自治区、广西壮族自治区、重庆市、四川省、贵州省、云南省、西藏自治区、陕西省、甘肃省、青海省、宁夏回族自治区以及新疆维吾尔自治区。

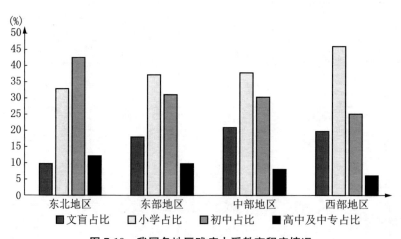

图 7.10　我国各地区残疾人受教育程度情况

资料来源:2020《中国残疾人事业统计年鉴》。

由图 7.10 可以看出,西部地区和中部地区残疾人中文盲占比都较高,西部地区残疾人中小学学历的比例最高,初中学历、高中及中专学历的比例均最低,反映出西部地区残疾人受教育程度总体较低。

在特殊教育方面,东北地区、东部地区、中部地区以及西部地区的特殊教育学校分别有 209、809、589 和 637 所,特殊教育在校生分别有 44 110、262 560、246 947 和 327 183 人。可以计算,平均每所学校的特殊教育在校生数量分别为 211、325、419、514 人。因此,考虑到各地区特殊教育在校生数量,相比起其他地区,西部地区的特殊教育学校数量较少。

3. 须兼顾城乡协调发展

全国政协委员、民进贵州省委会主委左定超在调研中发现,特殊教育仍是教育领域的薄弱环节,在西部地区特别是西部农村地区特殊教育保障能力、教学质量、综合服务水平仍然偏低。

据中国残疾人联合会公布的 2020 年度数据,已办理残疾人证的农业户口残疾人是非农业户口残疾人的 3.83 倍。教育部公布的 2020 教育统计数据显示,城镇特殊教育学校数量为 2 067 所,包含 28 476 个班级和 300 778 名在读学生;乡村特殊教育学校数量为 177 所,包含 2 045 个班级和 19 997 名在读学生。城镇特殊教育学校的在读学生人数、学校数量以及班级数量分别是乡村的 15.04 倍、11.68 倍和 13.92 倍。与已办理残疾人证的农业户口残疾人和非农业户口残疾人的比值相比,无论是农村特殊教育学校的学校数量、班级数量还是就读人数均远小于城镇,反映出乡村和城镇在特殊教育上的差距较大。

专栏 7.3　沉默的难题:乡村特殊教育之困

小笛是广西农村一名 13 岁的重度智力障碍和自闭症儿童,他无法用语言表达自己的需求,只能发出"啊啊"的声音。由于他依靠直觉行事,好动、不听指令,为了让他享受义务教育,小笛母亲操碎了心。据红星新闻此前报道,由于村县两级未设立特教学校,为了上学,小笛不得不每周往返 200 公里。

在农村,像小笛这样的心智障碍者并不少。心智障碍者主要包括智力发育迟缓、自闭症谱系障碍、唐氏综合征,以及脑瘫癫痫等伴有智力发育障碍的人群,属于较为多元的障碍人群。有数据显示,心智障碍者约占中国总人口的 1.5%,

---

近2 000万人,其中七成以上生活在农村。

家庭之困:经济压力和观念局限

总体而言,乡村地区的特殊儿童更难获取教育资源。由于不同省市、城乡之间的资源配置差异较大,特殊儿童接受义务教育的情况也不同。

"整个西部地区,在特殊教育体系中,尽管有的地方政府做了兜底,但在实际实施中,具体服务和管理上仍面临许多问题。"兰州大学西北少数民族研究中心焦若水教授表示,他在某西部城市的特校调研时注意到,由于特校和残疾人家庭之间路途遥远、交通成本高,所以一到周五,不少家长"失联",不愿来接孩子。

小笛妈妈则告诉记者,对很多农村家庭来说,不是不愿孩子去上学,而是无力支持孩子上学。动辄上百公里的交通费,城里租房产生的花销,家中的农活和需要照料的老人,种种开销和压力让家庭难以负担,孩子则被迫辍学。

中国教育科学研究院副研究员彭霞光的研究也印证这一现象,她指出,尽管多数特殊儿童能享受国家实施的"两免一补"政策,但其补助相较上学所需开支而言杯水车薪。河北师范大学教育学院副教授江雪梅也在研究中发现,未入学的特殊儿童在地域上主要分布在曾经的集中连片深度贫困地区,在群体中分布于重度、极重度残疾的群体中。

而残障带来的高抚养成本和压力也进一步削弱了特殊儿童家庭的教育能力。《世界残疾报告》曾指出,残障与贫困是一个容易互为因果、不断恶性循环的社会问题。特别是在农村,致残后又进一步面临康复、教育和就业机会的缺乏,加剧贫困。

除却经济条件的制约,农村地区不少父母观念落后,对政策、残障理念不了解,对心智障碍儿童的未来发展缺乏规划。小笛妈妈表示,在同其他家长交流时,她发现不少农村心智障碍家庭的父母觉得孩子的吃住不愁就足够了,很少会去规划孩子的未来发展。

特校之困:资源、招生、师资成问题

据红星新闻此前报道,在小笛妈妈的不懈努力下,小笛得以进入学校读书。

但打开校门并不意味着困境解除,小笛住校后,曾因自身调皮行为、能力不足和没有学籍,一度被学校劝退。此外,还有不少心智障碍孩子进入特殊学校后可能会遭遇校园霸凌、师资缺乏、教学设施不健全等困境。

广西来宾市某特殊教育学校黄副校长告诉记者,囿于各方面资源限制,2021年有50多名新生报名,但学校最终招收了30位学生,"我们只有一栋教学楼,但现在只能招12个班级,功能室基本上腾出来做教室,但还是无法满足适龄入学儿童。"

奇色花福利幼儿园融合教育资源中心主任魏慧敏此前接受媒体采访时表示,资源匮乏、师资不足、专业稀缺是农村的共性,发展状况还不及城市的基准线。

有限的接收能力使学校不得不对随班入学的孩子进行筛选,一些距离较远、缺乏自理能力的孩子被迫离开校园。黄副校长表示,由于学校没有配备校医,一些有既往病史的孩子也难以入校接受教育。

河北师范大学教育学院副教授江雪梅在研究中指出,虽然国家对于特殊教育的经费投入逐年增加,但其增长率相较普通教育而言还是偏低。经费不足不仅导致特教机构的数量不能满足残疾儿童的受教育需求,也导致一些特殊学校面临条件简陋、必备教学设备与辅助性器材缺失的窘境。

除了硬件设施的不完善,师资匮乏也是乡村特校发展的一大难题。

有数据显示,至2018年6月,我国已有61所普通本科高校开设特殊教育专业,在校生1万余人,特教教师的职前培养和职后培训均达到一定规模。但即便如此,相比于2018年义务教育阶段在特殊教育学校就读的66.6万名残疾学生和在普通学校就读的33.2万名残疾学生,特教教师仍不能满足现实需求。

特殊教育师资匮乏外,特教薪酬待遇也受地区经济发展水平限制。

来宾市某特校黄副校长表示,学校的确想招聘特殊教育专业的老师,但由于待遇、地理因素和发展机遇等因素,毕业生会更多考虑去往省会城市,"年轻人肯定是往好的地方发展,这也不能怪他们。"

资料来源:陈怡帆、潘俊文:《沉默的难题:乡村特殊教育之困》,红星新闻,2022年1月27日。

(三) 职业教育发展需要高质量

1. 规模偏小且须多元化

中国教育发展战略学会副会长、国家教育发展研究中心研究员周满生指出,尽管近年来我国残疾人职业教育取得了很大发展,但残疾人职业教育的整体水平和多元化程度仍有待提高。

职业教育发展规模小,残疾人接受职业教育的机会少。2021年全国共有残疾人中等职业学校161个,在校学生17 934人。[①]全国政协委员邰丽华提到,我国仅15—17岁的残疾人口约150万,考虑到中等职业教育是残疾人接受职业教育的最主要方式,现有的职业教育规模无法满足残疾人就业需要。处于偏远农村地区的残疾人很可能因地理原因无法进入残疾人中等职业学校学习技能,从而进一步影响到他们的就业。

职业教育模式单一。我国绝大部分残疾人职业学校和职业培训机构的专业和课程设置主要依据是残疾人的残疾类型。一般安排视力残疾的学生学习按摩、钢琴调音等课程,听力和言语缺陷的学生学习美术、缝纫等课程。[②]诸如精神残疾、智力残疾及多重残疾这类残疾人很难找到适应其的课程。然而,即便残疾人通过课程学习掌握了技能,在与工作岗位衔接时仍存在不少问题。邰丽华指出,当前,大部分职业学校缺少社会资源,企业较少参与、支持和兴办残疾人教育,残疾学生因此缺少实习见习机会。学生就业工作的支持体系也很薄弱。

2. 地区发展尚不平衡

2020年,我国共有147个残疾人中等职业学校。上海、江苏、浙江以及辽宁的残疾人中职学校数量多于或等于10个。而天津、西藏和宁夏三地仍没有残疾人中职学校,青海、贵州等六个省份只有一个残疾人中职学校。由此看出残疾人职业教育发展存在着明显的地区差异。下表给出了四大地区的残疾人中等职业学校数量。

表7.3 四大地区残疾人中等职业学校数量

地　　区	东北地区	东部地区	中部地区	西部地区
残疾人中等职业学校数量(个)	22	78	23	24

资料来源:2020《中国残疾人事业统计年鉴》。

李雯钰和罗筑华提到,我国残疾人职业教育虽然已经基本实现全面覆盖,但地区差异依然存在。在教学质量方面,我国东部发达地区及省会城市已经拥有高质量的残疾人职业教育,如北京市拥有北京联合大学特殊教育学院、北京第四聋人学

---

① 资料来源:2021《中国残疾人事业统计年鉴》。
② 隋亮、刘山陵:《残疾人职业教育发展路径研究》,《中国集体经济》2021年第16期,第153—154页。

校等在内的公办残疾人职业教育学校,也拥有以北京智光特殊培训学校为代表的私立培训机构,而落后的农村地区及西部地区残疾人职业教育发展缓慢。在职业教育学校数量方面,西部地区如新疆与西藏两个自治区的特殊职业学校的总和小于北京市的特殊职业学校个数。①

(四) 经费管理要更加规范化

1. 须进一步加大经费投入

残疾人教育经费是为残疾人提供所需教学条件的财力保障。我国对特殊教育的投入逐年增加,由 2010 年的 48.29 亿元增加到了 2020 年的 196.93 亿元。从绝对水平上看,从 2010 年至 2020 年,我国对特殊教育的投入增加了四倍多。从相对水平来看,对特殊教育的投入占总经费的比重由 2010 年的 0.29% 增加到 2020 年的 0.37%,虽然也有所增加,但总体上表现出我国对特殊教育的投入占对教育总投入的比重低。韩国在 2007 年时,特殊教育财政预算占教育预算的比重达到了 3% 以上。②我国台湾地区 2018 年度教育经费为新台币 2 383 亿元,其中特殊教育经费为 110 亿元,占到总预算的 4.65%。③

需要注意的是,我国对特殊教育的投入主要用于特殊教育学校。2020 年对特殊教育的投入为 196.93 亿元,其中对特殊教育学校的投入为 187.89 亿元,对特殊教育学校投入占对特殊教育投入的 95.41%,仅有少部分用于随班就读等形式的残疾人教育。2014 年以后,随班就读越来越得到重视。④2020 年我国特殊教育在校生为 880 800 人,其中随班就读的小学、初中学生有 435 756 人,占特殊教育在校生的 49.5%。近一半的残疾学生获得不到 5% 的国家对特殊教育的财政性经费投入。全国政协常委朱永新也指出,特教经费 80% 以上用在特教学校,随班就读的学生基本没有享受到特殊教育的经费,普通学校的融合教育专业水平低、教学设施差的情况

---

① 李雯钰、罗筑华:《我国残疾人职业教育政策的历史透视、逻辑探寻与改进空间》,《残疾人研究》2022 年第 2 期,第 63—71 页。

② 吴春玉:《韩国特殊教育法的演变及特殊教育发展历程》,《中国特殊教育》2014 年第 12 期,第 9—13 页。

③ 欧阳春子:《台湾地区特殊教育经费保障机制研究》,广州大学硕士学位论文,2019 年。《2021 中国教育统计年鉴》。

④ 于素红、陈路桦:《我国义务教育阶段特殊教育政策演进评析》,《中国特殊教育》2020 年第 6 期,第 3—9 页。

非常突出。此外,2020 年,我国教育经费支出为 52 231.55 亿元,其中特殊教育的教育经费支出为 196.66 亿元,仅占总教育经费支出的 0.38%。[1]

在教育经费支出方面存在着较为明显的地区差异。各地区的在校残疾学生数量不同,因此采用生均教育经费支出来进行地区间的比较。2020 年生均教育经费支出为 61 767.40 元。北京、上海、广东等地方生均教育经费支出超过 10 万元,深圳生均教育经费达到 28 万余元。而河南、贵州等地生均教育经费仅 3 万余元。[2]

2. 经费来源单一

特殊教育经费收入来源有国家财政性教育经费、民办学校中举办者投入、捐赠收入、事业收入、其他教育经费五部分。2020 年各部分教育经费收入数额和占比由下表给出:

表 7.4　2020 年特殊教育学校经费收入来源表

经费来源	经费收入(亿元)	占总经费比重(%)
国家财政性教育经费	194.28	98.65
民办学校中举办者投入	0.08	0.04
捐赠收入	0.25	0.13
事业收入	0.90	0.46
其他教育经费	1.41	0.72
总　　结	196.93	100.00

资料来源:《2021 中国教育统计年鉴》。

由表 7.4 看出,国家财政性教育经费是特殊教育经费的主要来源,社会办学以及捐赠收入占比非常小。[3]表现出特殊教育经费来源过于单一。与美国对比,美国部分地区的特殊教育经费约 8%—10% 来自联邦补贴,约 65% 来自州和地方,约 27% 来自私人捐赠。未来需要发动各方力量,进一步拓宽特殊教育经费的来源。

(五) 残疾人教育师资力量薄弱

1. 师生比偏低

2020 年,我国特殊教育学校就读的教师与学生的比例为 1∶4.85。湖北省人大代表、武汉市盲童学校体艺处主任张龙指出,特殊教育学校的学生因其特殊性,在

---

[1][2]　数据来源:《2021 中国教育统计年鉴》。
[3]　闫奕:《我国残疾人受教育权保障研究》,青岛大学硕士学位论文,2020 年。

教育形式、方法、投入的人力等方面，都与普通学校有较大的差异。因此，师生比的制定上也应该有所区别。他还介绍道，北京市目前的特殊教育学校师生比的要求是：盲校为1∶2，聋校为1∶3，培智学校为1∶2.5；浙江省特殊教育学校师生比的要求是：义务教育阶段为1∶3，非义务教育阶段为1∶2.5。可以看出，现阶段我国特殊教育学校的师生比还处于比较低的水平。

2. 残疾人教育师资质量有待提高

公平而有质量的特殊教育，离不开高素质的特殊教育教师队伍。近几年来，特殊教育教师学历显著提升、受过特教专业培训的专任教师比重也有所增加。

由下表可以看出，获得研究生学历的特殊教育专任教师由2016年的1 085人增加到2020年的1 872人，增长了72.53％。获得本科学历的特殊教育专任教师由2016年的33 386人增加到2020年的47 790人，增长了43.14％。本科及以上学历的特殊教育专任教师占比从2016年的64.78％增加到2020年的74.90％，虽然本科以上学历的特殊教育专任教师数量有所增加，但总体来看，特殊教育专任教师学历水平不高。[1]受过特教专业培训的专任教师由2016年的68.98％增加到2020年的78.65％，总体水平仍然较低。残疾学生与普通学生有着显著的智力、肢体、感官等方面的差异，以学科知识传授为主的教学难以满足残疾学生的特殊需要，如若专任教师未接受特殊教育的专业培训，残疾学生很难接受到专业的系统教学，严重影响教育效果。因此，特殊教育专任教师接受特教专业培训的比例较低是提升特殊教育效果的一大绊脚石。

表7.5 特殊教育专任教师基本情况　　　　　（单位：人）

年份	特殊教育专任教师数量	特殊教育专任教师学历水平			受过特教专业培训
		研究生	本科	专科及以下	
2016	53 213	1 085	33 386	18 742	36 704
2017	55 979	1 246	36 624	18 109	41 051
2018	58 656	1 428	39 809	17 419	44 375
2019	62 358	1 632	43 618	17 108	47 967
2020	66 169	1 872	47 790	16 507	52 043

资料来源：中华人民共和国教育部2020教育统计数据。

---

[1] 刘春玲：《新时代特殊教育师资培养的反思与建议》，《教育学报》2021年第2期，第74—82页。

分地区来看,2020 年,上海市特殊教育专任教师中有 12.72% 拥有硕士学历,79.51% 有本科学历,仅 7.77% 学历为专科及以下。北京、天津、上海、江苏、浙江等地本科及以上学历的专任教师占比达到 80% 以上,其中,北京、上海两地本科及以上学历的专任教师占比甚至超过了 90%。反观黑龙江、贵州等省份,拥有硕士学历的特殊教育专任教师比例不足 1%,专科及以下学历的教师所占比例达到甚至超过了三分之一。海南、西藏、宁夏、青海四地的研究生学历专任教师数量仅为个数,分别为 3、3、7 和 8。刘春玲(2021)指出,当前,仅北京师范大学、华东师范大学、华中师范大学、陕西师范大学和华南师范大学招收特殊教育专业博士研究生,五所高校每年招收博士生的总人数不足 10 人,在全国教育学科博士生招生人数中所占比例不到 0.5%。由于特殊教育学科博士毕业生人数过少,设有特殊教育专业的高校大多面临着师资不足的窘境,大多选择招聘相近专业的博士毕业生或特殊教育专业的硕士毕业生来解决师资不足的问题。如此一来,特殊教育专任教师队伍的质量很难满足特殊教育发展的需要。①

表 7.6　各地区特殊教育专任教师学历情况

地　　区	特殊教育专任教师合计(人)	本科及以上学历(人)	本科及以上学历占比(%)	专科及以下学历(人)	专科及以下学历占比(%)
东北地区	6 061	4 357	71.89	1 704	28.11
东部地区	27 817	22 717	81.67	5 100	18.33
中部地区	14 805	9 590	64.78	5 215	35.22
西部地区	17 486	12 998	74.33	4 488	25.67

总的来看,中部地区和东北地区特殊教育专任教师中专科及以下学历占比较高,分别为 35.22% 和 28.11%,本科及以上学历的占比较低,分别为 64.78% 和 71.89%。表现出中部地区和东北地区在教师质量上有所不足。

除以上对特殊教育专任教师质量有待提高的讨论外,还需要注意到目前随班就读的小学、初中学生占特殊教育在校生的 49.5%。然而,随班就读的教育质量不容乐观。调查显示,仅有 13.9% 的师范院校开设或曾经开设特殊教育课程,普通师范院校和综合性院校的师范专业特殊教育课程的开设基本缺位,相关内容在高等

---

① 刘春玲:《新时代特殊教育师资培养的反思与建议》,《教育学报》2021 年第 2 期,第 74—82 页。

师范院校的课堂上基本处于"失语"状态。[①]因此,普通学校教师缺乏特殊教育的专业培训,缺乏教育特殊学生的能力,难以有效地对随班就读地残疾学生提供学习指引。与新加坡相比,我国残疾人教育还有很大的进步空间。新加坡教育的整体发展水平处于世界领先地位,其特殊教育教师培养具有鲜明的特色。新加坡特殊教育教师的培养分为特殊教育文凭和特殊教育硕士两个层次,在教育文凭层次上还设置了特殊教育学校教师和普通学校特殊教育工作者两种培养方向,在残疾人教育的教师配备方面更有针对性。[②]

三、残疾人教育保障的对策建议

(一) 致力于逐步消除"四大差距"

如前文所述,我国残疾人教育存在"四大差距"。第一是残疾人教育和普通教育之间的差距,表现在残疾人教育经费投入占比偏低、特殊教育学校不足、入学率偏低、教师师资力量薄弱等多个方面。总体来看,我国普通教育规模大、投入多、体系完备、质量较高,而残疾人教育则规模小、投入少、体系不齐全、质量较低。第二是东部与中西部地区之间的差距。东部教育投入经费相对较多,学校较多而师资比较低,教育质量高,职业教育较完备,尽管与普通教育之间仍然存在差异,但差异相对较小。而在中西部地区,残疾人教育和普通教育之间的差距则非常大。第三是城乡之间的差距。城镇在读学生人数、学校数量以及班级数量多为农村地区的十余倍,而且越是在中西部地区,这种城乡差异越明显。第四,在特殊教育和融合教育之间的差距,我国在这方面存在"5005"的现象,也就是接受融合教育的群体占到全部受教育残疾人的比例接近 50%,但对融合教育的投入仅占到全部投入的 5%。

尽管城乡差距、地区差距和个体差距广泛地存在于我国社会经济发展的许多方面,但是在残疾人教育中,这种差距表现得更为显著。未来上述差距的存在将严重影响我国脱贫攻坚成果的巩固,影响共同富裕和区域协调发展的实现。残疾人

---

① 刘春玲:《新时代特殊教育师资培养的反思与建议》,《教育学报》2021年第2期,第74—82页。
② 王琴、郑晓坤、于吉吉:《新加坡特殊教育教师培养模式探析》,《中国特殊教育》2022年第7期,第89—96页。

是社会中最弱势的群体之一,对残疾人事业的投入有着很高的社会和经济收益,对残疾人教育保障的投入所产生的社会和经济效益更是难以估量,应当作为我国最重要的公共政策发力点。因此,未来残疾人教育保障体系的完善一定要将逐步消除"四大差距"作为努力的方向。具体来说:

第一,加大对残疾人教育的投入。建议未来 5 年中,将残疾人教育投入占总教育经费的比例从现有的 0.35% 左右提升到 1%,2035 年将我国残疾人教育经费投入提高到 3%,即与周边国家基本相同的水平。

第二,调整教育经费的使用方向。建议在总体全面提高残疾人教育投入的基础上,重点向中西部地区、农村地区和融合教育方面加大投入,迅速缩小残疾人教育在地区、城乡和类别上的显著差异。残疾人教育保障体系作为国家基本公共服务的重要组成,应当列入实现公共服务均等化最基本的目标之一。

第三,将残疾人教育扶贫作为未来扶贫重点工作方向。建议鼓励将对中西部地区残疾人教育的扶持摆到对口扶贫计划的重要地位。同时建议拓宽残疾人教育资金的来源,鼓励更多社会力量关注和投入到残疾人教育保障体系中来。

(二) 培养残疾人教育专业人才队伍

师资力量薄弱、教学质量偏低是困扰我国残疾人教育发展的关键桎梏。相对于普通教育,残疾人教育的特殊性导致其所要求的师生比更高,对教师综合素质的要求也更高。然而,目前我国残疾人教师队伍的总体质量与普通教育之间尚存在较大差距,在中西部和农村地区,这种差距尤其显著。未来残疾人教育事业的发展离不开专业人才队伍的建设。为此,建议将培养残疾人教育专业人才队伍作为未来残疾人教育事业发展的重中之重。具体来说:

第一,提高具有专业资格的教师占比。建议无论是普通教育机构还是特殊教育机构,都鼓励和支持教师参加特殊教育教师专业培训,取得残疾人教育资格,规定或至少建议所有公立教育机构在招聘教师时,同等条件下优先考虑取得特殊教育资格或经过专业培训的教师。

第二,加强残疾人教育教师队伍的专业性。建议借鉴新加坡的经验,建设分别从事特殊教育和融合教育的教师队伍,加大推动针对这两种教育方式的教学教育研究。同时,建议扩大残疾人教育队伍的总体规模,并且要建立完整的"本科—硕士—博士"人才培养路径,打通教师职业发展的通道。

第三,丰富特殊教育队伍师资的来源路径。建议进一步加强职业教育,增强残疾人职业教育和残疾人友好型企业、福利性企业之间的产学合作,为残疾人职业发展建立畅通的渠道。同时,建议与适宜残疾人从事的产业中的技术、经营管理人才合作,作为校外导师充实师资队伍。

(三) 加强残疾教育立法保障和支持体系

我国目前针对残疾人的法律体系亟待完善,相关的支持体系也亟须加强。例如,我国尚没有针对残疾人教育的专门性法律,而各个地方在落实《残疾人教育条例》中出台了一些"实施细则",但这些实施细则模糊之处仍然较多,亟须建立一个清晰的、具体的、可操作的"指南"或"指导意见",来推动残疾人教育工作更加的精细化、规范化。此外,残疾人教育体系的完善也离不开硬件的支持,特别是伴随着信息技术的发展,要避免广大的残疾人遭遇"数字鸿沟",与主流社会脱节,否则将对我国共同富裕目标的实现产生直接影响。具体来说:

第一,尽快出台针对残疾人教育的专门法律。建议借鉴国外经验,出台一部专门保障残疾人教育权益的法律,或者将现有的《残疾人教育条例》加以完善,上升为国家法律。

第二,尽管指定针对残疾人教育的指导。建议出台针对残疾人教育工作的指导意见或操作指南,推动残疾人教育更加标准化和规范化。

第三,加强残疾人教育配套的信息化硬件设施建设。建议加大对残疾人远程教育、智能化设备方面的投入,通过远程教育拉近东部与中西部、城镇和农村之间的距离,促进残疾人教育与现代信息技术的高度融合,实现残疾人教育公共服务均等化。

第八章
残疾人就业保障

残疾人就业保障是残疾人事业重要的组成部分之一。就业是民生之本,对残疾人群体亦是如此。因此残疾人就业保障对促进残疾人就业、提高残疾人就业率、稳定残疾人生活具有关键性作用。残疾人就业保障是指国家和社会为促进残疾人就业所采取的一系列政策措施的总和,主要包括残疾人就业安置、就业扶持、职业培训、就业能力提升等政策措施。本章重点就残疾人就业保障金问题、自主创新创业扶持问题以及残疾人就业促进政策问题等方面进行讨论,在回顾现有政策及效果的基础上,总结现存问题,提出有针对性的意见和建议,希望能够拓宽残疾人就业思路、提高残疾人就业质量、促进更多的残疾人就业。

一、残疾人就业保障相关问题研究评述

(一) 关于残疾人就业保障金与就业促进问题研究进展

残疾人就业保障金在促进残疾人就业方面发挥至关重要的作用。因此,不少学者在研究残疾人就业保障问题时会将残疾人就业保障金与就业促进进行关联研究,通常首先会从收入支持角度入手,如重点关注残疾人就业保障金在促进残疾人就业方面所发挥的作用,这是残疾人就业保障问题的核心议题之一。普遍肯定了残疾人就业保障金不仅在确保残疾人就业和提升残疾人就业权利方面起关键作用,也是督促用人单位履行社会责任、关爱残疾人的重要制度。但是关于残疾人就业保障金的现状和缺陷也有不少学者在进行研究,并探寻其优化路径。如闫海梳理了残疾人就业保障金制度的起源和发展,认为我国残疾人就业保障金征收应当

考虑用人单位的行业和性质的不同而予以差异化设计,避免就业比例"一刀切"造成的不公平问题。①我国应当拓展残疾人就业保障金的使用范围,优化支出结构,加大对用人单位的激励力度,强化对残疾人自主就业创业的支持。我国应当加强残疾人就业保障金征收和使用的监督,防范用人单位的造假行为,将其回归政府性基金预算管理。张奇林等人基于制度优化的视角,对我国残疾人就业保障金的征收、使用状况及其绩效进行了研究,发现在残疾人就业保障金支出规模不断扩大的情况下,残疾人就业状况并没有得到相应的改善。其原因一方面在于残疾人就业保障金不能做到应收尽收,计征缺口呈不断扩大的趋势。另一方面在于残疾人就业保障金并未充分用于残疾人就业事业的发展,而存在大量结余以及挤占挪用。他认为,应通过明确制度设立初衷、强化征收主体间联系、提高残疾人分散就业规定比例,以及优化资金支出结构与使用效率等措施促进残疾人就业保障金制度的不断完善。②侯日云认为现有残保金政策面临着征收困难,使用效率不高,作用未能发挥等问题。对残保金政策实施效果进行评估发现,它一定程度上促进了残疾人就业率的提高,丰富了残疾人的人力资本,优化了残疾人的就业环境,也改善了部分残疾人的基本生活,但总体效果有限。认识上的偏差,政策设计本身的缺陷和实施机制的不完善是主要原因。故而,需要通过增强政策认同,加大政策执行力度,改善残保金管理方式,扩大残疾人就业服务等举措来完善残保金政策的实施。③

近年来,一些专家学者在收入支持的研究视角下加入了就业融入的视角去研究残疾人就业保障,肖日葵和郝玉玲基于残疾 ICF 框架,将残疾人纳入低保发挥着收入支持功能,但对残疾人就业支持产生了一定的挤出效应。弥合收入支持和就业融入之间的结构性张力,可通过完善残疾测量方式与内容、加大残疾人人力资本投资、加强消除功能障碍和完善无障碍环境等来提升残疾人就业能力和就业水平,促进残疾人实现更高质量就业与社会融入。④

我国在促进残疾人就业方面采取了多种措施手段,一定程度上缓解了残疾人

① 闫奕:《我国残疾人受教育权保障研究》,青岛大学硕士学位论文,2020 年。
② 张奇林、刘二鹏、刘轶锋:《残疾人就业保障金制度的评价与优化》,《江淮论坛》2018 年第 2 期,第 136—142 页。
③ 侯日云:《中国残疾人就业保障金政策实施效果分析》,《社会福利(理论版)》2021 年第 3 期,第 11—18, 25 页。
④ 肖日葵、郝玉玲:《残疾人社会保障策略优化:弥合收入支持与就业融入的结构性张力》,《南京社会科学》2022 年第 2 期,第 71—79 页。

就业难的问题,保障了残疾人就业的基本权利。但由于受到理念滞后、制度不完善和服务体系不健全,残疾人就业难的问题仍未彻底解决。近年来不少专家学者认为我们应加强残疾人的就业保障观念的转变,重视对残疾人人力资源的开发和利用,促进残疾人就业从扶持、安置向能力开发和自主创业转型。在能力开发方面,应建立以职业培训、职业康复和扶贫开发为核心的就业帮扶机制,并建立和完善社会化的就业服务体系为残疾人就业创造条件和提供保障。如徐倩认为残疾人并非单纯的福利依赖者和救助等待者,而是有很大待开发潜力的重要人力资源。[1]实现消极福利到积极福利转变的最有效方式就是实现有劳动能力的残疾人充分就业。利用积极福利视角,在观念上变"问题视角"为"优势视角",改变残疾人污名化的形象,改善其边缘化的境遇;在保障方法上创新,从保障基本生存到追求更高发展,通过教育,实现残疾人士人力资本的开发和工作能力的提升;求更高发展,通过教育,实现残疾人士人力资本的开发和工作能力的提升;利用科技创新、文化创新,优化就业形式,为残疾人就业创造更广阔的空间。

(二) 关于残疾人就业扶持与自主创业问题研究进展

自主创业是在残疾人就业扶持政策支持下的残疾人自我创新创业就业,是残疾人就业的重要方式之一。现阶段,残疾人自主创业的主流模式主要是基于政府提供的创业启动资金以及技术支持,残疾人依托对互联网技术的合理应用来实现自主网络创业,如进行网店的创建、网站的创办等。这种自主创业模式,适应性较强,具有推广价值,对残疾人创业起到了积极的鼓励作用。苏鹏鹏通过问卷邮寄方式对滨州医学院、北京联合大学和浙江特殊教育职业学院的 140 名残疾人大学生进行随机调查,结果显示:9.5% 的人正在创业,44.5% 的人可能会创业,19% 的学生完全没有创业想法,只有 26.3% 的学生不太想创业。[2]由此可见,一半以上的残疾人大学生有创业的行动或者愿望,想通过自身的努力改变命运,但创业知识、条件、环境各方面都存在严重的不足,应从政府扶持、社会支持、学校教育、家庭条件和学生自身努力五个主体共同出发,为残疾人大学生创业寻求一个可行的路径。

事实上,开展残疾人自主创业会面临着更大的挑战。对一些网店创业者而言,

---

[1] 徐倩:《残疾人就业保障研究——基于积极福利视角》,《劳动保障世界》2019 年第 15 期,第 9—10 页。
[2] 苏鹏鹏:《残疾人大学生自主创业意向调查探析》,《才智》2019 年第 34 期,第 90—91 页。

由于互联网技术及软件使用规则的高要求，如果不能及时掌握，有可能会陷入创业失败境地，因此残疾人对自主创业积极性并不高。范丽奇认为对于创业者而言，面对社会保障制度的不完善，不利于维护自身的合法权益，增加了残疾人自主创业的风险，容易导致创业失败，而且残疾人的知识水平较低，受教育能力和经济能力较差，无法及时地评估和抵御创业的风险。[1]许军和梁子浪认为当前残疾人自主就业新模式面临的主要困难包括社会对残疾人和外部资源关注不够、缺乏企业和企业家支持、对创业项目后期推动不足、辅助性就业订单少、收入低以及灵活就业风险大、创新创业模式普及难等问题。[2]

因此，不管是对残疾人创业风险的事前预防能力，还是事后缓冲和弥补能力都需要依靠政府的大力支持。邓锁从发展型社会政策的视角指出促进信息化背景下残疾人就业的政策支持路径，包括推动落实信息无障碍的立法和政策框架、创新信息化时代的积极社会保障政策、重视"工作平衡"取向的就业措施以及促进残疾人支持性就业服务体系的制度化和专业化等。[3]胡馨芳认为岗前培训在残疾人个体就业中发挥着重要作用，因此政府或社会应重视对残疾人就业的岗前培训工作，并积极营造良好的就业培训氛围、创造便利的就业环境，以推动残疾人就业事业的发展。[4]王维成认为各级政府要将残疾人就业工作列于政府工作的重要日程，纳入当地经济社会发展规划和人社、民政、财政等职能部门及残联组织的工作业务，加强领导，统一部署，统筹协调，整体推进。促进残疾人与社会的相互融合，促进残疾人在社会上的发展，进而推动我国社会经济的整体有效发展。[5]

（三）关于残疾人就业促进政策问题研究进展

残疾人就业政策是政府为维护残疾人劳动权益而颁布实施的制度安排，政策得当，可以极大地促进残疾人就业，这是社会各界的共识。廖娟从收入支持、就业

---

[1] 范丽奇：《信息化背景下残疾人就业方式与途径分析》，《就业与保障》2021年第17期，第84—85页。

[2] 许军、梁子浪：《残疾人就业新模式问题与建议探讨》，《社会与公益》2018年第8期，第94—96页。

[3] 邓锁：《信息化背景下残疾人就业模式及政策支持路径分析》，《残疾人研究》2016年第1期，第62—68页。

[4] 胡馨芳：《南京市残疾人就业现状及影响因素研究——基于对南京市的实证调研》，《现代商业》2020年第6期，第37—38页。

[5] 王维成：《对残疾人群体就业难问题的分析与对策思考》，《劳动保障世界（理论版）》2013年第1期，第73—76页。

计划、康复计划三个方面对发达国家和地区的残疾人就业政策进行了比较研究,以此受到启发,并从制定康复计划、转变雇主对残疾人的观念、针对残疾人就业制定专门的法律等角度提出了相关政策建议,比较得出促进我国残疾人就业的政策启示,包括也有专家学者从收入支持政策的角度去研究残疾人就业政策。①梁土坤针对 2015 年国家发布的《残疾人就业保障金征收使用管理办法》,从明确了征收部门、建立了公示制度、减轻了初创微小企业负担、兼顾了政策公平性、扩展了使用范围五个方面分析了残疾人就业保障金政策的制度创新,他还结合具体实践情况,指出残疾人就业保障金政策存在缴纳主体与政策目标相背离、差别化原则的可操作性低、政策执行成本推高、部门角色及权责不清等问题。并在此基础上,提出了进一步完善残疾人就业保障金政策的对策建议。②也有学者从其他收入支持角度入手,如促进残疾人就业的税收政策的研究,赖勤学和颜慧萍认为税收作为政府宏观调控的重要手段之一,对解决残疾人就业问题发挥着重要作用。为了促进残疾人就业,我国政府陆续出台了一些税收政策,但随着时代的发展,很多政策已不再适用,亟须进一步完善。他们通过对我国现行税收政策的分析,同时借鉴国外的先进经验,再结合我国现实国情,分别从企业、残疾人个人和税务机关三个方面提出促进我国残疾人就业税收政策的优化路径。③

很多专家学者通过对发达国家的实践做法的比较研究来理性看待我国残疾人就业政策的调整方向。代懋通过对大多数经合组织(OECD)国家的残疾人就业政策研究,认为大多数 OECD 国家残疾人就业政策经过了从注重需求保障到强化供给融合发展的转型。需求政策通常包括定额就业、反歧视立法、雇主津贴、庇护工作岗位;供给政策包括职业康复、培训项目、就业援助。供需政策融合发展是残疾人政策的主要趋势,但是我国由于制度设计、环境变化等方面的原因,政策设计与政策融合还需要进一步完善和加强。④

近年来,专家学者开始以不同的视角去看待残疾人就业政策,并以新的视角探寻新的残疾人就业政策的完善方向。董才生和接家东以诉求变迁为视角,认为新

① 廖娟:《残疾人就业政策:国际经验及对我国的启示》,《人口与经济》2008 年第 6 期,第 32—37,31 页。
② 梁土坤:《残疾人就业保障金政策的制度创新、现实困境及其发展方向》,《理论月刊》2016 年第 5 期,第 148—152 页。
③ 赖勤学、颜慧萍:《促进残疾人就业的税收政策探讨》,《税务研究》2015 年第 8 期,第 20—25 页。
④ 代懋:《国外残疾人就业政策转型:从保障到融合》,《中国劳动》2014 年第 12 期,第 32—34 页。

中国成立以来的残疾人就业政策蕴含着收入保障和社会融入两种核心价值诉求，结合目前中国的现实发展状况，且应坚持两种诉求并重的原则，并应以法治精神完善残疾人的就业需求，以治理思路优化残疾人的就业供给政策，以实效理念促进残疾人的就业政策落实。①冯敏良从积极福利视角出发，认为在传统福利模式下，我国应实行保护性的集中就业与市场化的分散就业相结合的残疾人就业模式。也有一些专家学者采用政策研究理论工具去分析残疾人就业政策，较为客观地提出我国残疾人就业政策的现状并探寻其优化路径。②康丽基于政策工具视角构建二维分析框架，采用内容分析法对 1988—2020 年间残疾人就业政策文件进行量化分析。发现残疾人就业政策存在法律效力不高、配套政策较少；残联作用突出，但资源调动能力有限，政策主体协同有待加强；工具结构失衡，社会力量的积极性未充分调动，优势和潜能尚未发挥等问题。提出加强残疾人就业政策体系建设、加强残疾人就业协同治理机制建设、优化政策工具结构、充分发挥政策组合优势等促进残疾人就业的对策建议。③高圆圆基于政策文本分析方法，认为当前我国仍处于残疾人就业方式变革和发展的关键时期，只有不断完善残疾人集中就业的方式，才能更好地确保其稳定就业。④

二、残疾人就业保障政策和就业现状

（一）总体发展概况

残疾人就业，按照不同类型，可以分为集中就业、分散就业、福利企业用人单位就业、自谋职业及自主创业五种形式。为了确保残疾人劳动权益，促进残疾人就业稳定，国家先后出台了一系列鼓励残疾人就业保障的相关政策，主要涉及残疾人就业培训、就业指导、就业安置、就业保障金以及就业社会保障等内容，与之相关的政

① 董才生、接家东：《残疾人就业政策的转型历程与创新路径——以诉求变迁为视角》，《残疾人研究》2017 年第 3 期。
② 冯敏良、高扬：《积极福利视角下残疾人就业政策的转向探析》，《残疾人研究》2017 年第 2 期，第 49—54 页。
③ 康丽、张新月：《基于政策工具视角的残疾人就业政策研究》，《人口与社会》2022 年第 2 期，第 89—100 页。
④ 高圆圆、范绍丰：《我国残疾人集中就业扶持政策的演变与优化路径——基于政策文本分析方法》，《残疾人研究》2017 年第 3 期，第 49—56 页。

策,构成残疾人就业保障政策体系。

1991 年实施的《残疾人保障法》,是我国正式实施的第一部旨在全面保障残疾人就业权益的专门性法律。该法第四章专门对残疾人就业作了明确规定。该法的颁布和实施标志着我国残疾人事业进入到一个新的发展阶段。2007 年颁布的《残疾人就业条例》,作为保障和促进残疾人就业的专项法规,是对《残疾人保障法》的进一步贯彻、落实和细化。《残疾人就业条例》的颁布和实施标志着残疾人就业工作全面步入法制化轨道。此后,政府有关部门相继发布了系列扶持和保护残疾人就业的政策(详见表 8.1),对残疾人就业落实、就业稳定及就业保障起到了极大的促进作用。特别是进入"十四五"发展阶段,国务院及相关部委先后发布了《"十四五"残疾人保障和发展规划》《"十四五"残疾人职业技能提升计划》《促进残疾人就业三年行动方案(2022—2024 年)》,将残疾人纳入积极就业政策体系的覆盖范围,在坚持市场导向就业机制的基础上,对残疾人就业创业采取优惠政策和扶持保护措施,使我国残疾人就业状况不仅得到明显改善,而且有着明确的发展目标和方向。

在国家的大力支持下,我国各地政府对残疾人就业保障也非常重视,以上海市为例,自改革开放以来,发布关于残疾人就业及生活保障相关的政策,不完全统计有 23 条(详见表 8.2),涉及残疾人就业、残疾人培训、残疾人自主创业、残疾人社会保障等方方面面的政策和规定,对促进残疾人就业、稳定残疾人生活、提升残疾人福利均有很大的帮助。

表 8.1　我国发布的系列残疾人就业政策(1990—2022 年)

政策文件	发布时间	发布单位
《中华人民共和国残疾人保障法》	1990 年 12 月 28 日	全国人民代表大会
中国残疾人联合会关于制定地方《残疾人就业保障金管理暂行规定》实施办法的若干意见	1995 年 5 月 8 日	中国残疾人联合会
残疾人就业"九五"实施方案	1996 年 3 月 27 日	中国残疾人联合会、劳动和社会保障部(含劳动部)(已撤销)、国家税务总局
《残疾人就业和社会保障工作"十一五"实施方案》	2006 年 8 月 7 日	劳动和社会保障部、民政部、财政部、中国残疾人联合会

政策文件	发布时间	发布单位
《关于加强社区残疾人工作的意见》	2000 年 8 月 29 日	中国残联
关于促进残疾人就业税收优惠政策征管办法的通知	2007 年 6 月 15 日	国家税务总局、民政部中国残疾人联合会
《残疾人就业条例》	2007 年 2 月 25 日	国务院
中国残疾人联合会关于贯彻落实胡锦涛总书记近日关于残疾人就业工作重要指示的通知	2008 年 2 月 19 日	中国残疾人联合会
中国残疾人联合会关于开展 2009 年残疾人就业服务系列活动的通知	2009 年 2 月 15 日	中国残疾人联合会
关于安置残疾人员就业有关企业所得税优惠政策问题的通知	2009 年 4 月 30 日	财政部、国家税务总局
《关于进一步做好高校等学校残疾人毕业生就业工作的通知》	2009 年 5 月 8 日	人力资源和社会保障部、教育部、财政部、中国残联
中国残疾人联合会关于印发《2010 年就业援助月残疾人就业援助活动实施方案》的通知	2009 年 12 月 26 日	中国残疾人联合会
中国残联就业指导中心关于 2011 年基层残疾人就业指导员远程培训报名的通知	2015 年 4 月 19 日	中国残联就业指导中心
中国残联办公厅关于做好全国残疾人就业创业网络服务平台筹备工作的通知	2015 年 4 月 23 日	中国残联办公厅
《关于做好技师学院、特殊教育院校部分毕业生同等享受高校毕业生就业政策工作的通知》	2015 年 7 月 31 日	人力资源和社会保障部、中国残疾人联合会
《残疾人就业保障金征收使用管理办法》	2015 年 9 月 9 日	财政部、国家税务总局、中国残疾人联合会
关于实施《残疾人职业技能提升计划（2016—2020 年）》的通知	2016 年 5 月 17 日	人力资源和社会保障部办公厅、中国残疾人联合会办公厅
关于进一步落实残疾人辅助性就业机构扶持政策的通知	2017 年 6 月 20 日	中国残联办公厅
《2018 年就业援助月专项活动》	2017 年 12 月 15 日	人力资源和社会保障部、中国残联

政策文件	发布时间	发布单位
《关于扶持残疾人自主就业创业的意见》	2018 年 1 月 12 日	中国残疾人联合会、国家发展改革委员会等
《关于做好中国残疾人就业创业网络服务平台推广应用工作的通知》	2018 年 1 月 17 日	中国残联办公厅
《关于组织开展省级残疾人职业技能竞赛活动的通知》	2018 年 4 月 9 日	中国残联
《关于开展农村贫困残疾人就业帮扶活动通知》	2018 年 5 月 9 日	人力资源和社会保障部办公厅、中国残联办公厅
《关于做好 2018 年高校残疾人毕业生就业服务工作的通知》	2018 年 5 月 31 日	中国残联办公厅
关于贯彻落实《职业技能提升行动方案（2019—2021 年）》的通知	2019 年 6 月 24 日	中国残联办公厅
中国残联关于贯彻落实《关于完善残保金制度更好促进的总体方案》的实施意见	2020 年 3 月 3 日	中国残联
中国残联办公厅关于进一步加强中国创业网络服务平台使用推广工作的通知	2020 年 3 月 11 日	中国残联办公厅
人力资源和社会保障部办公厅、中国残联办公厅关于开展 2020 年农村贫困帮扶活动的通知	2020 年 4 月 22 日	人力资源和社会保障部办公厅、中国残联办公厅
《2021 年就业援助月专项活动》	2020 年 12 月 25 日	人力资源和社会保障部、中国残联
《关于开展残疾人就业帮扶活动的通知》	2021 年 4 月 22 日	人力资源和社会保障部办公厅、中国残联办公厅
《"十四五"残疾人保障和发展规划的通知》	2021 年 7 月 8 日	国务院
《机关、事业单位、国有企业带头安排残疾人就业办法》	2021 年 10 月 27 日	中共中央组织部中央机构编制委员会办公室、人力资源和社会保障部、国务院国有资产监督管理委员会
《"十四五"特殊教育发展提升行动计划》	2022 年 1 月 28 日	教育部、中国残联等七部门
《"十四五"残疾人职业技能提升计划》	2022 年 2 月 15 日	中国残疾人联合会、教育部、人力资源和社会保障部、财政部、文化和旅游部

政策文件	发布时间	发布单位
《促进残疾人就业三年行动方案（2022—2024 年）》	2022 年 3 月 25 日	国务院办公厅
人力资源和社会保障部办公厅、中国残联办公厅关于开展残疾人就业帮扶活动的通知	2022 年 5 月 7 日	人力资源和社会保障部办公厅、中国残联办公厅

资料来源：本表由作者整理而成。

表 8.2　改革开放以来上海市发布的关于残疾人就业保障相关政策

政策文件	发布时间	发布单位
《上海市残疾人分散按比例就业办法》	1993 年 12 月 20 日	上海市人民政府
《上海市残疾人就业保障金管理暂行办法》	1995 年 4 月 17 日	上海市财政局、市残疾人
《关于上海市全民所有制事业单位安排残疾人就业有关问题》	1995 年	上海市人事局、上海市残疾人联合会
上海市残疾人分散安排就业办法（2000 年修改）	2000 年 5 月 11 日	上海市人民政府
《上海市残疾人分散安排就业办法实施细则》	2000 年 6 月 22 日	上海市劳动和社会保障局
《关于切实做好本市残疾人劳动就业工作意见》	2000 年 11 月 6 日	市劳动保障局、市计委、市民政局、市财政局、市地税局、市人事局、市工商局、市残联
《关于本市实施的失业青年培训见习补贴通知》	2002 年 1 月 8 日	上海市劳动和社会保障局
《关于促进本市残疾人劳动创业就业的暂行办法》	2003 年 2 月 17 日	上海市残疾人联合会
上海市残疾人分散安排就业办法（2010 年修改）	2010 年 12 月 20 日	上海市人民政府
《上海市特殊教育三年行动计划（2014—2016 年）》	2014 年 4 月 30 日	市教委、市发展改革委、市财政局、市人力资源社会保障局、市卫生计生委、市编办、市民政局、市残联

政策文件	发布时间	发布单位
《关于加强全日制普通中高等院校残疾人毕业生就业促进工作的通知》	2014 年 6 月 11 日	上海市残疾人联合会、上海市人力资源和社会保障局、上海市财政局
《关于调整残疾人个体工商户开办费补贴标准的通知》	2014 年 6 月 11 日	上海市残疾人联合会、上海市人力资源和社会保障局、上海市财政局
关于加强残疾人职业技能培训工作的通知	2014 年 6 月 16 日	上海市残疾人联合会、上海市人力资源和社会保障局、上海市财政局
关于调整超比例安排残疾人就业单位奖励标准的通知	2014 年 6 月 4 日	上海市人民政府残疾人工作委员会
《关于促进残疾人按比例就业的实施意见》	2015 年 9 月 18 日	上海市残疾人联合会等
关于促进残疾人按比例就业的实施意见	2015 年 12 月 9 日	上海市残疾人联合会
关于扶持本市福利企业(残疾人集中就业单位)专产专营的意见	2017 年 2 月 1 日	上海市人民政府
关于加强特殊职业教育管理的实施意见	2017 年 2 月 27 日	上海市教育委员会、上海市残疾人联合会
关于实施"残疾劳动者就业促进专项计划"的通知	2017 年 6 月 9 日	人力资源和社会保障局、残疾人联合会、财政局、国资委、农委、民政局
关于实施《上海市残疾人就业保障金征收使用管理实施办法》有关问题的通知	2018 年 5 月 9 日	上海市残疾人联合会、上海市人力资源和社会保障局、上海市财政局
关于本市残疾人集中就业企业社会保险费补贴的通知	2018 年 12 月 24 日	上海市民政局、上海市财政局、上海市人力资源和社会保障局、上海市残疾人联合会
关于本市安置残疾人就业单位减免城镇土地使用税的公告	2020 年 12 月 28 日	上海市财政局、国家税务总局上海市税务局、上海市民政局、上海市残疾人联合会
关于进一步做好本市就业援助工作的若干意见	2022 年 2 月 23 日	上海市人力资源和社会保障局、上海市财政局、上海市民政局、上海市残疾人联合会

资料来源:本表由作者整理而成。

总体上看，我国各级政府非常重视残疾人就业保障工作，出台了比较全面的制度与政策，极大地促进了残疾人就业和提升了残疾人生活水平。

(二) 残疾人就业形式及相关政策

我国残疾人劳动就业，实行集中与分散相结合模式。在集中就业方面，主要由政府和社会举办残疾人福利企业、盲人按摩机构和其他福利性单位等，集中安排残疾人就业①；在分散就业方面，主要由国家通过法律规定用人单位实行按比例安排残疾人就业，即所有国家机关、社会团体、企业事业单位、民办非企业单位都应当按照规定的比例安排残疾人就业，并为残疾人选择适当的工种和岗位。为了确保按比例就业的落实，以及确保残疾人就业权益的保护，国家对于达不到规定比例安排残疾人就业的用人单位还规定了履行保障残疾人就业的义务，即通过缴纳残疾人保障金的形式履行相关责任和义务。此外，对于超过规定责任安排残疾人就业的，国家大力鼓励。国家也更加鼓励和扶持残疾人自主择业和自主创业。以下就残疾人就业的主要形式进行讨论。

1. 残疾人就业的主要载体——福利企业

福利企业是残疾人集中就业的主要载体。我国福利企业最早产生于20世纪50年代，其前身是针对烈士军属和贫民的保障性生产单位，其中吸纳了少量的残疾人。之后在国家第一个五年计划期间，国家将部分保障性福利生产单位改造成专门安置残疾人就业和为残疾人服务的生产单位。在20世纪60年代初，全国各地在保障性福利生产单位的基础上又扩增了一些专门安置残疾人的福利工厂，此时福利企业在我国得到了大力发展，该时期也是我国福利企业发展最好的阶段。但是之后受"文化大革命"的影响，福利企业的发展受到了严重影响。

改革开放以后，国家再次重视福利企业的发展，颁布了一系列的优惠政策，鼓励企业加大残疾用工。1978年中央政府设立民政部，福利企业交由民政部门管理。1980年民政部、财政部发布《关于民政部门举办的福利企业生产单位缴纳所得税问题的通知》，规定福利企业中残疾人员占总人数35％以上的，免缴所得税；超过10％未达35％的，减半缴纳所得税。1983年中国人民银行对福利企业给予

---

① 我国《残疾人就业条例》(第十一条)进一步规定，集中使用残疾人的用人单位中从事全日制工作的残疾人职工，应当占本单位在职职工总数的25％以上。

贷款优惠,对安置残疾职工35％以上的企业,贷款利率在现行利率20％范围内给予优惠。1984年财政部发布《关于民政部门举办的社会福利生产单位征免税问题的通知》,对安置残疾职工50％以上或者安置残疾职工35％以上、但利润低的福利企业,免征销售增值税。1990年民政部等部门发布《社会福利企业管理暂行办法》,明确了福利企业的资格条件。1990年12月第七届全国人民代表大会常务委员会通过了《中华人民共和国残疾人保障法》,确定残疾人劳动就业实行集中安置与分散安置相结合的方法,同时采取扶持政策,通过多渠道、多层次,使残疾人劳动就业逐步稳定、合理。在国家政策的大力支持下,福利企业的数量迅速增加,进入了急剧扩张阶段。

20世纪90年代后期,政府对福利企业的定位发生了转变,即由原来的生产机构转变为独立的市场竞争主体,具体表现为各项优惠政策的缩减。这使得福利企业在激烈的市场竞争中处于不利地位。同时,受宏观经济调控和亚洲经济危机影响,中国经济增长速度放缓,福利企业遭受严重危机。1999年国务院办公厅转发劳动和社会保障等部门《关于进一步做好残疾人劳动就业工作的若干意见的通知》,要求进一步推进福利企业健康发展,并给予政策上的扶持保护。2006年相继下发了有关调整和完善福利企业税收优惠政策试点方面的通知①,进一步探索对福利企业的扶持政策。2007年7月1日新政策付诸实施,新的税收优惠政策规定:"应该按照福利企业所安置的残疾职工的实际人数实行每人每年3.5万元的退税进行封顶"。2008年我国将福利企业也纳入税收征收企业之中,即在3.5万元的额度基础上还要征收25％的所得税。②福利企业扶持政策的连续调整,严重挫败了福利企业的积极性,导致不少福利企业退出,使我国福利企业步入新一轮的下滑阶段。③

截至2015年底,全国有为残疾人提供服务的机构1.5万个,吸纳残疾职工42.9万人就业,固定资产1 778.8亿元,实现利润81.4亿元。④

---

① 主要包括《财政部、国家税务总局关于调整完善现行福利企业税收优惠政策试点工作的通知》(财税〔2006〕111号)、《国家税务总局、财政部、民政部、中国残疾人联合会关于调整完善现行福利企业税收优惠政策试点实施办法的通知》(国税发〔2006〕112号)和《财政部、国家税务总局关于进一步做好调整现行福利企业税收优惠政策试点工作的通知》(财税〔2006〕135号)。

② 《关于财政性资金、行政事业性收费、政府性基金有关企业所得税政策问题的通知》(财税〔2008〕151号)。

③ 摘自《社会福利企业转型发展研究》报告,课题组负责人:杨翠迎,2014年。

④ 摘自《2015年社会服务发展统计公报》,民政部,2016年。

2. 残疾人就业的主渠道——灵活就业、自主创业

自主择业和自主创业是我国残疾人就业的重要形式之一。我国大力鼓励和扶持残疾人自主择业和自主创业。而且,国家对之有明确的法律规定。在《残疾人就业条例》的第十九条规定"对残疾人从事个体经营的,应当依法给予税收优惠,有关部门应当在经营场地等方面给予照顾,并按照规定免收管理类、登记类和证照类的行政事业性收费"。此外,国家对自主择业和自主创业的残疾人在一定期限内给予小额信贷等扶持。

2018年1月12日中国残疾人联合会、国家发展改革委员会、民政部、财政部等15部门联合发布了《关于扶持残疾人自主就业创业的意见》,着重对残疾人自主就业创业进行了界定,同时对残疾人自主就业创业提供系列支持进行了意见指导。该意见指出,残疾人自主就业创业,主要包括残疾人自主创业、残疾人灵活就业。而残疾人自主创业是指残疾人通过创办经济实体、社会组织等形式实现就业。残疾人灵活就业,是指从事非全日制、临时性和弹性工作等实现就业。该意见进一步从提供合理便利和优先照顾、落实税收优惠和收费减免、提供金融扶持和资金补贴、支持重点对象和互联网＋创业、提供支持保障和就业服务等五个方面进行原则性指导。

以上政策大大地激励了残疾人自主择业、自主创业的积极性。从中国近五年持证残疾人各类型就业人数占比变化情况上看(见表8.3),2017年以来,我国持证残疾人就业结构较为稳定。整体来看,我国持证残疾人就业类型主要以从事农业种养殖为主,就业人数占比在50％左右,其次为灵活就业,就业人数占比在27％至

表 8.3　我国残疾人就业形式分布(2017—2021 年)

年份	持证残疾人就业(万人)	按比例就业(％)	集中就业(％)	个体就业(％)	公益岗位就业(％)	辅助性就业(％)	灵活就业(％)	农业种养殖就业(％)
2017	942.1	7.72	3.21	7.49	0.96	1.53	28.95	50.15
2018	948.4	8.57	3.49	7.53	1.38	1.56	26.85	50.62
2019	855.2	8.76	3.40	7.51	1.68	1.67	26.68	50.29
2020	861.7	9.10	3.23	7.36	1.71	1.66	27.71	49.24
2021	881.6	9.28	3.04	7.20	1.68	1.62	28.39	48.79

资料来源:本表根据2017—2021年度残疾人事业发展统计公报相关数据整理而成。

30％间浮动。另外,国家对盲人按摩的培训和就业、创业予以支持。全国共培训盲人保健按摩人员 13 483 名、盲人医疗按摩人员 8 372 名。现有保健按摩机构 17 128个,医疗按摩机构 1 105 个。869 人获得盲人医疗按摩人员初级职务任职资格,232人获得中级职务任职资格。

(三) 残疾人就业保障政策

1. 残疾人就业促进及保护性政策

为了更好地促进残疾人多渠道就业,国家也明确了一系列优惠和扶持政策,主要包括以下方面:(1)对安排残疾人就业达到、超过规定比例或者集中安排残疾人就业的用人单位和从事个体经营的残疾人,国家依法给予税收优惠,并在生产、经营、技术、资金、物资、场地等方面给予扶持;(2)对从事个体经营的残疾人,国家免除其行政事业性收费;(3)对残疾人福利性单位的产品或者服务,在同等条件下政府应当优先采购;(4)地方各级人民政府应当开发适合残疾人就业的公益性岗位;(5)对申请从事个体经营的残疾人,有关部门应当优先核发营业执照;(6)对从事各类生产劳动的农村残疾人,有关部门应当在生产服务、技术指导、农用物资供应、农副产品购销和信贷等方面,给予帮助。此外,国家也明确了残疾人就业的保护性条款,主要包括:(1)国家保护残疾人福利性企业事业组织的财产所有权和经营自主权;(2)在职工的招用、聘用、转正、晋级、职称评定、劳动报酬、生活福利、劳动保险等方面,不得歧视残疾人;(3)对于国家分配的高等学校、中等专业学校、技工学校的残疾毕业生,有关单位不得因其残疾而拒绝接收;(4)残疾职工所在单位,应当为残疾职工提供适应其特点的劳动条件和劳动保护,并根据实际需要对劳动场所、劳动设备和生活设施进行改造;(5)国家采取措施,保障盲人保健和医疗按摩人员从业的合法权益。①

国务院办公厅印发的《促进残疾人就业三年行动方案(2022—2024 年)》(国办发〔2022〕6 号),也提出了促进残疾人就业的明确目标和具体保护性措施,即在“十四五”期间以有就业需求和就业条件的城乡未就业残疾人为主要对象,更好发挥政府促进就业的作用,在 2022—2024 年共实现全国城乡新增残疾人就业 100 万人,残疾人就业创业能力持续提升,残疾人就业权益得到更好保障,推动形成理解、关心、

---

① 《中华人民共和国残疾人保障法(2008 年修订)》,第三十六、三十八、四十条。

支持残疾人就业创业的良好社会环境。为此提出了十大行动方案：一是实施机关、事业单位带头安排残疾人就业行动；二是实施国有企业安排残疾人就业行动；三是实施民营企业安排残疾人就业行动；四是实施残疾人组织助残就业行动；五是实施就业困难残疾人就业帮扶行动；六是实施农村残疾人就业帮扶行动；七是实施残疾人大学生就业帮扶行动；八是实施盲人按摩就业促进行动；九是实施残疾人就业服务提升行动；十是实施残疾人职业技能提升行动。这一三年规划行动方案为"十四五"期间我国残疾人就业发展指明了工作目标和具体任务。

专栏8.1　残疾人就业补贴奖励重点项目

一、补贴类

1. 残疾人自主就业创业补贴。对自主创业、灵活就业的残疾人，按规定给予经营场所租赁补贴、社会保险补贴、职业培训和创业培训补贴、设施设备购置补贴、网络资费补助、一次性创业补贴；对求职创业的应届高校残疾人毕业生给予补贴。

2. 残疾学生见习补贴。对符合条件的残疾学生在见习期间给予一定标准的补贴。

3. 招录（聘）残疾人的用人单位补贴。对正式招录（聘）残疾人的用人单位，按规定给予岗位补贴、社会保险补贴、职业培训补贴、设施设备购置改造补贴、职业技能鉴定补贴；对安排残疾人见习的用人单位给予一次性补贴。

4. 辅助性就业机构补贴。对残疾人辅助性就业机构给予一次性建设、场地租金、机构运行、无障碍环境改造、生产设备和辅助器具购置等补贴。

5. 通过公益性岗位安排残疾人就业的用人单位补贴。对通过公益性岗位安排残疾人就业并缴纳社会保险费的用人单位给予社会保险补贴。

二、奖励类

1. 超比例安排残疾人就业奖励。对超比例安排残疾人就业的用人单位给予奖励。

2. 残疾人就业服务奖励。充分发挥残疾人就业服务中心、公共就业服务机构、劳务派遣公司、经营性人力资源服务机构在残疾人就业供需对接方面的作用，对推荐残疾人稳定就业一年以上的单位，按就业人数给予奖励。

资料来源：我国《"十四五"残疾人保障和发展规划》，国务院发布，2021年7月。

专栏 8.2　残疾人就业服务重点项目

1. 党政机关、事业单位按比例安排残疾人就业项目。编制在 50 人以上（含 50 人）的省级、地市级党政机关，编制 67 人以上（含 67 人）的事业单位（中小学、幼儿园除外），安排残疾人就业未达到规定比例的，2025 年前至少安排 1 名残疾人。县级及以上残联机关干部队伍中要有 15％以上（含 15％）的残疾人。

2. 农村残疾人就业帮扶基地建设项目。依托农村创业创新孵化实训基地和家庭农场、农民合作社、农业社会化服务组织等新型农业经营主体，扶持一批辐射带动能力强、经营管理规范、具有一定规模的残疾人就业帮扶基地，带动残疾人稳定就业、生产增收。

3. 残疾人职业技能培训和创业孵化基地建设项目。依托企业、职业院校、社会培训机构等，建设一批残疾人职业技能培训和创业孵化基地，打造残疾人职业技能培训、实习见习和就业创业示范服务平台。

4. 盲人按摩提升项目。大力推进盲人医疗按摩人员在医院、社区卫生服务机构等就业执业，完善职称评定有关规定。促进盲人保健按摩行业规范化、标准化、专业化、品牌化发展。

5. 残疾人新就业形态扶持项目。鼓励互联网平台企业、中介服务机构等帮助残疾人参与网络零售、云客服、直播带货、物流快递、小店经济等新就业形态。

6. 残疾人辅助性就业项目。加强残疾人辅助性就业机构能力建设，鼓励引导市场主体和社会力量提供辅助性就业服务，提升残疾人就业水平和质量。

7. 残疾人公益性岗位项目。地方设立的乡村保洁员、水管员、护路员、生态护林员、社会救助协理员、农家书屋管理员、社区服务人员等公益性岗位优先安排残疾人。

资料来源：我国《"十四五"残疾人保障和发展规划》，国务院发布，2021 年 7 月。

在帮扶残疾人群体就业方面，近年来，上海积极贯彻落实《中共中央组织部等 7 部门关于促进残疾人按比例就业的意见》《中共中央、国务院关于促进残疾人事业发展的意见》等党中央、国务院文件要求，残疾人事业快速发展。2014 年 4 月，上海新修订的《上海市实施〈中华人民共和国残疾人保障法〉办法》正式实施，这是全国首部将"机关、事业单位优先招录残疾人"入法的地方性法规。2017 年上海提出《关于残疾劳动者就业促进专项计划》的通知,以促进残疾人就业增收、加快推进残疾人小康进程为总体目标,将残疾劳动者纳入本市促进就业工作的整体规划,推进就业工作与残疾人事业的协调发展,并提出十五条政策举措:发挥机关事业单位招录残疾劳动者的带头作用、进一步引导和强化国有企业促进残疾劳动者就业工作、鼓励社区工作者队伍吸纳残疾劳动者就业、制定社会组织吸纳残疾劳动者就业的优惠措施、加强对"一户多残"家庭的就业援助、鼓励残疾劳动者灵活就业、加强残疾劳动者职业技能培训、扶持辅助性就业、促进农村残疾人劳动增收、支持残疾劳动者创新创业、开展阳光就业服务基地考核评估、开展残疾人集中就业单位助残督导员工作、加大政策贯彻执行力度、加强对残疾劳动者的就业援助、深化对残疾劳动者的公共就业创业服务等一系列专项工作,大力促进残疾劳动者就业创业。2022年3月,上海市政府发布《关于进一步做好本市就业援助工作的若干意见》,鼓励用人单位吸纳"就业困难人员",鼓励"就业困难人员"灵活就业,加强"就业困难人员"技能培训,购买社会服务促进困难群体就业,进一步为残疾人的就业创业提供政策支持与兜底保障。从上海市近几年持证残疾人各类型就业人数占比变化情况上看(见表8.4),上海市持证残疾人就业类型主要以按比例就业为主,且所占比例逐年升高,其次是公益性岗位就业、个体就业、辅助性就业及其他形式就业,占20%左右,从事农业的残疾人所占比例最少,且呈现逐年降低的趋势。

表8.4　上海市残疾人就业形式分布(2017—2020年)

年份	持证残疾人就业(万人)	按比例就业(%)	集中就业(%)	公益性岗位就业、个体就业、辅助性就业及其他形式就业(%)	务农(%)
2017	7.9	49.1	22.5	22.7	5.7
2018	8.6	51.16	20.93	20.93	6.98
2019	7.7	61.04	14.29	19.48	5.19
2020	7.1	66.19	12.68	19.72	1.41

资料来源:本表根据2017—2020年度上海市残疾人事业发展统计公报相关数据整理而成。

2. 残疾人保障金

所谓残疾人保障金是指那些未按规定安排残疾人就业的用人单位缴纳的相应资金,主要用于残疾人就业权益的保障,是促进残疾人就业的重要资金支撑。我国

《残疾人就业条例》对用人单位在安排残疾人就业方面的责任以及未能尽责应该缴纳残疾人保障金事宜都有明确的规定。该《条例》明确指出，"用人单位应当按照一定比例安排残疾人就业，并为其提供适当的工种、岗位；用人单位安排残疾人就业的比例不得低于本单位在职职工总数的1.5％""用人单位安排残疾人就业达不到其所在地省、自治区、直辖市人民政府规定比例的，应当缴纳残疾人就业保障金"。①与此同时，我国对残疾人就业保障金的缴纳情形、缴纳单位、缴纳金的计算方式、缴纳金的管理等进行了规范，并对保障金的支出方向进行了详细规定。②

残疾人就业保障金从2015年起由政府性基金预算管理转为一般公共预算管理，不按基金项目单列收入和支出的预算决算，根据现有能查到的数据显示，残疾人就业保障金在2010—2014年收入与支出规模不断扩大，且结余也在不断扩大（见表8.5）。

表 8.5　残疾人就业保障金收入、支出和结余情况（2010—2014 年）

（单位：亿元）

年　份	2010	2011	2012	2013	2014
收入金额	162.40	181.99	205.81	248.75	284.27
支出金额	103.95	134.22	155.56	185.78	212.00
结　余	58.45	47.77	50.25	62.97	72.77

资料来源：本表根据 2011—2015 年度《中国财政年鉴》相关数据整理而成。

3. 职业培训与就业指导

职业培训，是通过职业素养及专业技能培训为劳动者提供就业技能，增强其就业能力；就业指导，通过专业部门的就业能力评估、沟通与协调，为就业困难者提供与之情况相适应的就业帮扶和就业岗位指引，以快速帮助寻工者找到合适的就业岗位。残疾人就业为我国劳动者就业的重要组成部分，就业培训及就业指导同样是残疾人就业保障的重要组成部分。

我国《残疾人保障法》对为残疾人就业培训和就业指导的相关机构进行了规范，主要包括：(1)政府有关部门设立的公共就业服务机构，应当为残疾人免费提供

---

① 《中华人民共和国残疾人就业条例》，2007 年，第八条、第九条。
② 财政部、国家税务总局、中国残疾人联合会：《残疾人就业保障金征收使用管理办法》（财税〔2015〕72号），2015 年 9 月。

就业服务;(2)残疾人联合会举办的残疾人就业服务机构,应当组织开展免费的职业指导、职业介绍和职业培训①;(3)残疾职工所在单位,应当对残疾职工进行岗位技术培训,提高其劳动技能和技术水平。②此外,我国《残疾人就业条例》也有相关规定,具体包括:在第十四条提出"用人单位应当根据本单位残疾人职工的实际情况,对残疾人职工进行上岗、在岗、转岗等培训";在第二十一条提出"各级人民政府和有关部门应当为就业困难的残疾人提供有针对性的就业援助服务,鼓励和扶持职业培训机构为残疾人提供职业培训,并组织残疾人定期开展职业技能竞赛";在第二十二条还进一步明确了中国残疾人联合会及其地方组织所属的残疾人就业服务机构应当免费为残疾人就业提供系列服务。

关于面向残疾人的职业培训和就业指导,国家先后发布了《"十四五"职业技能培训规划》和《"十四五"残疾人职业技能提升计划》,强调突出重点,分类培训,以就业年龄段未就业残疾人为重点,以就业技能培训为主,根据不同类别残疾人特点和需求,有针对性地组织类别化、多层次职业技能培训。主要开展五个方面的培训:一是大力开展就业技能培训;二是全面加强岗位技能提升培训;三是着力推进创业创新培训;四是精心组织中高技能人才培训;五是周密安排用人单位和就业服务人员培训。采取七个方面的措施:一是完善残疾人职业培训扶持政策;二是扩大残疾人职业培训供给;三是整合残疾人线上培训资源;四是加强残疾人职业培训师资队伍培养;五是规范管理残疾人职业培训;六是培育残疾人特色培训品牌;七是实施职业技能等级证书制度。

显而易见,我国通过法律规范和相关规划,为残疾人职业培训和就业指导提供保障。各地在残疾人就业培训及指导方面做了大量工作。以上海市为例,2014年,上海市残疾人联合会、上海市人力资源和社会保障局、上海市财政局联合发布《关于加强残疾人职业技能培训工作的通知》(沪残联〔2014〕96号)规定,符合补贴条件的残疾人参加市、区县残疾人就业服务机构组织或核定的职业技能培训项目,完成全部培训计划,按规定考试合格,可享受职业技能培训费补贴,每人每年参加有补贴的职业技能培训不超过2次,补贴金额累计不超过10 000元。对于实际处于失业状态的残疾人参加核定的培训项目,还可申请生活费补贴,补贴标准为培训期间

---

① 《中华人民共和国残疾人保障法(2008年修订)》,第三十七条。
② 《中华人民共和国残疾人保障法(2008年修订)》,第三十九条。

本市职工月最低工资标准的50%,补贴对象每年申请次数不超过2次,补贴时间累计不超过6个月。这极大地鼓励和提高了残疾人参加职业培训的积极性。

4. 残疾人社会保险

我国残疾人保障法明确规定,国家保障残疾人享有各项社会保障的权利。残疾人及其所在单位应当按照国家有关规定参加社会保险。而残疾人所在城乡区域相关社会团体组织、残疾人的家庭,也应当鼓励和帮助残疾人参加社会保险。国家对生活上确实有困难的残疾人,也会给予相应的补贴帮助。

实践中,我国社会保险非常注重公平原则,实行全体劳动者及城乡居民统一参保政策。我国社会保险面向所有城乡劳动者及其居民参保,就意味着也包括残疾人群体,对于具有劳动能力且从事就业活动的残疾人,可以参加养老、医疗、工伤、失业及生育等五大社会保险,对于城乡重度残疾人群体,可以以家庭为单位,参加城乡居民的基本养老和医疗保险。

关于残疾人社会保险的详细内容详见本书第三编。

三、残疾人就业保障典型案例

(一) 残疾人福利企业保障案例

福利企业是我国残疾人集中就业的主要组织形式,虽然我国福利企业从建国初期出现到现在的发展经历了颇多波折,但不可否认其对于残疾人就业保障仍然发挥了突出的作用。福利企业要充分利用国家的相关扶持政策,对残疾人就业创新,实现岗位的优化和升级,实现企业效益与残疾人就业的统一。

专栏8.3 助力残疾人集中就业,践行国企责任担当

上海市三智公司成立于1997年10月,公司注册资本为1 000万元,是由原来为上海大众汽车配套的原市属福利企业上海仪表元件厂、上海低压电器四厂、上海汽车零件厂三家企业的优质产品和资源集中起来成立安置残疾人集中就业的国有企业,主要生产和销售蓄电池电缆和蓄电池罩等汽车零配件。截至2022年6月底,三智公司共有在册职工106人,其中,聋人职工36人。残疾职工主要从事导线压接、工装、包装等工作,残疾职工上岗率为100%。

为安置残疾人集中就业的国有企业,公司努力为残疾人提供合适的工作岗位,让他们发挥自己的才能,改善自己的生活条件,努力打造残疾人集中就业的示范型国企。残疾人进入企业工作,在为企业生产贡献自己的一份力量的同时,残疾职工也获得一份稳定的收入;企业为残疾职工提供工作岗位,为残疾职工提供了实现自身社会价值的舞台。

　　上海市残联副理事长莫彬彬指出,就业是民生之本,更是残疾人改善生活状况、融入社会,实现人生价值的主要途径。希望大家能够帮助残疾人实现就业,促进企业发展,带动更多就业,从而推动形成理解、关心、支持残疾人就业的氛围。希望国有企业凭借自身的优势与胸怀,在残疾人就业层面进一步践行责任与担当,为残疾人提供合适的工作岗位,也是为他们提供实现自身社会价值的舞台。

　　资料来源:《助力残疾人集中就业,践行国企责任担当》,《新民晚报》,2022年8月8日。

(二) 残疾人自主创业保障案例

　　残疾人由于身体不便、心理及家庭原因,往往难以承担前期自主创业带来的压力与艰辛,因此,在残疾人就业占比中,残疾人自主创业所占的比例相对较少。我国政府鼓励和扶持残疾人自主择业、自主创业,对残疾人从事个体经营的,依法给予税收优惠,有关部门应当在经营场地等方面给予照顾,并按照规定免收管理类、登记类和证照类的行政事业性收费。而且国家对自主择业、自主创业的残疾人在一定期限内给予小额信贷等扶持。一系列的优惠政策,为残疾人自主创业提供了巨大支持,助力残疾人自主创业,给残疾朋友创造良好的创业机会。

专栏8.4　创业助残,圆残疾人就业梦

　　肢体三级残疾的王奕民,是丽水"浙江非王系阀有限公司"的董事长,景宁县优秀政协委员,获得过丽水市十佳残疾人企业家等荣誉,身兼丽水阀门商会常务副会长、秘书长,市工商联(总商会)副会长等职。他深知残疾人群体的艰难处境,1993年,创办第一家阀门铸造企业时,就以创业助残,圆残疾人平等就业梦。截至目前,其三家企业的788名员工中,有各类残疾员工311人。

王奕民四岁那年患小儿麻痹症致左上肢全瘫,右手的神经亦受病毒侵害而活动受限。1981年丽水卫校毕业后在丽水市中医院内科工作,1993年"南方谈话"后的创业浪潮深深地触动了王奕民的心,他希望能通过办企业的形式给更多的残疾兄弟姐妹提供就业的机会,创造更多平等就业机会,实现残疾人就业梦想。他毅然放弃了医生这份稳定的工作,创办阀门铸造企业,敢闯敢拼,创业助残,带领残疾朋友走上一条共同富裕的道路。在创业的过程中,他主要通过以下几点帮助残疾人获得就业机会。

　　一是增加残疾人岗位力促平等就业。残疾人就业则面临着更多的困难,面对残疾人就业难、受歧视等问题,根据企业实际情况和岗位需求,在各个部门设置岗位时向残疾人倾斜,不管是聋哑、肢残还是智力障碍,只要有一定的劳动能力,都可以吸收到企业中,为其提供平等就业机会。

　　二是组织残疾人培训提高职业技能。持续实施残疾人职业技能提升计划,开展线上线下相结合的培训方式,让残疾人享有教育培训的机会,全面提高残疾人的整体素质,提升职业素质和就业技能,拥有参与社会、融入社会、奉献社会的能力,截至目前,共帮助50多人取得了各类职业资格等级证书。

　　三是打造"残疾人之家"提升生活质量。在厂里建立800多平方米的莲都区"非王残疾人之家",提供从生活照料、技能培训到文化娱乐等全方位庇护服务,丰富残疾人精神文化生活。一方面,采取"工疗+娱疗"模式,通过"工疗"让残疾人从事轻便简单的手工劳动,提高残疾人的手工技能,通过"娱疗"让残疾人多参加健身娱乐活动,丰富残疾人的文体生活;另一方面,通过组织残疾人参加集体劳动,搭建交流的平台,不仅可以加强残疾人之间沟通交流,更能改善残疾人生活品质,实现长期妥善安置。

　　四是开展心理辅导助残疾人稳定就业。为加强残疾人心理素质建设,强化残疾人心理健康教育与心理咨询工作,定期开展残疾人心理健康教育讲座活动,通过生动的事例通俗的语言,深入浅出地讲解了心理健康知识,让残疾人掌握情绪调节的常用方法。同时,定期普及了心理健康知识,在心理医生的指导与帮助下,促进了残疾人的身心健康,帮助残疾人融入社会,树立信心,更好地展现自我。

　　王奕民创办3家企业,累计帮扶残疾员工311人,其中100多人已经是各自部门的技术骨干。残疾员工不仅在生活上有保障,有固定工资、享受社保、医保等待遇,还能在工作生活中重拾自信,加强学习与技能培训,主动融入集体融入社会,过上幸福的生活。通过创业助残,给残疾朋友创造良好的就业条件,提高残疾员工收入的同时,鼓励他们重拾信心,树立正确的人生观、价值观,引导帮助他们通过劳动就业过上更加幸福、更加富裕的美好生活。

资料来源:《乘风破浪,圆残疾人就业梦》,丽水市残疾人联合会,2021年。

(三) 农村残疾人就业保障案例

从就业角度看,残疾人本身就是最为边缘化的群体,而农村残疾人更加艰难。我国现在处于"十四五"规划执行与促进乡村振兴的关键时期,要持续巩固精准脱贫成果,努力促进乡村振兴,解决好农村残疾人就业、确保残疾人及其家庭生活保障不受影响,也是最为重要的内容之一。2022年4月,国家乡村振兴局发布,进一步组织引导民营企业到更多地区投资兴业、合作发展,帮助培育壮大乡村特色优势产业,吸纳群众就地就近就业。对农村妇女、轻中度残疾人等就业能力相对较弱的群体,组织其通过公益性岗位、帮扶车间等获得就业收入。对丧失劳动能力且无法通过产业就业获得稳定收入的群体,比如重度残疾人、孤儿等,协调落实社会救助、社会福利等措施,保障基本生活需要。

专栏8.5 家门口就业,幸福感更强

残疾人是就业困难群体。为帮助残疾人重拾生活信心,利津县残联按照"帮富"、"帮扶"残疾人公益性岗位开发及就业安置工作相关要求,积极推进实施城乡公益性岗位扩容提质行动,来促进残疾人就业,帮助他们融入社会,让全县376名残疾人通过公益岗位实现就业,并涌现出了一批爱岗敬业的先进典型。盖敬峰、杨永成、吴爱琴三位身残志坚、自强不息的残疾人就是他们当中的代表。

盖敬峰,男,56岁,汀罗镇罗家村一名共产党员。2019年,他在担任电工期间因高空作业发生意外造成肢体三级残疾。为了生计,他开过餐馆,后来因为腿部疼痛干不了重活暂停经营,在村里担任红白理事会会员。今年3月份,镇残联、人社部门开发乡村公益性岗位,他踊跃报名,经过应聘,成为本村一名新时代文明实

践专员,主要负责本村的新时代文明实践站管理和移风易俗工作,并利用空余时间积极维持晚间文化广场秩序、做好公共场所卫生清洁等。

上岗后的盖敬峰,踊跃参加了今年疫情防控工作。他深入一线发放疫情宣传资料,宣传防疫知识,参与核酸检测工作,辅助医护人员维持现场秩序。盖敬峰的加入,不仅有效缓解了本村防疫工作压力,而且推动了基层疫情防控工作落到实处。残疾人公益性岗位的开发,真正使盖海峰在家门口实现了就业并使他能够自食其力融入社会,重拾生活的信心,他从内心深处感到了幸福。盖敬峰激动地说:"以前总是给别人添麻烦,感觉自己是个没用的人,没想到我也可以为疫情防控出一份力了!"

"我和母亲共同生活,母亲年纪大了,我身患残疾,没法外出打工挣钱。现在,赶上了公益岗的好政策,我在家门口每月就能领到400元工资。"利津县北宋镇五庄村48岁的肢体四级残疾人杨永成谈起自己的新工作,幸福自豪感溢于言表。今年3月份,他被镇残联、人社部门安置了残疾人公益性工作岗位,每天要沿着黄河大坝来回巡视两遍,主要负责观察滩区耕地违法使用、违法建筑的排查、基本农田排涝,秸秆禁烧时期防火禁烧等工作和村委交代的其他工作。像杨永成这样的残疾人公益岗位,今年北宋镇安置了共计42人,不仅促进了农村此类剩余劳动力就地就近就业,而且提高了低收入群体收入。

吴爱琴,女,1979年7月生,汉族,凤凰城街道左家村人,中专学历,肢体二级残疾人。她一直热心参与本村各项村级事务,被安置到本村农田管理公益岗位,协助村委传达通知和农田卫生清理,她求真务实,开拓进取,积极为残疾群众和广大群众办实事、办好事,有力地推动了各项村级事务工作的开展。

今年以来,利津县残联立足残疾群众生产生活实际,充分发挥乡镇(街道)残联和村(居)残协的作用,积极协调县、乡镇(街道)人社部门,扎实推进残疾人"以需定岗、以岗定人"的公益性岗位开发,实施了"一岗一特色"的个性化岗位设置,让残疾人充分发挥自己所能,使残疾人在家门口实现就业,有效促进了他们的增收,通过自己的努力和付出提升了生活质量。

资料来源:《家门口就业 幸福感更强——利津县公益性残疾人岗位就业典型案例》,东营市残联,2022年。

四、残疾人就业保障问题及对策

（一）存在的问题

1. 福利企业吸纳就业岗位的能力有限

从上文表 8.3 的就业我国残疾人就业形式分布看,残疾人集中就业仅占总就业人数的 3%—3.5%,充分说明以福利企业为重要载体的残疾人集中就业非常有限,无法承载主要的就业功能。究其原因,与福利企业自身定位、政策扶持以及企业负担有密切联系。

（1）福利企业定位不清晰。由于中国特殊的历史原因,福利企业一直以福利性为主,对于企业自身的发展盈利重视不足。但随着市场经济的发展,福利企业应该更加突出地体现出它的企业性质,也就是利润最大化。而目前的情况是,一方面以传统的福利性要求福利企业体现它的社会效益,另一方面又按照市场法则让福利企业自身去与市场上其他性质的企业竞争。虽然对于福利企业给予了一定的政策支持,但这不足以将福利企业所承担的社会责任外部化,造成福利企业背着包袱在赛跑。

为了促进福利企业的可持续性发展,首先需要从认识上转变,福利企业是福利机构,还是企业? 如果当作是福利机构,则需要福利企业以承担社会责任为主,营利为辅,如果这样,那就要走计划经济时期的老路,需要政府背着走。相反,如果当作是企业,则要适应形势,鼓励和支持福利企业按照市场法则进行经营,对于福利企业所承担的社会责任,政府应该按照购买服务的原则对福利企业提供应有的补偿和政策支持。

（2）福利企业扶持水平整体偏低。根据现有的扶持政策看,扶持水平整体偏低且不合理。我国 2007 年的税收政策调整,对福利企业的退税优惠进行了限定,由原来的双退税,调整为每位残疾职工退税最高 3.5 万元,全国执行统一的标准。这一做法,在某种程度上造成了地区间的不合理情况。在经济发达的地方,改退税水平偏低,继而对福利企业的扶持有限。以上海为例,上海本身职工工资水平处于全国领先,加之近年来上海不断提高最低工资标准,使得福利企业的人力成本在不断攀升。而在现实中,3.5 万元退税是在企业缴纳的流转税中扣除,但存在部分企业缴纳的税收达不到每个残疾人退 3.5 万元的标准,从而使得这一政策不能很好地起到帮扶福利企业的作用。

（3）福利企业承担的人力成本过大，制约其吸纳更多的残疾人就业。福利企业近年来在社保、工资支出等方面均呈现上升趋势，而且势头越来越明显，继而使得企业承担着越来越大的工资成本。然而人均退税额水平不仅低下，而且出现比较大的波动，与福利企业所承担的残疾人工资成本比较，难以为福利企业提供可靠和稳定的补偿和支持。

2."残疾人保障金"成为按比例就业的双刃剑

用人单位按比例吸纳残疾人就业，是国家促进和保护残疾人就业的最有力的行政措施。从表8.6可以看出，我国残疾人按比例就业每年有显著的增加，充分说明残疾人保障金政策在促进残疾人就业方面能够发挥巨大作用。事实上，我国残疾人按比例就业制度的本质就是以法定的形式规定用人单位履行社会责任，帮助残疾人回归社会、参与社会、融入社会，体现社会责任和正义。而残疾人就业保障金政策在本质上就是对按比例安排残疾人就业制度的一种补充和替代政策，即让那些确实无法为残疾人提供就业岗位的用人单位通过缴纳残疾人就业保障金的形式履行其应尽的社会责任。然而在现实中，这一政策很容易被扭曲，并形成一种极坏的模仿效应，进而拟制了残疾人就业岗位的提供。

表8.6 中国残疾人按比例就业新增人数变化（2016—2021年）

（单位：万人）

年 份	2016	2017	2018	2019	2020	2021
按比例就业人数（万人）	66.9	72.7	81.3	74.9	78.4	81.8

注：2019年因核减已注销和超年龄段残疾人数量，残疾人就业总数大幅下降。

资料来源：本表根据2016—2021年度《残疾人事业发展统计公报》相关数据整理而成。

一方面，在按比例就业制度执行中，如果不能安排残疾人就业，企业需要缴纳残疾人就业保障金来承担其社会责任。然而，在制度实施过程中却出现部分企业宁愿缴纳社会保障金，也不愿意招用残疾人的现象，严重影响了残疾人按比例就业的实施质量，而且将残疾人按比例就业制度与残疾人就业保障金的作用本末倒置。因此，如何严格执行并督促用人单位优先确保提供残疾人就业岗位，成为重要的政策议题。

另一方面,企业为了逃避缴纳残疾人就业保障金,存在"挂靠"的现象。所谓挂靠,是指某个残疾人挂靠在某用人单位下,残疾人不用上班,而用人单位每月向残疾人士发放基本工资。用人单位通过此种方式以避免缴纳残疾人就业保障金及修建无障碍措施的花费,而且还可能享受到当地政府的某些补助。虽然这种方法可能部分满足残疾人生活上金钱的花销,但其未能实残疾人通过就业途径融入到社会大环境中,帮助残疾人克服心理阴影、提升自我。

3. 残疾人自主创业能力不足

在残疾人各种就业形式中,残疾人灵活就业人数比较多,但是能够自主创业的人数并不多,主要存在以下问题:一是残疾人普遍存在身残、行动不便,其体力和精力难以承担自主创业的艰辛;自主创业往往需要投入大量的精力和时间,而残疾人由于身体的不便往往难以承受前期自主创业的艰辛,致使创业失败。

二是残疾人多数存在心理自卑、脱离社会的状态,难以适应自主创业对需要内心强大的素养要求。部分残疾人由于存在身体或心理缺陷,往往缺少自信,对他人的言行更加敏感,心理比较脆弱。有的残疾人为了躲避他人的眼光,不愿甚至不敢走出去家门,走入社会参加工作,特别是在现在这种节奏快、压力大的社会环境中,残疾人更容易产生焦虑和自卑的消极心理,进而自我否定,自暴自弃,失去融入社会的勇气,主动放弃就业的机会。

三是残疾人多数接受文化教育时间短,知识储备不足,难以适应自主创业对个人智力和情商水平的要求。目前,我国残疾人受教育率与受教育水平都相对较低,仅有 1.14% 的残疾人受教育水平达到大学程度,而 15 岁以上的残疾人文盲率高达 43.29%。[①]劳动者文化程度的高低,往往制约着其就业的机会,随着产业结构的升级,当下大多数残疾人所具有的简单劳动技能和低层次的文化水平,导致其就业竞争力不足,只能从事简单、边缘化的工作。

四是残疾人多数家庭经济困难,难以支持和帮助自主创业所需要的必要的日常经济开支。尽管国家已经出台了不少的支持残疾人自主创新创业的扶持政策,但是所有政策基本以成熟的项目为基础,而多数困难残疾人是无法提早投入和储备相关基础条件的。

---

① 转自《用大爱,助无碍——全国政协"帮扶城乡残疾人就业创业"专题调研综述》,人民政协网,2022 年。

4. 残疾人职业培训覆盖面有限

尽管国家对残疾人职业培训及技能提升非常重视,而且也出台了较为完备的培训规划与培训体系。但是受残疾人自身身体、意志力及精神等因素的制约,残疾人职业培训,很难实现应培尽培。从表 8.7 来看,虽然每年城乡残疾人群体接受过就业培训的人数在增加,但相比于我国庞大的残疾人口数量,职业培训的覆盖面仍然不足。

表8.7 我国残疾人就业培训人数(2017—2021 年)

年　　份	2016	2017	2018	2019	2020	2021
新增残疾人实名培训人数（万人）	60.5	62.5	49.4	40.7	38.2	57.1
培训盲人保健按摩（万人）	1.90	2.08	1.97	1.47	1.28	1.35
培训盲人医疗按摩（人）	5 267	7 217	10 160	7 318	7 820	9 372

资料来源:本表根据 2016—2021 年度《残疾人事业发展统计公报》相关数据整理而成。

一是职业培训机会在残疾人内部分布不均衡。各类残疾人中,听力、视力、智力残疾人所获职业培训机会相对较多,而肢体等其他类别残疾人所获培训机会尤为稀缺,职业培训在残疾人内部中存在着不平衡的现象。

二是培训方式单一。目前,全国的残疾人培训基本由当地政府与残联提供,培训方式也以地区残疾人集中培训为主,残疾人想得到能力上的提升,只能参加政府组织的集中培训,培训的科目也无法选择,只能听从安排。由于培训科目适应性不强,加之培训结束后的就业方向单一,导致残疾人参加培训的积极性不高。

三是技能培训内容针对性不强。尽管近年来国家在残疾人技能培训方面投入了大量人力物力,在技能培训项目中也打造出了一些特色品牌,不仅包括传统的盲人推拿按摩等项目,也包括部分新兴领域项目如电商经营、物流管理等,但是从残疾人具体就业情况来看,依然存在用工需求与培训项目内容不匹配,残疾人技能培养针对性不强等问题。

5. 残疾人就业受到外部环境的严重挑战

自从 2008 年全球金融危机爆发至今,整个大环境一直处于疲软状态,特别是近三年受到新冠肺炎疫情的影响,就业市场萧条,岗位大大减少,失业待业人数规模巨大,在此背景下,残疾人就业面临的挑战更加巨大。

（二）主要对策

1. 狠抓残疾人就业保障政策的执行和落实

由表 8.1 和表 8.2 可以看出，国家各部委及地方政府对残疾人事业发展非常重视，特别是残疾人就业保障问题。自改革开放之后，国家从残疾人福利企业发展、残疾人按比例就业到残疾人职业能力提升培训，以及残疾人就业促进等，出台了一系列完整的规划、扶持政策及法规。几乎每年有相关政策出台、每五年也有相关的发展规划和报告，更重要的是各级政府及相关部门也配合这些政策及规划，出台了系列的实施细则及配套支持政策，可以说我国已经形成和构建了比较完整的残疾人就业保障政策体系。但是从残疾人就业比例、就业分布以及就业形式看，这些政策和法规还存在执行不力、落实不到位的问题，因此，建议国家在继续完善已有政策制度及政策配套体系的同时，狠抓政策的执行和落实，加强对残疾人就业保障各环节工作的监督，努力做到能就业的尽量就业，提升残疾人就业率，实现残疾人参与社会和享受劳动权益的最大化；建议以《残疾人就业条例》为核心，开展全方位的残疾人就业保障工作规划与落实细则，并督促各地制定详细的实现方案，把已有的政策和制度落实作为促进残疾人就业的首要工作。

2. 注重已有的残疾人就业保障政策的实效评估

目前涉及残疾人就业保障的政策内容包括残疾人集中就业支持政策、残疾人按比例就业支持政策、残疾人自主就业支持政策、残疾人创新创业扶持政策、残疾人职业能力提升规划与培训政策，等等。这些政策的推行均有较长的时间，政策推行和实施的效果如何，应该加以重视和评估。建议由中国残疾人联合会牵头，按照残疾人就业形式对已有的残疾人就业保障政策进行全面、系统及专项评估，通过开展评估促进政策落实和提升残疾人就业效果。建议优先重点开展以下工作评估，一是对全国各地残疾人福利企业发展概况及其吸纳残疾人就业情况进行深度评估，特别是残疾人福利企业享有的税收优惠政策对增加残疾人就业岗位的激励性、残疾人个体就业的到岗率、残疾人岗位的稳定性，以及对残疾人个体就业的满意度及获得感等进行深度评估，通过评估改进和完善已有的残疾人福利企业的发展体制。二是对各用人单位在履行按比例接纳残疾人就业的情况，进行深度的政策效果评估，可以根据用人单位的属性、用人单位的业务类型等进行分类评估，并通过评估，可以完善已有的按比例就业的政策，进而加大和深化分类施策。三是对残疾人自主就业及创新创业扶持政策效果进行评估，重点评估自主就业规模及成效、创新创业的带动和辐射效应,以及自主就业和创新创业对残疾人个人、家庭及社会的社会及经济综合效应,并根据残疾人自主就业和创业的需要,完善现行残疾人自主就业扶持政策。

3. 完善残疾人就业保障政策扶持体系,开拓残疾人自主就业渠道

尽管我国目前已有较为全面的残疾人就业扶持政策体系,对残疾人就业起到巨大的促进和保障作用,但是从实践来看,有些扶持政策还不够精准、扶持力度也不够大、扶持的效果不够明显,迫切需要进一步优化和提高。

(1)增强福利企业扶持政策的精准性和多样化,有助于福利企业更好地发展。建议结合福利企业属性、福利企业残疾人就业规模、福利企业所在地经济水平等,设计科学合理的退税标准,增强合理性和适应性;完善福利企业的补贴体系,如增加对残疾人职业技能培训的补贴、对残疾职工工作场所安全设施的补贴、对残疾人心理健康服务的补助等;完善关于对福利企业的技术援助、政府采购优先、信贷优惠等扶持措施,细化政策的执行方式,让福利企业的扶持待遇能够更好地落到实处。

(2)严格督促用人单位执行按比例安排残疾人就业的政策,尽量减少以缴纳就业保障金取代安排残疾人就业的社会责任现象,对于积极提供残疾人就业岗位的单位,应给予一定的精神鼓励和表扬。按比例安排残疾人就业,不仅能够确保残疾人就业岗位的稳定性,也能更好地彰显用人单位肩负社会责任的义务。全社会应树立接纳残疾人就业的意识和义务,形成良好的社会正义风范。

(3)精细化残疾人自主就业扶持体系,为残疾人自主就业激发和创造更多的渠道。对于适合残疾人自身特征的自主创业项目,建议按照项目专项进行政策扶持,扶持力度以有助于无任何其他经济来源支持的残疾人能够启动项目的最低成本为标准,以促进更多的残疾人开创自己的事业;与此同时,建议相关职能、技能部门实现联动与整合扶持,所谓"有钱的出钱,有力的出力,有技术的出技术",即实现资金—技术—指导三结合,为残疾人自主创业提供全方位的帮扶;此外,以人力资源和社会保障部门为牵头单位,制定残疾人自主就业和创业清单及指南,并将其纳入职业培训内容,为残疾人自主创业提供方向性指导。

4. 完善残疾人就业培训体系,提升残疾人就业意识和就业质量

尽管绝大多数残疾人乐于就业、积极就业,但是也有不少残疾人,因为身体残疾,存在"身残志也残"的心理意识,进而影响其参与社会及就业意愿。为此,建议

完善残疾人就业培训体系,建立多主体、责任分工的培训机制,全面提升残疾人的就业意识和就业能力。如以中国残联为牵头单位,负责对残疾人精气神及劳动意识的培养和培训,建议将提升残疾人精神志气为主题,开展相关宣传、教育及引导等工作,提升残疾人的自我认同、参与社会、乐于劳动的积极心态和奔放向上的精神面貌,强化其就业意识;以人力资源和社会保障部门为牵头单位,以提高残疾人就业能力和就业质量为主题,开展残疾人职业技能培训、残疾人就业指导、残疾人劳动就业规范及标准等活动,提升残疾人对劳动就业及各种职业的认知、提高残疾人就业能力及就业质量。此外,当前的残疾人就业整体存在质量不高的问题,如假就业、就业不稳定、工作时长不达标、工资待遇不确定等问题,为此,建议由国家发改委、人社部门及残联等相关部门联合出台残疾人劳动就业相关指引、残疾人就业规范和标准,以及残疾人劳动就业管理办法等,双管齐下,一方面,通过规范和标准,引导和促进残疾人就业规范化,建立健康有序的残疾人劳动就业市场;另一方面,通过管理办法,加强对残疾人就业市场的监督,不断矫正和扭转残疾人就业中的乱象和违规情形,最终促进残疾人就业质量的提升。

(三) 其他建议

1. 完善残疾人就业指标及相关数据系统

通过查阅历年《残疾人事业发展数据公报》、中国残疾人联合会网站以及中国统计年鉴等官方数据信息,发现我国残疾人事业发展衡量指标不够完善,无法完整、系统地反映和评价残疾人工作所取得的成就。建议按照残疾人事业领域,构建完善的指标体系,并且加强分领域的年度事业发展报告总结,形成和记录我国残疾人事业发展的轨迹和全貌。以残疾人就业为例,不只是在残疾人事业发展年度报告中用专门栏目概述残疾人就业发展概况,而且要根据残疾人就业体系进行系统概述,包括残疾人就业形式、每种形式就业人数、残疾人就业率、残疾人就业补贴、残疾人培训、残疾人就业指导等相关指标;与此同时,在中国残疾人联合会网站,将残疾人"就业教育"分开成"残疾人就业"和"残疾人教育"两个栏目,专门记录和反映残疾人就业政策及相关工作进展和概要,宣传残疾人就业典型案例,残疾自主就业创业经验介绍等等。此外,建议在中国统计年鉴上,按照统一规范的残疾人就业指标进行数据呈现我国残疾人事业发展情况。一个健全的指标体系及完善的数据统计,不仅有助于我们认识残疾人事业发展的整体概貌,也有助于对残疾人事业发展的成就、存在的问题及改进建议进行分析和研判。

据白皮书显示①,近年来,我国每年开展有关残疾人基本服务及需求状况基本数据和信息调查,并建立了全国性残疾人基础数据库。这些信息能否在不涉及数据隐私的情况下,进行适当的公开,有助于关心和热爱残疾人事业的人士了解我国残疾人事业的基本情况;也有助于我国广大的从事残疾人事业相关议题研究的学者们,进行数据分析和挖掘,提升我国残疾人事业问题研究的理论与实证水平。有这些数据支撑,也许理论界和实践界在促进残疾人事业发展方面能够提供具有创建性的建议与指导。

2. 加强残疾人就业典型案例宣传

根据近五年的残疾人事业发展公报,残疾人个体就业及灵活就业有一定的比例,建议每年选树一批典型的个体就业和灵活就业优秀案例进行经验宣传,不仅在中国残疾人联合会网页上设专栏常年宣传,也可以纳入残疾人职业培训课程,有助于有自主就业意愿的残疾人学习和参考,也能激发更多的残疾人自主就业和灵活就业的灵感,提升残疾人就业率。

---

① 《平等、参与、共享:新中国残疾人权益保障 70 年》白皮书,中华人民共和国国务院新闻办公室,2019 年 7 月。

第九章
残疾人的托养照护

有一部分残疾群体,很难通过教育和就业提高生活和经济能力显著改善他们的生活方式和生活状态。这些群体从残疾种类看包含精神和智力残疾人,从残疾等级看包含重度残疾人。尽管这些残疾人在残疾种类和残疾程度等方面都存在显著差别,但是他们仍享有共性:他们没有独立的生活能力,高度依赖家庭,长期甚至终其一生都需要看护照料。当前他们的照护主体主要为家庭,家庭承担了照护的责任,也承受着沉重的经济和精神负担。张海迪曾经指出,"社会化托养服务是重度残疾人及其亲属最现实、最迫切的需求",对重度残疾人如此,对精神和智力残疾人亦是如此。

一、我国残疾人托养服务政策和发展现状

(一) 发展残疾人托养服务的必要性

智力、精神和重度残疾人与一般的残障人士相比,残疾程度重、独立生活能力缺乏。智力障碍人士和精神障碍患者面临的基本难题是如何融入社会,他们在康复、教育、就业、社会保障等方面面临着比其他残疾人更大的困难。2006 年第二次全国残疾人抽样调查数据表明:城镇就业年龄段的智力残疾人、精神残疾人和重度残疾人的就业率仅为 29.3%。残疾人托养服务主要解决的是就业年龄段的智力、精神和重度肢体残疾人基本生活照料、护理、能力训练、职业康复等方面的服务需求,达成他们生活自立的目标。我国各类重度残疾人有 2 500 多万。在这些残疾人

中,有托养需求的近千万,但能够得到服务的只有百万左右①,绝大部分残疾人都依靠家庭负责照料和护理。残疾人照护任务重,治疗和康复费用高,需要照护时间长,给家庭成员的精神和经济带来沉重负担,有些家庭成员为了照顾残疾人甚至要放弃工作。因此,社会化托养服务不但能够为残疾人提供专业的帮助,提高他们的生活质量,更能释放非残疾人家庭成员劳动力,将亲属从繁重压抑的状态中解脱出来,改善整个家庭的生活状况。

(二) 残疾人托养照护的政策演化

2007年,残疾人托养服务被正式提出,并于2008年被写入《残疾人保障法》。然而在此之前,上海和广州等地就开始探索在家庭外实现残疾人照护的方式,其中上海市2005年推出的"阳光之家"就是一项具有广泛影响力的公益项目。"阳光之家"为16岁至35岁的智障人士提供培训、康复训练等服务,提高他们的生活自理能力、社交和劳动能力。"阳光之家"的成功运营为发展残疾人社区托养照护提供了宝贵的经验。2008年修订的《残疾人保障法》将有关加强残疾人托养服务的内容也纳入残疾人保障法。根据该法,对于生活不能自理的残疾人,地方各级政府应当根据情况给予护理补贴。②对于无劳动能力、无扶养人或者扶养人不具有扶养能力、无生活来源的残疾人,地方各级政府按照规定予以供养。此外,国家鼓励和扶持社会力量举办残疾人供养、托养机构。③这一修订明确了政府的供养责任的义务和主体地位。

2008年《中共中央　国务院关于促进残疾人事业发展的意见》(中发〔2008〕7号,也称7号文件)在发展政府主导的残疾人托养照料机构,以集中托养照护的方式托养的基础上,鼓励推广"阳光之家"经验,提出建设依托社区的托养机构,为重度残疾人、智力残疾人、精神残疾人、老年残疾人等提供公益性和综合性的服务项目,包括生活照料、康复养护、技能培养、文化娱乐、体育健身等。此外,还鼓励发展残疾人居家服务,并且还鼓励地方建立残疾人居家服务补贴制度。此后居家托养服务广泛实施,日间照料机构得到较快发展,一批全日制托养服务机构建成使用。根据

---

① 张海迪:《加快发展重度残疾人托养服务》,2019年3月10日在全国政协十三届二次会议第三次全体会议大会发言。
② 《残疾人保障法》第四十八条。
③ 《残疾人保障法》第四十九条。

《残疾人保障法》的要求,这些托养服务机构有多种运作模式:残联主办、公办民营、民办公助等。①残疾人基本生活照料及护理需求的满足在形式上不再局限于集中托养,社区日间照料、居家照护等形式的出现推动了残疾人照护服务在基层的开展,完善的残疾人托养服务体系正在形成。

专栏9.1　上海为智障人士撑起"阳光之家"

在上海,有两百多个官方建立的"阳光之家","家"里的成员来自一个特殊群体——智障人士。其中16岁至35岁的学员,还被"阳光之家"的工作人员昵称为"阳光宝宝"。

28岁的小莹是上海闵行区"阳光之家"的一名智障青少年。周末的一场"牵手上海编织义卖会"上,小莹及其他智障青少年编织的彩色绒线靠枕,吸引着人们的目光。绒线的手套、围巾、靠枕等编织品价格在25元至60元人民币不等,盈利所得的70%将直接回馈给这些"阳光宝宝",30%作为"阳光之家"机构的公共经费。

29岁的智障学员遂文在指导老师的帮助下,回忆起编织的历程:"当完成了第一条围巾时我感到很高兴,尽管编织手艺不够好,但提高了我动手动脑的能力,我以后还要学习其他编织的工艺品。"

为改变约7万名智障人士长期封闭在家、社会适应能力弱化的状况,2005年,上海把建立智障人士"阳光之家"列为市政府实事项目之一。目前在上海市的街道、乡镇已建立了200多个"阳光之家",注册智障人士逾万名,组织他们开展教育培训、康复训练等,提高其生活自理、社会交往能力。

上海闵行区负责"阳光之家"的工作人员周婷告诉记者,该区目前有15所"阳光之家",费用由上海市、区残联等相关机构承担。进入"阳光之家"的674名智障学员不需要交费。服务于"阳光之家"两年多,"80后"周婷感触颇深,"这些特殊学员其实比普通人更渴望学习,渴望与人交往、融入社会"。

"阳光之家"里35岁以上的"超龄学员"如何融入社会,是多家"阳光之家"面临的问题。上海长宁区负责"阳光之家"的周涌奋告诉记者,"阳光之家"格外重

---

① 新华社:《我国计划建立起完善的残疾人托养服务体系》,2011年2月21日,http://www.gov.cn/jrzg/2011-02/21/content_1807378.htm。

视培养学员的自理能力,比如在恋爱婚姻上的心理辅导以及外出采购等简单活动。上海索益公益机构的李磊说,该机构正在与"阳光之家"合作,帮助智障人士寻找就业机会。

今年5月,上海第一个专售智障人士制作工艺品的营销平台——"阳光之家"网店和城市超市爱心店揭牌,上海各区县智障人士制作的十大类50多个品种的手工艺品,均可通过该平台进行销售。

资料来源:郑莹莹:《上海为智障人士撑起"阳光之家"》,中新社,2022年6月3日。

为了帮助各地开展就业年龄段智力、精神和重度残疾人托养服务,中国残疾人联合会和财政部也于2009年底正式启动了"阳光家园计划",为这些托养服务项目提供补助。从2009年至2011年,中央财政每年安排2亿元用于补助各地开展残疾人托养服务工作,2012年至2015年中央财政每年安排2.5亿,2016—2020年"十三五"和2021—2025年"十四五"期间,中央财政每年投入3亿元,以平均每人每年1500元的标准补助地方残疾人托养服务项目[1]。

"阳光家园计划"补贴集中托养的机构和居家托养的家庭。集中托养机构主要是指地方各级政府和残疾人联合会等社会组织以及个人兴办的社会福利服务公共机构,以及非营利性的残疾人关爱服务机构。居家托养的家庭主要指生活困难的家庭——享有城乡最低生活保障的家庭,或符合当地政府规定的困难标准的家庭,同时有智力、精神或重度残疾人需要专人长期照料的、残疾人在就业年龄段(16岁至退休年龄)且无业的家庭。补助的服务内容包括:寄宿或者日间照料等托养服务机构开展的"残疾人职业康复训练、技能培训、无障碍环境改造及生产生活等服务设施设备;或者符合条件的残疾人家庭接受的居家生活照料、家政服务、康复护理以及购买社会服务等各种符合形式的托养服务"。全国托养服务机构在政府的扶持和资助下广泛发展起来。截至2018年底,全国托养服务机构数量和2012年底时相比,增长了近一倍。

残疾人托养体系不断发展,其服务内容和服务质量也得到规范和加强。2013年中国残联制定了《残疾人托养服务基本规范(试行)》以加强残疾人托养机构的管

---

① 中国公益研究院:《北京发布养老服务发展规划,突出老残儿一体化发展》,2021年10月31日。

理和服务水平。2019 年 6 月《就业年龄段智力、精神及重度肢体残疾人托养服务规范》(以下称《规范》)就残疾人托养机构的服务内容和质量制定了统一标准规范。该《规范》由中国残联、民政部、国家市场监管总局、中国标准化研究院等部门联合发布,是我国第一个残疾人托养服务的国家标准。它明确了残疾人托养服务的多层次目标:最基本的目的是为残疾人提供生活照料,将残疾人"养起来";在此基础上,通过职业康复、社会适应和职业培训,这些残疾人可以具备基本的自理能力和参与社会生活的能力;同时通过运动功能训练、职业康复和职业培训,残疾人最终可以通过辅助性就业和支持性就业等途径从事力所能及的劳动。

为了缓解残疾人的经济负担,2016 年我国还建立了面向"重度残疾人"和"困难残疾人"的残疾人两项补贴制度(《国务院关于全面建立困难残疾人生活补贴和重度残疾人护理补贴制度的意见》,国发〔2015〕52 号)。重度残疾人补贴对象为残疾等级被评定为一级、二级且需要长期照护的重度残疾人,有条件的地方还涵盖非重度智力、精神残疾人或其他残疾人,补贴范围是残疾人因残疾产生的额外长期照护支出。经过这几年的实践,残疾人两项补贴制度从管理制度上不断改进和完善:例如 2021 年民政部、财政部发布的《中国残联关于进一步完善困难残疾人生活补贴和重度残疾人护理补贴制度的意见》(民发〔2021〕70 号),要求建立动态复核等精准管理机制。2022 年《中国残联关于加强残疾人两项补贴精准管理的意见》(民发〔2022〕79 号),提出科学精准规范地实施残疾人两项补贴制度。通过信息系统扩大宣传,提高两项补贴制度的知晓率,申请补贴以自愿为原则,同时加强资金的监管。这些制度规则都是使残疾人两项补贴制度能够公平准确、及时有效地惠及困难和重度残疾人。

政府对残疾人的托养照护工作不断重视,"开展重度残疾人托养照护服务"还被写进了"十四五"规划纲要,列入国家的发展规划中。《"十四五"残疾人保障和发展规划》(国发〔2021〕10 号)明确要"加快发展残疾人托养和照护服务,积极发展服务类社会救助,推动开展残疾人长期照护服务。着力增强县级特困人员救助供养服务机构对残疾人特困对象的照护服务能力。鼓励通过政府购买服务对社会救助家庭中生活不能自理的残疾人提供必要的访视、照护服务。落实托养服务机构扶持政策,继续实施'阳光家园计划',为就业年龄段(16—59 岁)智力、精神和重度肢体残疾人等提供托养服务,支持中西部地区残疾人托养服务发展。研究探索老年人能力评估标准、长期护理保险失能等级评估标准等与国家残疾人残疾分类和分级标准的衔接,支持养老服务机构完善服务功能,接收符合条件的盲人、聋人等老年残疾人。研究制定低收入重度残疾人照护服务指导意见,为符合条件的重度残疾人提供集中照护、日间照料、居家服务、邻里互助等多种形式的社会化照护服务"。

(三) 我国残疾人托养服务发展现状

残疾人的托养照护机构,根据照护发生的地点和照护提供的方式,分为机构集中托养,社区日间照料、居家照护等形式。机构集中托养一般采用寄宿制托养模式,是指符合条件的残疾人在专门的托养机构集中居住,托养机构提供餐食以及康复和24小时照料等服务。日间照料托养服务一般依托于社区,采用在社区就近、就便日托的照料模式,为残疾人提供托养服务。上海阳光家园就是典型的日间照料服务机构。

表 9.1　我国残疾人托养照护服务模式分类

服务模式	具体分类
寄宿制残疾人托养服务模式	公办残疾人托养服务模式 公办养老机构延伸开展的寄宿型托养服务模式 民办养老机构延伸发展的寄宿型托养服务模式 康复教育机构延伸发展的寄宿型托养 社区家庭住宿托养服务模式
日间照料服务实践模式	上海阳光家园模式 广东康园模式 长沙心翼会所模式 农业生产田园模式
居家服务模式	机构菜单式居家服务模式:如重庆江北幸福加社会工作服务中心 志愿服务式居家服务模式:如上海市无业重残人员居家养护志愿服务 邻里互助式居家服务模式:如山东聊城市邻里互助护理服务

资料来源:根据刘战旗等:《我国残疾人托养服务模式与运行机制研究》,《残疾人研究》2020年第2期,第3—11页整理。

残疾人托养事业在政府的推动和引导下得以快速发展。在2021年,我国总共有各类形式的托养机构11 278家,比2020年增长了近3 000家,其中约有二分之一来自日间照料托养机构的增加。[①]图9.1展示了2013—2021年期间我国残疾人寄宿

---

① 　中国残联:《中国残疾人事业发展报告》。

制托养服务机构和日间照料机构的发展演化趋势。残疾人照料机构从规模上看，在2013—2019年间持续增长，并且以日间照料机构发展最为迅速。在2019年，日间照料机构达到5 311家，比2013年的数量翻了一倍还多。

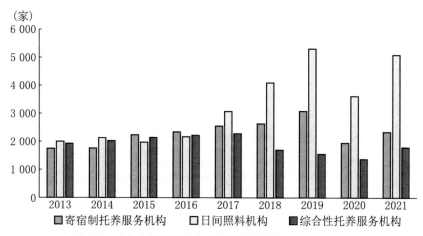

图9.1　残疾人托养服务机构分类及数量：2013—2021年

资料来源：中国残联《中国残疾人事业发展报告》2013—2021年。

随着残疾人托养服务机构的增长，服务的残疾人数量也在持续增加（见图9.2）。2019年在托养机构接受托养照护的残疾人共有22.4万人。[①]2021年有608 988名残疾人接受了托养照护服务，其中在寄宿制机构托养的残疾人只是少数，占到整体的8%。[②]

从以上发展趋势可以看出，日间照料机构以较快的速度发展壮大，其中出现了不少依托社区力量的托养照护机构。一方面，由于大部分精神和智力残疾人都不满足进入寄宿托养机构的条件，社区托养照护机构能够满足他们更多的托养需要。另一方面，社区托养有其天然的实现托养目标的优势。由于机构寄宿托养从空间上将残疾人和社会隔离开来，在实际中并不能实现残疾人生活的社会化和正常化。福利国家瑞典其残疾人保障的一个重要举措就是全面去机构化。而社区是社会的

---

① 2020年在机构接受托养照护的残疾人数量减少。这一方面是因为残疾人托养照护的数量减少，另一方面可能是2020年新冠疫情暴发，在一定程度上阻碍了托养照护的实施。

② 由于2021年我国《残疾人事业发展报告》没有分类别报告残疾人在不同托养机构的托养情况，8%是2020年分机构托养的最新数据。

图 9.2　使用残疾人托养服务人数：2013—2020 年

资料来源：中国残联：《中国残疾人事业发展报告》，2013—2021 年。

微缩单元，将残疾人托养在社区将发展成为我国残疾人托养的主要形式，图 9.1 也已经展现了这样的发展趋势。

二、残疾人托养照护案例——上海市自闭症患者的托养照护

自理能力不足是精神、智力和重度残疾人群体的特殊困难，缺乏适合的社会托养服务是这些特殊残疾人和他们的家庭最大的后顾之忧。解决托养照护的问题，是这些残疾人家庭的迫切需求。本节将主要以自闭症为例，通过调查梳理上海市自闭症患者的托养照护现状、托养困境和问题，以管窥豹，反映出精神、智力和重度残疾人在受托养照护的过程中遇到的难题，并在现有制度的基础上提出有针对性的意见，完善对残疾人的托养照护。

（一）上海市残疾人托养照护现状

1. 上海市精神、智力和重度残疾人概况

2019 年上海全市所有残疾人中，精神残疾占比 9.27%，智力残疾占比为 10%；按照残疾分级来看，上海市一级残疾人（极重）占比为 14%，二级（重度）残疾人占比为 19.1%，而中度和轻度残疾占比为 24.2% 和 42.7%。从整体上看，残疾人残疾程度的构成和全国的残疾程度分布相一致。然而不同类型残疾的等级分布存在显著的差异。在精神残疾中，极重度和重度残疾占精神残疾的绝大部分，占比分别为

26.3％和54％。只有五分之一的精神残疾属于中度(三级)或者轻度(四级)残疾(见图9.3)。

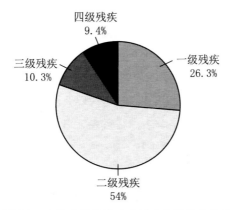

图9.3 上海市精神残疾人残疾等级分布情况

资料来源：《上海市残疾人事业发展报告》。

在入住养护机构的残疾人中，2015年智力、精神及肢体三类残疾人数占绝对的大多数，这三类残疾人占入住养护机构残疾人总数的90.86％，其中以智力残疾人为最多，占37.16％；精神残疾人次之，占34.77％；肢体残疾人占18.93％。剩下的为其他种类的残疾人。[1]

2. 上海市残疾人托养服务的进展与现状

上海在残疾人机构养护方面探索较早。上海市约有3万多名生活不能自理的重残无业人员，在2004年就开始试点实重残无业施残疾人机构养护工作。2005年，上海实施"智障人士阳光行动"，为托养智障人士建立了239家"阳光之家"。2006年，上海市政府为民办实事项目之一就是发展残疾人机构养护，通过社区养老院、敬老院、福利院和其他专门机构，由政府购买服务，确保有康复需求的重残人员的养护。2010年上海发布了我国第一部残疾人养护机构服务标准——《残疾人养护机构服务规范》，为我国残疾人社会养护的规范化和标准化奠定了基础。该《规范》提出不同种类的残疾人所应获得的差异化的服务和要求，例如，向身体残疾者提供功能恢复训练，为精神残疾者提供简单就业机会，为智力残疾者提供认知和语言表达能力训练，为视力、听力、语言及其他类型残疾者提供交流、表达能力训练

---

① 裴墅等：《上海市残疾人机构养护服务实施现状分析》，《中国康复理论与实践》2017年8月第23卷第8期，第897—901页。

等。①2012年上海又发布实施了《残疾人日间照料机构服务规范》,其也成为全国首创的规范日间照料机构服务的标准。

为了缓解残疾人家庭的压力,使智力、精神残疾人自尊自信地生活,在2005年设立"阳光之家"之后,上海还先后在各街道乡镇打造了"阳光"系列服务,建设"阳光家园"。阳光家园的主要成员包括面向智力残障人士的"阳光之家",面向精神残障人士的"阳光心园",以及为残疾人提供庇护性社区就业服务的"阳光基地",三者也被称为"三阳机构"。2012年还发展出了通过为残疾人播放无障碍电影而丰富残疾人精神文化生活的"阳光院线"服务,《上海市残疾人事业发展"十四五"规划》提出打造"阳光健身"项目,助力残疾人体育康复②,形成了全方位为残疾人服务的网络。

根据上海市2019年残疾人事业发展报告③,截至2019年末全市各街镇已建立起222家"阳光之家"和214家"阳光心园",这些阳光之家和阳光心园分别为5 000余名智力障碍人士和6 000余名精神障碍人士提供了日间照料服务。

除了阳光之家和阳光心园等日间照料机构,上海市还有一部分寄宿制残疾托养机构,他们在全部残疾人托养机构的占比略小于50%(见图9.4)。在寄宿制机构托养的残疾人近年来稳定在6 000人左右。

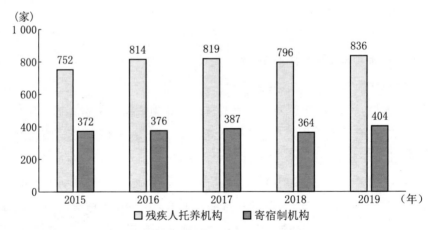

图9.4 上海市残疾人托养机构数量

资料来源:《上海市残疾人事业发展报告》。

---

① 孙云:《上海出台国内首个残疾人养护机构服务规范》,东方律师网,2010年12月13日。
② 《把服务送到家门口,紧贴需求打出助残"组合拳"——"阳光"助残,彰显城市温度》,文汇报,2021年11月19日。
③ 上海市残联公布的《残疾人事业发展报告》中,最新的残疾人托养机构和托养服务人数信息为2019年。

上海接受托养服务的残疾人在逐年增长。从 2013 年的 35 986 人,增加到 2019 年的 4.2 万人。接受托养服务的残疾人绝大部分接受的是居家托养服务,其次是日间照料,最后是寄宿制托养。在 2019 年 4.2 万接受残疾托养服务的残疾人中,有 2.6 万人接受的是居家托养服务,占总体的 62%;1 万人在日间照料机构托养,0.6 万在寄宿制机构托养。在提供托养照护服务的同时,上海同样重视服务的专业性,对托养机构的管理和服务人员进行专业培训,保证服务质量,接受专业培训的人数从 2015 年到 2019 年增长了近一倍(图 9.5)。①

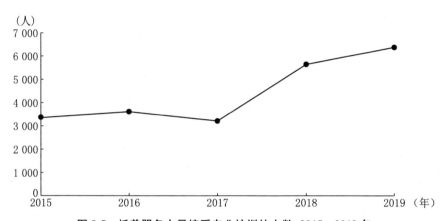

图 9.5　托养服务人员接受专业培训的人数:2015—2019 年

资料来源:《上海残疾人事业发展报告》。

3. 上海市残疾人托养服务的发展趋势

《上海市残疾人事业发展"十四五"规划》强调了发展托养照护服务和完善残疾人福利保障。首先,《规划》特别强调了重度残疾人尤其是"老养残"家庭的托养照护问题。上海计划试点开展无法互相照料的老年人与其成年残疾子女等"老养残"家庭共同入住公益性福利机构,努力实现对 18—60 岁的重残无业人员特别是重度精神和智力残疾人"应养尽养"。其次,加大残疾人福利设施建设和对残疾人家庭扶持保障力度。新增 18—60 岁重度残疾人养护机构床位 2 000 张以上,同时努力推进精神障碍社区康复服务发展。另外,稳步提高困难残疾人生活补贴和重度残疾人护理补贴标准,健全残疾人帮扶制度。

---

① 《上海残疾人事业发展报告》。

(二) 自闭症托养照护现状和困境

1. 什么是自闭症

自闭症或者泛自闭障碍症,也叫孤独症,是一组与大脑发育相关的疾病。患有自闭症的孩子常常被称为"来自星星的孩子"。自闭症是一类与众不同的疾病,患病的孩子通常存在不同程度的言语发育障碍、人际交往障碍,兴趣狭窄、行为方式刻板,在社交和沟通方面存在困难。在我国,自闭症被归类为精神残疾。尽管这些特征在幼儿时期就有表现,但通常很难被诊断。在自闭症患者中,他们的智力、能力和需求也展现出比较大的差异,虽然并不是所有自闭症患者都不能独立生活,但不少自闭症儿童伴随着严重残疾和其他疾病,如癫痫、抑郁、注意力缺陷、多动症等。

目前自闭症没有有效的办法预防,也没有治疗自闭症的特效药物。这意味着,自闭症是终身的,不可治愈的,只能采用健康康复、社交训练等方式进行干预。由于自闭症的需求很复杂,需要一系列综合服务,需要大力依靠家庭和社会的支持,否则,这部分孩子可能很难融入社会、适应社会,从而需要终身照护。

目前全球大约 100 位儿童中就有一位自闭症儿童。根据美国疾病监控与预防中心的数据,自闭症的发病率正在快速上升。2014 年,美国儿童自闭症发病率是 1/45,2016 年增长到 1/36。根据 2019 年发布的《中国自闭症教育康复行业发展状况报告》,在我国自闭症发生率为 0.7%。目前我国大约有 1 000 多万自闭症患者,其中 14 岁以下儿童的数量超过 200 万。我国从 2006 年第二次全国残疾人抽样调查开始明确将自闭症(孤独症)列为精神残疾,我国自闭症儿童占精神残疾患儿的 36.9%。1 000 万自闭症个体的背后是 1 000 万个自闭症家庭的长期照顾者。我国在 1982 年确诊了第一例自闭症患者,距今进已经有 40 年。第一批诊断的自闭症患者已经步入中年,他们的家庭照护者也即将步入老年,对成年自闭症患者的照料显得力不从心,自闭症患者的托养照护问题需要社会和政府给予更多关爱和照顾。在 2019 年第十届全国人民代表大会上,全国人大代表、上海财经大学公共经济与管理学院院长刘小兵教授曾提出"关于建立成年自闭症人士日托服务机构的建议",呼吁政府和社会高度关注自闭症患者家庭。

2. 问卷设计和数据来源

为了了解自闭症儿童的照护现状和需求困难,我们于 2022 年 1 月走访了上海彩虹妈妈家庭关爱中心彩虹妈妈工作室。"彩虹妈妈工作室"是由自闭症患者母亲张灿红创立的社会组织,或者说它是"心智障碍者家长的组织",它的初衷是通过有相似经历的家庭抱团取暖相互扶持的方式,关爱自闭症儿童,分享照料、康复训练等方面的经验,为更多的自闭症家庭提供咨询和帮助。

图9.6　彩虹妈妈工作室调研走访场景

注:左:彩虹妈妈张灿红。右上:彩虹妈妈和志愿者们。右下:上海财经大学公共经济与管理学院调研小组在彩虹妈妈工作室。

在彩虹妈妈工作室的协助下,通过网络发放调查问卷(问卷见附录),受访者都是自闭症患者的家长,这使我们有机会接触和了解自闭症儿童和家庭。问卷回收333份,剔除非上海市的答卷,有效问卷311份。

专栏9.2　彩虹妈妈工作室的建立和发展

我的孩子是1990年出生的,孩子2岁半的时候被诊断为孤独症。当时我自己也不懂什么是孤独症,就找了很多资料,最后了解到精神卫生中心可以治疗孤独症。我就每天去医院蹲点,找到了10多个孤独症患者的家长。20世纪90年代我们国家对孤独症的认识才刚刚起步,我查了资料,我们国家1984年才报道第一例孤独症。当时社会保障对我们孤独症家庭来说基本没有什么帮助,我们只能相互帮助。以前也没有很先进的通信工具,我们都是通过书信联系,上海各区的都有,慢慢熟悉后有五六个家庭开始搞活动,我把他们称为第一代孤独症互助家庭。

最开始没有正式组织,我们就几个家庭或者去某位家长的办公室坐坐,或者去麦当劳坐坐,或者找个公园坐坐,分享彼此收集到的关于孤独症的资料。没有社会面的资助,我们也没有收入,纯公益性的,当初还是很苦的。2013年我们正式有了互助会这个名字,我用自己的退休工资租了个两居室作为固定的活动点,就是后来的彩虹妈妈工作室,由于这是个人行为,我也是自愿为大家服务,所以也不收大家的钱。随着工作室的服务对象的扩大,有的家长受到我的感染,也慢慢加入工作室的志愿服务中来,自发会捐点钱作为活动基金,200元、300元的,比较随意,我们也没有硬性规定。2015年我们正式注册成为民办非企业单位后,街道对我们有了很大的支持。首先提供了免费的活动场地,然后每年有5万元定额的资助,民政局和妇联也会有2万元左右的资助,每年大概总共7万元来保障我们服务中心的日常营运。

资料来源:张灿红讲述,彩虹妈妈工作室。

3. 自闭症患者和家庭的基本情况

图 9.7 展示了自闭症患者的年龄分布,最小的自闭症患者只有 4 岁,最大的 42 岁。我们以 6 岁以下,6—12 岁,12—15 岁以及 15 岁以上(成年)进行分组。以 6 岁为第一个划分界线,不仅是因为 6 岁以下是学龄前阶段,更重要的是 2—6 岁是自闭症干预的黄金时期,在这一时期诊断和早期干预,能够极大改善康复的效果。第二个年龄划分界线是 12 岁,12 岁是义务教育小学阶段结束的年龄,我们关注符合义务教育不同阶段年龄条件的自闭症患者的教育、教育后的去向和家庭照护状况。第三个年龄界线是 16 岁,为义务教育阶段结束的年龄。

图 9.7 有两方面的信息值得特别注意。首先在调查样本中,6 岁以下的儿童只占到 2.25%,反映出自闭症在低龄不容易被发现和诊断的客观现实;其次,16 岁以上的自闭症患者占比很高,达到 46.6%。随着我国早期诊断出的自闭症患者正在步入成年甚至中年,从身体形态到动作行为,成年自闭症患者和儿童自闭症患者有明显的区别,照护成年自闭症患者对照护者提出了更高的要求和挑战,需要政府和

社会及时注意到并应对不断增加的青年和中年自闭症群体的照护问题。

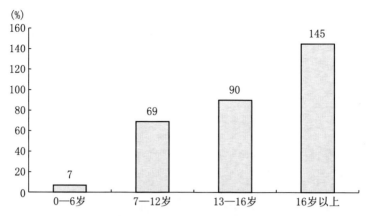

图9.7　自闭症患者年龄分布

资料来源:作者根据问卷调查整理。

　　自闭症患者中,男性占大多数。样本中自闭症患者中男女比例为250∶61,接近4∶1,和医学诊断的发病率性别比一致。自闭症属于精神残疾的一种,但是办理残疾人证的比例仅为80.7%。在持证患者中认定的残疾程度主要为重度(包含极重度),有63.75%,中度残疾32.67%,还有9%属于轻度残疾(见表9.2)。尽管自闭症在残疾划分上属于精神残疾,但是在自闭症患者中绝大部分办理的残疾证为智力残疾证。这反映出自闭症患者在行为上的复杂性,也使人们反思将自闭症划分为精神残疾的合理性。

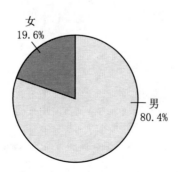

图9.8　自闭症患者性别比例

资料来源:作者根据问卷调查整理。

表 9.2　持残疾证自闭症患者残疾等级分布

残疾等级	人数（人）	比例（%）
一级	67	26.69
二级	93	37.05
三级	82	32.67
四级	9	3.59

资料来源：作者根据问卷调查整理。

　　从整体上看，自闭症患者接受普通教育和特殊教育的人数为 32 人和 124 人，占比分别为 10.3% 和 39.9%，40% 留在家里，剩下有 3.2% 在康复机构，6.4% 在其他地方接受教育和生活，包括阳光之家、民办日托机构以及个别体制外教育机构。但是按照不同年龄段的自闭症患者分类来看，我们发现他们接受教育的情况以及结束了教育后他们当前的处境存在较大的差异（见图 9.9）。在学前阶段，自闭症患者多在康复机构接受康复治疗，也符合 2—6 岁是康复训练黄金时期的科学判断。在小学年龄段，超过一半的孩子进入特殊学校就读，其次是普通学校，二者占比接近87%，只有少部分在康复机构或者留在家里。对于初中年龄段的孩子，有更多的孩子转向特殊学校，这一选择占整个年龄组的 70%，在普通学校就读的自闭症孩子急剧减少。和初中阶段的患病儿童相比，他们更多地留在家中。当他们超过义务教

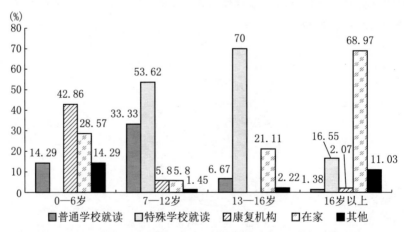

图 9.9　自闭症患者接受教育和结束教育后的去向（各年龄段占比）

资料来源：作者根据问卷调查整理。

育阶段的年龄之后,16.55%仍在特殊学校就读,但是绝大部分没有其他选择而留在家中(68.97%)。通过不同年龄段的教育和教育后的去向,可以看出自闭症患者大致会经历一个由康复机构—特殊学校+普通学校—特殊学校—留在家中的过程。

照顾一个自闭症的孩子往往需要耗费大量的时间和精力。在我们的调查中,有三分之二自闭症患者仅仅依靠父母照顾,其中母亲为绝对主力,90%以上的照护者为母亲。①有30%还可以由祖父母照顾,另有少数(3%)聘用或者有其他人看护。

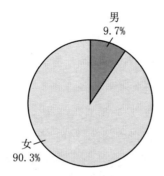

图 9.10　照护人员的性别比例

资料来源:作者根据问卷调查整理。

照护者年龄的中位数是 46 岁,最小为 32 岁,最大为 73 岁。在照护者中,有 198 位 50 岁以下的照护者,这些年龄段的中青年照护者是劳动力市场的中坚力量,但是在我们的调查中发现,他们有一半在职,另外一半或者从事自由职业或者无业。在无业或者自由职业者中,这些人通常都接受过良好的教育(见图 9.11),甚至比照护者整体的教育水平还要高。有超过四分之三的无业或者自由职业者的教育水平是大专或者本科,大于整体 67.85% 的比例;还有 2% 的自由职业或无业者接受过硕士及以上的教育。但是由于照顾自闭症孩子的压力,照护者被迫脱离劳动力市场,造成了这些家庭的家庭收入相对较低,也使得他们没有办法实现自身在社会上的价值。

4. 自闭症患者照护的困难和困境

(1) 经济负担重

残疾人所在家庭经济压力大是残疾人家庭面临的普遍问题,自闭症患者家庭

---

① 我们假设受访者为自闭症儿童的主要照护人。

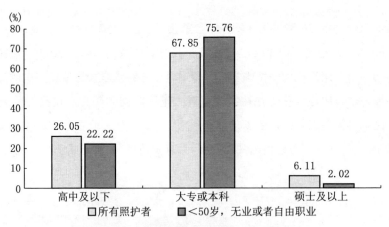

图9.11 自闭症患者照护者受教育情况

资料来源:作者根据问卷调查整理。

也不例外。在我们的调查中,241位(77.5%)受访者提到家庭经济负担因为自闭症患者加重。自闭症患者需要高强度的陪伴和照顾,家庭成员的工作或多或少受到影响,直接关系到家庭收入来源。在调查中,不论照顾者是否正在工作,311位受访者中有254位(81.7%)反映,照顾自闭症孩子影响自己的正常工作。调查显示,税后收入低于10万元/年的自闭症患者家庭有156个,占总数的50%,28%的家庭(87个)税后收入在10万—20万元/年之间,21.86%的家庭税后收入超过一年20万元。按照上海市统计局公布的2021年上海市居民的人均可支配收入78 027(含城乡)计算,上海市三口之家的居民家庭可支配收入为22.4万元,可见自闭症家庭的收入处于偏低水平。

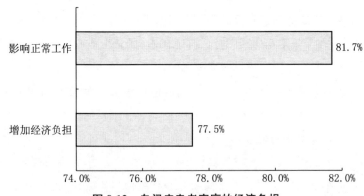

图9.12 自闭症患者家庭的经济负担

资料来源:作者根据问卷调查整理。

另外,自闭症患者需要依靠长期康复治疗以改善其症状,因此还有额外康复支出。有学者调查显示,自闭症患者的康复费用每年高达 3 万—6 万元(王芳、杨广学,2017)。《2020 年度儿童发展障碍康复行业报告》调查也显示,在康复机构的费用普遍介于 3 000 元—8 000 元/月,也就是每年 4.5 万—9.6 万元。在人力和生活成本本身就比较高的上海,可以判断所需康复费用处于偏高的区间。这笔昂贵的费用对一般家庭来说都是一笔不小的支出,更何况对收入本身就偏低的自闭症患者家庭。这也从一个角度说明了,为什么在康复机构的自闭症患者少之又少(图9.9)。

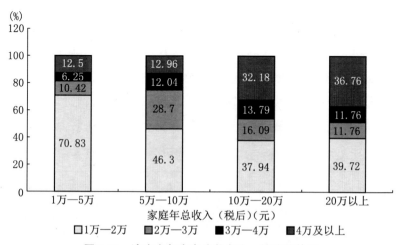

图 9.13 诊疗康复支出分段占比—按残疾等级

资料来源:作者根据问卷调查整理。

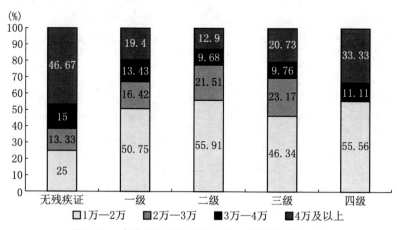

图 9.14 诊疗康复支出分段占比—按家庭收入(元)

资料来源:作者根据问卷调查整理。

因此,更现实的情况是自闭症患者将长期依赖于家庭。我们的调查结果显示有超过一半(53.7%)的自闭症患者家庭每年为自闭症患者支付的诊疗和康复方面的费用达到 2 万元以上。我们的调查还显示,诊疗和康复支出与残疾的程度没有太大关系,在很大程度上自闭症家庭的诊疗和康复支出取决于家庭收入以及这些支出给家庭带来的经济压力。

因此,对残疾人家庭的补贴补助,对于缓解自闭症患者家庭的经济压力,增加对自闭症患者的康复投入就尤为重要。对于残疾人和残疾人家庭,上海同样实施了困难残疾人生活补贴和重度残疾人补贴制度。从补贴额度上来看,残疾人两项补贴更多为了补贴残疾人和残疾人家庭的基本生活。根据残疾的等级,家庭收入状况以及残疾人就业情况综合判断,2022 年 7 月起上海市的补贴标准为每人每月150—410 元不等(详见表 9.3)①。除了残疾人两项补贴,在上海满足条件的残疾人还可以获得交通补贴、重残无业补贴等社会救助。就业年龄段符合条件的自闭症患者可以申请重残无业补贴,2022 年的补贴标准为每月 1 850 元。

表 9.3　上海市残疾人两项补贴对象和标准(2022 年)

补贴条件	补贴类别	补贴对象	补贴标准 (元/每人每月)
具有本市户籍 持本市核发的《中华人民共和国残疾人证》(以下简称"残疾人证")的残疾人	困难残疾人生活补贴	重残无业人员	410
		低保家庭中的残疾人	410
		低收入家庭中的残疾人	290
	重度残疾人护理补贴	残疾等级被评定为一级的残疾人	300
		残疾等级被评定为二级的残疾人和三级智力、三级精神残疾人	150

注:1. 困难残疾人生活补贴含本市低收入残疾人家庭生活用电、水、气、暖等费用补贴。
2. 残疾人申请困难残疾人生活补贴,应当符合本市社会救助有关认定标准。
资料来源:《上海市困难残疾人生活补贴和重度残疾人护理补贴发放管理办法》。

除了针对一般残疾人的补贴和救助项目之外,自闭症患者在上海还可以申请"阳光宝宝卡",参加康复机构训练时可以获得康复训练补贴。2022 年 0—18 岁持有"阳光宝宝卡"的自闭症患者每年可获得 24 000 元的康复补贴。根据李豪豪等

---

① 《2022 上海困难残疾人和重度残疾人补贴标准》,上海本地宝网站,http://sh.bendibao.com/zffw/20201214/235318.shtm。

(2020)对上海市自闭症患者的调查显示,0—16 岁的自闭症患者获得的补贴较少,这一方面可能因为"阳光宝宝卡"的适用机构为指定机构,使用范围较窄;另一方面,"阳光宝宝卡"规定,超过补贴额度的费用由家庭自己承担,从而限制了"阳光宝宝卡"的使用。[1]"阳光宝宝卡"在 2022 年发生了重大变化,不但补贴力度相比 2020 年的 12 000 元/年有了大幅增长,覆盖的群体也由原来的 0—16 岁扩大到了 0—18 岁。表 9.5 总结了"阳光宝宝卡"2022 年调整的重要方面。

表 9.4 上海市自闭症患者的其他补贴(2022 年)

补贴类别	申领条件	补贴额度	说　　明
交通补贴	本市户籍,65 岁以下,持残疾证	45 元/月	
重残无业补贴	本市户籍,16—49 岁,持一级二级残疾证	1 850 元/月	
阳光宝宝卡	本市户籍,0—18 岁自闭症患者,在机构参加康复训练	2.4 万元/年	按发生费用补贴,超过部分家庭负担

注:符合条件者可同时申领上述补贴。
资料来源:《关于全面建立本市困难残疾人生活补贴和重度残疾人护理补贴制度的实施意见》(沪府发〔2015〕76 号)以及上海残疾人联合会的相关资料。

表 9.5 "阳光宝宝卡"2022 年重大调整

年份	2021	2022
对　　象	0 至 16 岁	0 至 18 岁
适用机构	约定机构	依法登记设立的医疗机构、教育机构以及业务范围、经营范围为儿童康复服务的社会组织、企业;外省市定点康复机构也被纳入康复范围
补贴额度	12 000 元/年	24 000 元/年

资料来源:上海市残联《关于上海市残疾儿童康复救助与管理工作的实施意见》。

　　要获得补贴,首先要获得残疾人证("阳光宝宝卡"除外)。因为担心被"贴标签"以及伴随而来的社会歧视,和很多残疾人一样,并非所有自闭症患者都领取了残疾人证。在我们的调查中,有 19.3% 的自闭症患者没有办理残疾人证,他们也就无法获得残疾人各项补贴。没有获得补贴的家庭有 17.35%。0—16 岁自闭症患者

---

① 李豪豪、沈亦骏、杨翠迎:《自闭症家庭的困境及社会支持体系构建——基于上海市的调研》,《社会保障研究》2020 年第 6 期。

获得的补贴比 16 岁以上的患者要高。①61.4%的 16 岁以下自闭症患者获得的补贴每年超过了 1 万元,而这一比例在 16 岁以上的群体中是 52.4%,低了近 10 个百分点,其中可能的原因是"阳光宝宝卡"补贴的差异。但是相比自闭症家庭的支出,补贴的额度仍然不能完全覆盖他们的康复诊疗支出。

(2) 精神压力大

照顾自闭症患者还给家庭和照护者带来其他方面的影响,其中比较普遍的因为要照顾自闭症孩子,自己缺少社交,精神压力过大(图 9.15)。有 221 位受访者表示家庭缺少社交。由于大部分自闭症患者离开学校后留在家里,自闭症患者照护的中心从学校转移到了家庭。有研究表明,90%的孤独症人士都会对感知觉刺激存在异常反应,许多会同时伴有情绪问题——情绪突然波动并且较难控制,因此他们高度依赖家庭。269 位受访者都有这样的共识:照护工作 7 天 24 小时,自己的工作生活严重受到牵绊,没有喘息的时间。263 位(84.6%)的受访者反映精神压力过大,甚至还有少部分受访者有放弃自己和孩子生命的想法。

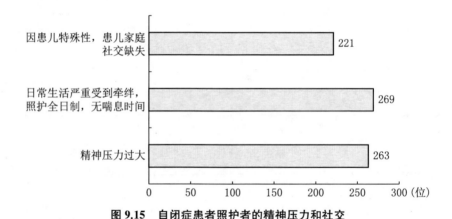

图 9.15　自闭症患者照护者的精神压力和社交

资料来源:作者根据问卷调查整理。

(3) 大龄自闭症患者照护缺乏

除了家庭经济上的压力和照护者自身的精神压力,自闭症患者的父母更多的顾虑来自孩子步入成年、中年后,自己逐渐衰老,没有能力继续照顾患病孩子的时

---

① 在调查进行时,"阳光宝宝卡"18 岁的年龄条件刚刚开始实行。问卷获得的补贴额度仍是以上一年为期限,因此我们仍以 16 岁为"阳光宝宝卡"的分界。

候,这些自闭症患者如何生存的问题。

自闭症患者的一个突出问题就是独立生活能力和融入社会的能力欠缺。彩虹妈妈工作室创始人张灿红的另一个身份是自闭症患者家长,在她极度耐心一遍又一遍地示范指导下,孩子在 20 岁时终于学会了剪指甲,并且还要不断练习巩固,这些都需要照护者细心耐心的指导。但是,在照护自闭症患者的家人年老之后,谁来照顾他们?遇到自闭症患者生病等情况,他们语言表达能力较弱,无法准确表达自我意识,缺乏沟通能力,如何就医?家长们还担心因为这些情况,孩子还会在生活和社会中受到歧视和不公正对待。在我们的调查中,311 位自闭症患者家长中有 282 位都担心因为孩子不能独立生活,自己百年之后他们的生活问题(图 9.16)。但实际上,当照护者年老之后,他们自己的养老照护也将成为困扰这些家庭的问题。他们经济情况本就相对不乐观,机构养老对他们来讲并不现实,但是患有自闭症的孩子基本没有工作和收入,甚至都无法照顾自己,如何帮助父母养老?

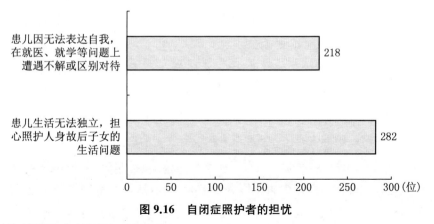

图9.16　自闭症照护者的担忧

资料来源:作者根据问卷调查整理。

由于对自闭症的诊断和认识较晚,年龄最大的自闭症患者也刚刚超过 40 岁,但是家长们的担心是在不久的将来就需要面对的。因此推动大龄自闭症患者甚至是精神和智力残疾人的托养照顾工作急需提上日程。《2020 年度儿童发展障碍行业报告》显示,我国 2019 年自闭症患者教育康复机构有 2 238 家,这个数字在 2008 年是不到 30 家。尽管有了质的飞跃,但是这些机构中 60% 以上服务的对象是 8 岁以下儿童,17% 的服务对象是 9—14 岁儿童。社会对自闭症人士提供的服务对大龄自闭症患者来说呈断崖式下降。

三、残疾人托养照护的政策建议

　　教育和就业是为残疾人赋能的重要手段。一般身体残疾或者轻度智力残疾人自身在一定范围都可以有能力和机会接受教育、参加就业，通过政府和社会改善条件提供机会就可以在一定程度上实现。例如发展融合教育，为残疾人接受教育提供便利条件；通过无障碍环境建设消除教育和就业障碍，通过税收优惠等方式鼓励企业接纳残疾人就业，等等。为残疾人创造接受教育和就业的机会可以在很大程度上改善残疾人的生活，发挥他们的价值。

　　反观智力残疾和精神残疾人，情况却完全不同。这一类残疾人是重度残疾的可能性比较高，大部分人的困难是基本的生活自理问题，通过教育和工作实现自强自立几乎成为一种奢望。2016年出版的《中国孤独症家庭需求蓝皮书》显示，中国成年自闭症人士的就业率不到10％。这些现实决定了要改善智力残疾和精神残疾人的生存和生活状态，需要结合他们自身的特点，制定和发展符合他们需求的保障和服务。这些保障和服务既要涵盖残疾人本人，也需要顾及残疾人家庭。尽管我们的调研是针对自闭症患者展开的，但是在照护方式、照护强度和照护困难上，自闭症残疾人和自闭症患者家庭在精神、智力和重度残疾群体中具有一定的代表性。我们通过上述自闭症患者和家庭的照护情况和困难，提出以下几点建议，希望对精神、智力和重度残疾群体的托养照顾服务建设有一定的启示。

　　第一，普及和推广康复服务。对自闭症残疾人来说，早发现、早干预是减轻自闭症残疾人的重要内容，其中康复服务是进行干预，从源头遏制自闭症进一步发展，提高残疾人独立生活能力的重要手段。因此推动残疾人托养照护服务的发展和建设，首先要普及和推广康复服务。然而目前的康复机构费用较高，一般家庭很难承受；能够使用补贴的康复机构有一定限制，服务和机构的可及性不强。这些因素都在一定程度上阻碍了康复服务的获取和使用。进一步加大康复补贴力度和补贴适用机构，引导自闭症患者家庭使用康复服务，是减轻自闭症个人、家庭和社会负担的必要前提。

　　第二，大力发展残疾人社会托养照护服务。自闭症患者的主要困难之一就是缺乏独立生活能力，尽管对精神、智力和重度残疾人的经济支持在逐步提高，可以减轻自闭症患者家庭的经济压力，但是从经济上支持依赖于家庭的托养仍然不能代替服务上的空缺。一是因为现有以家庭托养为核心的照护模式并不可持续。当这些特殊残疾人进入中老年之后,家庭照护者逐渐衰老,面对高强度的照护会力不从心。最终当这些残疾人失去家庭照护者后,由于缺乏独立生活的能力,生存和生活将陷入困境。因此大力发展残疾人社会托养照护服务,重点还要完善大龄自闭症残疾人的社会托养照护。当前我国大龄自闭症患者的社会托养机构仍然十分匮乏,针对这一问题,上海市已经探索通过照护机构寄宿托养解决"老养残"家庭成年残疾人和其老年照护者的照护问题,希望能够实践出一条可行的道路。二是因为依靠家庭照顾残疾人给家庭带来了沉重的负担。他们的工作在很大程度上受到影响,不少自闭症患者家长甚至放弃工作,全身心地投入照护工作,经济压力陡增。不仅如此,这些家长自身的精神健康状态也受到严重影响。长期无休的照护,导致其社交活动受到限制,精神压力巨大,迫切需要喘息的空间和时间,而社会托养服务能够将家庭成员在很大程度上解脱出来。

第三,为自闭症家庭提供精神和就业支持。在我们的调查中,自闭症患者家属希望就近社区有更多的像彩虹妈妈工作室一样的家庭互助组织或者有相关经验的志愿者组织,提供互相倾诉纾解压力、交流心得分享经验教训,提供日间照料和喘息服务的平台。因此,发展基于社区的家庭互助组织和志愿者组织可以满足自闭症患者家庭的精神需求,缓解自闭症患者家庭的照护压力,在一定程度上扩大他们的社交范围,减轻精神压力。

另外,对自闭症患者家长来说,照顾自闭症孩子极大地改变了他们的生活轨迹。高强度的照护工作使他们中的很多人难以全身心地投入工作,造成减少经济来源脱离社会等一系列结果。为自闭症家庭提供就业支持,拓宽他们的就业渠道,正如一些地区采取的雇佣自闭症患者家属在照护机构就业等方式,能够在更大程度上帮助自闭症患者家庭回归社会,解决他们的实际困难。

第十章
中国式现代化建设进程中进一步强化
对残疾人的社会关爱

　　残疾人事业是中国特色社会主义事业的重要组成部分,扶残助残是社会文明进步的重要标志。党的十八大以来,在党和国家领导人的特别关心和关注下,我国的残疾人事业迅速发展,残疾人群体的获得感、幸福感显著提升。在这样的基础上,在全面建设社会主义现代化国家的新征程中,绝不能让残疾人掉队。党的二十大报告提出,"中国式现代化是全体人民共同富裕的现代化,是物质文明和精神文明相协调的现代化"。在这个过程中,要完善残疾人社会保障制度和关爱服务体系,促进残疾人事业全面和高质量发展,不断提升残疾人的发展能力,为他们的发展创造机会和环境。

一、中国式现代化建设进程中强化残疾人社会关爱的内容

(一) 我国残疾人事业发展面临的挑战

　　中国式现代化建设的过程中,我们要和残疾人一起实现安居乐业,衣食无忧的生活。我国的残疾人事业在新中国成立以来,经过 70 多年的发展,已经取得了伟大的成绩,实现了帮助建档立案的所有残疾人摆脱贫困的历史创举。当前我国跨入推进中国式现代化建设的阶段,进一步推动残疾人事业的高质量发展,我们还面临众多挑战。

　　首先,我国有 8 500 万残疾人,数量规模巨大。而中国式现代化,其中一项内容就是实现人口规模巨大的现代化。不但我国 14 亿的总人口规模巨大,我国的残疾

人也是世界上残疾人口最多的,这样庞大规模的人口一起迈进现代化社会,任务复杂而艰巨。残疾人不但现有规模大,残疾的发生还保持着增长的态势,并且以老年残疾人的增长为主。基于这样的国情和现实,推进残疾人的社会保障,强化对残疾人的社会关爱,是推进中国式现代化的必要途径。

其次,中国式现代化是要实现全体人民共同富裕的现代化。共同富裕,是残疾人和非残疾人在公平平等的基础上实现富裕。尽管我国已经取得了消灭贫困的伟大成绩,但是残疾人仍旧存在返贫致贫的高风险。残疾人在劳动力市场就业的机会不平等,存在受到歧视和偏见的情况;再加上残疾人的劳动能力和发展能力没有得到充分的培养和激发,就业质量不高,收入水平相对较低,导致残疾人家庭的人均收入远远落后于社会平均水平。

另外,中国式现代化还是物质文明和精神文明相协调的现代化。对残疾人来说,在物质和经济上的需求得到满足的情况下,实现高质量的生活还对残疾人康复、照护、精神文化生活以及无障碍地融入社会产生需求。但是我国残疾人公共服务和公共设施不足,分布不均。我国的城乡二元结构和地区之间经济发展水平的不均衡,造成残疾人事业的发展存在较大地区差异,欠发达地区、农村和基层为残疾人服务的意识和能力相对薄弱,公共设施和公共服务相对不足,无法满足不同种类残疾人的多样化个性化需求。此外,对整个社会来说,残疾人的平等权利还没有得到充分实现,残疾人遭受歧视,受到偏见,甚至还受到侵害的现象仍然存在。因此,精神文明的现代化,对满足残疾人的精神需求和光大扶残助残的社会风气都提出了要求。

要实现中国式现代化,就要在巩固残疾人脱贫攻坚成果的基础上,完善残疾人社会保障制度和关爱服务体系,保障残疾人的平等权利,增强残疾人的自我发展能力,加快残疾人事业全面发展,共建共享美好生活。

(二) 残疾人社会保障和社会关爱的内容

针对以上困难,在中国式现代化进程中,残疾人社会保障和社会关爱重点关注以下内容[①]:

---

① 易舒冉:《构筑关爱体系,加大支持力度——促进残疾人事业全面发展》,人民网—人民日报,2022 年12 月 5 日,http://cpc.people.com.cn/n1/2022/1205/c64387-32580437.html。

1. 完善残疾人社会保障制度,扩大社会保险的覆盖面和保障水平,完善社会福利和救助制度,保障困难残疾人的基本生活。贫困和残疾在很多情况下是互为因果,相互强化的。因此,需要从广度和深度上完善对残疾人的托底保障,如"两项补贴"政策,确保惠及有需求的群体,确保社会保障水平能够满足基本生活需要。

2. 增强残疾人发展能力,提升收入水平。实现残疾人共同富裕,重点是要从根本上提高残疾人的收入水平。达到这一目的,唯有通过提高残疾人的自身能力来实现。一方面,通过完善残疾人教育体系,加快发展特殊教育和融合教育,增加残疾人的人力资本,增强他们在劳动力市场上的竞争力;另一方面,为有劳动能力的残疾人创造条件和社会环境,使其能够参与到劳动力市场中,实现多种形式的就业,通过自强自立,改善收入水平以实现可持续的高质量生活。

3. 提供和普及专业化的康复和健康管理服务。残疾的康复和健康管理可以预防或者延缓疾病进一步演变,近年来,残疾康复得到了越来越多的关注。残疾康复和健康管理是从根本上改善残疾人自身身体和精神状况,降低残疾人照护者的负担,提高残疾人和残疾人家庭的生活品质从而促进残疾人全面发展的重要内容之一。对于离开劳动力市场的老年残疾人,康复训练同样是改善生活品质的重要途径。而老年残疾人口的增加,进一步强化了对康复和健康管理服务的需求。因此,一方面通过加强残疾康复和健康管理服务的供给,减轻这些服务项目的经济负担以满足残疾人的康复需求;另一方面,通过加强康复专业人才的培养,充分满足对专业康复服务的需求。

4. 加快发展残疾人托养照护服务。对于无法通过教育和就业参与社会提高生活质量的精神智力残疾和重度肢体残疾人,维持日常独立生活是他们的首要目标。目前这些残疾人的日常活动高度依赖于家庭或者机构提供的照护,而家庭照护存在大量的隐性成本:由于需要投入大量时间精力,家庭成员的损失了在劳动力市场的竞争力,并且承受着照顾残疾人的巨大精神压力。另外,老年群体的残疾高发,在中国式现代化的过程中伴随着老龄化的不断加剧加深,日益扩大的老年人群体和其家属对托养照护同样有强烈的需求。因此,通过大力发展集中照护、日间照料、居家服务、邻里互助等多种形式的社会化照料服务,并且是可负担起的托养照护服务,优化长期护理保险制度,是完善残疾人社会关爱的重要内容。

5. 中国式现代化建设同样重视残疾人的精神文化生活。因此,根据残疾人的需求,为残疾人举办多种多样的文化艺术活动,提升残疾人公共文化服务内容和服务水平,能够全面促进和残疾人一起实现精神文明现代化。

6.以上社会保障和社会关爱的实现,无疑依赖于无障碍环境建设。无障碍环境包括无障碍设施,信息无障碍和无障碍服务。例如,提供无障碍的服务使残疾人参与到精神文化活动中来;建设无障碍的设施使残疾人走出家门走进社会;生活在数字社会和智慧城市中,还需要加快政府服务,电子商务无障碍互联网等信息无障碍建设。无障碍环境的建设,对于促进残疾人的社会融合和全面发展起到举足轻重的作用。实际上,人性化便利化的无障碍环境,不但是残疾人群体的需求,它更能在老龄社会满足老年人乃至全体成员的无障碍需求。①

二、中国式现代化建设进程中残疾人社会保障和社会关爱的强化方式

(一) 强化残疾人社会关爱的政府责任

"为残疾人创造平等参与社会生活的条件,使残疾人共享改革发展成果,是党和政府以及全社会义不容辞的责任。"——时任国务院副总理李克强在2008年中国残疾人联合会第五次全国代表大会上的讲话。

残疾人和非残疾人享有平等的权利,是现代社会的道德准则要求。但是在残疾人权利实现的过程中,他们面临多重障碍和困难,国家、社会和个人都在残疾人保障和关爱中都承担相应的义务和责任。然而实际中,单靠市场的调节难以实现残疾人的权利,难以体现社会公平以及促进社会整体福利的进一步优化。例如,简单依靠市场调节机制,残疾人群体很难实现就业。个人和家庭受限于自身的资源和能力,在保障和关爱残疾人方面显得力不从心,再加上人口持续老龄化以及家庭规模缩小和家庭功能的弱化,传统的主要依靠个人和家庭力量照顾残疾人日常生活的方式遇到困难。残疾人在社会中处于机会不平等的劣势,如若缺少政府干预和对资源的再分配,残疾人将处于更加不利的境地,难以实现真正的公平。只有政府具有将资源重新分配的权利和优势,政府部门借助于政策措施和行政手段,通过干预市场、整合社会资源提供公共物品,实现公平从而提高残疾人和社会的整体福

---

① 周珊珊:《更好满足全社会的无障碍需求》(人民时评),人民网—人民日报,2022年11月10日,http://cpc.people.com.cn/n1/2022/1110/c64387-32562803.html。

利。因此对残疾人的保障和关爱,政府有必要从多方面加强干预,并且起到主导作用。①

残疾人保障的政府责任随着残疾人事业的发展也在不断调整。残疾人事业的进步和社会文明程度的提高,推动残疾观不断调整演进,指引着残疾人事业的前进方向;与此同时,残疾人的需求在社会发展的不同时期也在转变,对残疾人保障和关爱提出了新的要求,因此政府的责任范畴也在变化。在残疾人事业发展的初期,我国的经济发展水平决定了对残疾人的保障主要是满足残疾人基本生存条件,政府提供基本生活保障实现这一目标。当我国已经全面建成了小康社会,政府、社会和残疾人关心的主要问题就由满足残疾人的生存提升到满足残疾人同非残疾人一样享有高品质有尊严的生活机会。因此,在生活保障的基础之上,政府还有责任从预防康复、教育保障、就业保障、文化生活以及工作生活环境等方面保障残疾人的权利,不断提升残疾人发展能力、发展机会和发展环境,促进残疾人事业的全面发展,实现残疾人共同富裕。

在《中华人民共和国残疾人保障法》中,界定了政府的基本责任以及各级政府的权责分配②:

"第四条　国家采取辅助方法和扶持措施,对残疾人给予特别扶助,减轻或者消除残疾影响和外界障碍,保障残疾人权利的实现。

第五条　县级以上人民政府应当将残疾人事业纳入国民经济和社会发展规划,加强领导,综合协调,并将残疾人事业经费列入财政预算,建立稳定的经费保障机制。

国务院制定中国残疾人事业发展纲要,县级以上地方人民政府根据中国残疾人事业发展纲要,制定本行政区域的残疾人事业发展规划和年度计划,使残疾人事业与经济、社会协调发展。

县级以上人民政府负责残疾人工作的机构,负责组织、协调、指导、督促有关部门做好残疾人事业的工作。

各级人民政府和有关部门,应当密切联系残疾人,听取残疾人的意见,按照各

---

① 廖原:《残疾人权益保障的国家、社会与公民责任范围研究》,《江汉大学学报:社会科学版》2013年第5期,第50—56页。

② 《中华人民共和国残疾人保障法》。

自的职责,做好残疾人工作。

第六条　国家采取措施,保障残疾人依照法律规定,通过各种途径和形式,管理国家事务,管理经济和文化事业,管理社会事务。"

尽管《残疾人保障法》对政府的责任做出了纲领性的要求,但是也体现出政府的责任主导作用和其责任的实现机制,主要体现在以下四个方面:

1. 顶层设计,从全局统筹把握残疾人保障工作的发展方向,制定残疾人保障的工作方针和行动规划,建立健全残疾人社会保障和社会服务关爱体系,确保残疾人享有与正常人平等的社会福利。

2. 加强残疾人保障的法律法规体系,完善法律法规。一方面,由于对残疾人长期存在偏见,需要以法律的形式明确残疾人应有的权利,通过政府制定的各项法律法规,残疾人的权利得以认可和保护。另一方面,这些权利的实现需要更为完善的政策措施来加强保护和保障。例如,残疾人的就业权需要政府制定就业政策,规定用人单位的责任和义务,安排和保护残疾人就业。提高残疾人医疗保障水平、加大对残疾人文化、体育、娱乐等方面的扶持力度等同样也需要制定相应的相关政策,以保障残疾人基本权益。另外政府需要发挥必要的监督职能,保障法律法规的落实和执行。

3. 残疾人事业的发展需要政府发动和协调全社会,共同努力。残疾人事业的发展,不能完全依赖于政府一方的努力,政府通过出台政策措施,组织、协调、指导、督促相关主体和社会力量参与残疾人事业,协同高效地推动残疾人事业发展。

4. 加大财政支持。政府的财政投入是保障和关爱残疾人最直接有效的手段。残疾人事业的推动和发展,离不开财政资金的支持。政府有筹集资金、提供资源、将其整合和分配的职能和责任,可以对财政收入进行合理适用和分配,为残疾人提供公共物品和公共服务。中国式现代化的进程中,随着经济的发展和人们对美好生活的向往,政府还要进一步加大对残疾人社会保障和社会服务的财政投入力度。①

(二) 光大扶残助残社会风气,强化残疾人社会关爱的社会责任

对残疾现象的认识,存在不同的观点。传统的认为残疾是个人因素造成的观

---

① 王达:《我国残疾人社会保护过程中的政府责任研究》,参考网,2019 年 9 月 10 日,https://www.fx361.com/page/2019/0910/9468087.shtml。

点不再被认可，而残疾是社会因素造成的观点被普遍接受。这种观点认为，残疾是不够友好的社会或者环境给身体损伤的人造成了局限。对残疾的不同认识，对残疾人产生巨大影响。社会性残疾的观点相应地赋予了个人、企业和团体组织等社会成员履行关爱残疾人的责任。尽管在残疾人保障事业中政府部门承担着最主要的责任，但是残疾人事业的全面发展仅仅依靠政府是不现实的，也是不可行的。残疾人因为其特殊性，需要更多的社会关爱，整个社会的通力合作，把推进残疾人事业当作各自分内的责任，才能帮助残疾人摆脱弱势地位，提升自我发展的能力，收获参与感和幸福感。

首先，残疾人社会组织是残疾人事业发展的重要组成部分。残疾人社会组织包括各类残疾人基金会、社会团体、民办非企业单位以及企业性质的残疾人社会组织等，它们都接受残疾人联合会的管理和指导。残疾人社会组织为残疾人提供教育、培训、照料、托养、文化体育活动等全方位的服务，在残疾人事业发展的新阶段，社会组织提供的服务应进一步多样化、个性化，全面、精准匹配残疾人对各项服务的需求。社会组织是残疾人事业中政府不可或缺的辅助力量和有益补充。为了更好地履行社会组织的社会责任，政府应加强对社会组织的培育和支持，引导残疾人社会组织提供更加全面和优质的服务；同时，残疾人社会组织也应加强自身服务体系的完善和人才队伍的建设，提升发展能力，提高服务品质，自觉担当服务残疾人的社会责任，推动残疾人服务体系建设。

其次，企业和企业家也是承担残疾人社会责任的主体。对于企业来说，在创造利润的同时，也承担着履行社会责任的义务。为有就业能力的残疾人提供和创造支持性、融合性的就业渠道，在帮助残疾人就业的基础上，实现残疾人的高质量就业提升残疾人自我发展能力，是企业在中国式现代化进程中对残疾人群体最突出的社会责任，也是企业履行社会责任最直接的表现。另外，社会的每个成员也承担着关爱残疾人的社会责任。对于个人，树立正确的价值观，关心理解尊重残疾人是每位社会公民义不容辞的责任。

不论社会责任的哪个主体，都处于社会大环境之中，摆脱不了社会观念的影响。社会观念直接左右着人们的思想、行动乃至结果。在中国式现代化建设的过程中，个人、企业社会组织需要有自觉担当社会责任的意识和行动，而良好的社会助残风气是培育社会各界社会责任感，壮大残疾人事业发展的土壤。光大扶残助残的传统文化和社会风气，不但能够增强残疾人的自尊和自信，帮助他们发挥自己的作用,使他们以更积极更阳光的状态参与社会;弘扬扶残助残的传统美德,更能够增进非残疾人对残疾人的了解、理解和支持,有助于建立新型的人际关系,向社会传递正能量,为残疾人争取和提供更多的社会关爱和社会支持,构建公平团结、互助友爱的和谐社会。

扶残助残的良好风气,在不同的时代也被赋予不同的内涵,它与我们对残疾人的了解、认识和定位密切相关。在残疾人事业发展的初期,对残疾人的关注还主要体现在通过慈善的方式进行物质上的帮助,在人们的观念里,残疾人是不幸的、无用的、是被同情的对象,残疾人一度被称作"残废"人。随着残疾人对自身权益的争取和社会观念的转变,"残废"的称法被取代为"残疾",尊重关心残疾人的新风尚。当今社会已经形成了基本共识:残疾人是人类社会的参与者,是社会发展进步不可或缺的一部分。更进一步地,残疾人有同非残疾人一样参与社会、建设社会、共享社会的权利。在这样认识的基础上,全社会都应该普及"平等、参与、共享"的理念。残疾人或许存在身体条件或者精神条件的不利情况,但是残疾人之所以会遇到非残疾人无法想象的困难,是因为在融入社会的过程中存在各种各样的障碍,这些障碍来自人们对残疾人的偏见,阻碍了他们融入劳动力市场;或者是公共设施的缺乏限制了残疾人走出家门走进社会。从这个意义上说,残疾的根本是"障碍","残障"的称呼也越来越多地出现在正式场合和主流媒体上。因此,扶残助残的良好社会风气,又演化为摒弃这些有形无形障碍的风气,打破残疾人游离在主流社会之外的局面。

我国向来就有扶老爱幼助残的传统。《中华人民共和国残疾人保障法》将每年五月的第三个星期日设定为全国助残日。自1991年残疾人保障法开始实施,全国助残日随即启动以来,截至2022年5月15日已经开展了三十二次全国助残日活动。通过这样的方式发动社会的参与,唤起社会对残疾人的关注,提高全民的扶残助残意识,促进残疾人事业的发展。三十二个助残日,每次助残日都涉及不同的主题,从"宣传残疾人保障法""走进每个残疾人家庭"到"巩固残疾人脱贫成果,提高残疾人生活质量"再到2022年的"促进残疾人就业,保障残疾人权益",这些主题的更新反映了政府和社会为残疾人实现高质量生活在努力创造条件。三十二个助残日,助残行动的逐步升级也反映出从满足物质到丰富精神文化生活的变化,从"输血"到"造血"的过渡。对残疾人的关爱和帮助已经从生活救济到鼓励他们自强不息砥砺奋进,尊重、关心、帮助残疾人渐成风尚。

光大扶残助残的传统文化，要将扶残助残融入社会主义精神文明建设中，形成理解、尊重、关心、帮助残疾人的良好社会风气。一方面，努力提高公众意识。在学校、媒体或者其他公共场合通过教育宣传、媒体报道、社会活动等方式对社会组织、企业和个人加强宣传教育，帮助公众更好地了解和理解残疾人，加强公众对残疾人权益的认知和尊重，支持他们的权利的需求。在这个过程中，传递与残疾人一起平等共享的理念，营造一个关注、帮助、关爱残疾人等弱势群体的环境，消除对残疾人一切形式的歧视和偏见，帮助残疾人更好地融入社会。另一方面，政府需要出台相关政策措施为残疾人提供法律上的保障和帮助，引导企业和组织协助关爱和帮助残疾人，为残疾人融入社会创造条件。营造全社会助残和残疾人自强的文明社会氛围，有利于吸引社会力量和慈善组织加入关爱残疾人的队伍中来，有利于培育助残社会组织和企业，大力推进残疾人慈善事业和服务产业的发展，方便"残联、工会、共青团、妇联、科协等群团组织和社会组织、企事业单位等实施助残慈善项目"。这不但是对社会提出的道德要求，更是共同推动社会发展进步，实现中国式现代化的必要条件。

总之，加强残疾人的社会保障和社会关爱服务需要政府、社会、残疾人本人和家庭等多方面的共同努力，以政府为主导，共同推进残疾人事业的发展，让残疾人在中国式现代化的背景下享受更好的生活和发展机会。

主要参考文献

中文文献

《2016 年至 2019 年我国共有 4.39 万名残疾考生被普通高校录取》,《人民日报》海外版,
2020 年 10 月 28 日。

《2021 年残疾问题概述——改善亚洲及太平洋残疾人的就业前景》,联合国出版物,出售
品编号:E.16.II.F.4。

巴西中资企业协会、中国国际贸易促进委员会驻巴西代表处、巴西 IEST 公司:《巴西经
济月刊》2022 年第 2 期。

《把服务送到家门口,紧贴需求打出助残“组合拳”——“阳光”助残,彰显城市温度》,《文
汇报》2021 年 11 月 19 日。

鲍雨、黄盈盈:《从偏差到“体现”:对“残障”意义的社会学理解》,《北京社会科学》2015 年
第 5 期。

北京市残疾人康复服务指导中心:《残疾预防概述》,2020 年 5 月 11 日。

北京市残疾人联合会:《北京市发布 2018 年度残疾预防工作报告》,2019 年 8 月 20 日。

《北京市发布 2018 年度残疾预防工作报告》,北京市残疾人联合会网站,2019 年 8 月
20 日。

《不断加大政策、资金、项目对特殊教育的倾斜——我国残疾儿童义务教育入学率超
95％》,《中国教育报》2021 年 9 月 27 日。

Carly Findlay:《打破壁垒 3 大要点:为残疾员工创造公平而包容的工作环境》,《CEO 杂
志》2022 年 3 月 22 日。

《〈残疾人权利公约〉支持“包容、无障碍和可持续的世界”》,https://news.un.org/zh/
story/2022/06/1104582。

陈霖:《我国残疾人劳动者实现平等就业的法律困境与优化路径——以日本促进残疾人
就业的相关经验为启示》,《现代经济探讨》2018 年第 7 期,第 116—125 页。

陈怡帆、潘俊文:《沉默的难题:乡村特殊教育之困》,红星新闻,2022 年 1 月 27 日。

成都市残联:《残疾人家庭面临的具体问题》,《四川科技报》第 3059 期,第 2 版。

出和晓子:《日本社会保障制度中残疾人概念简析》,《残疾人研究》2012 年第 3 期。

崔斌、陈功、郑晓瑛:《中国残疾人口致残原因分析》,《人口与发展》2009 年第 5 期,第 51—56 页。

崔斌、陈功、郑晓瑛:《中国残疾预防的转折机会和预期分析》,《人口与发展》2012 年第 1 期,第 74—82 页。

《打通康复"最后一公里":多地出台残疾预防和残疾人康复实施办法》,中国残疾人网,2021 年 2 月 7 日。

代懋:《国外残疾人就业政策转型:从保障到融合》,《中国劳动》2014 年第 12 期,第 32—34 页。

戴玉昭:《残疾人社会工作所面临的困境及策略探析》,《祖国》2017 年第 4 期。

邓锁:《信息化背景下残疾人就业模式及政策支持路径分析》,《残疾人研究》2016 年第 1 期,第 62—68 页。

《第十四届中国残疾人事业发展论坛综述》,《残疾人研究》2021 年第 1 期,第 94—96 页。

丁勇:《加快农村特殊教育发展,促进乡村振兴和残疾人共同富裕》,《现代特殊教育》2022 年第 1 期,第 4—6 页。

杜军、任景波:《日本的年金制度及其改革》,《现代日本经济》2004 年第 6 期。

范丽奇:《信息化背景下残疾人就业方式与途径分析》,《就业与保障》2021 年第 2 期,第 84—85 页。

房连泉:《如何将残疾人纳入长期护理保障:来自德国、日本和韩国的经验》,《残疾人研究》2019 年第 3 期,第 21—25 页。

冯敏良、高扬:《积极福利视角下残疾人就业政策的转向探析》,《残疾人研究》2017 年第 2 期,第 49—54 页。

富士国际语学院:《日本的残疾人的"幸福指数"为何如此之高?》,2022 年 6 月 11 日。

高峰:《荷兰税务海关局缘何一分为三》,《中国税务报》2020 年 7 月 7 日。

高圆圆:《从扶持安置到能力开发:残疾人就业保障转型研究》,《西部论坛》2017 年第 3 期,第 88—95 页。

高圆圆、范绍丰:《我国残疾人集中就业扶持政策的演变与优化路径——基于政策文本分析方法》,《残疾人研究》2017 年第 3 期,第 49—56 页。

高振立:《从瑞典福利制度看北欧福利国家模式》,《中国人口科学》2002 年第 3 期,第 60—66 页。

葛俊俊:《在上海,让城市温暖触手可及》,人民网—上海频道,2022 年 10 月 27 日。

葛忠明、李锦绣:《不同视角下的残疾预防及其组织体系建设》,《残疾人研究》2011 年第 3 期,第 30—34 页。

《古特雷斯在全球残疾人峰会上呼吁实现"全面包容"》,联合国网站,2022 年 2 月 16 日,https://news.un.org/zh/story/2022/02/1099332。

关信平:《美国的残疾人保障制度》,收录于谢琼主编:《国际视角下的残疾人事业》,人民出版社 2013 年版。

郭春宁:《残疾人人权的国际文书综述》,《中国残疾人》2011 年第 4 期。

国际电信联盟:《信息通信技术的无障碍获取》,https://www.itu.int/zh/mediacentre/backgrounders/Pages/accessibility-to-ict.aspx。

国家标准化管理委员会:《残疾人残疾分类和分级》国家标准(GB/T26341-2010)(中华人民共和国国家标准 2011 年第 2 号公告)。

国家康复辅具研究中心:《辅具情报研究第一期　日本老年人及残障人社会保障现状》,2020 年 9 月 21 日。

国家统计局、第二次全国残疾人抽样调查领导小组:《第二次全国残疾人抽样调查主要数据公报》,中国统计出版社 2007 年版。

国家卫健委新闻发布会,2022 年 9 月 20 日。

国务院办公厅:《残疾人预防行动计划 2016—2020》。

国务院办公厅:《残疾人预防行动计划 2021—2025》。

国务院妇女儿童工作委员会办公室、国家统计局和联合国儿童基金会:《中国儿童发展指标图集》,2018 年,第十一章。

国务院:《关于全面建立困难残疾人生活补贴和重度残疾人护理补贴制度的意见》(国发〔2015〕第 52 号)。

国务院:《"十四五"残疾人保障和发展规划》。

国务院新闻办公室:《平等、参与、共享:新中国残疾人权益保障 70 年》白皮书。

韩佳均:《论政府在残疾人两个体系建设中的责任》,吉林大学硕士学位论文,2011 年。

何晔:《信息阻滞与非政府组织社会保障功能的局限——以陕西农村残疾人社会保障状况为例》,《安徽师范大学学报(人文社会科学版)》2008 年第 2 期,第 218—222 页。

红十字国际委员会:《国际残疾人日:新冠肺炎疫情构成对残障人士的另一阻碍》,2020 年 12 月 3 日。

侯日云:《中国残疾人就业保障金政策实施效果分析》,《社会福利(理论版)》2021 年第 3 期,第 11—18,25 页。

胡青兰、石灿:《关于我国无障碍环境建设的思考》,《现代特殊教育》2019 年第 18 期,第

33—36 页。

胡馨芳:《南京市残疾人就业现状及影响因素研究——基于对南京市的实证调研》,《现代商业》2020 年第 6 期,第 37—38 页。

华国栋:《残疾儿童随班就读现状及发展趋势》,《教育研究》2003 年第 2 期,第 65—69 页。

黄畅、张寓洳、戴瑞凯、杨正忠:《信息智能技术助推无障碍环境全面发展》,人民网,2022 年 1 月 24 日。

黄礼群:《脑卒中后要积极开展康复治疗》,《家庭医药》,https://www.cdstm.cn/gallery/media/mkjx/jtyyao/202104/t20210415_1046070.html。

黄望琳:《残疾人就业扶助中的政府责任研究》,广西大学硕士论文,2019。

Inga Vesper:《全世界残疾人口已近 10 亿,他们过得还好吗?》,澎湃新闻,2020 年 5 月 23 日。

Japan External Trade Organization(JETRO):《第四章人事和劳动制度:4.9 日本的社会保险制度》。

姜明安主编:《行政法与行政诉讼法》,北京大学出版社、高等教育出版社 2015 年版,第 280 页。

蒋宏伟、韩忠伟:《关于残疾人法律救助实践问题的思考——以甘肃省残疾人法律救助为例》,《学理论》2015 年第 34 期。

交通与发展政策研究所:《日本无障碍设计——细节处透露温暖》,2021 年 6 月 10 日。

教育部等四部门:《关于加快发展残疾人职业教育的若干意见》,教职成〔2018〕5 号。

《教育部:特殊教育专项补助经费达 4.1 亿元》,人民网,2021 年 9 月 27 日。

经济、社会、文化权利委员会第十一届会议(1994),《第 5 号一般性意见:残疾人》,载于 E/1995/22 号文件,汇编于联合国文献 HRI\GEN\1\Rev.7(2004)。

康丽、张新月:《基于政策工具视角的残疾人就业政策研究》,《人口与社会》2022 年第 2 期,第 89—100 页。

赖勤学、颜慧萍:《促进残疾人就业的税收政策探讨》,《税务研究》2015 年第 8 期,第 20—25 页。

李成:《美国禁止残疾职业歧视法律制度研究》,《四川师范大学学报(社会科学版)》2011 年第 2 期,第 36—43 页。

李豪豪、沈亦骏、杨翠迎:《自闭症家庭的困境及社会支持体系构建——基于上海市的调研》,《社会保障研究》2020 年第 6 期。

李静、谢雯:《增能视角下残障老人居家养老的现实困境与纾困之道——基于 S 市若干残障老人的研究》,《西北大学学报(哲学社会科学版)》2021年第5期,第98—108页。

李克强:《促进残疾人事业在新的起点上加快发展　为夺取全面建设小康社会新胜利共同奋斗》——在中国残疾人联合会第五次全国代表大会上的祝词,2008年11月11日。

李茜:《走出脑卒中康复治疗的认识误区》,《中老年保健》,https://www.zryhyy.com.cn/Html/News/Articles/118628.html。

李莎:《残疾儿童特殊教育法律问题研究》,西南大学硕士学位论文,2012年。

李爽:《低收入家庭残疾人康复服务的个案管理》,长春工业大学硕士学位论文,2022年。

李雯钰、罗筑华:《我国残疾人职业教育政策的历史透视、逻辑探寻与改进空间》,《残疾人研究》2022年第2期,第63—71页。

厉才茂、冯善伟、杨亚亚、徐桂花、赵溪、张钧:《2019年全国残疾人家庭收入状况调查报告》,《残疾人研究》2020年第2期,第75—81页。

联合国:《残疾包容性语言指南》,https://www.ungeneva.org/zh/disability-inclusive-language,访问日期2022年9月22日。

联合国:《残疾人机会均等标准规则》,1993年。

联合国:《残疾人权利公约》,2006年。

联合国:《残疾与高等教育:全纳型校园建筑的更优选项》,https://www.un.org/zh/131985。

联合国儿童基金会:《11CN-残疾儿童Atlas 2018》,2019年6月。

联合国:《关于残疾人的世界行动纲领》,1982年12月3日。

联合国教科文组织:《2020年全球教育监测报告摘要——包容与教育:覆盖全民,缺一不可》,2020年。

联合国教科文组织:《关于包容性信息通信技术造福残疾人的新德里宣言:实现赋权》,2015年3月3日。

联合国教科文组织:《媒体报道促进中国残障平等指南》,2022年。

联合国:《亚洲及太平洋残疾人"切实享有权利"仁川战略》执行情况中期审查,https://www.unescap.org/sites/default/files/pre-ods/APDDP4_1_reissued13Nov_C.pdf。

梁土坤:《残疾人就业保障金政策的制度创新、现实困境及其发展方向》,《理论月刊》,2016(05):148—152。

廖菁菁:《从全纳到高质量:日本残疾人高等教育的新进展及启示》,《外国教育研究》2018年第5期。

廖娟:《残疾人就业政策:国际经验及对我国的启示》,《人口与经济》2008年第6期,第32—37,31页。

廖娟:《残疾人就业政策效果评估——来自 Chip 数据的经验证据》,《人口与经济》2015年第 2 期。

廖原:《残疾人权益保障的国家、社会与公民责任范围研究》,《江汉大学学报:社会科学版》2013 年第 5 期,第 50—56 页。

林雅嫱、徐梦:《经历残疾与康复:社会对残疾的反应》,《医学与哲学杂志》2020 年第 41卷第 3 期,第 11—16 页。

刘爱姝:《媒体如何杜绝对残疾人的隐性歧视》,《中国新闻出版广电报》2020 年 9 月10 日。

刘春玲:《新时代特殊教育师资培养的反思与建议》,《教育学报》2021 年第 2 期,第 74—82 页。

刘婧娇、王笑啸、郭琦:《残疾人社会福利的中国道路:1921—2021》,《残疾人研究》2021年第 4 期。

刘珊:《上海残疾人事业发展报告》收录于吴忠、张健明:《上海社会保障改革与发展报告(2009—2010)》,社会科学文献出版社 2010 年版。

刘文静:《〈残疾人权利公约〉视角下的中国残疾人权益保障:理念变迁与制度创新》,《人权》2015 年第 2 期。

龙墨、郑晓瑛、卜行宽主编:《中国听力健康报告(2021)》,社会科学文献出版社 2021年版。

吕世明:《我国无障碍环境建设现状及发展思考》,《残疾人研究》2013 年第 2 期,第 3—8 页。

罗争光、崔静:《完善预防机制 提升康复能力——中国残联康复部主任胡向阳解读〈残疾预防和残疾人康复条例〉》,新华社,2017 年 2 月 27 日。

马惠良:《发展长期护理险 应对人口老龄化(上)》,中国银行保险报,2022 年 12 月 9 日,http://www.cbimc.cn/content/2022-12/09/content_473426.html。

马婷:《我国长期护理保险试点进展与下步发展展望》,2023 年 1 月 31 日,http://www.sic.gov.cn/News/455/11798.htm。

《秘书长古特雷斯:新冠疫情增加了全世界十亿残疾人所面临的"障碍"》,联合国网站,https://news.un.org/zh/story/2021/12/1095462。

民政部:《完善残疾人两项补贴政策电视电话会议》,2021 年 9 月 15 日。

《民政事业发展统计公报》,2016—2021 年。

怒江潮:《中国残疾人真实生存状态曝光:扎心的数字,悲情的群体》,2022 年 9 月 13 日。

NPO 残疾人支持网络,https://www.syougainenkin-shien.com/amount_of_money2022。

欧阳春子:《台湾地区特殊教育经费保障机制研究》,广州大学硕士学位论文,2019年。

庞文、张蜀缘:《中国残疾人社会保障制度的演进:1978—2017》,《残疾人研究》2018年第2期。

裴翌、吕军、虞慧炯、刘佩、吴静华、孙梅、薛恋鼎、励晓红:《上海市残疾人机构养护服务实施现状分析》,《中国康复理论与实践》2017年第23卷第8期,第897—901页。

乔尚奎、郭春宁:《如何加强残疾预防?》,2014年3月20日。

曲相霏:《保障精神和智力障碍人的生命与尊严》,《河南省政法管理干部学院学报》2010年第2期,第14—23页。

《〈全国残疾预防日〉〈国家残疾预防行动计划(2021—2025年)〉出台——普及预防知识共享美好生活》,澎湃新闻,2022年8月30日。

人民网—社会频道:《加强无障碍环境建设 为残疾人生活、学习和工作提供便利》,2022年3月3日。

《日本国民年金制度的多国语言介绍》,https://www.hyogo-ip.or.jp/cn/kurashi/fukushi.html。

日本老年健康福利局、厚生劳动省:《长期护理保险现状报告》。

日本全国健康保险协会:https://www.kyoukaikenpo.or.jp/。

芮洋:《经济新常态背景下中国残疾人就业保障政策研究》,《改革与战略》2017年第2期,第123—126页。

瑞典对外交流委员会:《全面参与和无障碍服务》,https://sharingsweden.se/app/uploads/2016/06/Disability-。

上海市民政局:《本市困难残疾人生活补贴和重度残疾人护理补贴发放管理办法》,沪民规(2022)11号。

世界卫生组织:《关于耳聋的10个事实》,2022年3月22日。

世界卫生组织:《国际功能、残疾和健康分类》,2011年。

世界卫生组织:《康复》,2021年11月10日。

世界卫生组织:《世界残疾报告》,2011年。

四川成都双流民政局:《"温暖相伴、互励前行"——残疾人照顾者关爱项目》,2022年7月9日。

宋新明、陈新民、刘天俐、冯善伟、陈功、郑晓瑛:《我国成年人慢性病导致的残疾负担分析》,《残疾人研究》2013年第4期,第43—48页。

苏鹏鹏:《残疾人大学生自主创业意向调查探析》,《才智》2019年第34期,第90—91页。

隋亮、刘山陵:《残疾人职业教育发展路径研究》,《中国集体经济》2021年第16期,第

153—154 页。

孙霄兵:《受教育权法理学——一种历史哲学的范式》,教育科学出版社 2003 年版,第 514 页。

孙云:《上海出台国内首个残疾人养护机构服务规范》,2010 年 12 月 13 日。

万亨利:《中日美残疾人就业保障比较探究》,《人才资源开发》2017 年第 18 期,第 55—57 页。

王达:《我国残疾人社会保护过程中的政府责任研究》,参考网,2019 年 9 月 10 日,https://www.fx361.com/page/2019/0910/9468087.shtml。

王芳、杨广学:《国内自闭症干预与康复现状调查与分析》,《医学与哲学(B)》2017 年第 10 期,第 49—54 页。

王和平、马红英、马珍珍:《北欧国家智障人士社会融合研究》,《中国特殊教育》2006 年第 9 期,第 11—15 页。

王晶:《今年应届高校残疾人毕业生超 2.9 万人 中国残联与教育部联合发声破解"就业难"》,央广网,2022 年 2 月 28 日。

王明海:《瑞典的社会保障体系》,《劳动保障世界》2010 年第 9 期,第 46—48 页。

王琴、郑晓坤、于吉吉:《新加坡特殊教育教师培养模式探析》,《中国特殊教育》2022 年第 7 期,第 89—96 页。

王维成:《对残疾人群体就业难问题的分析与对策思考》,《劳动保障世界(理论版)》2013 年第 1 期,第 73—76 页。

王馨:《荷兰总理因育儿津贴丑闻下台:福利国家与新自由主义的斗争》,《界面新闻》2021 年 1 月 19 日。

王鑫燕:《我国残疾人康复保障立法问题研究》,山东师范大学硕士学位论文,2021 年。

王也:《老年残疾人领证的不到两成》,山西新闻网,2011 年 8 月 4 日。

王一然、冷志伟、赵艺皓、范韫仪、李建军、郑晓瑛:《我国康复服务供需衔接的保障机制问题分析》,《中国卫生政策研究》2022 年第 2 期,第 65—70 页。

吴春玉:《韩国特殊教育法的演变及特殊教育发展历程》,《中国特殊教育》2014 年第 12 期,第 9—13 页。

吴海霞:《康复视野中残疾人社会工作的就业服务研究》,内蒙古大学硕士学位论文,2020 年。

夏菁、王兴平、王乙喆:《关于残疾人无障碍设施建设的反思——以南京市为例》,《残疾人发展理论研究》2017 年第 1 期。

肖日葵、郝玉玲:《残疾人社会保障策略优化:弥合收入支持与就业融入的结构性张力》,

《南京社会科学》2022年第2期，第71—79页。

肖文山：《社会工作对残疾人婚姻问题的干预与调试》，华中师范大学硕士学位论文，2012年。

谢琼主编：《国际视角下的残疾人事业》，人民出版社2013年版。

徐俊星：《[巡礼"十三五"·残疾人事业这五年]"十三五"期间　我国残疾人教育取得跨越式发展》，中国残疾人网，2021年1月8日。

徐倩：《残疾人就业保障研究——基于积极福利视角》，《劳动保障世界》2019年第15期，第9—10页。

许军、梁子浪：《残疾人就业新模式问题与建议探讨》，《社会与公益》2018年第8期，第94—96页。

亚洲开发银行：《关于中国贫困问题、脆弱性和财政可持续性的研究》，2021年6月。

闫海、刘洁：《我国残疾人就业保障金的法制发展与完善》，《绥化学院学报》2022年第1期，第127—130页。

闫奕：《我国残疾人受教育权保障研究》，青岛大学硕士学位论文，2020年。

雁初：《去年全球多了520万百万富翁》，《环球时报》2021年6月24日。

杨立雄：《美国瑞典和日本残疾人服务体系比较研究》，《残疾人研究》2013年第1期，第69—75页。

姚进忠、陈蓉蓉：《中国残疾人社会福利70年：历史演进和逻辑理路》，《人文杂志》2019年第11期。

易舒冉：《构筑关爱体系，加大支持力度——促进残疾人事业全面发展》，人民网—人民日报，2022年12月5日，http://cpc.people.com.cn/n1/2022/1205/c64387-32580437.html。

于素红、陈路桦：《我国义务教育阶段特殊教育政策演进评析》，《中国特殊教育》2020年第6期，第3—9页。

袁典典、刘吉涛：《瑞典教育无障碍法律保障研究及启示》，《青少年学刊》2019年第3期，第47—50，64页。

曾真：《美国残疾人社会保障研究》，武汉科技大学硕士学位论文，2011年。

张海迪：《加快发展重度残疾人托养服务》，2019年3月10日在全国政协十三届二次会议第三次全体会议大会上的发言。

张奇林、刘二鹏、刘轶锋：《残疾人就业保障金制度的评价与优化》，《江淮论坛》2018年第2期，第136—142页。

张岩涛：《残疾人权利保护的"范式转变"——〈残疾人权利公约〉概览》，《人权》2015年第5期。

张盈华:《拉美"福利赶超"与社会支出的结构性矛盾》,《经济社会体制比较》2018 年第 4 期,第 139—147 页。

张裕:《巴西残疾人就业法实行 28 年　效果远低预期》,南美侨报网,2019 年 7 月 25 日。

赵森、易红郡:《从个人到社会:残疾模式的理念更新与范式转换》,《残疾人研究》2021 年第 3 期。

浙江省统计局:《2011 年度浙江省残疾人状况和小康实现程度监测主要数据公报》。

浙江省统计局、国家统计局浙江调查总队:《2011 年浙江省国民经济和社会发展统计公报》。

郑晓瑛、崔斌、陈功、李宁、宋新明、陈新民、程凯:《对我国残疾预防策略的再思考》,《残疾人研究》2013 年第 1 期,第 12—15 页。

郑晓瑛、张蕾、陈功、裴丽君、宋新明:《中国人口六类残疾流行现状》,《中华流行病学杂志》2008 年第 7 期,第 634—638 页。

中国残疾人联合会:《残疾人现状和发展》,2008 年。

中国残疾人联合会:《第六个全国残疾预防日:残疾预防核心知识 2022 版》。

中国残疾人联合会:第五个残疾预防日新闻发布会,2021 年 8 月 24 日。

《中国残疾人事业发展统计公报》,2017—2021 年。

《中国残疾人事业统计年鉴》,2017—2021 年。

中国残联等 13 部门:《无障碍环境建设"十四五"实施方案》。

中国公益研究院:《北京发布养老服务发展规划,突出老残儿一体化发展》,2021 年 10 月 31 日。

《中国教育统计年鉴》,2021 年。

《中国脑卒中防治报告》,2015 年。

中国听力医学发展基金会:《中国听力健康报告(2021)》,社会科学文献出版社 2021 年版。

中华人民共和国教育部:《2020 教育统计数据》。

中央政府门户网站:《中华人民共和国残疾人保障法》。

周光礼:《教育与法律——中国教育关系的变革》,社会科学文献出版社 2005 年版,第 280 页。

周沛、李静、陈静、柳颖等:《残疾人社会福利》,山东人民出版社 2013 年版。

周珊珊:《更好满足全社会的无障碍需求》(人民时评),人民网—人民日报,2022 年 11 月 10 日,http://cpc.people.com.cn/n1/2022/1110/c64387-32562803.html。

朱图陵、王保华:《论残疾、无障碍环境与辅助器具》,《残疾人研究》2016 年第 3 期,第

37—42 页。

朱逸杉:《美国残疾人社会保障政策概况》,《残疾人研究》2012 年第 2 期,第 71—76 页。

《助残脱贫,决胜小康——中国残疾人福利基金会在行动》,中国网,2020 年 5 月 17 日。

英文文献

Ana Cléssia Pereira Lima de Araújo, Maria Analice D. Santos Sampaio, Edward Martins Costa, Ahmad Saeed Khan, Guilherme Irffi & Rayssa Alexandre Costa, "The quotas law for people with disabilities in Brazil: is it a guarantee of employment?", *International Review of Applied Economics*, 2021.

Andrew M.I. Lee, JD, The 13 disability categories under IDEA.

Andrew M.I. Lee, JD, The 13 disability categories under IDEA.

Boeltzig-Brown, Heike; Sashida, Chuji; Nagase, Osamu; Kieman, William E.; Foley, Susan M. "The vocational rehabilitation service system in Japan", *Journal of Vocational Rehabilitation*, 2015(2):169—183.

Cabinet Office, Government of Japan, Annual Report on Government Measures for People with Disabilities, 2021.

CDC. Disability Impacts ALL of US, https://www.cdc.gov/ncbddd/disabilityandhealth/documents/disabilities_impacts_all_of_us.pdf.

Dixon, K.A., Kruse, D., and Van Horn, C.E. Restricted access: A survey of employers about people with disabilities and lowering barriers to work. John J. Heldrich Center for Workforce Development, 2003.

Erickson, W., Lee, C., von Schrader, S. *Disability Statistics from the American Community Survey*(ACS). Ithaca, NY: Cornell University Yang-Tan Institute(YTI), 2022. Retrieved from Cornell University Disability Statistics website: www.disabilitystatistics.org.

Factsheets: Students with Disabilities in Higher Education. September 26, 2022, https://pnpi.org/students-with-disabilities-in-higher-education/.

Groce Nora, Maria Kett, Raymond Lang, and Jean-François Trani. "Disability and Poverty: The Need for a More Nuanced Understanding of Implications for Development Policy and Practice", *Third World Quarterly*, 2011, 32(8):1493—1513.

https://sites.ed.gov/idea/.

https://www.ssa.gov/disability/professionals/bluebook/listing-impairments.htm.

https://www.ssa.gov/policy/docs/statcomps/supplement/2020/5d.html#table5.d2.

https://www.ssa.gov/ssi/text-benefits-ussi.htm.

https://www.understood.org/en/articles/conditions-covered-under-idea.

IMF, World Economic Outlook Update, July 2022.

Increasing the Opportunity for Individuals with Disabilities to Be Employed in the Federal Government, *Federal Register*, Vol.65, No.146, Friday, July 28, 2000, https://www.govinfo.gov/content/pkg/FR-2000-07-28/pdf/00-19322.pdf.

Janice Tripney, Alan Roulstone, Carol Vigurs, Nina Hogrebe, Elena Schmidt, Ruth Stewart, "Interventions to Improve the Labour Market Situation of Adults with Physical and/or Sensory Disabilities in Low- and Middle-Income Countries: A Systematic Review", *Campbell Systematic Reviews*, 2015, 11:1—27.

Japan Student Services Organization(JASSO) Outline: 2022—2023, https://www.jasso.go.jp/en/about/organization/__icsFiles/afieldfile/2022/09/08/e2022-2023_outline_all.pdf.

Jong Chul Rheea, Nicolae Donec, Gerard F. Anderson, "Considering long-term care insurance for middle-income countries: comparing South Korea with Japan and Germany", *Health Policy* 119(2015):1319—1329.

José Manuel Aburto, Jonas Schöley, Ilya Kashnitsky, Luyin Zhang, Charles Rahal, Trifon I Missov, Melinda C Mills, Jennifer B Dowd, Ridhi Kashyap, "Quantifying impacts of the COVID-19 pandemic through life-expectancy losses: a population-level study of 29 countries", *International Journal of Epidemiology*, 2021.

Kessler Foundation, "Special Report: Workers with Disabilities in the COVID-19 Economy", May 2020, https://kesslerfoundation.org/press-release/ntide-may-2020-special-report-workers-disabilities-covideconomy.

Kyrie E. Dragoo., "The Individuals with Disabilities Education Act(IDEA) Funding: A Primer", August 29, 2019(R44624) EveryCRSReport.com.

Medicaid and CHIP Payment and Access Commission, People with Disabilities, https://www.macpac.gov/subtopic/people-with-disabilities/.

Michelle M. Doty et al., "Income-Related Inequality in Affordability and Access to Primary Care in Eleven High-Income Countries", *Health Affairs*, published online Dec.9, 2020.

Mitra, S. and Yap, J., The Disability Data Report. Disability Data Initiative, Fordham Research Consortium on Disability: New York, 2021.

National Alliance for Caregiving, in collaboration with AARP, Caregiving in the U.S. 2015.

National governors' association, Governors' role in promoting disability employment in

COVID-19 recovery strategies, 2021. https://www. nga. org/wp-content/uploads/2021/03/SEED_Memo.pdf.

OECD(2020), Social spending (indicator), https://data. oecd. org/socialexp/social-spending.htm.

OECD: Government at a Glance 2021, OECD Publishing, Paris.

OECD: Social and Welfare Statistics, Benefits and wages: Adequacy of Guaranteed Minimum Income benefits, Edition 2020.

Presential Document, Executive Order 13163 of July 26, 2000.

Presidential Documents, Increasing Federal Employment of Individuals with Disabilities, *Federal Register*, July 30, 2010, Vol.75, No.146.

Shiho Futagami & Erja Kettunen, "Employment and Human Resource Development of Disabled People in Japan and Finland: A Comparative Study from the Perspective of Diversity, Inclusion, and Decent Work", Contributions to Economics, in: Bernadette Andreosso-O'Callaghan & Serge Rey & Robert Taylor(ed.), *Sustainable Development in Asia*, pp. 31—53, Springer, 2022.

"Statistiksammanställning över funktionsnedsättningar; Bilaga till PTS marknadsöversikt för innovatörer"[Statistical compilation on disabilities]. The Swedish Post and Telecom Authority(in Swedish). 8 November 2016. p.4.

Sweden—Benefits during sickness, https://ec. europa. eu/social/main. jsp? catId = 1130&langId=en&intPageId=4810.

United Nations, Accessibility: A guiding principle of the Convention, https://www.un. org/esa/socdev/enable/disacc.htm.

United Nations, Department of Economic and Social Affairs, Population Division (2017), World Population Prospects: The 2017 Revision, Key Findings and Advance Tables, ESA/P/WP/248.

United Nations: UN Flagship Report on Disability and Development 2018, https://www.ohchr. org/sites/default/files/Documents/HRBodies/CRPD/UN2018FlagshipReportDisability.pdf 2022/09/18/.

U.S. Department of Labor, Office of Disability Employment Policy, Employment Laws: Disability & Discrimination. http://www. dol. gov/agencies/odep/publications/fact-sheets/employment-laws-disability-and-discrimination.

U.S. Employment and Training Administration, Initial Claims[ICSA], FRED, Federal

Reserve Bank of St. Louis, https://fred.stlouisfed.org/series/ICSA.

Visier, Laurent, "Sheltered employment for persons with disabilities", *International Labour Review*, 1998, 137(3):348—365.

Wang, J., and O. van Vliet, "Social assistance and minimum income benefits: Benefit levels, replacement rates and policies across 26 OECD countries, 1990—2009", *European Journal of Social Security*, 2016, 18(4):333—555.

Wapling, Schjoedt and Kidd, "Social Protection and Disability in Brazil", Working paper: 2022. 2.

World Facts and Statistics on Disabilities and Disability Issues, http://www.voiceghana.org/downloads/WORLD_FACTS_AND_STATISTICS_ON_DISABILITY.pdf.

World Health Organization, The global burden of disease: 2004 update, Geneva, 2008.

World Health Organization, World Health Survey, Geneva, 2002—2004.

图书在版编目(CIP)数据

国际社会保障动态：政策赋能残疾人可持续发展/
田柳主编.—上海：上海人民出版社，2023
（社会保障橙皮书）
ISBN 978-7-208-18221-9

Ⅰ.①国…　Ⅱ.①田…　Ⅲ.①社会保障-研究-世界
Ⅳ.①D57

中国国家版本馆 CIP 数据核字(2023)第 055123 号

责任编辑　王　琪
封面设计　王小阳

社会保障橙皮书
国际社会保障动态
——政策赋能残疾人可持续发展
田　柳　主编
郑春荣　副主编

出　　版	上海人民出版社
	（201101　上海市闵行区号景路 159 弄 C 座）
发　　行	上海人民出版社发行中心
印　　刷	上海新华印刷有限公司
开　　本	720×1000　1/16
印　　张	21.5
插　　页	4
字　　数	350,000
版　　次	2023 年 6 月第 1 版
印　　次	2023 年 6 月第 1 次印刷
ISBN	978-7-208-18221-9/D・4107
定　　价	88.00 元

社保橙皮书系列

社会保障橙皮书 2013,国际社会保障动态——全民医疗保障体系建设,主编:俞卫

社会保障橙皮书 2014,国际社会保障动态——社会养老服务体系建设,主编:杨翠迎

社会保障橙皮书 2015,国际社会保障动态——反贫困模式与管理,主编:李华

社会保障橙皮书 2016,国际社会保障动态——社会保障的政府责任,主编:于洪

社会保障橙皮书 2017,国际社会保障动态——积极老龄化战略下的社会保障,主编:张熠

社会保障橙皮书 2018,国际社会保障动态——应对人口老龄化的长期护理保障体系,主编:张仲芳

社会保障橙皮书 2019,国际社会保障动态——健康贫困治理行动与效果,主编:李华

社会保障橙皮书 2020,国际社会保障动态——后疫情时代的民生保障,主编:杨翠迎

社会保障橙皮书 2022,国际社会保障动态——政策赋能残疾人可持续发展,主编:田柳